Volkmars Vorarbeiten zum Allgemeinen Preußischen Landrecht von 1794

Schriften zur Preußischen Rechtsgeschichte

Begründet von Jörn Eckert †
Fortgeführt von Stefan Christoph Saar

Band 7

PETER LANG

Xunxiang Wu

Volkmars Vorarbeiten zum Allgemeinen Preußischen Landrecht von 1794

PETER LANG

Bibliografische Information der Deutschen Nationalbibliothek
Die Deutsche Nationalbibliothek verzeichnet diese Publikation in der Deutschen Nationalbibliografie; detaillierte bibliografische Daten sind im Internet über http://dnb.d-nb.de abrufbar.

Zugl.: Tübingen, Univ., Diss., 2020

D21
ISBN 978-3-631-85131-9 (Print)
E-ISBN 978-3-631-85813-4 (E-PDF)
E-ISBN 978-3-631-85814-1 (EPUB)
DOI 10.3726/b19426

Peter Lang – Berlin • Bern • Bruxelles • New York •
Oxford • Warszawa • Wien

Diese Publikation wurde begutachtet.

www.peterlang.com

Vorwort

Die vorliegende Arbeit wurde im Wintersemester 2020/21 von der Juristischen Fakultät der Eberhard-Karls-Universität Tübingen als Dissertation angenommen.

Meinem hochverehrten Lehrer Herrn Prof. Dr. Thomas Finkenauer, M.A. bin ich zu herzlichem Dank verpflichtet. Seine unermüdliche Betreuung und ständige Ermutigung sind die denkwürdigsten Erfahrungen für mich in Europa, die ich stets schätzen werde. Herrn Prof. Dr. Stephan Dusil, M.A. danke ich für die zügige Erstellung des Zweitgutachtens sowie die anregende Diskussion über die in dieser Arbeit behandelten Themen. Ein besonderer Dank gilt auch Prof. Dr. Stefan Christoph Saar, der die Aufnahme dieser Arbeit in die Reihe „Schriften zur Preußischen Rechtsgeschichte" befürwortet hat.

Für das sorgfältige und geduldige Korrekturlesen möchte ich Herrn Ref. iur. Andreas Hermann, M.A. herzlich bedanken. Mein Dank gilt auch allen Zuständigen des Geheimen Staatsarchivs Preußischer Kulturbesitz Berlin-Dahlem und des juristischen Seminars der Universität Tübingen für die freundliche Unterstützung.

Es gibt noch manche Materien, die zwar von mir aus den Aktenblättern transkribiert wurden, die jedoch aus Platzgründen nicht für einen Abdruck im Anhang dieser Arbeit in Frage kamen. Diese Materialien beziehen sich z.B. auf den gesamten Auszug Volkmars in Form eines Quellenverzeichnisses oder seinen Rohentwurf. Sie sind „Nebenprodukte" dieser Arbeit und nun unter xunxiang17.blogspot.com im Internet abrufbar.

Xunxiang Wu
Peking, im März 2021

Inhaltsverzeichnis

Abkürzungsverzeichnis

ADB	Allgemeine Deutsche Biographie
ALR	Allgemeines Landrecht für die Preußischen Staaten von 1794
BGB	Bürgerliches Gesetzbuch
C.	*Codex Iustinianus*
CCM	*Corpus Constitutionum Marchicarum*
D.	*Digesta Iustiniani*
d.h.	das heißt
EAGB	Entwurf eines allgemeinen Gesetzbuchs für die Preußischen Staaten
Fn.	Fußnote
fol.	*folio/folium*
fr.	*fragmentum*
ggf.	gegebenenfalls
GStAPK	Geheimes Staatsarchiv Preußischer Kulturbesitz
HKK	Historisch-kritischer Kommentar zum BGB
HRG	Handwörterbuch zur deutschen Rechtsgeschichte
L.	*lex*
m.w.N.	mit weiteren Nachweisen
NCC	*Novum Corpus Constitutionum*
Nov.	*Novellae Iustiniani*
pr.	*principio*
r. recto	(Vorderseite)
Sp.	Spalte
SZ	Zeitschrift der Savigny-Stiftung für Rechtsgeschichte, Romanistische Abteilung
v.	*verso* (Rückseite)
z.E.	zum Exempel
ZRG	Zeitschrift der Savigny-Stiftung für Rechtsgeschichte, Germanistische Abteilung

Einleitung

I. Rechtsgeschichtlicher Hintergrund

Das Allgemeine Landrecht für die Preußischen Staaten von 1794 gilt als eine der wichtigsten Kodifikationen im Zeitalter des Naturrechts. Im Vergleich zu den ihm folgenden französischen und österreichischen Kodifikationen fällt das Allgemeine Landrecht wegen seiner außerordentlichen Fülle sowie seiner mühseligen Entstehungsgeschichte besonders auf. Mit fast 20.000 Paragraphen erreicht das ALR als das „preußische Naturrecht“[1] zwar den Höhepunkt des vernunftrechtlichen Glaubens[2], stellt jedoch eine ambivalente Erscheinung im rechtsgeschichtlichen Schrifttum dar[3]. Sowohl Friedrich der Große als auch die preußischen Gesetzesredaktoren hatten von vornherein nicht vor, eine revolutionäre Gesetzgebung zu schaffen[4]. Vielmehr sind das rezipierte gemein-römische Recht und die preußischen Landesgesetze als Stoffe gemeinsam in einem vernunftrechtlichen Gerüst anzuordnen.

Um die römischrechtlichen Materien, d.h. die Quellen im *Corpus Iuris* Justinians, in kurzer Zeit möglichst vollständig zu begreifen, verfolgen die Gesetzesredaktoren einen kühnen Ansatz, nämlich vor der Gesetzgebungsarbeit zunächst einen Auszug aus den römischrechtlichen Quellen zu erstellen. Die Idee eines Auszugs geht ursprünglich auf den Oberamtsmann in Emmendingen Schlosser[5] zurück, sie wird von den Gesetzesredaktoren, vor allem Carmer[6] und

---

1 *Dilthey*, S. 152.

2 *Wieacker*, S. 333.

3 Vgl. nur *Merten*, S. 109 f.

4 Vgl. die Kabinettsorder vom 14. April 1780, abgedruckt in: NCC, Bd. VI, 1780, Nr. 13, Sp. 1935–1944, hier: Sp. 1940; *Svarez*, Vorträge, S. 227.

5 Johann Georg Schlosser (1739–1799) studierte in Gießen und Jena, wurde im Jahr 1762 an der Universität Altdorf mit der Dissertation über die Vormundschaft nach dem Recht seiner Vaterstadt („*de officio tutorum et curatorum circa lites pupillorum ex minorum, ad illustrandam reformat. Francofurtensem*“) promoviert. Danach betätigte er sich als Amtmann in Emmendingen. Vgl. *Jung, Rudolf*, „Schlosser, Johann Georg“, in: ADB, Bd. 31, S. 544 ff.; *Barzen*, S. 61 in Fn. 9.

6 Johann Heinrich Casimir von Carmer (1720–1801) wurde 1768 Chefpräsident und Justizminister in Schlesien. Er übernahm im Dezember 1779 das Amt des preußischen Großkanzlers und Justizministers in Berlin. Carmer gilt als einer der wichtigsten Befürworter der preußischen Justizreform im ausgehenden 18. Jahrhundert. Vgl. *Schwennicke*, S. 14 in Fn. 6; *Barzen*, S. 15 in Fn. 59 m.w.N.

Svarez[7], für durchführbar erachtet. Nachdem Schlosser selbst nach einiger Arbeit daran im Sommer 1780 indes scheitert, übernimmt schließlich der junge Breslauer Jurist Friedrich Nathanael Volkmar (1758–1794) die Exzerpierungsarbeit[8].

Obwohl Volkmar den umfangreichen Auszug in großer Eile anfertigt und seine Aufgabe dafür durchaus vollständig erfüllt[9], wird er vom Großkanzler Carmer als unzufriedenstellend aus seinem Amt entlassen.

Drei Jahrzehnte später erregt die Arbeit Volkmars einmal die Aufmerksamkeit Savignys[10], danach gerät sein Beitrag zur Entstehung des ALR jedoch in der Literatur in Vergessenheit. Seine Arbeitsmethode, wie ein Auszug aus dem umfangreichen *Corpus Iuris* erstellt werden könnte, wird in den bisherigen Untersuchungen der Redaktionsgeschichte des ALR wenig beachtet. Hinzu kommt, dass die Bedeutung des Auszugs für die dogmatische Entwicklung, insbesondere Volkmars Vorstellung vom Verhältnis zwischen der gemeinrechtlichen Lehre und den römischen Quellen, oft geringgeschätzt wird. Vor diesem Hintergrund versucht die vorliegende Arbeit, das Arbeitsvorfahren Volkmars zu untersuchen und einen Überblick über seine Ausarbeitungen zu bieten.

II. Forschungsstand

Das Preußische Landrecht hat anhaltende Aufmerksamkeit erlangt, besonders nachdem sein 200. Jubiläum im Jahr 1994 gefeiert wurde[11]. Seine Redaktionsgeschichte wurde aus vielfältigen Aspekten erforscht, dazu haben namentlich Peter

---

7 Carl Gottlieb Svarez (1746–1798), studierte Rechtswissenschaft 1762–1765 an der Universität Frankfurt an der Oder. Er betätigte sich ab 1771 als Oberamtsregierungsrat in Breslau und war damals bereits Mitarbeiter von Carmer. Svarez wurde im 1780 zur Assistenz bei der Gesetzesreformarbeit nach Berlin berufen. Er ist längst als der eigentlichen Schöpfer des ALR gewürdigt. Vgl. *Schwennicke*, S. 14 in Fn. 5; *Finkenauer*, ZRG 113 (1996), S. 49 in Fn. 20; *Kleinheyer/Schröder*, S. 441 ff.

8 In der Literatur findet sich sein Name manchmal der alten Schreibweise folgend auch als *Volckmar*.

9 So überwiegend in der modernen Literatur; vgl. *Barzen*, S. 76.

10 *Savigny*, Beruf, S. 85 ff.

11 *Barbara Dölemeyer* und *Heinz Mohnhaupt* (Hrsg.), 200 Jahre Allgemeines Landrecht für die preußischen Staaten, Frankfurt am Main 1995; *Jörg Wolff* (Hrsg.), Das Preußische Allgemeine Landrecht. Politische, rechtliche und soziale Wechsel- und Fortwirkungen, Heidelberg 1995; *Friedrich Ebel* (Hrsg.), Gemeinwohl-Freiheit-Vernunft-Rechtsstaat. 200 Jahre Allgemeines Landrecht für die Preußischen Staaten, Berlin/New York 1995; *Günter Birtsch* und *Dietmar Willoweit* (Hrsg.), Reformabsolutismus und ständische Gesellschaft Reformabsolutismus und ständische Gesellschaft, Berlin 1998.

Krause und seine Schüler mit beträchtlichen Leistungen beigetragen. Die von Krause herausgegebenen „Gesammelten Schriften" von Svarez[12] nebst der vom Herausgeber verfassten „Geschichte der Gesetzgebung" bieten einen Gesamtüberblick über die Redaktionsgeschichte des ALR. Die von Krause betreuten Dissertationen von Barzen[13] und Gärtner[14] gehen von verschiedenen Standpunkten aus und bringen die Rekonstruktion und Analyse der Entstehungsgeschichte des ALR weiter voran.

Zur Forschung der Redaktionsgeschichte gehören auch die eingehenden Untersuchungen von Schwennicke[15] und Finkenauer[16], die jeweils von der Entstehung der Einleitung zum ALR und von der Suspension des Allgemeinen Gesetzbuchs zwischen 1792 und 1794 handeln. Neuer-dings widmen sich Kuhli[17] und Stegmaier[18] in ihren verfassungs- und ideengeschichtlichen Monographien zwar auch teils dem Redaktionsverfahren des ALR, dabei spielen die Arbeit Volkmars sowie die „Vorarbeiten" zum Gesetzbuch insgesamt jedoch keine wichtige Rolle.

Der Volkmarsche Auszug einschließlich seines Rohentwurfs zum Gesetzbuch wurde in Untersuchungen der Redaktionsgeschichte des ALR bisher nur kurz erwähnt. Eine gründliche Darstellung der Ausarbeitungen Volkmars sowie seines Beitrags ist ein Desiderat, auch über seine persönliche Biographie ist bis heute wenig bekannt. Ein Ziel der vorliegenden Arbeit liegt deshalb darin, diese Lücken zu schließen.

---

12 *Carl Gottlieb Svarez*, Gesammelte Schriften, Stuttgart/Bad-Cannstatt 1996–2004.

13 *Carola Barzen*, Die Entstehung des „Entwurf(s) eines allgemeinen Gesetzbuchs für die Preußischen Staaten" von 1780 bis 1788, Konstanz 1999.

14 *Florian Gärtner*, Joachim Georg Darjes und die preußische Gesetzesreform. Ein Beitrag zur Entstehungsgeschichte des ALR, Berlin 2007.

15 *Andreas Schwennicke*, Die Entstehung der Einleitung des Preußischen Allgemeinen Landrechts von 1794, Frankfurt am Main 1993.

16 *Thomas Finkenauer*, Vom Allgemeinen Gesetzbuch zum Allgemeinen Landrecht: Preußische Gesetzgebung in der Krise, in: ZRG 113 (1996), 40–216.

17 *Milan Kuhli*, Carl Gottlieb Svarez und das Verhältnis von Herrschaft und Recht im aufgeklärten Absolutismus, Frankfurt am Main 2012.

18 *Wolfgang Stegmaier*, Das Preußische Allgemeine Landrecht und seine staatsrechtlichen Normen, Berlin 2014.

III. Methode, Gang der Arbeit

Indem sie Volkmars Methode sowie sein Arbeitsverfahren zu rekonstruieren sucht, verfolgt die Arbeit einen rechtshistorischen Ansatz, d.h. einen auf den Akten basierenden, rekonstruierenden Forschungsweg. Da Volkmar in seinen Auszug und Rohentwurf zum Gesetzbuch auf einzelne Fallkonstellationen eingegangen ist, werden die entsprechenden Äußerungen auch dogmatisch gewürdigt.

Bei der rechtsgeschichtlichen Untersuchung sind vor allem die ungedruckten Materialien und Akten zu betrachten, welche in der Repositur 84 (Justizministerium) Abteilung XVI (Gesetzkommission) des Geheimen Staatsarchivs Preußischer Kulturbesitz in Berlin-Dahlem aufbewahrt werden[19]. Die für die vorliegenden Arbeit besonders relevanten Akten sind die Nr. 3: „Akten betreffend das Allgemeine Landrecht" und Nr. 7: „Materialien zum Preußischen Allgemeinen Landrecht". Die letztere umfasst 91 Bände, darunter beziehen sich die ersten 7 Bände auf die „Vorarbeiten" zum Gesetzbuch, die Bände 2-4 werden ausschließlich von den Ausarbeitungen Volkmars ausgemacht. In dieser Arbeit werden die Akten als „Nr. … Bd. …fol. …" zitiert, beispielsweise findet sich die Fundstelle 07.04.002r. unter Nr. 7, in Band 4 auf Blatt 2, und zwar auf der Vorderseite.

Als Ergänzung der ungedruckten Materialien sind auch die preußischen Landesgesetze und Verordnungen usw. heranzuziehen, welche bereits in den 1760er Jahren im *Corpus Constitutionum Marchicarum* (CCM)[20] und *Novum Corpus Constitutionum Prussico Brandenburgensium praeque Marchicarum* (NCC)[21] gesammelt und gedruckt wurden.

Die dogmatische Betrachtung konzentriert sich auf Volkmars Arbeitsmethode für den römischrechtlichen Auszug und für den Rohentwurf. Dabei ist insbesondere die exegetische Methode anzuwenden, also die dogmatische Untersuchung über einzelnen römischrechtlichen Quellen, und zwar vor allem mit Hilfe der Literatur aus 18 und 19 Jahrhunderten. Weil die deutsche Rechtswissenschaft im ausgehenden 18. Jahrhundert noch überwiegend im Rahmen des *ius commune* stattfindet[22], sind die gemeinrechtlichen Autoren wie Lauterbach[23],

19 Eine Übersicht über die Repositur 84, Abteilung XVI bietet jetzt *Barzen*, S. IV-V.

20 *Corpus Constitutionum Marchicarum*, Berlin und Halle [1737] –1755.

21 *Novum Corpus Constitutionum Prussico Brandenburgensium praeque Marchicarum*, Berlin 1756–1822.

22 *Schröder*, S. 2.

23 *Wolfgang Adam Lauterbach*, *Collegium theoretico- practicum a pandectarum*, Tübingen 1763.

Heineccius[24], Glück[25] u.a. besonders zu berücksichtigen. Die naturrechtlichen Schriften von Pufendorf[26], Wolff[27] und Darjes[28] sind in Bezug auf die vom römischen Recht abweichenden Materialien ebenfalls nützlich. Diejenigen Vorschläge Volkmars, die bei der weiteren Redaktion von den Gesetzesredaktoren aufgenommen und im ALR beibehaltenen wurden, werden mit Hilfe der später erscheinenden Lehrbücher des preußischen Privatrechts von Bornemann[29], Dernburg[30], Förster und Eccius[31] u.a. beleuchtet.

Die vorliegende Arbeit beginnt mit einer kurzen Biographie Volkmars. Diese Biographie will allerdings sein Leben nicht ausführlich nacherzählen, sondern konzentriert sich auf seine Arbeit in der Gesetzkommission sowie seine Beteiligung an der Gesetzgebungsarbeit. In den darauffolgenden zwei Teilen werden die Volkmarschen Arbeiten im Detail betrachtet, indem zuerst die Grundlage seiner Ausarbeitungen im Teil B rekonstruiert wird. Danach handelt das Kapitel C von seinen Rohentwurf zum allgemeinen Gesetzbuch. Der letzte Teil D widmet sich einer vergleichenden Untersuchung der beiden römischrechtlichen Auszüge von Volkmar und Schlosser.

---

24 *Johann Gottlieb Heineccius*, *Elementa iuris civilis secundum ordinem pandectarum*, 3. Aufl., Straßburg 1732.

25 *Christian Friedrich von Glück*, Ausführliche Erläuterung der Pandecten nach Hellfeld. Ein Commentar, Bände 1-24, Erlangen 1797–1825.

26 *Samuel Pufendorf*, *De iure naturae et gentium ibri octo*, Frankfurt am Main 1716.

27 *Christian Wolff*, *Institutiones juris naturae et gentium*, Halle und Magdeburg 1750.

28 *Joachim Georg Darjes*, Discours über sein Natur- und Völkerrecht, Bände 1-2, Jena 1762–1763.

29 *Wilhelm Bornemann*, Systematische Darstellung des Preußischen Civilrechts mit Benutzung der Materialien des Allgemeinen Landrechts, Bände I-VI, Berlin 1842–1845.

30 *Heinrich Dernburg*, Lehrbuch des preußischen Privatrechts, Bände I-III, Halle 1875–1878.

31 *Franz Förster*, Preußisches Privatrecht, 7. Aufl., bearbeitet von *Max Ernst Eccius*, Band 1-4, Berlin 1896–1897.

A. Volkmar und die preußische Gesetzesreform

Abstract: Volkmar was born in Silesia in 1758. He first studied law in Halle. He received his doctorate at the University of Frankfurt an der Oder in 1779 under the civil lawyer Georg Samuel Madihn at the age of 21. The young Dr. Volkmar received great renown for his outstanding academic achievements. He was appointed to work in the Gesetzkommission in Berlin. He was responsible for the extraction of the Roman law. Within the following two years, Volkmar had already completed the extraction, together with a statement of its completeness and, finally, a partially prepared rough draft for the planned code. However, his two years of work in Berlin could not satisfy the editors. Due to a rescript from the Department of Justice to the Oberamtsregierung at Breslau dated 31 May 1782, Volkmar had to resign from his service in the Law Commission in Berlin. On 15 March 1794 Volkmar died in Halle of typhus at the age of 36. Two months after his death, namely on 1 June 1794, the General Code for the Prussian States came into force as the "General Land Law for the Prussian States" after the suspension had ended.

Keywords: Volkmar; Gesetzkommission; extraction; Roman law

I. Biographie[1]

1. Herkunft und Studium

Friedrich Nathanael Volkmar entstammte einer Gelehrtenfamilie aus dem preußischen Schlesien. Er wurde im Jahr 1758[2] in Petersdorf im Landkreis Hirschberg im Riesengebirge[3] als Sohn des Theologieprofessors Johann Tobias Volkmar

---

1 Zur Biographie Volkmars generell (jedoch fragmentarisch) vgl. *Koppe*, 331 f.; *Weidlich*, Nachrichten, 3. Theil, S. 332 f.; *Meusel*, Band XIV, S. 291 f.; *Bardong*, S. 213 f; *Schwennicke*, S. 18 in Fn. 22; *Barzen*, S. 63 in Fn. 15; *Lindemann-Stark*, S. 816 f.

2 *Madihn*, S. 14; *Bardong*, S. 213. Die Feststellung seines Geburtsjahrs ergibt sich glaubwürdig aus dem Einladungsschreiben Madihns zu Volkmars Disputation: „*Natus sum Anno MDCCLVIII. Petersdorfio, vico prope Sudetes fito* …". In der bisherigen rechtsgeschichtlichen Literatur wird jedoch sein Geburtsjahr entweder mit 1750 angegeben (*Barzen*, wahrscheinlich aufgrund *Meusels* Bericht) oder offengelassen (*Schwennicke*).

3 Das heutige *Piechowice* liegt im Powiat (polnisch: Landkreis) *Jeleniogórski* der polnischen Provinz Niederschlesien.

(1718–1787) und dessen Frau Maria Magdalena Streckenbach (? - 1779) geboren. Sein Vater hatte in Leipzig und Helmstedt Philosophie und Theologie studiert, war Assessor des Breslauer Stadtkonsistoriums und von 1772 bis 1775 Professor am dortigen Elisabethgymnasium, daneben im Jahr 1773 Mitglied der schlesischen patriotischen Gesellschaft zu Breslau[4]. Friedrich Nathanael hatte zwei Schwestern, Maria Beate und Sabine Amalie.

Nachdem der junge Volkmar die Schulzeit am Elisabethgymnasium in Breslau absolviert hatte, begann er im Jahr 1775 sein zweijähriges Studium als *stud. iur.*[5] an der Universität Halle, damals eine der bedeutendsten Universitäten und Zentrum der deutschen Aufklärung. In Halle wohnte er bei dem Historiker Karl Friedrich Pauli[6] und besuchte die Vorlesungen Kriminalrecht bei dem damals bekannten Naturrechtler Daniel Nettelbladt[7], öffentliches Recht bei Philipp Bertram[8], *practica et iuris digestorum et controversarium* bei Philipp Heisler[9], Naturrecht und Institutionen, Digesten, Feudalrecht sowie kanonisches Recht bei Johann Christian Woltaer[10]. Zu seinen hallischen Kommilitonen gehörte namentlich der Romanist Christian Friedrich von Glück[11], etwas früher hatten

---

4 *Meusel*, Band XIV, S. 293.

5 Einschreibungsdatum: 7. Oktober 1775, zitiert nach *Bardong*, S. 214.

6 Pauli (1723–1778) studierte an den Universitäten Königsberg (1740–1742) und Halle (1742–1747), seit 1751 war er außerordentlicher Professor des Staatsrechts und der Geschichte in Halle, seit 1765 ordentlicher Professor der Geschichte und Weltweisheit ebenda. Vgl. *Weidlich*, Verzeichniß, S. 50–51; *Meusel*, Band X, S. 298.

7 Zu Nettelbladt vgl. vor allem die rechtsgeschichtliche Darstellung bei *H. Hoffmann-Steudner*, Daniel Nettelbladt (1719–1791) als Zivilrechtler, Berlin 2006, S. 4–18; dazu auch *Landsberg*, 288 f.

8 Bertram (1726–1777) studierte Jura und Philosophie in Halle und Jena, seit 1764 war er ordentlicher Professor des Staatsrechts in Halle. Vgl. *Meusel*, Band I, S. 573.

9 Heisler (1718–1781) studierte in Halle und wurde dort im Jahr 1750 zum Doktor beider Rechte promoviert. 1754 wurde er ordentlicher Professor an der Universität Halle und Beisitzer der juristischen Fakultät. Vgl. *Weidlich*, Verzeichniß, S. 51–56; *Meusel*, Band V, S. 316.

10 Woltaer (1744–1815) studierte zuerst Mathematik, Theologie, alte und neue Sprachen an der Universität Frankfurt an der Oder, dann ging er nach Halle, um Jura zu studieren. Seit 1775 war er dort ordentlicher Professor. Vgl. *Weidlich*, Verzeichniß, S. 66–67; *Weidlich*, Nachrichten, 2. Theil, S. 472–473.

11 Glück (1755–1831) studierte Jura von 1770 bis 1776 an der Universität Halle. Es gibt allerdings keinen konkreten Beweis dafür, dass Volkmar und Glück sich in Halle persönlich kennengelernt haben. Jedenfalls tauchen aber die Namen beider gleichzeitig in einer Sammlung der von Woltaer betreuten Dissertationen auf: *D. Joannis Christiani*

auch die preußischen Gesetzesredaktoren Klein, Pachaly und Fenderlin in Halle studiert[12].

Volkmars Studium in Halle endete im Jahr 1777[13]. Seine 55-seitige Dissertation handelt vom Kondiktionsrecht, „*de condictionum indole atque natura*“[14], und ist dem damaligen schlesischen Justizminister von Carmer sowie dem Breslauer Oberamtsregierungspräsidenten Ferdinand Siegismund Freiherr von Seidlitz und Gohlau (1725–1806) gewidmet. Eine anerkennende Rezension seiner Dissertation findet sich in Hymmens „Beyträge zu der juristischen Literattur in den preußischen Staaten“[15].

Nach dem hallischen Studium kehrte Volkmar nach Schlesien zurück und arbeitete als Auskultator[16] in der Oberamtsregierung zu Breslau. Kurz danach immatrikulierte er sich an der Universität Frankfurt an der Oder als *iur. utr. cand. proped. doctorandus*[17]. Seine Promotion unter dem Zivilrechtler Georg Samuel Madihn[18] verlief erstaunlich schnell, schon gut ein Monat nach seiner Immatrikulation fand am 16. Oktober 1778 die Disputation statt[19]. Seine 44-seitige Doktorarbeit *de intestatorum Atheniensium hereditatibus*, welche von der

---

Woltaer, Prof. Iuris Publ. Ordin. Exercitationes Academicae, Halle 1783. Zu Glück vgl. *Hirata*, S. 330 f.

12 Ernst Ferdinand Klein (1744–1810) studierte in Halle von 1763 bis 1766, Friedrich Wilhelm Pachaly (1742–1804) ab 1762, Lukas Fenderlin (1732–1794) ab 1750. Vgl. *Stölzel*, S, 171; *Bardong*, S. 38; *Perschke*, S. 28.

13 Seine Disputation fand am 15. Oktober 1777 statt.

14 *Fridericus Nathanael Volcmarus, Dissertatio iuris civilis de condictionum indole atque natura*, Halle 1777. Auch erschienen in: *D. Joannis Christiani Woltaer, Prof. Iuris Publ. Ordin. Exercitationes Academicae*, Halle 1783.

15 „Die Lehre von den Kondictionen wird hier nach der ursprünglichen Beschaffenheit und nach den römischen Begriffen gut und in zierlichem Latein abgehandelt. Der Verfasser hat … mithin eine würdige Probe seiner Studien abgelegt.“ *Hymmen*, Sammlung 3, S. 329. Eine Besprechung bietet *Schott* eben in seiner „Kritik“ (Band 6, S. 63).

16 Eigentlich lat. *auscultator* (Zuhörer), Gerichts- bzw. Rechtsreferendar.

17 Einschreibungsdatum: 13. September 1778. *Friedländer*, S. 472.

18 Madihn (1729–1784) studiert Jura in Braunschweig, Helmstedt und Halle, wurde im Jahr 1754 an der Universität Halle promoviert. Er war seit 1758 ordentlicher Professor an der Universität Halle, im Jahr 1772 wechselte er an die Universität Frankfurt an der Oder. *Meusel*, Band VIII, S. 433.

19 Die Einladungsschrift zu seiner Inauguration wurde auch veröffentlicht: *Madihn, Georg Samuel, De virtute conventionis, qua fundi venditi tributa in venditorem transferuntur, Traiecti ad Viadrvm* 1778. Zur rechtshistorischen Bedeutung von Einladungsschriften generell vgl. Schubart-Fikentscher, S. 56.

antiken griechischen Intestaterbfolge der Deszendenten handelt, ist dem preußischen Justizminister Freiherr Carl Abraham von Zedlitz (1731–1793) gewidmet und erhielt ebenfalls eine positive Besprechung von Hymmen[20].

Als Privatdozent hielt dann der zwanzigjährige Doktor Volkmar Vorlesungen über Zivilrecht an der Universität Frankfurt an der Oder, seine Lehrtätigkeit dauerte allerdings nicht lange an. Er unterbrach wohl kurz seine Lehrveranstaltungen und arbeitete abermals bei der Oberamtsregierung zu Breslau. Auf Basis seiner Frankfurter Vorlesungsmaterialien publizierte er im Jahr 1780 in Breslau ein Buch zum Thema „Erbschaft *ex asse et ex parte* und *successio titulo universali et singulari*". Dieses Buch diente „zu einer Wiederholung der Vorlesungen", die er „über die Grundsätze der Institutionen des bürgerlichen Rechts und über die Lehre der Digesten" gehalten hatte[21]. Darüber hinaus erschienen im Zeitraum 1779–1780 noch zwei weitere Publikationen unter dem Namen Volkmars, nämlich ein Buch über die „*leges Romuleas et Magistratus*"[22] sowie zwei auf Französisch geschriebene Bände unter dem Titel „*Histoire de la Tactique des Romains, de ses progrès et de sa décadence, avec des recherches militaires*"[23]. Laut einem zeitgenössischen Bericht soll der junge Doktor Volkmar damals schon weithin bekannt gewesen und als ebenso fruchtbarer Schriftsteller wie aussichtsreicher Gelehrter angesehen worden sein[24].

20 „… so verdient doch der Herr Verfasser alles Lob, dieser gut geschriebenen Schrift wegen, welche eine nicht gemeine Kenntniß der Alterthümer, der Sprache, Geschichte, auch eine lobenswürdige Bekanntschaft der elegantesten Schriftsteller bezeugt." *Hymmen*, Sammlung 5, S. 378. Vgl. auch *Schott*, Band 7, S. 79 f.

21 *Doctor Volkmar*, Erläuterungen der Begriffe: Erbschaft *ex asse et ex parte* und *successio titulo universali et singulari*: Eine Vorlesung des bürgerlichen Rechts, seinen Herren Zuhörern gewidmet, Breslau 1780, hier: S. 3.

22 *Frid. Nath. Volcmari legum doctoris Viadrini, Variorum, quae ad leges Romuleas et magistratus pertinent, liber singularis, Vratislavia* (Breslau) 1779. Diese Arbeit ist ebenfalls dem Minister Zedlitz gewidmet.

23 Der erste Teil wurde in Breslau im Jahr 1780 veröffentlicht, der zweite Teil angeblich im Jahr 1781. Eine Besprechung für den ersten Teil befand sich jedenfalls in den Göttingische Anzeigen von gelehrten Sachen, 5. Stück (11. Jan.), 1781, S. 38. Ob der zweite Teil im Jahr 1781 wirklich schon erschienen war, ist jedoch nicht festzustellen. *Meusel*, Band XIV, S. 292.

24 „(Volkmar ist) der gelehrten Welt … rühmlich bekannt, und auf den Breslau Stolz zu seyn Ursach hat, da von dessen Talenten noch vieles zu hoffen ist." *Ehrhardt*, S. 251 f. „Er war ein Mann von vielen Talenten, und seine Schriften, … verrathen einen denkenden Kopf." *Baur*, Sp. 1044.

2. Aufenthalt in Berlin und danach

Seine herausragenden Leistungen als Wissenschaftler erregten bald die Aufmerksamkeit der preußischen Gesetzesreformer. Während der neue preußische Großkanzler Carmer seine Mitarbeiter nach Berlin berief, um einen Arbeitsstab sowie die künftige Gesetzkommission[25] zu bilden[26], erhielt Volkmar spätestens im Juli 1780 ebenfalls einen Auftrag vom preußischen Justizministerium: Er solle einen „ordentlichen getreuen und vollständigen Auszug aus dem *Corpus Juris* nach beiliegendem Plan und Anweisung" verfertigen[27]. Die Aufgabe wurde vom 23-jährigen Volkmar ohne Zögern angenommen. Binnen der folgenden zwei Jahre stellte Volkmar den Auszug (*Excerpt*) bereits fertig, zusammen mit einer Nachweisung über dessen Vollständigkeit und schließlich einem teilweise angefertigten Rohentwurf für das geplante Gesetzbuch[28]. Seine Arbeit fand Carmer jedoch nicht zufriedenstellend. Aufgrund eines Reskripts des Justizdepartements an die Oberamtsregierung zu Breslau vom 31. Mai 1782 musste Volkmar aus seinem Dienst in der Gesetzkommission in Berlin ausscheiden und wurde als Assistenzrat zu Pachaly[29] nach Breslau zurückgeschickt[30]. Diese für ihn unwürdige Versetzung lehnte Volkmar indes ab. Zwar verließ er Berlin, trat den Weg nach Breslau jedoch nicht an[31].

Volkmars verbleibenden Lebensweg gibt die Literatur nur recht vage wieder. Von 1783 bis zum Jahr 1784 taucht er weder in den offiziellen Akten noch in den

25 Heute würde man „Gesetzeskommission" sagen, in der vorliegenden Arbeit wird allerdings die in der Literatur übliche, auch quellenmäßige Terminologie „Gesetzkommission" verwendet. Vgl. *Krause*, Geschichte, S. LVI; *Finkenauer*, ZRG 113 (1996), S. 46; *Kuhli*, S. 1 in Fn. 2.

26 Zur allgemeinen Geschichte der preußischen Gesetzesreform seit der sogenannten „Müller-Arnold-Affäre" vgl. nur *Barzen*, S. 17 ff.

27 01.01.002.

28 Näheres unten A II.

29 Friedrich Wilhelm Pachaly (1742–1804) war ein Schlesischer Jurist und Geschichtsschreiber, wurde 1775 Generalfiskal für Schlesien und war daneben seit 1783 Obergrichter. Vgl. *Schwennicke*, S. 18 in Fn. 21; *Wendt, H.*, „Pachaly, Friedrich Wilhelm", in: ADB, Bd. 52, S. 743–744.

30 03.01.088.

31 Vgl. Pachalys Schreiben an Carmer am 9. Oktober 1782: „Dr. Volkmar … hat es vermuthlich für zu sehr unter seiner Würde gehalten, hierher zu dem Oberamt in eben den Posten zu kommen, den er vor 2 oder 3 Jahren mit einer Art von Geringschätzung verlaßen hatte. Sein Vater hat bereits längst erklärt, sein Sohn werde nicht nach Breslau kommen …", 03.01.111. Abgedruckt in *Daniels*, Bd. 1, S. 35 in Fn. 3.

zeitgenössischen biographischen Zeitschriften auf. Erst in einem Bericht von 1785[32] wird uns mitgeteilt, dass Volkmar als Kabinettssekretär des russischen Fürsten Gregori Potjomkin (1739–1791) an Ostern 1784 nach St. Petersburg abgefahren sei[33]. Sein Aufenthalt in Russland sollte jedoch nicht lange dauern, er kehrte daraufhin wieder nach Breslau zurück, wurde dort zuerst Chemiker (*Chymicus*), danach bewirtschaftete ein Grundstück in Treben[34]. Außerdem war er als Privatgelehrter schriftstellerisch tätig. Volkmar publizierte ein Buch über die Glaubwürdigkeit des Zeugnisses von der Auferstehung und Himmelfahrt Jesu, worin er versuchte, die Beweiskraft der Evangelisten in den heiligen Schriften nach den Regeln des römischen Rechts zu beurteilen[35].

Volkmar blieb in Breslau für fast ein Jahrzehnt und geriet anscheinend allmählich in wirtschaftliche Bedrängnis. Der mit Volkmar befreundete hallische und Frankfurter Kollege Gustav von Schlabrendorf (1750–1824) unterstützte ihn finanziell von Paris aus und bat den dirigierenden Minister zu Breslau Karl Georg von Hoym (1739–1807) um weitere Unterstützungen[36]. Letzterem hat Volkmar sein im Jahr 1793 veröffentlichtes Buch „über ursprüngliche Menschenrechte, Freyheit und Gleichheit“[37] gewidmet. In diesem Werk stellt Volkmar seine persönlichen Ansichten zur Aufklärung und zur Französischen Revolution vor. Dabei nimmt er eine zurückhaltend-konservative Perspektive ein:

> „Ich halte die abstrakten Spekulationen einiger neuen Weltweisen über die Moralität und Unmoralität in den Staatsrevolutionen für eine bloß spekulative, gänzlich unnütze Beschäftigung. …
> Aufklärung ist Wahrheitsaufhellung … Wahre Aufklärung ist das Licht, welches leuchtet, ohne zu zünden; sie unterrichtet den Menschen von seinen wahren Pflichten,

32 *Hartleben*, S. 657.

33 *Weidlich*, Nachrichten, 4. Theil, Nachträge, S. 239. Anders als *Weidlich* berichtet *Koppe* (S. 332), dass Volkmar sich „nicht bei dem Fürsten Potemkin, sondern bei dem in rußisch kaiserlichen Diensten stehenden Prinzen von Würtemberg“ betätigt habe.

34 *Streit/Zimmermann*, S. 486; *Meusel*, Band XIV, S. 292. Volkmar sei in Breslau „Besitzer eines Guts, und endlich Pachter“. Beim „Besitzer“ wird möglicherweise im juristischen Sinne „Eigentümer“ gemeint, welches darauf hindeuten kann, dass die finanzielle Lage Volkmars allmählich schlechter geworden war.

35 Prüfung der Glaubwürdigkeit des Zeugnisses derer Evangelisten von der Auferstehung und Himmelfahrt Jesu nach römischem Rechte, Breslau 1786.

36 *Bardong*, S. 214.

37 Abhandlung über ursprüngliche Menschenrechte, Freyheit und Gleichheit; nebst einigen rhapsodischen Bemerkungen über demokratische und monarchische Regierungsform, Breslau 1793.

Rechten und Verhältnissen. ... Halbe Aufklärung hingegen verbreitet falsche Grundsätze, Eigendünkel, Schwärmerey und Gefahr."[38]

Im Winter 1793 ging Volkmar mit seiner Familie[39] nach Halle, um dort seine universitäre Lehrtätigkeit erneut aufzunehmen. Als Privatdozent an der Universität Halle hielt er Vorlesungen über juristische Enzyklopädie und römisches Recht[40]. Anfang 1794 publizierte er ein Buch über die Philosophie der Ehe[41], daneben bereitete er noch ein weiteres Buch über juristische Anthropologie vor, das jedoch nie erschien[42]. Nur wenige Monate später[43], am 15. März 1794, verstarb Volkmar in Halle an Schleimfieber (Typhus) im Alter von 36 Jahren. Zwei Monate nach seinem Tod, nämlich am 1. Juni 1794, trat das Allgemeine Gesetzbuch für die Preußischen Saaten nach der beendeten Suspension als das „Allgemeine Landrecht für die Preußischen Staaten" in Kraft.

II. Volkmars Eintritt in die Gesetzkommission (1780–1782)

1. Die Idee eines Auszugs aus den römischen Rechtsquellen

Während Volkmar im Jahre 1779 als Privatdozent in Breslau Vorlesungen hielt, setzte in Berlin bald die Gesetzgebungsarbeit ein[44]. Im Dezember 1779 war der schlesische Justizminister Carmer in Berlin zum Großkanzler ernannt worden, vier Monaten danach[45] machte er König Friedrich dem Großen einen Vorschlag zur Verbesserung des preußischen Rechtsstandes. Damals dachte Carmer noch an den vorangegangenen Coccejischen Reformplan, nämlich „das Recht der Natur vor das Römische Recht" vorzuziehen[46]. Danach hätte ein subsidiäres allgemeines Gesetzbuch erlassen werden sollen, wie es Cocceji bereits Jahrzehnte

38 Abhandlung über ursprüngliche Menschenrechte, S. 7 f.; S. 13 f.

39 Volkmar heiratete im Oktober 1788 die Tochter des Oberamtsmanns Hegner zu Lossen. *Streit/Zimmermann*, S. 486; *Bardong*, S. 214.

40 *Koppe*, S. 199.

41 Philosophie der Ehe, Halle 1794.

42 *Lotz*, Dezember 1799, Nr. CXXXXVII, Sp. 559. Gleichwohl findet sich der Titel dieses Buchs in den üblichen Biographien, etwa bei *Meusel*, Bd. XIV, S. 292 und *Koppe*, S. 334.

43 Den Prolog zum Buch „Philosophie der Ehe" hatte er am 28.12.1793 in Halle verfasst.

44 Zur preußischen Gesetzgebungsgeschichte vor dem ALR vgl. nur *Klein*, Geschichte, S. XXXV f.; *Barzen*, S. 3–57; *Krause*, Geschichte, S. XX-XLIV.

45 Am. 4. April. 1780. Das Promemoria von Carmer ist verloren, an dessen Inhalt wird sich die Kabinettsorder vom 6. April 1780 aber streng gehalten haben. *Barzen*, S. 20.

46 Kabinettsorder vom 6. April 1780, abgedruckt in *Kamptz*, Jahrbücher, Bd. 46, S. 226.

zuvor in der Vorrede zu seinem Entwurf „Project des *Corporis Juris Fridericiani*" (1749) vorgestellt hatte:

> „§ 30. Es erhellet also hieraus, daß Sr. Königl. Majestät nicht das Römische Recht aufgehoben, sondern nur die Unordnung, welche die *Compilatores* durch ihre confuse Extracte veranlasset, corrigiret haben. Sie haben die in dem *Corpore Juris*, und in denen angeführten Extracten versteckte *Principia Juris naturalis*, hervorgesucht, solche bey einer jeden Materie vorausgesetzt, vernünftige *Conclusiones* daraus deducirt, folglich das Römische Recht *ad artem* redigiert, das ist, in eine vernünftige Ordnung gebracht: So daß dieses Land=Recht mit Grund ein *Jus naturae privatum* genannt werden kann."[47]

Laut Cocceji enthält das römische Recht die Prinzipien des natürlichen Rechts bereits, die Gesetze von Grund auf zu revolutionieren sei demnach weder nötig noch praktisch. Vielmehr lässt der Reformplan Coccejis den Gesetzesredaktoren nun die Aufgabe zuteilwerden, die römischrechtlichen Stoffe und das partikuläre deutsche Recht in einer naturrechtlichen Anordnung zusammenzuführen[48]. Diesem Gedanken[49] entsprechend befahl König Friedrich der Große in der Kabinettsorder vom 14. April 1780 dem Großkanzler von Carmer: „… es muß also nur das Wesentliche mit dem Natur=Gesetz und der heutigen Verfassung übereinstimmende aus demselben abstrahirt; das Unnütze weggelassen; Unsere eigene Landes=Gesetze am gehörigen Orte eingeschaltet, und solchergestalt ein subsidiarisches Gesetz=Buch, zu welchem der Richter beym Mangel der Provinzial=Gesetze recurriren kann, angefertiget werden."[50]

Die Kabinettsorder vom 14. April 1780 gilt zwar als die allgemeine Orientierungslinie für die Reformarbeit, enthält jedoch keinen ausführlichen Arbeitsplan. Vielmehr legten erst der Großkanzler Carmer und seine Mitarbeiter[51] ein konkretes und durchführbares Vorgehen fest. Auf Basis der Kabinettsorder entwarf Carmers Mitarbeiter Svarez Ende April, spätestens Anfang Mai 1780[52], eine *„vorläufige Instruction für die zu etablirende Gesetzkommission"* (*„Vorläufige Instruction"*)[53], worin erstmalig eine schrittweise durchzuführende

47 *Cocceji*, 1. Theil, S. 14.

48 *Finkenauer*, ZRG 113 (1996), S. 46 in Fn. 11.

49 Zur juristischen Ideengeschichte der Neuzeit, vgl. nur *Wieacker*, S. 312 f.; *Thieme*, Naturrecht.

50 Abgedruckt in: NCC, Bd. VI, 1780, Nr. 13, Sp. 1941.

51 Cocceji hatte seinen Entwurf noch allein entwickelt. Vgl. *Springer*, S. 64; *Krause*, Geschichte, S. LVI.

52 *Krause*, Geschichte, S. LIX; *Barzen*, S. 59.

53 Volltext abgedruckt in *Daniel*, S. 223–227.

Arbeitsmethode zu finden ist[54]. Erster Schritt der Gesetzgebungsarbeit sollte die Extrahierung der römischen Gesetze sein.

Die Idee, einen vollständigen Auszug aus den römischen Rechtsquellen als Material für die weitere Gesetzgebungsarbeit zu erstellen, geht ursprünglich auf Johann Georg Schlosser (1739–1799)[55] zurück. In seinem 1777 publizierten Buch „Vorschlag und Versuch einer Verbesserung des deutschen bürgerlichen Rechts ohne Abschaffung des römischen Gesezbuchs" schlug Goethes Schwager bereits vor, einen Entwurf aufgrund des „extrahierten" römischen Rechts anzufertigen:

> „Wenn ein Mann, der Geschick und Muße, und Fleiß genug dazu hat, sich die Mühe nehmen, oder wenn ein Großer, der auf gründliche Verbesserung denkt, einen ermuntern wollte, alle Geseze und aller Abschnitte der Geseze, die in dem *corpus iuris* enthalten sind, Stück vor Stück durch zu gehen, und wann er alles, was in diesen Gesezen durch ihre Veranlassung zu sehr bestimmt ist, weggelassen, alles, was bloß römisch ist, auf die Seite gethan hätte, das allein zu sammeln, was würklich als Grundsaz der Entscheidung in den Fällen, die bey uns noch möglich sind, gebraucht werden kann; so würde er das weitläufige *corpus iuris*, das seit hundert Jahren nicht funfzig Juristen durchlesen haben, auf einen mäßigen Octavband von weniger als zehn Bogen zu bringen im Stande seyn."[56]

Schlosser machte selbst in seinen „wenigen Nebenstunden" einen Probeauszug und hielt es für nicht so schwierig, wie er vorher gedacht hatte. Er habe „über sieben hundert Geseze auf gar achtzig heruntergebracht"[57], dadurch sei auch das römische Recht „leicht, klein und einfach" geworden. Obwohl seine Probe sich auf einen begrenzten Bereich des Vertragsrechts beschränkte und sein Probeauszug von vornherein lückenhaft erscheinen musste, etablierte sein Versuch doch eine neue Methode zur Gesetzgebung und machte die Gesetzesreformer in Berlin aufmerksam[58]. Von April 1780 an verhandelte Svarez mit Schlosser, um ihn gegen ein jährliches Gehalt von 3000 Gulden zur zweijährigen Arbeit in

---

54 01.01.014.

55 Vgl. die Erklärung Schlossers in seinem „*Vorschlag und Versuch*", S. 28: „Der Gedanke ist so wenig neu, daß vielmehr alle unsre Original=Einleitungen in die Rechte nach dieser Idee gemacht worden seyn müssen; aber die Anwendung dieses Gedankens auf Errichtung eines neuen Gesezbuchs ist meines Wissens noch nicht gemacht worden ..."

56 *Schlosser*, S. 27 f.

57 *Schlosser*, S. 29.

58 Svarez' Schreiben an Schlosser am 30. Mai 1780, abgedruckt in *Baldus/Mühleisen*, S. 121.

die Gesetzkommission nach Berlin zu berufen[59]. Die Verhandlung verlief jedoch ohne Erfolg. Schlosser lehnte Svarez' Angebote wegen irgendwelcher Bedenken ab, seien sie wirtschaftliche oder doch politische. Der eigentliche Grund, aus dem Schlosser ablehnte, wird noch heute unterschiedlich dargestellt[60]. Trotz seiner Absage wurde die Schlossersche Idee von den Gesetzesredaktoren bis auf Weiteres akzeptiert[61]: Dass ein „Extract aus dem *Corpus Juris*" schon vor dem Gesetzesentwurf gemacht werden solle, wird sowohl in der internen „*Vorläufigen Instruction*"[62] vom April/Mai 1780, als auch in den öffentlich erlassenen „*Grundsätzen des Verfahrens bei Sammlung und Verbesserung der Gesetze*" („*Grundsätze*")[63] vom Juli 1780 ausdrücklich gefordert.

Nachdem Schlosser die Berufung nach Berlin abgelehnt hatte, wurde der ehemalige Frankfurter Dozent Volkmar von Carmer und Svarez als die ideale Besetzung für die Extrahierung des römischen Rechts gewählt. Es lässt sich vermuten, dass Volkmar den Großkanzler und Svarez schon während seiner Arbeit in der schlesischen Oberamtsregierung persönlich kennengelernt hatte[64]. Im Bericht des Großkanzlers an den König vom 26. Juli 1780 wurde Volkmar zur Assistenz an der Reformarbeit vorschlagen[65]; zu jenem Zeitpunkt war er anscheinend schon in Berlin angekommen.

2. Volkmars Arbeit in der Gesetzkommission

a) *Die aufgeteilte Hauptaufgabe*

Zwischen Mai und Juli 1780 hatten Carmer und Svarez die „*vorläufige Instruction*" umgearbeitet. Durch Kabinettsorder vom 27. Juli wurde sodann die

---

59 *Daniels*, Bd. 1, S. 24; *Barzen*, S. 61 f.; *Baldus/Mühleisen*, S. 108.

60 Ein wahrscheinlicher Grund liegt darin, dass der Reformplan von Schlossers ursprünglicher Vorstellung abweicht: Während Schlosser meint, dass die extrahierten römischrechtlichen Quellen an sich schon der Rohentwurf sein sollten, erscheinen in Carmers Plan dieselben Quellen nur als eine Vorstufe zur weiteren Redaktion. Vgl. *Schlosser*, 313 f.; *Daniels*, Bd. 1, S. 24. Daneben hat Schlosser familiäre und berufliche, außerdem wirtschaftliche Bedenken. Vgl. *Baldus/Mühleisen*, S. 127; auch den Brief Schlossers an Svarez vom 20. Juni 1780, 07.03.007-009, abgedruckt in *Baldus/Mühleisen*, S. 114 ff.

61 *Baldus/Mühleisen*, S. 125.

62 01.01.014v.

63 Kabinettsorder vom 27. Juli 1780, abgedruckt in *Daniels*, Bd. 1, Anlage I, S. 3–9, hier Punkt 17, S. 7.

64 So auch *Barzen*, S. 43.

65 07.01.029r.

ergänzte Fassung als die endgültigen „*Grundsätze*" für die Gesetzesreformarbeit erlassen. Die primäre Aufgabe Volkmars wird darin mit einem einzigen Satz skizziert:

> „§ 17. In Ansehung des Allgemeinen Gesetzbuches wird zuförderst ein ordentlicher, getreuer und vollständiger Auszug aus dem *Corpus Juris* nach beiliegendem Plan und Anweisung verfertigt."[66]

Die ergänzenden Anweisungen dazu wurden schon etwa eine Woche früher von Svarez festgelegt und als „*Instruction für den Dr. iur. Volckmar wegen Anfertigung eines Auszuges aus dem Römischen Gesetzbuche*" („*Instruction*")[67] diesem an die Hand gegeben. Volkmar solle die gesamten Materien in einer Ordnung ausziehen, welche „eigentlich für das künftige neue Gesetzbuch bestimmt" sei. Nach Carmers Vorstellung sollte diese Ordnung nicht speziell für den römischrechtlichen Auszug, sondern für das gesamte allgemeine Gesetzbuch gelten[68]. Eine solche Ordnung, bzw. „Systematik", blieb jedoch hinter dem Arbeitsplan zurück, da Carmer im September 1780 erst begann, sich mit Praktikern und Rechtsgelehrten über die Systematik des Gesetzbuchs auseinanderzusetzen [69]. Statt einer ausgereiften Ordnung im Sinne eines Gesetzbuchs entwarf Svarez ein vorläufiges „*Schema, nach welchem der Auszug aus dem Corpore Civilis Romani vom Doctor Volckmar angefertigt werden soll*" („*Schema*")[70]. Mit diesem Schema ergänzte er die „*Instruction*" und stellte es Volkmar zur Verfügung.

Volkmar war wohl im Juli, kurz nachdem er seine Aufgabe angenommen hatte, bereit und fing sofort anhand der „*vorläufigen Instruction*" mit der Arbeit an. Ohne auf eine Anweisung zur Systematik von den Gesetzesredaktoren zu warten, formulierte er kurzerhand seine eigenen „*Ideen über die Einrichtung des Auszugs aus den Römischen Gesetzbüchern, nebst einem Versuch eines zum Grunde zu legenden Schemas*" („*Ideen*")[71] zur Probe. Volkmar legte seine „*Ideen*"

---

66 Abgedruckt in *Daniels*, Bd. 1, Anlage I, S. 7.

67 Übermittelt am 19. Juli 1780, Volltext im Anhang I, mit einigen Korrekturen des bei *Daniels*, Bd. 1, Anlage II abgedruckten Texts. Die „*Instruction*" an Volkmar ist in dieser Arbeit keineswegs zu verwechseln mit der „*vorläufigen Instruction*" für die Gesetzkommission. Letztere wird generell im Zusammenhang mit den „*Grundsätzen*", als deren Vorstufe, genannt.

68 Näheres unten B I.

69 *Barzen*, 64 f.

70 07.01.049-051, undatiert, möglicherweise im Juli 1780. Volltext wird abgedruckt im Anhang II.

71 07.01.041-047. Volltext wird abgedruckt im Anhang III.

und das Probeschema wohl dem Großkanzler und Svarez vor, deren Reaktion bleibt in den Akten aber unklar[72]. Auf jeden Fall hielt Volkmar an seinem eigenen Probeschema während der Arbeit nicht mehr fest, sein Auszug lehnt sich streng an das von Svarez entworfene Schema an.

Volkmars Extrahierungsarbeit ging zügig voran. Er überprüfte die römischrechtlichen Quellen (Digesten, Codex und Institutionen, ca. 10.000 von insgesamt 28.000 Stellen) ungeachtet einiger Lücken Stelle für Stelle und wählte die geeigneten ca. 3000 Stellen auf rund 600 Handschriftenblätter aus. Danach ordnete er die Stellen in systematischer Reihenfolge nach der „*Instruction*" an, in seiner eigenen (etwas freien und groben) Übersetzung ins Deutsche[73]. Spätestens zum Jahr 1781 hatte er den Extrakt fertig gestellt und vorgelegt[74]. Danach fertigte er gemäß dem 8. Punkt der „*Instruction*"[75] eine Nachweisung über die Vollständigkeit des Extrakts an, in der ursprünglichen Gesetzesreihenfolge der römischrechtlichen Quellen auf rund 125 Handschriftenblättern[76]. Die Gründe, weshalb eine Quellenstelle ausgezogen oder weggelassen werden sollte, werden von Volkmar nicht im Extrakt, sondern in der Nachweisung skizziert[77].

b) Weitere Arbeit und Entlassung

Nach Ausarbeitung des Extrakts und des Nachweises über dessen Vollständigkeit formulierte Volkmar aufgrund einer Anweisung von Carmer im Winter

72 Das Verhältnis zwischen dem Probeschema und dem Svarezschen Schema ist unten in B II 2 zu untersuchen.

73 07.02.147r. -07.03.454v. Der Auszug für die Einleitung ist abgedruckt im Anhang IV. Näheres unten B II.

74 *Simon*, S. 200; *Euler*, S. 23; *Barzen*, S. 76, vermutet aufgrund der Datierung Volkmars „*Grundrißes zum Gesetzbuch*", dass Volkmar schon gegen Ende 1780 den Extrakt fertig gemacht habe, mithin binnen weniger als sechs Monaten. Diese Vermutung setzt voraus, dass Volkmars Ausarbeitungen nacheinander angefertigt wurden, was allerdings in den Akten nicht zu beweisen ist. Näheres unten B II.

75 Punkt 8: „Am Ende jeder extrahirten Materien ist ein Verzeichniß der ausgezogene und der weggelaßene Titel und Gesetze beizufügen." Ungenau ist es deshalb, wenn *Barzen* (S. 78–79, richtig aber S. 72) Volkmars Arbeit als eine „Abweichung von den Vorgaben der vorläufigen Instruction" bezeichnet, weil die endgültige „*Instruction*" vom 19. Juli 1780 die „*vorläufige Instruction*" schon wesentlich geändert und die gesamte Extrahierung und Nachweisung Volkmar allein überlassen hat.

76 07.02.013-138. Die Nachweisung der Vollständigkeit zum 1. Buch der Digesten wird abgedruckt im Anhang V.

77 Näheres unten B II 3.

1780/1781, die Svarez' „*Instruction*" erweitert, auch einen „*Grundriß des Gesetzbuches*" („*Grundriß*")[78], außerdem den Rohentwurf zur Einleitung[79] und zum Familienrecht (*ex statu familiae*)[80] in Reinschrift[81]. Für das Ständerecht einschließlich des Adelsrechts, Bürgerrechts, Bauernrechts, Kirchenrechts[82] sowie Fiskalrechts formulierte er bis zu seiner Entlassung nur wenige Paragraphen. Diese sind noch nicht in eine systematische Ordnung gebracht und durchaus lückenhaft.

Volkmar betätigte sich in der Gesetzkommission von vornherein nicht als ordentlicher Mitarbeiter, sondern als Sekretär. Außerdem wurde er am 13. November 1780 zum Kurator der Kasse ernannt, demzufolge war er neben der Gesetzesreformarbeit auch verantwortlich für alle anfallenden Ein- und Auszahlungen im Deposital-Gewölbe des Kammergerichts[83]. Aus einem Bericht der Ausgaben der Gesetzkommission vom September 1780 ist zu ersehen, dass er ein jährliches Gehalt von 600 Reichstalern verdiente[84], während die ordentlichen Mitarbeiter (Svarez, Baumgarten, Pachaly) 800 Reichstaler erhielten[85].

Volkmars Tätigkeiten bei der Gesetzkommission dauerten anscheinend bis zum Sommer 1782 an. Die Gründe für sein Ausscheiden sind schwer aufzuklären. Laut Punkt 18 der „*Grundsätze*" waren die Volkmarschen Ausarbeitungen zuerst durch einen anderen Kollegen zu kontrollieren[86]. Diese Kontrollfunktion wurde dem mit Svarez befreundeten Generalfiskal Pachaly übertragen, er überprüfte indes nicht den Volkmarschen Auszug, sondern einen Teil seines Rohentwurfs[87]. Nach Carmers Vorstellung sollten Volkmar und Pachaly effizient

78 07.04.005r.-07.04.016v. Der Volltext ist abgedruckt in *Daniels*, Bd. 1, Anlage IV, S. 17–30.

79 07.04.002r.-07.04.004v. in Verbindung mit 07.04.018. Der Volltext ist abgedruckt in *Daniels*, Bd. 1, Anlage IV, S. 14 ff.

80 07.04.020r.-07.04.002r. Teilweise abgedruckt im Anhang VI.

81 Näheres unten C.

82 07.04.119r.-07.04.217r.

83 01.01.046.

84 Da ein Reichstaler im ausgehenden 18. Jahrhundert drei Gulden wert war, verdiente Volkmar für die Exzerpierungsarbeit deutlich weniger als Schlosser, dem Svarez ein Angebot von 3000 Gulden (= 1000 Reichstaler) gemacht hatte. Vgl. oben II 1.

85 01.01.026.

86 Abgedruckt in *Daniels*, Bd. 1, Anlage I, S. 7.

87 Die Frage danach, ob Pachaly Volkmars sämtliche Ausarbeitungen durchsah oder nicht, ist wegen der lückenhaften Überlieferung in den Akten nicht zu ermitteln. Sicher ist, dass Pachaly nur einen Teil des Volkmarschen Rohentwurfs überprüfte, nämlich

zusammenarbeiten, dadurch würde auch der Arbeitsvorgang beschleunigt. Es ging allerdings bei ihrer Zusammenarbeit nicht reibungslos zu. Pachaly beschwerte sich beim Großkanzler mehrmals darüber, dass er mit Volkmars Materien wegen ihrer umständlichen Systematik und Terminologien nur noch mühsam vorankomme[88]. Als Klein im August 1781 in die Gesetzkommission eintrat und die Bearbeitung der Rohentwürfe übernahm, war Volkmar umso mehr kompromittiert[89]. Der Kleinsche Eintritt in die Kommission bereitete außerdem dem Großkanzler finanzielle Bedenken. Nur durch die Entlassung einiger Arbeitskräfte konnte diese finanzielle Last erleichtert werden[90].

Spätestens Ende Mai 1782 entschied Carmer, dass Volkmar nicht mehr in der Gesetzkommission arbeiten dürfe. Am 31. Mai teilte der Großkanzler Volkmar seine Entscheidung in einem Reskript mit und schickte ihn nach Breslau, wo er unter Pachalys Leitung an den Materialien zum Gesetzbuch weiterarbeiten sollte[91]. In seinem Reskript drückte Carmer seine Unzufriedenheit mit der bisherigen Arbeit Volkmarsaus, Volkmar habe seine Aufgabe nicht hinreichend erfüllt[92]. Was Volkmar von Carmers brüsker Entscheidung gehalten hat, ist nicht zu ermitteln. Jedenfalls lehnte er beleidigt die neue Ernennung ab und verließ Berlin[93].

Die bis dahin von Volkmar angefertigten Ausarbeitungen wurden dann Klein und Pachaly zur gemeinsamen weiteren Redaktion überlassen. Inzwischen formulierte Svarez auch seinen eigenen Rohentwurf zur Einleitung und zum Familienrecht[94]. Die beiden Rohentwürfe von Volkmar und Svarez wurden danach mehrmals umgearbeitet bis zu dem im Jahre 1784 publizierten ersten Teil des „*Entwurfs eines allgemeinen Gesetzbuches für die Preußischen Staaten*“. Die von

---

die einschlägigen Paragraphen des Familienrechts. Vgl. *Daniels*, Bd. 1, S. 32. Pachalys Anmerkungen sind teilweise abgedruckt in *Daniels*, Bd. 1, Anlage III, S. 41–54.

88 *Daniels*, Bd. 1, S. 32.

89 *Barzen*, S. 93.

90 Vgl. Carmers Scheiben an Pachaly am 15. Oktober 1782. 03.01.112.

91 03.01.088.

92 „... Da der Dr. Volkmar sich damit begnügt hat, die allgemein anerkannten in den *compendiis juris* enthaltenen Rechtssätze nach der vorgezeichneten Ordnung der Materien zu colligiren, wobei *quaestiones dubiae et controversae* nur zuweilen und ganz im Vorbeigehen gerügt worden, ohne dieselben und die *pro et contra* angeführten Gründe näher aufzunehmen und auseinanderzusetzen.“ Abgedruckt in *Daniels*, Bd. 1, S. 34, in Fn. 2.

93 Vgl. oben Fn. 60.

94 *Barzen*, S. 108.

Volkmar noch zu bearbeitenden Teile des Vorentwurfs, nämlich der übrige Teil des Personenrechts und das gesamte Sachenrecht, fanden mit seiner Entlassung ein abruptes Ende. Diese Arbeiten wurden vielmehr 1783 Klein und Svarez übertragen und von 1785 bis 1788 als Teile des EAGB nacheinander publiziert.

B. Die Grundlage der Volkmarschen Ausarbeitungen

Abstract: Volkmar's main task was to make extracts from the Roman law resources. Although the idea of an extract goes back to Schlosser's suggestion, neither Schlosser nor the law editors in Berlin at the time have a concrete or feasible working method for the preparation of the extract. The dispute between the editors and Volkmar over the method of extraction concerns two issues in particular, namely the systematic nature of the excerpt to be prepared and the selection criteria for the Roman legal sources. From July 1780 at the latest, Volkmar goes through more than 10,000 Roman legal fragments within a year and extracts a third according to the schematic order for the extract, and he workd in strict accordance with the editors' requirements. In addition to the systematic order of the extracts, he appended simple reasons for the excluded fragments. The strict instructions of Svarez for the completeness of the extract lead in the result to the extent of the extract being extended to 600 manuscript pages, although Volkmar, notwithstanding some overlooked ones, has extracted 3,000 passages from the Corpus Iuris Civilis. Volkmar's extract is not formulated according to paragraphs and in this respect still lags far behind the EAGB in terms of form, but also behind the rough draft prepared by Volkmar himself.

Keywords: extract; systematic methode; Roman law

I. Einführung

Volkmar erledigt seine Aufgabe eines römischrechtlichen Auszugs nebst einem Teil des Probeentwurfs während seiner nur zweijährigen Arbeitszeit in Berlin. Er fertigt die Ausarbeitungen binnen so kurzer Zeit an, dass man sich veranlasst sieht, nach seiner Arbeitsmethode zu fragen[1]. Jeder Versuch, diese Frage zu beantworten, darf einer gründlichen Untersuchung der Textgrundlagen von Volkmars Ausarbeitungen nicht ausweichen. Geboten ist dies zum einem, da dessen Arbeitsmethode nicht als etwas von vornherein „Gegebenes" anzusehen ist, sondern als Ergebnis mehrerer Auseinandersetzungen zwischen Volkmar und den Gesetzesredaktoren, namentlich Svarez, erst gegen Ende Juli 1780

---

1 Volkmars Vorgehen bleibt in der Literatur bisher unerforscht, obwohl Volkmars Leistung wegen der beachtlichen Menge als „erstaunlich" eingestuft wird. Vgl. nur *Barzen*, S. 76.

festgelegt wird. Auf die sukzessive Entwicklung der Volkmarschen Arbeitsmethode wird sich die vorliegende Darstellung (Kapitel II) konzentrieren.

Zum anderen sind die Textstufen der Ausarbeitungen Volkmars in den Akten chaotisch und unübersichtlich, wie bereits der Sammler der preußischen amtlichen Gesetzgebungsmaterialien *Simon* berichtete[2]. Trotzdem lassen sich die Volkmarschen Ausarbeitungen in den folgenden Darstellungen (Kapitel II und III) inhaltlich in drei grobe Abschnitte gliedern, nämlich 1. dessen Ideen zur Exzerpierung und zu einem Probeschema für seinen römischrechtlichen Auszug[3], 2. den Auszug aus den römischen Gesetzbüchern[4] und den Nachweis der Vollständigkeit dieses Auszugs[5] und schließlich 3. den Rohentwurf zum Allgemeinen Gesetzbuch[6].

Um den Knoten der verwickelten Textstufen zu lösen und einen Überblick über die Grundlage seiner Ausarbeitungen zu geben, soll der vorliegende Teil dieser Arbeit zuerst von der Entstehung der Arbeitsmethode und des Auszugs ausgehen, und zwar in der rekonstruierten chronologischen Reihenfolge. Neben der Arbeitsmethode steht selbstverständlich die Grundlage des Volkmarschen Auszugs aus den römischrechtlichen Quellen (als III. Kapitel dieses Teils) im Zentrum der Darstellung: Volkmar ging mehr als 10.000 römischrechtliche Stellen durch, wählte ca. 3000 davon aus und erstellte schließlich rund 600 Manuskriptblätter. Danach prüfte er selbst die Vollständigkeit dieses Auszugs nach und erstellte gemäß der Svarezschen Anweisung ein Verzeichnis der extrahierten und weggelassenen Quellen.

Volkmars Rohentwurf zum EAGB wird hingegen nicht in diesem Teil, sondern im Teil C ausführlich behandelt, wo eine Auseinandersetzung mit den konkreten Rechtsproblemen aus dem Familienrecht stattfindet.

---

2 Vgl. die Aufzeichnung *Simons* zum 1. Band der Gesetzgebungsmaterialien (07.01.006-015), abgedruckt in *Mühleisen*, S. 207 ff.

3 07.01.041r-047v.

4 07.02.147r-310r; 07.03.001r-454r.

5 07.02.013r-138r. Der Grundriss und der Rohentwurf werden im Ganzen unter dem Titel „*Excerpte des Doctoris Volckmar*" in den Akten eingeordnet. Näheres s. unten III 1.

6 07.04.002r-271r. Die hier dargestellte Unterteilung entspricht der Gliederung des Materialienredaktors nach der zeitlichen Reihenfolge, abgedruckt in *Mühleisen*, S. 208. *Barzen*, S. 74–83, lässt allerdings Volkmars „*Ideen*" weg, folglich unterteilt er dessen Ausarbeitungen in drei „Arbeitsphasen", nämlich 1) „Auszug aus dem römischen Gesetzbuch", 2) „Grundriß des Gesetzbuchs" und 3) „Fassung erster Entwürfe".

II. Grundzüge der Arbeitsmethode: eine Rekonstruktion

1. Die Svarezsche „*vorläufige Instruction*"

Als Volkmar Mitte Juli 1780 mit der Extrahierungsarbeit anfing, fehlte es noch an einer ausführlichen Arbeitsanweisung. Ersatzweise entwarf Svarez eine „*Vorläufige Instruction*" als Richtlinie zu Volkmars weiterer Verfügung. Aufgrund dieser „*Vorläufigen Instruction*" entwickelte Volkmar bald seine eigenen Ideen zur Extrahierungsarbeit und legte diese als Vorschlag den Gesetzesredaktoren vor.

a) Grundlinie für die Gesetzesreformarbeit

Die Svarezsche „*vorläufige Instruction*" gilt inhaltlich als die Grundlinie nicht nur für die Ausarbeitung des neuen allgemeinen Gesetzbuchs, sondern auch für die im Jahr 1780 begonnene Gesetzesreformarbeit. An die Kabinettsorder vom 14. April 1780 schließt diese „*vorläufige Instruction*" eng an[7]:

> Die allerhöchste Cabinets=Order vom 14. Apr. enthält die wesentlichen Grundsätze, wonach die Gesetz=Commission sich zu richten hat.
>
> Nach dieser Order gehet:
>
> 1. Die Intention Sr. Kgl. May. nicht so wohl dahin, daß die Commission neue Gesetze erfinden, sondern vielmehr: daß sie die bereits vorhandenen sammeln, in Ordnung bringen, allgemein verständlich machen, und wo es nöthig, den gegenwärtigen Zeiten, Sitten, Gebräuchen, Staats= und Religions=Verfaßung accomodiren sollen.
> 2. Das gantze Corp[u]s der Gesetze soll bestehen:
>   I. aus den Sammlungen der speciellen Rechte, welche in einer jeden der verschiedenen Königlichen Provintzen gelten;
>   II. aus einem allgemeinen subsidiarischen Gesetzbuche, welches in allen durch die Provintzial=Rechte nicht entschiedenen Fällen zur Richtschnur dienen soll.
> 3. Bei Abfassung des allgemeinen Gesetzbuches soll das *Corpus Juris* von Kayser Justinian zum Grunde gelegt werden, weil solches 1) in den meisten königlichen Landen als ein gemeines subsidiarisches Recht bereits angenommen; 2) an und für sich das Vollständigste, auch 3) in den mehresten seiner Entscheidungen dem Recht der Natur und der Billigkeit gemäß ist.
> 4. Dem *sub.* n. 1. etabilirten Grundsatze zufolge, soll aus diesem *Corpus Juris* weggelaßen werden:
>   a) Alles, was sich auf solche Verhältnisse und Geschäfte bezieht, die nach unserer heutigen Verfassung nicht mehr vorkommen können; z.E. die ganze Lehre von der

7 *Krause*, Geschichte, S. LIV; *Barzen*, S. 59.

> Sklaverey und Freilaßung; die Lehre von der väterlichen Gewalt im Sinne des römischen Rechts; u. d. Gl.
> b) Alles, was bloß und allein in der Römischen Staats=, Kirchen= und Religions=Verfaßung; in der Denckungs=Art, den Meynungen, Vorurtheilen, Sitten, Gebräuchen und Gewohnheiten der damaligen Zeiten, und in den Grundsätzen od. Spitzfindigkeiten der alten Stoischen, Aristotelischen, od. Mönchs=Philosophie seinen Grund hat.
> c) Die weitläufigen, unnützen, mehrentheils nur aus leerem Gewäsche bestehenden Eingänge und Prologen so vieler Gesetze, und die bey dem angegebenen Ort gantz inadaequaten *rationes* und Motiven derselben.
>
> 5. Was alsdann noch übrig bleibt, soll in eine vernünftige und zusammenhängende Ordnung gebracht aus den im *Corporis Juris* so häufig vorkommenden Entscheidungen eintzler [sic.] Fälle, die Regel der Entscheidung herausgezogen; die bey dieser Gelegenheit wahrgenommenen scheinbaren od. würcklichen Wiedersprüche berichtigt; alles, was zu ein= und eben denselben Materien gehört, und in den verschiedenen Büchern, aus welchen das *Corpus Juris* besteht, zerstreut ist, unter einem Gesichts-Punkt zusammengefaßt; bey jeder Materie, die allgemeinen Grundsätze od. Regeln vorausgeschickt; und einer jeden ihre Einschränckungen und Ausnahmen mit möglicher Precision untergeordnet werden.[8]

Dass das neue allgemeine Gesetzbuch der „*vorläufigen Instruction*“ nach auf dem römischen Recht basieren soll (Punkt 3), ist schon durch die Kabinettsorder vom 14. April bekanntgemacht. Bemerkenswert sind nun die Kriterien, nach denen gewisse römischrechtliche Stellen wegzulassen oder beizubehalten sein sollen. Während es in Svarez' Schreiben an Schlosser vom 30. Mai nur einige stichwortartig abgefasste Auswahlkriterien gab[9], sind die hier im 4. Punkt aufgelisteten Kriterien bereits etwas genauer ausgeführt.

Jedoch erscheint die Instruktion dennoch unvollständig und schwer durchführbar. Die einzelnen praktischen Fragen, welchen man beim Durchsehen der römischen Rechtsquellen häufig begegnet, z.B. wie mit umstrittenen oder sich widersprechenden Meinungen verschiedener römischen Juristen umzugehen ist, bleiben in der „*vorläufigen Instruction*“ noch offen. Die Lösung solcher Fragen wird dem Anschein nach der freien Einschätzung des Bearbeiters überlassen[10].

---

8 01.01.013-014, auch abgedruckt in *Barzen*, S. 70–71; *Daniel*, S. 223–224.

9 Die lakonischen fünf Punkte lauten: „Man dispensirt Sie gäntzlich von dem Auszuge derjenigen Titel, welche bloß a) Die Religions=Verfaßung, b) Den Prozeß, c) Den Concurs, d) Das peinliche, e) Das Soldaten=Recht betrefen.“ Abgedruckt in *Baldus/Mühleisen*, S. 110; auch bei *Barzen*, S. 62.

10 *Baldus/Mühleisen*, S. 126.

b) *Auszug und Schema*

Laut der „*vorläufigen Instruction*" soll der Auszug aus den römischrechtlichen Materien auf folgende Weise angefertigt werden:

15. Was das allgemeine Gesetzbuch betrifft, so muß zuförderst ein Schema, wie die Materien darin hintereinander folgen sollen, entworfen werden.
16. Hiernächst soll einem Mitgliede der Commission der Auftrag geschehen, Auszüge aus dem *Corpore Juris* mit Beobachtung der Vorschriften n. 4 et 5. anzufertigen[11].
17. Je nachdem diese Auszüge zustande kommen, müßen sie unter die übrigen Mitglieder der Commission vertheilt, und jedem eine gewiße Materie zur speciellen Bearbeitung angewiesen werden.
18. Dieser bestellte Referent muß 1) den gelieferten Auszug mit dem *Corpore Juris* selbst zusammenhalten, und nachsehen: ob solcher vollständig, deutlich und ordentlich abgefaßt sey; ob etwas weggelaßen worden, was beybehalten werden sollen; od. ob etwas stehen geblieben und nach obigen Grundsätzen wegzulaßen gewesen wäre. Er muß 2) dasjenige sammeln, was über die vorliegende Materie in den neueren allgemeinen Landesgesetzen verordnet ist. Er muß 3) wo Bestimmungen und Vorschriften fehlen, entweder weil solche im *Corpore Juris* nicht enthalten, od. weil die darin enthaltenen nicht passend sind, solche nach den Grundsätzen Nr. 7 entscheiden und in Vorschlag bringen. Endlich muß er 4) die solchergestalt zusammengebrachten Materialien ordentlich rangirt, und in die gehörige Schreibart einkleiden[12].

Ein ausführliches Schema nach dem Wortlaut von Punkt 15, wonach „die Materien darin hintereinander folgen" sollen, ist zwar ausdrücklich erwähnt, kommt zu dieser Zeit allerdings noch nicht zustande[13]. An dessen Stelle entwirft Svarez zunächst ein „*Verzeichnis der Materien, welche im Allgemeinen Gesetzbuch abzuhandeln sind*"[14]. Dieses Verzeichnis bleibt jedoch noch hinter der Systematik

---

11 Svarez hat zu diesem Satz die Randbemerkung: „Auf die dem Volckmar ertheilte Instr. zu beziehen" gemacht.

12 01.01.014v. Da die „*vorläufige Instruction*" fast wörtlich mit den später erlassenen „*Grundsätzen*" übereinstimmt, ist sie hier nicht im Volltext, sondern sind nur relevante Abweichungen wiederzugeben. Die Punkte 15 bis zu 17 sind auch abgedruckt in *Baldus/Mühleisen*, S. 126.

13 Vgl. oben A II 2 a.

14 01.01.008-0011; auch 07.03.035-039. Titelweise abgedruckt in *Daniels*, Bd. 1, Anlage III und in *Barzen*, S. 74. Manche Titel dieses Verzeichnisses haben zum römischen Recht

eines Gesetzbuchs zurück und stellt sich eher als ein noch ungegliederter Index aller zu berücksichtigenden Materien dar[15].

Man könnte den Eindruck erlangen, dass eine spezifische Ordnung der zu extrahierenden Quellen für die Gesetzesredaktoren anfänglich noch nicht von Bedeutung war[16]. In seinem Schreiben an Schlosser vom 30. Mai sprach Svarez noch gar nicht über eine bestimmte Systematik der zu extrahierenden Materien[17]. Vielmehr überließ er die Ordnung der Materien ganz der Willkür Schlossers. Danach kann man sich indes fragen, ob Svarez sich mit seinem Schweigen über systematische Vorgaben nicht in Widerspruch zum Punkt 15 der zuvor abgefassten[18] *„vorläufigen Instruction“* setzte, wonach zuerst ein Schema angefertigt werden sollte.

Daneben lässt sich sodann auch eine Grundtendenz erkennen, nach der die Gesetzesredaktoren Volkmar später umso stärker und strikter auf ihre „systematischen Vorgaben“ verpflichteten[19]. Wegen dieser Tendenz sollte man jedoch nicht unterstellen, dass die Gesetzesredaktoren anfangs wenig Gewicht auf die Systematik des Gesetzbuchs gelegt und erst nach Beginn der Ausarbeitungsarbeit besonders darauf geachtet hätten. Dieser Unterstellung widerspricht nämlich die Tatsache, dass die Gesetzesredaktoren sich sofort der Auseinandersetzung über die Systematik zuwandten, nachdem die Arbeit an der Prozessordnung größtenteils erledigt war[20].

---

keinen Bezug, z.B. das XIII. Kapitel vom Lehnrecht. Vielmehr sind diese Titel für die Provinzialgesetze bestimmt.

15 Als Beispiel ist nur das II. Kapitel „Allgemeine Grundsätze und Regeln des Rechts“ anzuführen: „Hierher gehören die theils aus dem Natur=Rechte, theils aus dem Begriff einer bürgerlichen, unter einem gemeinschaftlichen Oberhaupt vereinigten Gesellschaft herfließende Vorschriften, die jeder Unterthan des Staates gegen den Andern, besonders in Rücksicht auf das Mein und Dein zu beobachten hat. Z.E.: Man muß niemand in Besitz und Genuß seines rechtmäßigen Eigenthums beunruhigen; Niemand muß sein Recht sich eigenmächtig verschaffen wollen; Zusagen und Contracte müßen gehalten werden; Niemand muß sich mit Schaden des andern bereichern; Betrug kann niemals den Schutz der Gesetze finden; Wer jemand einen Schaden zufügt ist schuldig solchen zu ersetzen etc.“

16 Unzutreffend ist also die Einschätzung *Simons*, wonach Svarez mit Schlosser verhandelt habe, „um ihn zu bewegen, die Anfertigung eines systematischen Auszugs aus den römischen Gesetzbüchern zu übernehmen“. Vgl. *Simon*, S. 198; auch bei *Stölzel*, S. 165.

17 „Die Ordnung der übrigen Materien, wonach der Auszug zu fertigen, wird lediglich Ihrer Wahl überlaßen.“ Abgedruckt in *Baldus/Mühleisen*, S. 111.

18 Im April, spätestens Anfang Mai. Vgl. oben II 1.

19 Vgl. *Baldus/Mühleisen*, S. 126.

20 *Barzen*, S. 38.

Der eigentliche Grund für den scheinbaren Widerspruch liegt vielmehr darin, dass die Vorstellung von Svarez grundsätzlich anders als die Schlossers ist, welche Rolle der römischrechtliche Auszug bei der Redaktion des neuen Gesetzbuchs spielen sollte.

Während nach Schlossers Vorstellung das fertige Exzerpt aus den römischrechtlichen Quellen an sich schon den Entwurf des künftigen Gesetzbuchs bilden sollte[21], hielt Svarez den römischrechtlichen Auszug nur für eines von mehreren Materialien, welche zusammen mit anderen Quellen, wie Provinzialgesetzen oder Kirchenrecht, noch weiterer Überarbeitung bedürfen würden[22]. Eine spezifische Systematik lediglich für den Auszug spielte deswegen im Svarezschen Plan keine Rolle, vielmehr hob Svarez die Bedeutung der Systematik des künftigen allgemeinen Gesetzbuchs (im Punkt 15) hervor, als könnten die extrahierten Materialien (im oben abgedruckten Punkt 5) darin nahtlos eingefügt werden[23].

Jedenfalls sind die „*vorläufige Instruction*“ und das „*Verzeichnis der Materien*“ dennoch unvollständig. Die Gesetzesredaktoren benötigen weitere Verbesserungen, um eine durchführbare Methode zu entwickeln. Zwischen Juni und Juli 1780 wird die vorläufige Instruktion überarbeitet und verfeinert, bevor sie als Kabinettsorder unter dem Titel „*Grundsätze des Verfahrens bei Sammlung und Verbesserung der Gesetze*“ nebst einer detaillierten „*Instruction für den Doctorem Juris Volckmar*“ im 27. Juli erlassen wird. Zur Entstehung der ausführlichen „*Instruction*“ hat Volkmar wohl auch beigetragen, indem er inzwischen seine eigenen „*Ideen*“ über die Extrahierung aus den römischrechtlichen Quellen und ein Probeschema für den Auszug formulierte[24].

---

21 *Schlosser*, S. 30.

22 Vgl. Svarez' Schreiben an Schlosser vom 30. Mai: „Der Auszug … der Commission zur weitern Bearbeitung ausgeliefert wird.“ Abgedruckt in *Baldus/Mühleisen*, S. 111–112.

23 Punkt 18 (3) der „*vorläufigen Instruction*“. Vgl. auch den von *Barzen*, S. 64-69, dargestellten Überblick über die verschiedenen „Pläne zur Systematik des Gesetzbuchs“. Carmer fordert erst ab September 1780 den Praktiker und Rechtsgelehrten „zur Ausarbeitung eines Plans zur Systematik des Gesetzbuchs“ auf.

24 Die Vermutung *Barzens*, S. 74, dass Volkmar seine „*Ideen*“ erst nach der Veröffentlichung der endgültigen „*Grundsätze*“ am 27. Juli formuliert habe, ist jedoch nicht anhand der Quellen zu beweisen.

2. Volkmars „*Ideen*“ und „*Schema*“[25]

a) „*Ideen über die Einrichtung des Auszugs aus den Römischen Gesetzbüchern*“

Volkmar verdeutlicht in seinen „*Ideen*“ die Grundmethode zur Extrahierung. Sich an die Kabinettsorder vom 14. April und die Svarezsche „*vorläufige Instruction*“ anlehnend, führt Volkmar zunächst einige wesentliche Voraussetzungen an, die ein qualifizierter Bearbeiter („Rechtsgelehrter“) vor der Extrahierungsarbeit bereits erfüllt haben müsse. Der Bearbeiter solle zuerst mit „Bekanntschaft mit seinem Staat, und Scharfsinn um beurtheilen zu können, was mit der Verfassung seines Staats harmonirt“ ausgestattet werden, zudem müsse er „mit dem Justinianeischen Gesetzbuch bekannt genug seyn“.

Weil Volkmar sich selbst mit den römischen Quellen gut auskennt[26], schlägt er daraufhin vor, die gesamten römischrechtlichen Quellen vor der Extrahierung zuerst in verschiedene Klassen einzuteilen. Die Klassifizierung der Rechtsquellen geschehe, wie Volkmar ausführt, hauptsächlich nach zwei Richtungen, nämlich einer naturrechtlichen und einer römischrechtlichen. Die erste Richtung weise auf die ewigen „Grundsätze der Natur, von dem was recht und billig ist“ hin und hänge nicht von den zeitlichen Bedingungen ab. Die zweite Richtung bezeichne die spezifisch römischen Quellen, welche als zeit- und raumbedingt nicht für die gegenwärtigen preußischen Staaten geeignet seien. Diese dichotomische Einteilung von Rechtsquellen erscheint einerseits als eine bloße Wiederholung der Worte in der Kabinettsorder vom 14. April[27] und spiegelt andererseits den rechtsgeschichtlichen Hintergrund wider[28]. Seit dem 18. Jahrhundert löste sich die Identität von Naturrecht und römischem Recht durch die Vergeschichtlichung des römischen Rechts allmählich auf[29].

---

25 Da der Volltext der „*Ideen, nebst Schema*“ im Anhang III abgedruckt wird, werden hier die genauen Aktennummern nicht zitiert.

26 Volkmar habe sich „seit neun Jahren mit dem römischen Recht und dem Privatrecht“ befasst. Vgl. Madihns Schreiben an Carmer am 25. Sept. 1780, 07.01.054.

27 „Es muß also nur das Wesentliche mit dem Natur=Gesetz und der heutigen Verfassung übereinstimmende aus demselben abstrahirt [werden] …“ Abgedruckt in NCC, Bd. VI, 1780, Sp. 1941.

28 Die zwei Topoi entsprechen der zeitgenössischen Vorstellung, wonach es seit Thomasius und Montesquieu einen Ansatz zur Geschichtlichkeit des römischen Rechts gebe. Vgl. *Schlosser*, S. 28; *Wieacker*, S. 333.

29 *Daniel*, S. 172; *Schröder*, S. 102 ff. Die sophistische Behauptung *Gärtners*, S. 39 ff., wonach das ALR als „das preußische Naturrecht“ gewürdigt werden solle, beruht auf einer philosophischen Beobachtung Diltheys und ist als *rechtsgeschichtliche* Darstellung

Nachdem die römischrechtlichen Quellen klassifiziert worden sind, bietet Volkmar je nach Klasse eine konkrete Arbeitsweise in seinen „*Ideen*" an. Zur Veranschaulichung werden die verschiedenen Arbeitsweisen im Zusammenhang mit der Klassifizierung in der folgenden Tabelle aufgelistet:

Tabelle 1: Übersicht über die Klassifizierung der Quellen

<table>
<tr><th>Klasse</th><th>Kategorie</th><th>Arbeitsweise</th></tr>
<tr><td>1.</td><td>Lehrsystem des Rechts, z.B. Begriffe, Einteilung, Etymologien, 1. Buch der Pandekten usw.</td><td>Wegzulassen.</td></tr>
<tr><td>2.</td><td>Meinungen der Juristen</td><td rowspan="6">Sorgfältig zu prüfen; nur die mit der natürlichen Billigkeit, der Vernunft und der deutschen Verfassung übereinstimmenden Gesetze (ggf. teilweise) beizubehalten; ansonsten wegzulassen.</td></tr>
<tr><td>3.</td><td>Aussprüche der Juristen (z.B. Papinian)</td></tr>
<tr><td>4.</td><td>Römische Gewohnheiten und Observanz</td></tr>
<tr><td>5.</td><td>Entscheidungen der römischen Gerichte oder Kaiser</td></tr>
<tr><td>6.</td><td>Sich widersprechende Gesetze; lex posterior abrogat [lege] priori?</td></tr>
<tr><td>7.</td><td>Naturrecht, Gesetze ex aequo et bono</td></tr>
<tr><td>8.</td><td>Allein in Bezug auf das römische Staatsrecht oder die römische Feierlichkeit</td><td>Wegzulassen.</td></tr>
</table>

Volkmars Klassifizierung der Rechtsquellen dient hauptsächlich dazu, dem einzelnen Bearbeiter die Extrahierung zu erleichtern. Um dieses Ziel zu erreichen, führt Volkmar weitere Auswahlkriterien an, die im Vergleich zum 4. Punkt der „*vorläufigen Instruction*" konkreter und besser anwendbar sind. Die römischrechtlichen Quellen seien möglichst sorgfältig nach diesen Kriterien aufzugliedern. Daraufhin liege die Aufgabe des Bearbeiters darin, die nach der Klassifizierung „ungeeigneten" Quellen auszusondern und wegzulassen. Zu diesen ungeeigneten Quellen gehören vor allem die Materien, die als eigentümlich römisch bezeichnet werden, z.B. die Quellen in Bezug auf das Staatsrecht und die römischen Feste.

unverständlich. Wenn Gärtner die These Diltheys, wonach das Naturrecht Wolffs vornehmlich durch Darjes (und Nettelbladt) in einer für die Technik der Gesetzgebung angemessenen Form den Gesetzgebern des Landrechts übermittelt worden sei, als „unwidersprochen geblieben" unterstellt, dann hat er nichts Neues über die Redaktionsgeschichte geäußert.

Die verbleibenden, an die preußischen Verhältnisse angepassten Gesetze seien mit den allgemein geltenden „Weltgesetzen“ bei der Exzerpierung und Übersetzung ins Deutsche abzugleichen und in eine „natürlich zusammenhängende Ordnung“ zu bringen. Anders als Schlosser[30] oder Svarez[31] betrachtet Volkmar in seinen „*Ideen*“ die Systemordnung des Auszugs doch schon als eine wichtige Voraussetzung für die weitere Extrahierungsarbeit, und er entwirft, wie zu zeigen ist, ein Probeschema als Vorschlag.

b) „Versuch eines zum Grunde zu legenden Schemas“

Nach der von Svarez vorgestellten „*vorläufigen Instruction*“ wäre eine Systematik speziell für den römischrechtlichen Auszug entbehrlich gewesen: Diese Vorstellung geht davon aus, dass eine und dieselbe Systematik gleichermaßen für den Auszug und für das künftige Gesetzbuch anwendbar sein würde[32]. Die Systematik bzw. Ordnung dient den Gesetzesredaktoren als ein Arbeitsgerüst, in welches die Rechtsmaterialien, seien es römische, kanonische oder deutsche, zu einem gesamten Gesetzbuch verschmolzen werden sollen[33]. Die ausgezogenen römischrechtlichen Quellen können das allgemeine Gesetzbuch freilich nicht abschließend gestalten, es müssen noch die deutschen und die provinziellen Gesetze hinzugefügt werden[34].

---

30 Schlosser spricht von vornherein gar nicht über die Systematik des Auszugs. Zwar erwähnt er in seinem „*Vorschlag und Versuch*“ vereinzelt die Bedeutung einer „Ordnung der Natur“, macht allerdings weder einen Vorschlag zur systematischen Ordnung noch für ein konkretes Schema, vielmehr lässt er die Frage nach der Systematik des anzufertigenden Auszugs offen. Vgl. *Schlosser*, S. 314.

31 Vgl. oben 1 b.

32 Dieser Ansatz zeigt sich deutlich im Punkt 3. (a) der späteren „*Instruction*“ für Volkmar, wonach die Systematik des Auszugs „eigentlich für das künftige neue Gesetzbuch bestimmt“ sey. S. unten 3 b.

33 Vgl. Nr. VII der Kabinettsorder vom 4. April; *Krause*, Geschichte, S. LXIII.

34 Punkt 6: „Diesen solchergestalt arrangirten Gesetzen sollen andre beygefügt werden, welche nöthig sind, a) den Abgang der nach n. 4 b wegfallenden Bestimmungen zu ersetzen; b) denjenigen Geschäften, Verhältnißen und Angelegenheiten, welche in dem *Corpus Juris* gar nicht enthalten, sondern unsrem gegenwärtigen Zeitalter eigenthümlich sind, z.E. den Wechßel=Geschäfte, den meisten Handlungsverführen, den Assecuranz=Contracten, dem heutigen Verhältniße zwischen Herrschaften u. Unterthanen eine gewiße Richtschnur vorzuschreiben.“ 01.01.013v.

In der Folge wird Volkmar ausschließlich mit der Hauptaufgabe betraut, die „geeigneten“ römischen Quellen zu sammeln und diese danach als Materialien der Gesetzkommission vorzulegen, weiter nichts. Zur Formulierung einer systematischen Ordnung des Gesetzbuchs ist weder Volkmar noch ein anderer einzelner Mitarbeiter befugt, vielmehr wird die Entwicklung der Systematik von der Gesetzkommission kollektiv übernommen[35]. Da die Stück für Stück extrahierten Materialien ohnehin bei der Gesetzkommission weiterbearbeitet werden müssen, dürfte es nicht darauf ankommen, ob Volkmar seine Aufgabe der Extrahierung mit oder ohne irgendeine Systematik erfüllt[36].

Auf einen systematisch angelegten Auszug legt Volkmar jedoch größeres Gewicht, die Extrahierungsarbeit dürfe erst nach Fertigstellung der Systematik beginnen. Volkmars Ausgangspunkt besteht darin, die nach seinen oben angeführten Auswahlkriterien bereits klassifizierten römischrechtlichen Quellen systematisch (d.h. „in einer natürlich zusammenhängenden Ordnung“) anzuordnen. Auf diese Weise werden die römischrechtlichen Quellen schon in einem systematischen Zusammenhang extrahiert und angeordnet. Danach müssten die Gesetzesredaktoren die Quellen nur noch auf das Gesetzbuch hin paragraphenweise umformulieren.

Um einen so geordneten Auszug anzufertigen, müsse die Exzerpierung von Anfang an systematisch ausgeführt werden[37]. Dadurch werde sowohl die Extrahierungsarbeit als auch das erst später beginnende Kompilieren des Gesetzbuchs erleichtert. Die Systematik für den Auszug spielt nach Volkmars Vorstellung mithin eine wichtige Rolle bei der Redaktion des Gesetzbuchs.

Zur Verwirklichung seiner Ideen formuliert Volkmar bald darauf ein Probeschema für den Auszug. Dieses Probeschema bezieht sich nur auf die römischrechtlichen Rechtsmaterien, und zwar in einer Ordnung, die vornehmlich den Mustern der vorhandenen Gesetzesvorschläge folgt[38]. Zur Einführung seines Systems stellt Volkmar zunächst ein paar Grundfragen nach dem abstrakten

---

35 Vgl. Punkt 15 und 16 der *„vorläufigen Instruction“*, abgedruckt im Anhang I.

36 Vgl. Svarez' Schreiben an Schlosser vom 30. Mai, abgedruckt in *Baldus/Mühleisen*, S. 110 f.

37 Insofern Schlosser gar nicht über die Systematik des Auszugs, sondern nur über einzelne Rechtsinstitute spricht, unterscheidet sich Volkmars Methode von der Schlossers.

38 *Cocceji*, 2. Theil, „Ordnung des zweyten Theils des Land=Rechts“; *Claproth*, Bd. I, S. 451 ff. (auch abgedruckt in *Schwennicke*, S. 63, in Fn. 4); *Tevenar*, S. III ff.

Begriff des (subjektiven) Rechts, dann leitet er in Beantwortung dieser Fragen das gesamte System deduktiv her:

> „Die Fragen, welche dem Rechtsgelehrten nach dem Begriff „Recht“ einhalten, sind:
> Wer hat Rechte und wer kann sie erlangen? Wodurch erlangt mann Rechte?
> Was für Rechte erlangt mann? Wodurch werden sie geadelt?“

Den naturrechtlichen Systematikern folgend[39] teilt Volkmar die Rechte und Pflichten nach persönlichen Verhältnissen, Handlungen und Fällen[40] ein. Die Aufgliederung der Rechtsmaterien ist jedoch sehr umständlich. Zum einen umfassen die Materien über persönliche Verhältnisse nur die Rechtsbeziehungen zwischen den Familienmitgliedern, ohne Rücksicht auf deren Vermögen. Zum anderen gehören die „erlaubten“ und „unerlaubten“ Handlungen wie Vertrag, Quasivertrag, gesetzliche Erbfolge, letztwillige Verfügung und *lex Aquilia* gemeinsam zu den „Handlungen“. Unter „Fällen“ sind in Volkmars Schema einzelne juristisch relevante Tatbestände zu verstehen, etwa Zahlung (*solutio*), Novation, Compensation, Delegation und so weiter.

Die deduktive Gliederung im Probeschema ist sehr knapp und unvollständig: Während das persönliche Familienrecht („Ister Theil“) größtenteils erledigt ist, bleibt dahinter das in wenigen Titeln skizzierte Recht des Vermögens und der Handlungen („IIster Theil“) zurück[41]. Von den gemeinrechtlichen oder

---

39 Vgl. vor allem *Darjes*, Discours I, S. 39 ff.; *Hofacker*, S. 34 ff.

40 Ister Theil: Von denen Rechten, welche Menschen nach ihren verschiedenen Verhältnißen zustehen. IIter Theil: Von denen Handlungen und Fällen, wodurch Rechte und Verbindlichkeiten erlangt werden.

41 Zum Beispiel: „2tes Buch. Von Rechten und Verbindlichkeiten, welche durch Verträge und Contracte erworben werden, und von Rechten, welche aus Fällen entspringen, bey denen die Gesetze den Consens ergänzen und welche sonst nur aus Verträgen entstehen; Von Rechten, welche unmittelbahr von den Gesetzen bey einem bestimmten Fall einem zustehen.
1ste Abteilung. Von Rechten und Verbindlichkeiten, die aus Contracten und Verträgen entstehen. Hier werden in einzeln Capiteln die Contracte in natürlicher Ordnung verhandelt; Eben so komt hierher die Lehre von den Servituten, Besitz, Gemeinschaft und Aufhebung derselben, die zufälligen Umstände, die zu den Contracten hinzukommen z.B. Eid, Zinsen, Frucht, Pfand, Hypotheke, wie durch die Lehre von den Personen, die mann bey Contracten oft antrift, z.B. Proxeneten, Maeckler etc.“
2te Abtheilung. Von Rechten, welche aus Fällen entspringen, bey denen die Gesetze den Consens ergänzen, und welche sonst nur aus Verträgen entstehen; Von Rechten, welche unmittelbahr bey einem bestimmten Fall von den Gesetzen zugesprochen werden. Die Capiteln dieser Abtheilung kondte einzeln die Lehre von den Quasi=Contracten, von der Verjährung, von den Servituten, welche durch das Gesetz oder Spruch zustehen.“

germanischrechtlichen Rechtsinstituten wie dem *ius ad rem* und der ehelichen Gütergemeinschaft[42], welche später in den EAGB und das ALR aufgenommen werden, ist im Schema noch keine Rede.

Systematisch lehnt sich das Probeschema auch streckenweise an Svarez' „*Verzeichnis der Materien*“ an, wovon jedoch gewisse Abweichungen zu bemerken sind. Volkmar ordnet z.B. den derivativen Erwerb dinglicher Rechte wie Servituten und Hypotheken als eine Abteilung unter dem Titel „Von Rechten und Verbindlichkeiten, die aus Contracten und Verträgen entstehen“ ein. Dagegen werden dieselben Themen von Svarez nicht gemeinsam, sondern aufgespalten in verschiedenen Kapiteln behandelt[43]. Außerdem erscheint Volkmars Schema systematisch verkürzt und insoweit mangelhaft. Eine im damaligen Schrifttum erwartete Einleitung des Gesetzbuchs[44], unter welcher die ersteren zwei Kapitel des Svarezschen Verzeichnisses untergeordnet werden könnten, fehlt jedenfalls in Volkmars Schema[45].

Während die „*vorläufige Instruction*“ noch in Bearbeitung ist, werden Volkmars „*Ideen nebst dem Schema*“ den Gesetzesreformern zur Beratung vorgelegt. In den Akten befinden sich allerdings weder Randbemerkungen noch Notizen von den Gesetzesredaktoren zu den Vorschlägen Volkmars. Wie Volkmars Arbeitsmethode die Erarbeitung der endgültigen „*Instruction*“ beeinflusst hat, soll erst nach einem Blick auf die endgültige Arbeitsmethode, d.h. die „*Instruction*“, erläutert werden.

3. Svarezsche „*Instruction*“ und „*Schema*“ vom 19. Juli 1780[46]

Am 27. Juli wird die bearbeitete „*vorläufige Instruction für die zu etabilirende Gesetzkommission*“ als Kabinettsorder erlassen, und zwar unter dem umgebildeten Titel „*Grundsätze des Verfahrens bei Sammlung und Verbesserung der Gesetze*“. Die vorzunehmende Extrahierungsarbeit wird im Punkt 17 mit einem

---

42 Vgl. *Svarez*, Entwurf, Bd. 1, S. 78 in Fußnote.

43 IV. Vom Eigenthum und den daraus entstehenden Rechten; V. Vom Besitz und den daraus entstehenden Rechten; VI. Von den Rechten, welche jemanden in dem Eigenthum eines andern zustehen.

44 *Schwarz*, SZ 21 (1929), S. 589.

45 Näheres unten 3 b. Schwennicke, S. 20, datiert Svarez' „*Verzeichnis*“ (irrig) später als Volkmars Rohentwurf. Dass die im „*Verzeichnis*“ geplante Einleitung erst dank Volkmars Vorschlag zustande gekommen sei, ist jedoch in den Akten nicht nachzuweisen.

46 Da die Volltexte der „*Instruction*“ und „*Schema*“ im Anhang I und II abgedruckt sind, werden hier die genauen Aktennummern nicht mehr zitiert.

Satz skizziert: „In Ansehung des Allgemeinen Gesetzbuches wird zuförderst ein ordentlicher, getreuer und vollständiger Auszug aus dem *Corpus Juris* nach beiliegendem Plan und Anweisung verfertigt."

Aus dem Vergleich zu den einschlägigen Anweisungen der *„vorläufigen Instruction"*[47] lässt sich erschließen, dass der römischrechtliche Auszug von jetzt an auch systematisch („nach Plan") bearbeitet werden sollte, wie Volkmar in seinen *„Ideen"* vorgeschlagen hatte. Die näheren Anweisungen sind nicht in den *„Grundsätzen"* erhalten, sondern befinden sich in der beiliegenden *„Instruction"* für Volkmar.

a) *„Instruction für den Doctorem Juris Volckmar wegen Anfertigung eines Auszugs aus dem römischen Gesetzbuche"*

Anders als die fundamentalen *„Grundsätze"* für die gesamte Gesetzesreformarbeit handelt die *„Instruction"* ausschließlich vom Verfahren des Auszugs aus den römischrechtlichen Quellen. Svarez stellt darin sowohl die zu verfolgenden Extrahierungsweisen dar als auch die ausführlichen Auswahlkriterien für die römischen Rechtsquellen. Bemerkenswert ist, dass sich die Auswahlkriterien im Vergleich zur früheren *„vorläufigen Instruction"* weiter ins Detail erstrecken.

Diese weitere Detaillierung der Auswahlkriterien für die Quellen könnte auf unterschiedliche geistige Urheber zurückgehen. Schlosser legt in seinem *„Vorschlag und Versuch"* indes nur ein grobes Konzept und keine konkreten Kriterien für die Extrahierung vor, und auch die von Svarez im 4. Punkt der *„vorläufigen Instruction"* skizzierten Auswahlkriterien zeichnen diejenigen der *„Instruction"* nicht hinreichend vor. Bei unserer Betrachtung fällt sodann besonders Volkmars Vorschlag in seinen *„Ideen"* auf. Um Volkmars Beitrag zur Detaillierung der Auswahlkriterien zu verdeutlichen, ist ein Blick auf den möglichen Ursprung einzelner Auswahlkriterien in der folgenden Tabelle zu werfen:

47 Punkt 15 und 16. Vgl. oben B I 1 a.

Tabelle 2: Mögliche Ursprünge einzelner Anweisungen

Inhalt der *„Instruction“*		**Möglicher Ursprung (der Anweisung/des Ansatzes)**
Punkt	**Anweisung**	
1	Erteilung des Auftrags[48]	–
2	Zusammenfassung der Aufgabe	Svarez' Schreiben an Schlosser vom 30. Mai 1780[49]
3	Systematik[50]	Punkt 5 der *„vorläufigen Instruction“*; Volkmars *„Ideen“*
4. 1	„Vollständig“	Schlossers *„Vorschlag“*[51]
4. 2		Punkt 4 der *„vorläufigen Instruction“*
4. 3		Svarez' Schreiben an Schlosser vom 30. Mai 1780[52]
4. 4		Volkmars *„Ideen“*
4. 5		Volkmars *„Ideen“*
4. 6		–[53]
5	„Getreu“	Teilweise in Volkmars *„Ideen“*
6	„In möglichster Kürze“	Volkmars *„Ideen“*
7	„Deutlich“	Volkmars *„Ideen“*

Die Anweisung zu „getreuer“, „kurzer“ und „deutlicher“ Exzerpierung in Svarez' *„Instruction“* geht ursprünglich auf Volkmars *„Ideen“* zurück. Außerdem wird die Anweisung zur Vollständigkeit des Extrakts von Volkmar präzisiert. Einige der Vorschläge Volkmars werden in der *„Instruction“* also im Wesentlichen

48 Dieser Punkt gilt als eine Wiederholung der im Immediatbericht vom 26. Juli 1780 angetragenen Ernennung, wonach Volkmar zur Assistenz der Gesetzesreform mitarbeiten dürfte. Vgl. *Simon*, S. 199.

49 Die Forderung nach einem „ordentlich, vollständig, getreu“ angefertigten Auszug tauchte in der *„vorläufigen Instruction“* noch nicht auf. Diese Anweisung wird erst in der Bearbeitung formuliert und anschließend im Punkt 17 der *„Grundsätze“* festgelegt.

50 In diesem Punkt wird die Bedeutung eines systematisch angefertigten Auszugs ausdrücklich betont und erklärt, dass das beiliegende Schema „eigentlich für das künftige neue Gesetzbuch“ bestimmt sei.

51 *Schlosser*, S. 27. Unzutreffend deshalb *Baldus/Mühleisen*, S. 127 in Fn. 51, wonach für Punkt 4. 1 keine Wurzel in Schlossers Vorschlag zu finden sei.

52 Die römischen Gesetze sollen „auf allgemeine Regeln richtig reducirt“ werden. Abgedruckt in *Baldus/Mühleisen*, S. 112. Vgl. auch *Schlosser*, S. 29.

53 Volkmar schlägt in den *„Ideen“* vor, nur das Verzeichnis der verworfenen Materien zu liefern, nicht aber die originalen lateinischen Quellentexte.

angenommen. Die Abweichungen von den Volkmarschen „*Ideen*" befinden sich namentlich in den Bereichen, wo es in den Quellen umstrittene, nicht entschiedene oder „vermeintlich unbrauchbare" Rechtsfragen gibt[54]: Sind diese Stellen gemäß Volkmars Vorstellung nach eigener Abwägung schlechthin wegzulassen, und zwar mit einem Verzeichnis der so ausgelassenen Quellen samt kurzer Beschreibung der Gründe, dürfen dieselben Stellen gemäß der Svarezschen Aufforderung nicht übergangen werden, sondern müssen der Gesetzkommission vollständig geliefert werden.

All diese Abweichungen der „*Instruction*" von den Vorschlägen dienen hauptsächlich dazu, die römischrechtlichen Quellen so vollständig wie möglich im Auszug beizubehalten (Punkt 4), dadurch auch den freien Spielraum des einzelnen Bearbeiters einzuschränken. Das Ziel der Gesetzesredaktoren liegt darin, die extrahierten Materien sowohl inhaltlich als auch systematisch streng zu kontrollieren und die Gefahr der potenziellen Präjudizierung durch den einzelnen Bearbeiter auf jede mögliche Weise zu vermeiden[55]. Diese Absicht wird insbesondere im Punkt 3 (a)[56] betont, wonach die im Schema gar keine Rubrik habenden Materien ebenfalls mit Gutachten geliefert werden sollen, zumal das Auslassen solcher Quellen stets verboten ist.

Unter diesen Umständen versteht sich folgerichtig auch, dass die Bedeutung eines systematisch angefertigten Auszugs nun im Punkt 3 (a) hervorgehoben wird. Volkmars Vorschlag entsprechend hält Svarez an seiner ursprünglichen

---

54 Beispielsweise gibt Volkmar die Ulpianische Stelle D. 15, 1, 42 in der „*Nachweisung*" wieder: „L. 42 [enthält] eine unentschiedene Meynung: *In adrogatorem de peculio actionem dandam quidam recte putant, quamvis Sabinus et Cassius ex ante gesto de peculio actionem non esse dandam existimant.*" Da Volkmar diese Stelle nicht extrahiert hat, lässt er den Meinungsstreit offen.

55 Vgl. *Baldus/Mühleisen*, S. 126.

56 Punkt 3. Soviel die Ordnung betrifft, so wird: a. in Ansehung des Arrangements der Materie hinter einander wird ein Plan hier beigefügt, welcher darunter zum Grunde zu legen ist.
Insofern in diesem Plan, welcher eigentlich für das künftige neue Gesetzbuch bestimmt ist, Materien vorkommen, wovon im Corpore Juris nichts anzutreffen, so versteht es sich von selbst, daß solche im Auszug übergangen, gleichwohl aber die Rubrique des Titels in seiner Ordnung hingesetzt werden müße.
Sollten dem Herrn d. Volckmar bei der wirklichen Ausarbeitung Materien vorkommen, welche in diesem Plan nicht enthalten sind, und unter keine der darin ausgeworfene Rubriquen füglich gebracht werden können, so muß er solche besonderes bemerken, und davon mit Beifügung eines Gutachtens, wohin sie zu verweisen seyn möchten, Anzeige machen.

Vorstellung, wonach die Systematik für den Auszug unwichtig sei[57], nicht mehr fest. Vielmehr wird der systematisch extrahierte Auszug nun Grundstein des künftigen Gesetzbuchs, auch wenn derselbe noch viel weiterer Bearbeitung bedarf. Um diesen Grundstein zu legen, wird bald darauf ein ausführliches Schema der zu extrahierenden Quellen von Svarez formuliert und Volkmar an die Hand gegeben.

b) „Schema, nach welchem der Auszug aus dem Corpore Civilis Romani vom Doctor Volckmar angefertigt werden soll"

Auf Basis des früher abgefassten „*Verzeichnisses der Materien, welche im allgemeinen Gesetzbuch abzuhandeln sind*" wird das „*Schema*" nun durchweg überarbeitet. Diese Verbesserung richtet sich vor allem nach der systematischen Anordnung aller Rechtsmaterien, da das „*Schema*" nach der Svarezschen Anweisung im Punkt 3 (a) der „*Instruction*" nicht mehr entbehrlich, sondern für das künftige allgemeine Gesetzbuch bestimmt sei. Die in diesem Schema durchgeführte Systematik besteht ungeachtet gewisser Abweichungen bis zu dem „ohngefähren Plan des Gesetzbuchs" im März 1783[58]. Es bleibt in der Literatur insofern unerörtert, welche Rolle die Auseinandersetzung um eine angemessene Systematik des Gesetzbuchs seit September 1780 in der Gesetzgebungsgeschichte gespielt hat[59].

Das „*Schema*" dient also einer Gliederung des Gesetzbuchs, worin alle Extrakte aus den unterschiedlichen Rechtsquellen eingestellt werden. Für das römische Recht sind einige Rubriken aus dem Svarezschen „*Schema*" jedoch nicht einzustellen[60], diese Rubriken werden später mit Inhalten aus den preußischen oder kirchlichen Rechtsquellen ergänzt.

aa) Die Systematik des „Schemas"

In Hinsicht auf die Systematik versucht das Svarezsche „*Schema*" zwar eine Ordnung der Rechtsmaterien nach naturrechtlichen Lehren, bleibt im Ergebnis allerdings hinter den verschiedenen Planvorschlägen zurück[61]. Da die endgültige

57 S. bereits oben I 1 b.

58 03.01.119-121. Der „ohngefähre Plan" wird abgedruckt in *Daniels*, Bd. 1, Anlage VI, S. 38–39, wiederum bei *Barzen*, S. 113–114.

59 Vgl. *Barzen*, S. 64 ff.,

60 Wie zum Beispiel „I. 6. Die Rechte der Unterthanen gegen ihr Landmajestät", „X. Von den Rechten der Kirchen und anderer milden Stiftungen", „XII. Vom Lehnrechte" und so weiter.

61 Vgl. *Daniels*, Bd. 1, S. 25 ff.; *Barzen*, S. 67 ff.

Anordnung für das künftige Gesetzbuch erst nach Diskussionen im Jahr 1783 zustande kommt[62], lässt sich die Systematik des „*Schemas*“ noch von der des EAGB/ALR abgrenzen[63], die Letzteren beherrscht eine vom subjektiven Recht ausgehende und streng deduktive Systematisierungstendenz[64].

Die Systematik des „*Schemas*“ stellt sich noch als eine lockere Zusammenstellung verschiedener Rechtsmaterien dar: Svarez ordnet z.B. das Ständerecht und das Soldatenrecht unter dem Personenrecht ein. Das Fiskalrecht, das Lehnsrecht und das Strafrecht stellt er mit dem Privatrecht zusammen. Einen Vergleich zwischen „*Verzeichnis*“ und „*Schema*“ bietet die folgende Tabelle:

Tabelle 3: Übersicht über die Systematik bei „*Verzeichnis*“ und „*Schema*“

„Verzeichnis der Materien“	***„Schema“***
I. Von Gesetzen und Rechten überhaupt	–
II. Allgemeine Grundsätze und Regeln des Rechts	–
III. Von den Rechten, welche bloß aus dem Stande und persönlichen Verhältnißen entspringen.	I. Von dem Rechte der Personen nach ihrem Stande, das heißt, nach dem Verhältniß, worinn sie im menschlichen und bürgerlichen Leben sich befinden.
IV. Vom Eigenthum und den daraus entstehenden Rechten	II. Vom Eigenthum und den daraus entstehenden Rechten
V. Vom Besitz und den daraus entstehenden Rechten	III. Vom Besitz und den daraus entstehenden Rechten
VI. Von den Rechten, welche jemanden in dem Eigenthum eines andern zustehen	IV. Von den Rechten, welche jemand in dem Eigenthum eines andern zustehen
VII. Von persönlichen Rechten, welche aus Zusagen und Verträgen entstehen	V. Von den Rechten, welche jemand auf gewisse Handlungen und *praestationes* eines andern durch Zusagen und Verträge erlangt.
VIII. Von den persönlichen Rechten und Verbindlichkeiten, welche aus unzuläßigen Handlungen erwachsen.	VI. Von den Rechten, welche jemanden auf gewiße *praestationes* eines andern aus unzulässigen Handlungen erwachsen.

62 Vgl. *Barzen*, S. 119.

63 Vgl. die Gliederung des Entwurfs eines allgemeinen Gesetzbuchs für die Preußischen Staaten, Abgedruckt in *Svarez*, Entwurf, S. 335.

64 *Förster/Eccius*, Bd. I, S. 24.

„Verzeichnis der Materien“	*„Schema“*
IX. Von der persönlichen Rechten, welche unmittelbahr aus dem Gesetze entstehen	VII. Von den Rechten, welche jemanden auf gewisse Handlungen oder *praestationes* eines andern unmittelbar aus den Gesetzen zukommen.
X. Von den Rechten aus Testamenten und anderen letztwilligen Verordnungen	VIII. Von den Rechten, die aus letztwilligen Verordnungen entspringen
XI. Von besonderen Rechten gewißer Ordnungen und Rechte im Staat	IX. Von fiskalischen Rechten
-	X. Von den Rechten der Kirchen und anderer milden Stiftungen
-	XI. Von den Rechten der Städte und anderer Communen
XII. Vom Lehnrecht	XII. Vom Lehnrechte
XIII. Von den Verbrechen, und deren Strafen	XIII. Von den Verbrechen und deren Strafen

Systematisch ist die Ordnung des früher verfassten „*Verzeichnisses*“ mit beträchtlichen Veränderungen im „*Schema*“ beibehalten[65]. Unter machen Titeln fügt Svarez Notizen und Erläuterungen hinzu, um dort auf die zugehörigen römischen Stellen zu verweisen, und zwar unter Auflistung relevanter Digestentitel oder Rechtsinstitute. Zum Beispiel fügt Svarez die folgenden Marginalien zum Kapitel VI. „Von den Rechten, welche jemanden auf gewiße *praestationes* eines andern aus unzulässigen Handlungen erwachsen“ bei: „Hierher gehört die Lehre von der Schadloshaltung und Gewährung des Interesse außer den Contracten; und das, was in *corpus iuris* unter den Titeln: *Si quadrupes pauperiem fecisse dicatur; de Lege Aquilia; de iudice litem suam faciente; de effusis vel dejectis; de positis vel suspensis.; de receptis; de novi operis nunciatio etc.* vorkommt.“ Zum Kapitel VII. „Von den Rechten, welche jemanden auf gewisse Handlungen oder *praestationes* eines andern unmittelbar aus den Gesetzen zukommen“ schreibt

65 Dem tabellarischen Vergleich beider Gliederungen bei *Barzen*, S. 74 f., dürfte insofern nicht zu folgen sein, wenn *Barzen* versehentlich meint, dass Volkmar in seinem Auszug von der vorgegebenen Systematik selbst abgewichen sei. Vielmehr folgt Volkmar beim Extrahieren streng der Svarezschen Systematik. Näheres unten III 2. Während die Titel in der linken Spalte der Tabelle 3 bei Barzen dem Svarezschen „*Verzeichnis*“ entnommen sind, kommen die Titel in der rechten Spalte gerade nicht von Volkmar, sondern aus dem „Schema“ von Svarez.

er: „Hierher gehört die Lehre *de negotiorum gestione, de solutione indebiti, de societate incidente* und verschiedene Polizey=Gesetze."

bb) Die Einleitung im „Schema"

Besonders auffällig ist beim oben angestellten Vergleich der Mangel einer Einleitung im Svarezschen „*Schema*", welcher im rechtsgeschichtlichen Schrifttum bereits mehrfach diskutiert wurde[66]. Die Lehre von einer allgemeinen Einleitung im technisch-systematischen Sinne findet sich in der Rechtswissenschaft der 1780er Jahre zwar erst im Ansatz[67], Svarez hat jedoch schon am Anfang des „*Verzeichnisses*" zwei Kapitel formuliert, die funktionell einer Einleitung entsprechen:

I. Von Gesetzen und Rechten überhaupt.
   1. Von Gesetzen, deren Gültigkeit und Verbindlichkeit, und dem ihnen zu leistenden Gehorsam;
   2. Von der Macht und Befugnis Gesetze zu geben;
   3. Von [der] Erklärung der Gesetze;
   4. Von Privilegien, der Macht solche zu ertheilen, ihren Würckungen und wie solche zu erklären;
   5. Von den Rechten und Verbindlichkeiten, welche den Gegenstand der Gesetze ausmachen; ihren Quellen, Beschaffenheit und Umfang, der Art ihrer Erwerbung, und der Art, wie sie aufhören und verlohren werden.

II. Allgemeine Grundsätze und Regeln des Rechts.

Hierher gehören die theils aus dem Natur=Rechte, theils aus dem Begriff einer bürgerlichen, unter einem gemeinschaftlichen Oberhaupt vereinigten Gesellschaft herfließende Vorschriften, die jeder Unterthan des Staates gegen den Andern, besonders in Rücksicht auf das Mein und Dein zu beobachten hat. Z.E.:

Man muß niemand in Besitz und Genuß seines rechtmäßigen Eigenthums beunruhigen;
Niemand muß sein Recht sich eigenmächtig verschaffen wollen;
Zusagen und Contracte müßen gehalten werden;
Niemand muß sich mit Schaden des andern bereichern;

---

66 Vgl. vor allem die grundlegende Darstellung *Schwennickes*, S. 19. Etwas ungenau ist die Betrachtung bei *Barzen*, S. 115.

67 Vgl. *Dajczak*, S. 55. Zur Entstehungsgeschichte der Lehre von einem „allgemeinen Teil" der Pandektistik vgl. *Schwarz*, SZ 21 (1929), S. 587 ff.; HKK/*Schmoeckel*, vor § 1, Rn. 14 ff.

Betrug kann niemals den Schutz der Gesetze finden;
Wer jemand einen Schaden zufügt ist schuldig solchen zu ersetzen etc.[68]

Diese zwei Kapitel des „*Verzeichnisses*" fungieren als die tatsächliche Einleitung für das künftige Gesetzbuch, auch wenn sie keine entsprechende Überschrift tragen. Diese Einleitung dient dazu, die allgemeinen Regeln und Grundsätze dem Hauptteil des Gesetzbuchs voranzustellen[69]. Bemerkenswert ist, dass die allgemeinen Grundsätze im II. Kapitel größtenteils nicht aus dem römischen Recht, sondern aus dem Naturrecht stammen[70]. Der rezipierte Rechtssatz „Niemand muß sich mit Schaden des andern bereichern" geht zwar auf ein Pomponius-Fragment zurück[71], wird allerdings der Naturrechtslehre gemäß systematisch umgedeutet und daher in der Einleitung deutlich verallgemeinert[72].

Die zwei Kapitel werden nach der Bearbeitung im „*Schema*" nicht unverändert beibehalten, vielmehr sind sie nun in gekürzter Form als eine Präambel am Anfang des „*Schemas*" zu finden, ohne selbständige Kapitelnummer bzw. Kapitelüberschrift, stattdessen nur mit Rautezeichen:

> ## Ein bürgerliches Gesetzbuch soll die den Unterthanen des Staats zukommende Rechte und darauf sich beziehende Verbindlichkeiten festsetzen.
> ## Diese Rechte haben entweder Personen, oder Sachen, oder Handlungen zum Gegenstande; die natürlichste Ordnung also, in welcher die Gesetze vorzutragen, wird seyn, wenn man sie nach ihren verschiedene Objecten mitheilt, und bey einem jeden zugleich auf die Quellen, woraus die Rechte fließen, ihre innere Beschaffenheit und Umfang, die Art ihrer Erwerbung, und die Art, wie sie aufhören und verlohren werden können, Rücksicht nimmt.[73]

---

68 01.01.008r. Abgedruckt in *Daniels*, Bd. 1, Anlage III, S. 11 f.; *Schwennicke*, S. 20, in Fn. 35.

69 Vgl. *Schwennicke*, S. 20 f.

70 Beispielsweise zu „Zusagen und Contracte müßen gehalten werden" vgl. *Darjes*, Bd. II, § 404, S. 570; *Wolff*, Grundsätze, § 388, S. 234; zu „Wer jemand einen Schaden zufügt ist schuldig solchen zu ersetzen" vgl. *Wolff*, Grundsätze, § 415, S. 253.

71 D. 12, 6, 14 (= D. 50, 17, 206): *Nam hoc natura aequum est neminem cum alterius detrimento fieri locupletiorem*. Die Stelle D. 50, 17, 206 wird von Volkmar in den Auszug aufgenommen, 07.03.454v.

72 Vgl. *Wolff*, Grundsätze, § 271, S. 168 f.; *Jansen*, SZ 120 (2003), S. 145.

73 07.01.049r.

Aus dem Vergleich zwischen den beiden „Einleitungen" in „*Verzeichnis*" und „*Schema*" ergibt sich, dass Svarez (wohl auf Vorschlag anderer Rechtsgelehrter[74]) im „*Schema*" darauf verzichtete, konkrete Rechtssätze vorzuschreiben. Vielmehr werden abstrakte Grundsätze in der „Einleitung" angeordnet. Dementsprechend weist Svarez im Punkt 3 (b) der „*Instruction*" Volkmar an, beim Extrahieren „die allgemeinen Grundsätze und Regeln vorauszuschicken".

Um die Einleitung auf Basis des angefertigten Auszugs entwerfen zu können, hat Svarez wohl die Formulierung eines Entwurfs bis zur Fertigstellung des Auszugs verschoben[75]. Dafür spricht auch, dass er Volkmar im Punkt 3 (a) der „*Instruction*" nicht gestattet, einschlägige Materien unberücksichtigt zu lassen. Vielmehr solle Volkmar diese Quellen „mit Beifügung eines Gutachtens, wohin sie zu verweisen seyn möchten," in seinem Auszug anzeigen. So würden diese Materien den Gesetzesredaktoren beim Verfassen einer Einleitung zur Verfügung stehen. Jedoch ist die Einleitung im formellen Sinne im Schema nicht mehr beibehalten.

4. Zwischenergebnis

Auf die Kabinettsorder vom 14. April hin denken die Gesetzesredaktoren sogleich über die Arbeitsmethode nach, nach der ein Auszug aus den römischrechtlichen Quellen angefertigt werden sollte. Als das Extrahierungsverfahren in der von Svarez im April/Mai 1780 entworfenen „*vorläufigen Instruction*" zu knapp und unvollständig erscheint, legt Volkmar bald nach seiner Berufung eigene „*Ideen*" über das Extrahieren nebst einem Probeschema zur Beratung vor.

Obwohl Volkmars Probeschema für den Auszug unbeachtet bleibt, werden seine Vorschläge zur Exzerpierung weitgehend von den Gesetzesredaktoren angenommen, vor allem nämlich die Auswahlkriterien für die römischrechtlichen Quellen und die Voranstellung einer Systematik des Auszugs vor der Extrahierungsarbeit. Vom Konzept einer „Einleitung" des Auszugs ist in Volkmars „*Ideen*" aber keine Rede. Die „*Instruction*" und das „*Schema*" werden in ihrer überarbeiteten Fassung als Richtlinie für die Extrahierungsarbeit Volkmar an die Hand gegeben. Volkmar ist spätestens Ende Juli 1780 an seiner Stelle in Berlin eingetroffen und fängt sofort mit der Extrahierungsarbeit an.

74 Vgl. z.B. Madihns „Allgemeine unvorgreifliche Vorerinnerung" an Svarez am 10. November 1780, obwohl Madihns Vorschlag erst später als das „*Schema*" in der Gesetzkommission ankommt. Abgedruckt in *Barzen*, Anhang II, S. 266.

75 Vgl. *Schwennicke*, S. 24 f.; *Barzen*, S. 116.

III. Der Volkmarsche Auszug aus den römischrechtlichen Quellen

1. Übersicht

Obwohl Svarez weder in den „*Grundsätzen*“ noch in der „*Instruction*“ Volkmar ausdrücklich eine bestimmte Frist für seine Extrahierungsarbeit setzt, steht Volkmar doch unter erheblichem Zeitdruck. Die Gründe dafür sind zweierlei: Zum einen soll der Auszug aus dem *Corpus Juris* der Ausarbeitung des neuen Gesetzbuchs zugrunde gelegt werden[76], mithin hängt das gesamte Gesetzgebungsverfahren theoretisch vom Fortschritt der Exzerpierungsarbeit ab. Die Hoffnung Carmers, schon im Frühjahr 1783 wenigstens den ersten Teil des Gesetzbuchs dem König vorlegen zu können[77], lässt Volkmar jedoch nur wenig Zeit für die Ausarbeitung.

Zum anderen stellt sich das *Corpus Juris* so umfangreich dar, dass jeder einzelne Bearbeiter beim Lesen und Extrahieren beträchtliche Mühe und Zeit aufwenden muss. Als Schlosser in seinem Schreiben an Svarez eine sechsjährige Arbeitsdauer errechnet[78], erhält er von Svarez allerdings nur ein Gegenangebot von zwei Jahren[79], welches ihm gänzlich untragbar erscheint. Auch wenn sich nicht nachweisen lässt, dass Volkmar eine bestimmte Arbeitsfrist von den Gesetzesredaktoren gesetzt bekam, ist eine nicht schriftlich überlieferte, zumindest interne Fristsetzung jedenfalls denkbar.

Die Extrahierungsarbeit begann im Juli 1780. Volkmars Exzerpieren ging zügig und schnell voran. Binnen weniger Monate geht er gemäß der Svarezschen „*Instruction*“ die Pandekten, die Institutionen und den Codex nacheinander[80] durch, wählt die tauglichen Quellen Stelle für Stelle aus und schreibt sie in seiner eigenen groben Übersetzung ins Deutsche nieder. Die Novellen sind zwar nicht im Auszug erhalten, werden jedoch im Rohentwurf zum Kirchenrecht als Anmerkungen von Volkmar zitiert[81].

---

76 Punkt 1 der „*Instruction*“.

77 *Krause*, Geschichte, S. LXVIII.

78 Vgl. Svarez’ Schreiben am 30. Mai, abgedruckt in *Baldus/Mühleisen*, S. 107. Diese errechnete Dauer erscheint zwar zurückblickend als „weit übertrieben“, wie *Gärtner*, S. 47 in Fn. 47, bemerkt hat, steht jedoch damit im Einklang, dass *Lukas Fenderlin* seine nachträglich erstellten Auszüge in fünf Jahren anfertigte. Da seine siebenbändigen Auszüge von 1783 bis zum Jahr 1787 publiziert wurden, ist eine Dauer von zumindest fünf Jahren für solch eine Extrahierungsarbeit plausibel.

79 Svarez’ Schreiben am 30. Mai 1780, abgedruckt in *Baldus/Mühleisen*, S. 116.

80 Zu dieser Arbeitsreihenfolge ausführlich unten III 2 a aa.

81 S. unten C III 3.

Spätestens zum Jahr 1781 kommt der Auszug zustande[82]. Mit einer Nachweisung über dessen Vollständigkeit einschließlich Gründen für die Auslassung legt Volkmar den Auszug bald darauf den Gesetzesredaktoren vor. Mit rund 600 Blättern und ca. 3000 Stellen erreicht Volkmar das vorgegebene Ziel fast vollständig[83]. Da der Auszug einen derart großen Umfang einnimmt und grundsätzlich von den Übersetzungen römischrechtlicher Quellen ausgeht, ist er hier zunächst nur mit Blick auf die Systematik zu untersuchen. Die exegetischen bzw. dogmatischen Einzelfragen werden sodann unten in Zusammenhang mit dem Schlosserschen Auszug im Teil D beleuchtet.

2. Der römischrechtliche Auszug

a) Systematik des Auszugs; Abweichungen vom „Schema"

Volkmar hält bei der Extrahierung an seinem eigenen Probeschema nicht mehr fest, sondern nimmt durchweg die Svarezsche Systematik des „*Schemas*" an. Hinsichtlich derjenigen Titel, für die das römische Recht nicht geeignet ist, schreibt Volkmar nur die Überschriften ab, macht darunter aber keinen Eintrag.

Obwohl Svarez im 3. Punkt der „*Instruction*" einen gewissen Spielraum für Volkmar gelassen hat, macht Volkmar bei der Extrahierung nur wenige Abweichungen vom Svarezschen Schema. Die einzigen Differenzen zum „*Schema*" bestehen darin, dass Volkmar eine „Einleitung" am Anfang und einen „Anhang: Einige allgemeine Regeln, die Contracte betreffend, ausgezogen aus dem Titel der Pandecten" am Ende des Schemas hinzugefügt hat.

aa) „Einleitung"

Die Notwendigkeit, dem Gesetzbuch eine Einleitung voranzustellen, fällt Volkmar nicht von vornherein, sondern erst im Laufe seiner Arbeit allmählich auf[84]. Es lässt sich vermuten, dass Volkmar den Auszug für die Einleitung nicht von Anfang an geplant hat, sondern die einschlägigen Quellen erst *nach* Anfertigung des gesamten Auszugs eingefügt hat, das heißt, während er die „*Nachweisung der Vollständigkeit*" formulierte.

---

82 *Simon*, S. 200; *Euler*, S. 23. Der genaue Zeitpunkt des Abschlusses der Extrahierungsarbeit ist leider in den Akten nicht zu ermitteln.

83 07.02.147r-310r; 07.03.001r-454r.

84 Zutreffend *Schwennicke*, S. 20, insofern, als er meint: „Bei der Exzerpierung … stellt Volkmar fest, daß hierfür keine Rubrik in der vorliegenden Gliederung vorgesehen war, und schlug deshalb vor, dem Gesetzbuch eine Einleitung voranzustellen."

Wie sich Volkmars Vorstellung ändert, zeigt sich während des Exzerpierungsverfahrens deutlich bei den Digestentiteln D. 1, 3 und D. 1, 4 unter dem Kapitel A des Auszugs[85]: Volkmar hatte im entsprechenden Teil der „*Nachweisung über die Vollständigkeit*“ zuerst die beiden genannten Titel aus dem 1. Buch der Pandekten weggelassen, und zwar mit den Bemerkungen:

> [Zu D. 1, 3] Kein Gesetz dießes Titels paßt unter eine Rubrique des Plans und keines ist irgendwo, als hier extrahirt worden; weil sie nicht die Rechte und Verbindlichkeiten der Unterthanen festsetzen, sondern nur Regeln für den Gesetzgeber, oder Rechtsgelehrten enthalten.
> [Zu D. 1, 4] Der § 2 des 1sten Gesetzes [D. 1, 4, 1, 2] und das 3te [D. 1, 4, 3] und 4te [D. 1, 4, 4] Gesetz, welche hier extrahirt worden, sind nicht füglich unter eine Rubrique des Plans zu bringen. Sie beziehen sich auf eine Materie, welche gar nicht in demselben [Plan] vorkomt, nehmlich auf die Privilegien. Sollten diese Gesetze nicht ausgelaßen werden dürfen, so konndten in einer Einleitung, die dem Gesetz=Buche vorauszuschicken wäre, unter anderen diese Grundsätze von denen Privilegien überhaupt, von den Monopolien, Moratorien, etc. abgehandelt werden.[86]

Volkmar bemerkt damit zutreffend, dass dem Svarezschen „*Schema*“ ein Teil für die Privilegien[87], für Grundsätze der Gesetzesauslegung und weiteres fehlt. Nach einiger Überlegung fügt Volkmar die einschlägigen 41 Stellen aus den beiden zuvor weggelassenen Pandektentiteln wieder dem Auszug hinzu[88] und ordnet die Materialien in seiner „Einleitung“ an, welche aus zwei Abschnitten besteht:

---

85 Der Titel D. 1, 3 behandelt eine Gesetzeslehre, nämlich Gesetze, Senatuskonsulte und das Gewohnheitsrecht, während D. 1, 4 von den Kaisergesetzen handelt.

86 Abgedruckt im Anhang V. Zum Vergleich damit ist die Bemerkung Volkmars zu den Titeln 1 und 2 des 1. Buchs (D. 1, 1; D. 1, 2) zu nennen: „Diese 2 Titeln können unter keine Rubriqen, welche der, der Instruction beygefügte Plan aufwirft, gebracht werden; und sind Materien, die darinnen gar nicht vorkommen. Allein es ist offenbahr, daß sie aus einem deutschen Gesetzbuch ausgelaßen werden müßen. Höchstens kōndten sie in ein *Compendium* des römischen Rechts oder Alterthümer kommen.“ Ein solches Kompendium kommt allerdings im Auszug nicht vor.

87 Unter einem *privilegium* versteht man „diejenige landesherrliche Verordnung, welche einem einzelnen Unterthanen, oder einer gewissen Familie, oder einem jeden Besitzer eines gewissen Grundstückes etwas vorzügliches, und von dem gemeinen Rechte abweichendes vergönnet.“ Vgl. *Claproth*, Bd. I, S. 452.

88 Volkmar rubriziert den Auszug für die Einleitung als „Fol. A“ und „Fol. B“, während der Auszug für andere Materien mit arabischen und lateinischen Ziffern „Fol. 1 A“, „Fol. 1 B“, „Fol. 1 C“ etc. rubriziert wird. Volkmar hat selbst die Rubrizierung gemacht, um später die Anfertigung der „*Nachweisung für die Vollständigkeit*“ zu erleichtern. Vgl. die Vorerinnerung in 07.02.006.

A. Von den Gesetzen überhaupt.
B. Von der *Ignorantia juris et facti*[89].

Unter dem ersten Abschnitt sind 30 Fragmente[90] aus Codex und Digesten angeordnet, unter Abschnitt B insgesamt 11 Codexstellen[91]. Infolgedessen werden auch diese einschlägigen Stellen in der „*Nachweisung*" korrigierend in Klammern eingeschoben[92]. Die Zweiteilung der Materialien in der Einleitung entspricht auch dem Gesetzesvorschlag von Claproth[93], obwohl sich Volkmar dabei nicht direkt auf dessen Vorschlag berufen hat.

---

89 Diese Titelzeilen mit der Bezeichnungen „A" und „B" sind nicht zu verwechseln mit der heute üblichen Zählweise, wonach die Gliederungsebenen I, II usw. unter A, B etc. untergeordnet würden, vielmehr stellt Volkmar „A" und „B" mit den übrigen Kapiteltiteln I, II und so weiter auf die gleiche Ebene. Auch dies spricht dafür, dass diese zwei Abschnitte erst später hinzugefügt wurden. Unzutreffend daher *Barzen*, S. 269, richtig aber *Krause*, Geschichte, S. LXXXVI.

90 C. 1, 14 (*de legibus et constitutionibus principum et edictis*): §§ 1; 2; 5; 6; 7; 9; 10; 12. – C. 1, 15 (*de mandatis principum*): § 1. – C. 1, 19 (*de precibus imperatori offerendis et de quibus rebus supplicare liceat vel non*): §§ 2; 3; 7; 8. – C. 1, 22 (*si contra ius utilitatemve publicam vel per mendacium fuerit aliquid postulatum vel impetratum*): §§ 1; 2; 5; 6. – C. 1, 23 (*de diversis rescriptis et pragmaticis sanctionibus*): §§ 1; 2; 3; 7. – D. 1, 3 (*de legibus senatusque consultis et longa consuetudine*): §§ 14-15; 18; 22; 23; 28. – D. 1, 4 (*de constitutionibus principum*): §§ 1, 2; 2; 3; 4. Die gesamten Texte dieses Abschnitts werden abgedruckt im Anhang IV.

91 C. 1, 18 (*de iuris et facti ignorantia*): §§ 1; 2; 4; 5; 6; 7; 8; 10; 11; 12; 13. Die gesamten Texte dieses Abschnitts werden abgedruckt im Anhang IV.

92 Zum Beispiel schiebt Volkmar die Bezeichnung der Blätter mit den Klammern „(18 fol A, 22 fol A, 23 fol A, 28 fol A)" vor dem Satz „Das 17te-28te Gesetz enthalten allgemeine Regeln für das Auslegen der Gesetze" ein. Dieser Satz dient ursprünglich zur Erklärung der Gründe, warum die einschlägigen Stellen von D. 1, 3, 17 bis D. 1, 3, 28 allesamt wegzulassen sind. Durch die Einschiebung der Klammern werden nun die Stellen D. 1, 3, 18; 22; 23; 28 herausgenommen und bewahrt, schließlich auch im Auszug beibehalten.

93 Die Einleitung von Claproth besteht ebenfalls aus zwei „Hauptstücken": I. Von Gesetzen und deren Auslegung; II. Von *Privilegiis* und *juribus singularibus*. Vgl. *Claproth*, Bd. I, S. 451 ff.

bb) *„Anhang: Einige allgemeine Regeln, die Contracte betreffend, ausgezogen aus dem Titel der Pandecten:* de Regulis juris"

Neben der Einleitung setzt Volkmar, abweichend vom Svarezschen *„Schema"*, am Ende noch einen „Anhang" hinzu[94], um einige allgemeine Regeln aus dem römischen Recht im Auszug zu platzieren. Obwohl er den Anhang als Regeln, „die Contracte betreffend," bezeichnet, wählt Volkmar 118 Stellen ausschließlich aus dem Pandektentitel *„de diversis regulis iuris antiqui"* (D. 50, 17) aus, und zwar größtenteils als Wiedergabe der originalen lateinischen Texte, ohne Übersetzung ins Deutsche[95].

Im Ergebnis sind nur diejenigen Stellen, die Grundsätze des Vertragsrechts enthalten und sich nicht in anderen Rubriken[96] befinden, im „Anhang" gesammelt. Volkmar setzt beispielsweise die Ulpian-Stellen D. 50, 17, 31[97] über die allgemeine Unwirksamkeit der *res impossibilis* und D. 50, 17, 54[98] über die Rechtsübertragung in den „Anhang"; er ordnet die Stellen D. 50, 17, 30[99] über die Einwilligung zur Eheschließung dem Titel „I. 13. c. Von den Rechten und Verbindlichkeiten der Eheleute in Ansehung ihrer Personen" und D. 50, 17, 53[100] dem Titel „V. 7. k. Von Schenkungen unter Lebendigen" zu.

---

94 Volkmars Rubrizierung für den Auszug dieses Abschnitts ist wie „Fol 1", „Fol 2", etc. Vgl. eben die Vorerinnerung in 07.02.006.

95 Allein die Stellen D. 50, 17, 45 („Niemand kann sich selbst seine eigenthümliche Sache verkaufen, vermiethen, verpfänden oder als *praecarium* geben, aber bey sich deponiren. *Pacta privatorum* derogiren nicht dem Landesgesezen.") und D. 50, 17, 46 („Was mann von einem als Strafe erhalten hat, darf mann ihm nicht zurückgeben.") sind ins Deutsche übersetzt. 07.03.450r.

96 Z.B. enthält der Titel „VIII. d. 5. Von den Regeln, wonach eine dunkle oder zweideutige letzte Willensverordnung zu erklären" fast ausschließlich die Stellen aus D. 50, 17, die einzige Ausnahme ist die Stelle Ulpians D. 50, 16, 133 über die Zeitberechnung: *Si quis sic dixerit "ut intra diem mortis eius aliquid fiat", ipse quoque dies, quo quis mortuus est, numeratur*. 07.03.383r.

97 Ulpian D. 50, 17, 31 (42 ad Sab.): *Verum est neque pacta neque stipulationes factum posse tollere: quod enim impossibile est, neque pacto neque stipulatione potest comprehendi, ut utilem actionem aut factum efficere possit.* 07.03.449v.

98 Ulpian D. 50, 17, 54 (46 ad Sab.): *Nemo plus iuris ad alium transferre potest, quam ipse haberet.* 07.03.450v.

99 Ulpian D. 50, 17, 30 (36 ad Sab.): *Nuptias non concubitus, sed consensus facit.* 07.02.171r.

100 Paulus D. 50, 17, 53 (42 ad ed.): *Cuius per errorem dati repetitio est, eius consulto dati donatio est.* 07.03.226r. Nach tradierter Lehre, welcher Volkmar gefolgt ist, betraf diese Stelle den Fortfall einer Kondiktion. Die Stelle handelt wohl richtiger von der konkreten Rechtsfolge der *actio Faviana*. Vgl. *Glück*, Bd. 13, S. 123 in Fn. 54.

Darüber hinaus extrahiert Volkmar im „Anhang“ auch manche Titel, welche bereits vom Naturrecht überwundene Lehren enthalten: z.B. die Stelle D. 50, 17, 73, 4[101] über das Verbot der Vertragsschließung durch Dritte[102] und D. 50, 17, 203[103], aus der seit der Glosse die Lehre eines allgemeinen Ausschlusses des Schadensersatzanspruchs beim Mitverschulden entnommen worden war[104].

Volkmar hatte bereits in seinen „*Ideen*“ den Ansatz vorgestellt, aufgrund der ausgezogenen Stellen einen Rohentwurf zum Gesetzbuch anzufertigen, in der Folge nutzte er den Auszug auch bei der Formulierung seines Rohentwurfs zur Einleitung[105]. Allerdings ist die Bedeutung des „Anhangs“ für die Gesetzgebungsarbeit dennoch fragwürdig. Svarez nimmt Volkmars Idee eines Anhangs oder Kompendiums[106] nicht auf, zumal der Anhang nur als ein Index für diejenigen römischrechtlichen Stellen erscheint, die beim Erstellen des Auszugs nicht von Volkmar berücksichtigt wurden. Es lässt sich also vermuten, dass der „Anhang“ bei der weiteren Arbeit unberücksichtigt blieb.

b) Die übergangenen Titel im Vergleich zum „Schema“

Weil das Svarezsche „*Schema*“ eigentlich nicht für den römischrechtlichen Auszug, sondern für das künftige Gesetzbuch bestimmt ist, enthält das „*Schema*“ einige Kapitel bzw. Titel, die sich nicht auf das römische Recht beziehen, wie oben bereits erörtert wurde[107]. Dem Punkt 3. (a) gemäß bleiben diese Kapitel bzw. Titel von Volkmar beim Extrahieren unberücksichtigt. Außerdem lässt Volkmar noch einige Titel nach eigener Einschätzung weg, ohne die Gründe dafür anzugeben.

---

101 Quintus Mucius Scaevola D. 50, 17, 73, 4: *Nec paciscendo nec legem dicendo nec stipulando quisquam alteri cavere potest.* 07.03.451r.

102 Diese Stelle wird ebenfalls extrahiert in Fenderlins Auszug: „Einem Dritten kann man in der Regel weder durch Versprechungen noch Verträge ohne seinen Beytritt Rechte erwerben.“ *Fenderlin*, Bd. 7, S. 164.

103 Pomponius D. 50, 17, 203 (8 ad Q. Muc.): *Quod quis ex culpa sua damnum sentit, non intellegitur damnum sentire.* 07.03.454v. Vgl. auch den Auszug bei *Fenderlin*, Bd. 7, S. 179: „Wer durch eigene Schuld Schaden leidet, ist nicht zu bedauern und findet von Seiten der Gesetze keine Hülfe.“

104 Vgl. *Pufendorf*, III. 1. § 7, S. 301; *Wolff*, Grundsätze, § 283, S. 176.

105 Näheres vgl. unten C II 2.

106 Vgl. oben in Fn. 86 Volkmars Bemerkung zu D. 1, 1 und D. 1, 2.

107 S. oben 3. b.

Die übergangenen Titel sind allerdings nicht als Lücken in Volkmars Auszug anzusehen, weil es sich dabei zunächst nur um die systematische Zuordnung römischrechtlicher Quellen zu Abschnitten des Gesetzbuchs handelt. Eine Auswahl der Quellen, die Anspruch auf Vollständigkeit erhebt, ist damit nicht beabsichtigt. Die eigentlichen „Lücken“ im Auszug sind vielmehr diejenigen römischen Stellen, die Volkmar beim Extrahieren ignoriert, ohne einen Grund dafür zu nennen[108].

Eine Übersicht über sämtliche von Volkmar unbeachteten Titel bietet die folgende Tabelle:

Tabelle 4: Übersicht der übergangenen Kapitel/Titel im Auszug[109]

Kapitel/Titelnr.	Die übergangenen Titel
I. 5.	Die Rechte und Verbindlichkeiten der Fremden
I. 6.	Die Pflichten der Unterthanen gegen ihr Land=Majestät
I. 8.	Die Rechte zwischen Dienst=Herrschaften und Gesinde
I. 9.	Die Rechte der Grundherrschaften und ihrer Guts=Unterthanen
I. 10.	Von dem Adel und deßen Rechten
I. 11.	Von dem Bürgerstand und deßen Rechten
I. 12.	Von dem Stande der Bewohner des platten Landes und deren Rechten
I. 13. e.	Von der Erbfolge unter Eheleuten
I. 13. f.	Von der Aufhebung und Trennung der Ehe
I. 14. a. γ.	Durch die Einkindschaft *unio prolium*
I. 14. a. δ.	Durch die Legitimation außer der Ehe erzeugten Kinder
I. 15. b.	Von den Rechten, welche aus der Verwandtschaft herrühren
II. 3. h.	Von der Erwerbung des Eigenthums=Rechts unmittelbar aus dem Gesetze
II. 4. a.	Das Recht über die Sache selbst zu disponiren
II. 6.	Wie das Eigenthums=Recht verloren gehe
V. 7. b.	Vom Wechsel=Contracte
V. 7. n.	Von Eheberedungen
V. 7. o.	Von Erbverträgen
V. 7. p.	Vom Assecuranz=Contracte

108 Die Lücken werden unten 3 a bb untersucht.

109 Extrahiert aus dem in Anhang II abgedruckten Volltext.

Kapitel/Titelnr.	**Die übergangenen Titel**
V. 7. q.	Von Wetten
VIII. 1. d.	In Ansehung der Sachen und Handlungen, worüber solchergestalt verordnet werden kann
X.	Von den Rechten der Kirchen und anderer milden Stiftungen
XII.	Vom Lehnrechte

Die Übersicht deutet darauf hin, dass Volkmar über die Kapitel bzw. Titel, welche grundsätzlich vom Ständerecht (die Titel unter Kapitel I), Kirchenrecht (Kapitel X), Lehnrecht (Kapitel XII) und deutschem Recht (die Titel unter Kapitel V) handeln, absichtlich hinweggegangen ist. Auf diese Materien ließ sich das römische Recht eben nicht erstrecken, und diese Rubriken durften gemäß dem Punkt 3 (a) der „*Instruction*" zweifellos im Auszug übergangen werden.

Die sonstigen übergegangenen Titel betreffen ausschließlich diejenigen Materien, die zum Vermögensrecht unter dem Abschnitt „II. 3. Von den rechtmäßigen Mitteln, Eigenthum zu erwerben" gehören. Es handelt sich um drei Titel: II. 3. h. „Von der Erwerbung des Eigenthums=Rechts unmittelbar aus dem Gesetze"; II. 4. a. „Das Recht über die Sache selbst zu disponiren" und schließlich II. 6. „Wie das Eigenthums=Recht verloren gehe". Der Umgang Volkmars mit diesen Titeln ist wohl aus seinen systematischen bzw. wissenschaftlichen Erwägungen zu begründen: Die einschlägigen römischrechtlichen Stellen gehören in Bezug auf die Systematik nicht zu diesen Titeln, sondern sollen unter anderen Rubriken[110] einbezogen werden.

Volkmars Vorschlag, wie mit der Systematik des Vermögensrechts umzugehen sei[111], wird von den Redaktoren angenommen. Die ersteren zwei Titel II. 3. h. und II. 4. a. kommen in den späteren Entwürfen und Monita zum Sachenrecht nicht mehr vor[112] und der dritte Titel wird an den unteren Titel

110 Z.B. Tit. V. 8.: „Von den Arten, wie Rechte, die aus Verträgen entstehen, wieder aufhören und erlöschen können."

111 Volkmar hat jedoch in seinem Auszug weder eine Erklärung angegeben noch überhaupt eine Bemerkung zu seinem Umgang mit diesen drei Titeln gemacht, und sein eigener Grundriss des Gesetzbuchs bleibt aus. Vgl. unten C II 1.

112 Vgl. zu Titel II. 3. h.: EAGB II 6, § 2 (= ALR I 9, § 2): „Der gesetzliche Grund, vermöge dessen diese äußeren Handlungen die Kraft haben, daß dadurch das Eigenthum erworben werden kann, wird der Titel des Eigenthums genannt." Zu Titel II. 4. a.: EAGB II 5, §§ 9-13 (= ALR I 8, §§ 9-13): „Zum vollen Eigenthum gehört das Recht, die Sache zu besitzen, zu gebrauchen, und sich derselben zu begeben …"

V. 8. „Von den Arten, wie Rechte, die aus Verträgen entstehen, wieder aufhören und erlöschen können“ angeschlossen. Alle drei Titel erscheinen nicht mehr in EAGB und ALR[113].

c) *Beispiele aus dem Auszug: D. 6, 2, 1 u.a.*

Volkmars Auszug besteht größtenteils aus den von ihm selbst ins Deutsche übersetzten römischen Stellen. Als Beispiel ist der Eigentumserwerb durch Übergabe zu betrachten, dessen Vorbild die römische formlose Übergabe (*traditio*) ist. Die betreffenden Digestentitel D. 6, 2 über die *actio Publiciana* und D. 41, 1 *de adquirendo rerum dominio* werden von Volkmar unter dem Titel „II. 3. e. Von Erlangung des Eigenthums durch die Übergabe“ extrahiert.

> D. 6, 2, 1: *Ulpianus 16 ad edictum. Ait praetor: „si quis id quod traditur ex iusta causa non a domino et nondum usucaptum petet, iudicium dabo.“ 1. Merito praetor ait „nondum usucaptum“: nam si usucaptum est, habet civilem actionem nec desiderat honorariam. 2. Sed cur traditionis dumtaxat et usucapionis fecit mentionem, cum satis multae sunt iuris partes, quibus dominium quis nancisceretur? ut puta legatum*
>
> Ulpian im 16. Buch zum Edikt. Der Prätor sagt: „Wenn jemand das herausverlangt, was [ihm] aus rechtmäßigem Grund von einem Nichteigentümer übergeben wird und [von ihm] noch nicht ersessen ist, werde ich eine Klage geben“. 1. Mit Recht sagt der Prätor: „noch nicht ersessen“. Denn wenn die Sache ersessen ist, hat der Kläger eine zivilrechtliche Klage und benötigt keine amtsrechtliche. 2. Warum aber erwähnt er nur die Übergabe [aufgrund Kaufvertrags] und die dadurch begründete Ersitzung, wo es doch viele Rechtsgründe gibt, aus denen man Eigentum erwerben kann? Wie zum Beispiel das Vermächtnis[114]
>
> [Volkmars Auszug aus D. 6, 2, 1[115]] L.1 π *de publ[iciana]. in rem act[ione].* Dem, welcher eine aus einer rechtmäßigen Ursache von dem, der nicht Eigenthümer ist, übergebene Sache, die er noch nicht völlig verjährt hat, wiederfordert, steht die Publicianische Klage zu. [1.] Hat er die Sache würklich verjährt, so bedarf er nicht der praetorischen Klage, weil ihm eine *civilis actio* zuständig ist.

Zum Fragment D. 6, 2, 1 gibt Volkmar das *principium* und die erste *lex* im Auszug wieder, welche das unvollständig zitierte prätorische Edikt[116] der *actio*

---

113 EAGB II 13 „Von dem Verlust und der Aufhebung des Eigenthums der Sachen und Rechte“; ALR I 16 „Von den Arten, wie Rechte und Verbindlichkeiten aufhören“.

114 Die deutschen Übersetzungen der römischrechtlichen Quellen sind entweder aus der modernen Übersetzung von *Behrends/Knütel/Kupisch/Seiler* (Institutionen sowie die Digestentitel 1-34) oder aus der älteren Übersetzung von *Otto/Schilling/Sintenis* (für die Digestentitel 35-50, Codex und Novellen) entnommen.

115 07.02.264v.

116 Zum Edikt vgl. *Lenel*, EP, S. 169 ff.

Publiciana zusammen mit der Ulpianischen Kommentierung enthalten. Danach steht die publizianische Klage[117] dem Erwerber aus einer „rechtmäßigen Ursache" zu, auch wenn er die übergebene Sache noch nicht ersessen hat, er wird also einem quiritischem Eigentümer ähnlich geschützt. Die Übersetzung des Partizips „*usucaptum*" in der 1. *lex* als „verjährt" entspricht auch dem damals üblichen Gebrauch, wonach die „Verjährung" in der Gemeinrechtslehre als Ersitzung im Sinne erwerbender Verjährung zu verstehen ist[118]. Was die „rechtmäßige Ursache" betrifft, so führt Volkmar sie im anschließenden Fragment D. 6, 2, 2 vor.

D. 6, 2, 2: *Paulus 19 ad edictum. vel mortis causa donationes factae: nam amissa possessione competit Publiciana, quia ad exemplum legatorum capiuntur.*
Paulus im 19. Buch zum Edikt. oder Schenkungen von Todes wegen. Denn bei Besitzverlust steht [auch im letzten Fall] die publizianische Klage zu, weil die [von Todes wegen geschenkten] Sachen nach dem Vorbild vermachter Sachen ersessen werden.
[Volkmars Nachweis für D. 6, 2, 2[119]. L.2 sagt bloß, es giebt außer der Tradition und Usucapion noch mehr Arten des Eigenthums zu erwerben, als *Legate, mortis causa donationis* und noch andere.]

Das *fr.* 2, 2 von Paulus schließt sich an *fr.* 2, 1, 2 an, beide Fragmente werden von Volkmar gemeinsam aus dem Auszug ausgelassen. Zur Auslassung des *fr.* D. 6, 2, 1, 2 gibt Volkmar keine Begründung, vielmehr führt er im Nachweis für D. 6, 2, 2 an, dass die beiden Fragmente von verschiedenen „rechtmäßigen Ursachen" des Eigentumserwerbs handelten, hier nämlich das Vermächtnis und die Schenkung von Todes wegen. Den Grund, warum er diese die *iusta causa* betreffenden

117 Die publizianische Klage findet sich mit deutlichen Abweichungen vom römischen Recht, allerdings unter Einschluss der *exceptio vitiosae possessionis*, im ALR wieder (I 7, §§ 161 ff.) und dient dort dem Schutz des redlichen Besitzers. ALR I 7, § 161: „Gegen den, welcher den Besitz einer Sache oder eines Rechts weder durch Gewalt, noch heimlich, mit List, oder bloß bittweise überkommen hat, kann der vorige Besitzer auf Wiederherstellung des Besitzes nur in so fern klagen, als er ein besseres Recht zum Besitze nachzuweisen hat." Dieser § wird in der Literatur als die „erweiterte publizianische" sowie die „dingliche Klage" des Deutschen Rechts bezeichnet. Vgl. *Förster/Eccius*, Bd. III, S. 115 f.; *Dernburg*, Bd. I, 538.

118 Vgl. *Finkenauer*, Eigentum, S. 19. Fenderlin extrahiert diese Stelle in Verbindung mit *fr.* 13, 16 und 17: „L. 1. 13. 16. 17. Wer ein Guth auf eine rechtmäßige Weise erworben, aber nicht zu erweisen vermag, daß derjenige, von dem er es erworben, der wahre Eigentümer davon gewesen, auch sein Recht noch nicht durch die Verjährungs=Zeit befestigt hat, der ist gegen einen jeden andern als den erweislich wahren Eigenthümer zur Eigenthums=Klage berechtigt." Bd. II, S. 43.

119 07.02.045v.

Stellen nicht extrahiert hat, gibt Volkmar jedoch nicht an. Vielmehr extrahiert er noch ein Fragment von Paulus über die *iusta causa*:

> D. 41, 1, 31 pr.: *Paulus 31 ad edictum. Numquam nuda traditio transfert dominium, sed ita, si venditio aut aliqua iusta causa praecesserit, propter quam traditio sequeretur.*
> Paulus im 31. Buch zum Edikt. Die blosse Uebergabe überträgt das Eigenthum niemals, sondern nur, wenn Verkauf oder eine andere rechtmässige Ursache vorangegangen ist, derentwegen die Uebergabe erfolgt.
> [Volkmars Auszug aus D. 41, 1, 31 pr.[120]] L. 31 π *eod[em].* Uebergabe überträgt nicht das Eigenthum, wenn nicht eine *iusta causa*, als Verkauf, damit verbunden ist und vorhergeht.

Zum bekannten Fragment D. 41, 1, 31 pr. gibt Volkmar den Text wortgetreu auf Deutsch wieder. Das Eigentum geht deshalb nicht durch die bloße Übergabe einem anderen über, sondern zusammen mit einer vorangegangenen *iusta causa*. Dieses Fragment wird seit der Rezeption vielfältig interpretiert, und die *iusta causa* wird durch die Gemeinrechtslehre in den Erwerbstitel im Sinne der Theorie von „Titulus und Modus" umgedeutet[121]. Da Volkmar mit der Titulus-Modus-Lehre vertraut war[122], hat er wohl die *iusta causa* mit dem Grundgeschäft, sei es Vertrag oder Vermächtnis, gleichgestellt. Außerdem vermeidet es Volkmar, nicht-römische Termini, wie *titulus* oder *essentialia negotii*[123], in seinem Auszug zu verwenden.

Da die Gesetzesredaktoren die Titulus-Modus-Lehre übernommen haben, ist die „Erlangung des Eigenthums durch die Übergabe" nur mit einem rechtmäßigen Titel möglich. Die dem Fragment D. 41, 1, 31 pr. entsprechende Regel[124]

---

120 07.02.269r.

121 Der Titel allein kann nur ein Recht zur Sache (*ius ad rem*) schaffen. Um das völlige Recht an der Sache (*ius in re*) zu erwerben, muss noch der hinzutretende *modus* vorangehen. Vgl. *Hofmann*, S. 13 ff.; *Wieling*, § 1 III 1 b, S. 29.

122 Vgl. seine Erklärung in der „Erläuterung der Begriffe Erbschaft *ex asse et ex parte*", S. 6: „Um Eigenthums=Rechte zu erlangen, müßen Sie 1. ein Gesetz annehmen, welches eine gewiße Handlung dahin billigt, daß man dadurch ein solches Recht erlangen könne; dieß Gesetz ist *Titulus*; 2. eine Handlung annehmen, welche von den Gesetzen dahin gebilligt wurde, daß man durch dieselbe ein solches Recht erlangen könne, und diese Handlung ist *modus adquirendi*. … so müßen sie allemal zu der Erwerbung eines solchen Rechts einen *Titulum* und *modum adquirendi* erfordern." Volkmars Verständnis des Titulus als ein die Handlung billigendes Gesetz weicht jedoch vom allgemeinen Verständnis ab, demgemäß der Titulus das zur Eigentumsübertragung verpflichtende Rechtsgeschäft ist. Vgl. *Wieling*, § 1 III 1 b, S. 30.

123 S. unten D VI 2.

124 *Koch*, Bd. I, S. 487; *Förster/Eccius*, Bd. III, S. 256; *Dernburg*, Bd. I, S. 508.

lautet in EAGB und ALR: „Die mittelbare Erwerbung des Eigenthums einer Sache erfordert, außer dem dazu nöthigen Titel, der Regel nach, auch die wirkliche Uebergabe derselben.“[125]

Die oben angeführen Beispiele zeigen, dass Volkmar seinen Auszug getreutlich nach der Instruktion erstellte und dabei versuchte, das gemeine Recht weitgehend anzuwenden, dabei aber nicht immer auf dessen Terminologie zurückgriff[126].

3. Nachweisung über die Vollständigkeit des Auszugs

a) *Einführung*

Dem angefertigten Auszug ein Verzeichnis der „ausgezogenen und weggelaßenen Titeln und Gesetze“ beizufügen war Volkmar bereits in der „*Instruction*“[127] aufgetragen worden. Dieses Verzeichnis dient hauptsächlich dazu, den Gesetzesredaktoren einen Gesamtüberblick über den Auszug zu bieten. So werden die Redaktoren über die Gründe sowohl für die Extrahierung als auch die Auslassung einer römischrechtlichen Quelle informiert. Außerdem soll der Nachweis gewährleisten, dass Stellen nur aus begründeten, d.h. in der „*Instruction*“ aufgelisteten Gründen, weggelassen werden. Auf diese Weise wird auch die Vollständigkeit des Auszugs gegen allfällige Lücken abgesichert.

Volkmar erfüllt seine Aufgabe durch eine ausführliche „*Nachweisung über die Vollständigkeit des Extracts aus dem corpore juris romani*“, obgleich der Auszug in Wirklichkeit unvollständig ist.

aa) *Übersicht über die* „Nachweisung“

Die „*Nachweisung*“ umfasst insgesamt 125 Handschriftenblätter und befindet sich in den Akten vor Volkmars Auszug aus den römischrechtlichen Quellen, obwohl sie zeitlich erst nach dem Auszug angefertigt ist. Volkmar prüft das *Corpus Iuris* (Institutionen[128], Pandekten[129] und

---

125 EAGB Th. II, Abth. II, Tit, VII, § 1 = ALR I 10, § 1.

126 Vgl. die nähere Untersuchung in Teil D.

127 Punkt 7: Am Ende jeder extrahirten Materien ist ein Verzeichniß der ausgezogenen und der weggelaßenen Titeln und Gesetze beizufügen.

128 07.02.013-07.02.023.

129 07.02.024-07.02.115. Die archivalische Datierung der Aktenblätter von Institutionen und Pandekten ist nicht stichhaltig, da sie die zeitliche Voranstellung der Nachweisung der Institutionen vor der der Pandekten unterstellt. Allerdings hat Volkmar in der Nachweisung der Institutionen mehrmals den Digestenauszug zitiert, um die entsprechenden Institutionenfragmente auszusondern, weil diese „schon in den Pandecten

Codex[130]) Stelle für Stelle in der ursprünglichen römischen Gesetzesreihenfolge. Dabei bezeichnet er die extrahierten Fragmente mit seiner eigenen Rubrizierung der Schriftenblätter[131]. Anschließend skizziert er Gründe für die Weglassungsentscheidung [132], wenn eine Stelle im Auszug unberücksichtigt bleiben muss. Die Gründe sind normalerweise kurz gefasst[133], für diejenigen Stellen, die schwierig oder diskussionsbedürftig sind, fügt Volkmar auch eigene Anmerkungen hinzu.

Um die Funktionsweise der „*Nachweisung*" zu verdeutlichen, sollen hier die Angaben zu den Stellen D. 16, 3, 1, 8 und D. 3, 5, 48 als Beispiele wiedergegeben werden:

(1) Nachweis für D. 16, 3, 1, 8

D. 16, 3, 1, 8: *Ulpianus 30 ad edictum. Si vestimenta servanda balneatori data perierunt, si quidem nullam mercedem servandorum vestimentorum accepit, depositi eum teneri et dolum dumtaxat praestare debere puto: quod si accepit, ex conducto.*

Ulpian im 30. Buch zum Edikt. Kleidungsstücke, die einem Bademeister zur Aufbewahrung übergeben worden waren, gingen verloren. Wenn er kein Entgelt für die Aufbewahrung der Kleidungsstücke erhalten hat, nehme ich an, daß er mit der Verwahrungsklage haftet und nur für Vorsatz einstehen muß; hat er jedoch ein Entgelt erhalten, so haftet er aus Werkvertrag.

[Volkmars Nachweis für D. 16, 3, 1, 8[134]] L. 1: fol 82 A et B et C[135]. § 8: *Si vestimenta servanda balneatori data perierunt, si quidem nullam mercedem servandorum vestimentorum accepit, depositi eum teneri et dolum dumtaxat praestare debere puto: quod si accepit, ex conducto.* Bey der Frage, die dieses Gesetz enthält, kondten nach römischen Grundsätzen von Klagen analogische Zweifel entstehen; die aber nach heutigen Gewohnheiten und veräußerten Rechtssätzen bey uns nicht mehr entstehen dürften; mithin dürfte schwerlich diese Frage ein besonderes Gesetz verdienen.

Zur Ulpian-Stelle D. 16, 3, 1, 8, welche aus dem Auszug ausgesondert wird, gibt Volkmar zuerst den lateinischen Volltext wieder. Aus Volkmars Sicht handelt die Stelle von einem eigentümlich römischen Zweifel, nämlich, welche Klage gegen den bezahlten Bademeister (*balneator*) als Verwahrer eines Kleidungsstücks

---

extrahiert" seien. Diese Zitierweise deutet darauf hin, dass die Nachweisung der Pandekten zeitlich vor der der Institutionen angefertigt wurde, nicht aber umgekehrt.

130 07.02.116-07.02.138.

131 S. oben in Fn. 89 und den Anhang V.

132 Näheres unten 3 b.

133 S. unten 3 b.

134 07.02.077r.

135 Die Auszüge aus den übrigen *legibus* dieses Fragments, nämlich D. 16, 3, 1 pr. bis D. 16, 3, 1, 7, finden sich in 07.03.152r. ff.

(*vestimentum*) erhoben werden soll, die *actio depositi* oder die Klage aus der *locatio conductio*. Volkmar hält diese Stelle für überflüssig, weil die Lösung der darin enthaltenen Zweifelfrage im römischen Recht von den „Grundsätzen von Klagen" abhänge, weswegen sie nicht fürs Preußische Gesetzbuch geeignet sei.

Die Frage danach, was unter den speziellen „Grundsätzen von Klagen" genau zu verstehen ist, ist im Sinne der gemeinrechtlichen Lehre zu beantworten. Da ein Verwahrungsvertrag im römischen Recht stets unentgeltlich ist[136], kann ein gegen Entgelt bezahlter *balneator* nicht mit der Verwahrungsklage verklagt werden, sondern nur mit der *actio locati*[137]; dementsprechend ist die Haftung des *balneator* als *locator* im Vergleich zum Verwahrer verschärft, da dieser regelmäßig nur für *dolus* haftet, jener jedoch für *custodia*[138].

Volkmars Gedanke liegt folglich darin, dass das Erfordernis der Unentgeltlichkeit des Verwahrungsvertrags gemäß der Instruktion nicht mehr haltbar ist, vielmehr schließt dieses eine Entlohnung des Verwahrers nicht aus[139]. Gemäß der Svarezschen Anweisung ist die Weglassung der Stelle D. 16, 3, 1, 8 eine begründete Entscheidung von Volkmar[140]. Die späteren Entwürfe und das ALR enthalten schließlich auch kein Erfordernis der Unentgeltlichkeit für den Verwahrungsvertrag[141].

(2) Nachweis für D. 3, 5, 48

D. 3, 5, 48: *Africanus 8 quaestiones. Si rem, quam servus venditus subripuisset a me venditore, emptor vendiderit eaque in rerum natura esse desierit, de pretio negotiorum gestorum actio mihi danda sit, ut dari deberet, si negotium, quod tuum esse existimares, cum esset meum, gessisses: sicut ex contrario in me tibi daretur, si, cum hereditatem quae ad me pertinet tuam putares, res tuas proprias legatas solvisses, quandoque de ea solutione liberarer.* Afrikan im 8. Buch der Rechtsfragen. Wenn eine Sache, die ein verkaufter Sklave mir, dem Verkäufer, gestohlen hatte, vom Käufer verkauft worden und untergegangen ist, muß mir wegen des Kaufpreises die Geschäftsführungsklage gewährt werden, so wie sie gewährt werden müßte, wenn du ein Geschäft geführt hast, das du für dein Geschäft

136 *Boehmer*, *Introductio*, lib. XVI, Tit. III, § 10, S. 398 f.; *Lauterbach*, lib. XVI, Tit. III, § 15, S. 769; *Höpfner*, Commentar, lib. III, tit. XV, § 781, S. 95.

137 *Lauterbach*, lib. XVI, Tit. III, § 15, S. 769; *Glück*, Bd. 15, S. 143.

138 *Kaser*, Bd. I, S. 535.

139 *Tevenar*, S. 421; *Gierke*, Bd. 3, S. 729.

140 Die gleiche Entscheidung trifft auch *Fenderlin*, bei Bd. 3, S. 79 ff.

141 EAGB Th. II, Abth. II, Tit. XI, Abschn. I, § 8 = ALR I 14, § 17: „Hat er sich für die Verwahrung der Sache eine Belohnung ausbedungen, so muß er überhaupt ein mäßiges Versehen verantworten." Vgl. *Klein*, System, S. 225; *Daniels*, Bd. 3, S. 293; *Dernburg*, Bd. II, S. 594.

hieltest, während es mein Geschäft war, und wie andererseits dir die Klage gegen mich gegeben wird, wenn du eine Erbschaft, die mir gehört, für deine hältst und deine eigenen [schuldrechtlich] vermachten Sachen geleistet hast, weil ich durch diese [nicht kondizierbare] Erfüllung befreit wurde.

[Volkmars Nachweis für D. 3, 5, 48[142]] L.49 [48] enthält den Fall, daß wenn einer, eines andern Geschäft, welches er für sein eignes hielt, betrieb, so hat der andere gegen ihn die *negotiorum gestione* Klage. Ist schon in anderen extrahirten Gesetzen enthalten. fol 97 F.

Das schwierige Fragment D. 3, 5, 48 von Africanus geht auf die heute als „vermeintliche Geschäftsführung ohne Auftrag“ oder „irrtümliche Eigengeschäftsführung“ bezeichnete Fallkonstellation[143] ein. Der Käufer eines Sklaven verkauft eine Sache, die der Sklave dem Verkäufer gestohlen hat, in gutem Glauben als eigene. Der Verkäufer des Sklaven kann mit der *actio negotiorum gestorum* auf den Kaufpreis für die Sache klagen, wenn die verkaufte Sache untergangen ist, so als hätte der Käufer das Geschäft des Verkäufers besorgt[144]. Es handelt sich dabei um ein objektiv fremdes Geschäft, nämlich den Verkauf einer gestohlenen fremden Sache in gutem Glauben.

Nach der zusammenfassenden Wiedergabe des Sachverhalts von D. 3, 5, 48 bemerkt Volkmar, dass das in dieser Stelle enthaltene Rechtsproblem schon in anderen extrahierten Gesetzen abgehandelt werde. Eine derartige Bemerkung deutet in der „*Nachweisung*“ normalerweise darauf hin, dass die einschlägige Stelle aus dem Auszug herauszulassen sei. Das Schicksal von D. 3, 5, 48 ist jedoch ein anderes: Volkmar setzt den Extrakt daraus auf das erwähnte Folium 97 F[145]:

[Auszug aus D. 3, 5, 48] L.49 [48] π *de neg. gest.* [D. 3, 5]: Wenn iemand ein Geschäft vornimmt, welches er für sein eigenes hält, allein eigentlich für einen andern vorgenommen wird: So steht diesem gegen den, der das Geschäft betrieb, die Klage der *negotiorum gestione* zu.

---

142 07.02.037r.

143 Vgl. § 687 I BGB. Nach heutigem Recht findet keine *actio negotiorum gestorum* Anwendung, stattdessen gibt es den entsprechenden Anspruch aus dem Bereicherungsrecht (§ 816 I BGB). Vgl. nur *Fikentscher/Heinemann*, Rn. 1282.

144 Diese Stelle wurde seit dem ausgehenden 19. Jahrhundert als interpoliert oder zumindest unklassisch betrachtet, da sie sich in ein angeblich geschlossenes System der römischen Geschäftsführungsklagen nicht einfüge. Die Interpolationsvermutung bleibt bis heute. Die sogenannte textkritische Methode liegt für Volkmar bei seiner Extraktion der Quellen freilich fern. Vgl. *Lenel*, SZ 51 (1931), S. 41 f.; *Seiler*, S. 26 f.; *Mayer-Maly*, SZ 86 (1969), S. 417; *Jansen*, SZ 120 (2003), S. 127 ff.

145 07.03.314r.

Volkmar entscheidet sich damit für die Erweiterung des Begriffs *animus negotia aliena [gerendi]*. Wenn also jemand das Geschäft eines Fremden irrtümlich als sein eigenes besorgt hat, kann der Fremde als Geschäftsherr vom Verkäufer (als Geschäftsführer) den Erlös mithilfe der Geschäftsführungsklage statt der Kondiktion erhalten. Diese vermeintliche Eigengeschäftsführung des Verkäufers fällt also nach der Gemeinrechtslehre immer noch unter die Geschäftsführung ohne Auftrag[146]. Die Regelung in EAGB und ALR ist jedoch der naturrechtlichen Lehre nach[147] anders, in der Regel ist niemand befugt, sich in die Geschäfte eines Anderen ohne dessen Auftrag zu einzumischen[148]. Die Anwendbarkeit der Geschäftsführungsklage auf die Fallkonstellation von D. 3, 5, 48 ist demzufolge fragwürdig[149]. Denkbar wäre aber auch die Anwendung der Regeln des ALR über die nützliche Verwendung[150], welche allerdings von Volkmar im Auszug nicht erwähnt werden.

(3) Fazit

Die „*Nachweisung*" fungiert als das Register aller von Volkmar geprüften Quellen, seien sie beibehalten oder weggelassen. Aus den Nachweisen für die Stellen D. 16, 3, 1, 8 und D. 3, 5, 48 geht hervor, dass Volkmar in der „*Nachweisung*" die Auslassung einiger schwieriger Stellen ausführlich begründet.

Volkmar fertigt die „*Nachweisung*" so akribisch an, dass fast jede ausgelassene Stelle eine entsprechende Erläuterung findet. Die einzige Ausnahme bildet der eingefügte Abschnitt „Anhang", welcher im Auszug die Pandektenstellen D. 50, 17, 94 bis 195 umfasst. In der „*Nachweisung*" fehlt es aber an Einträgen zu den einzelnen Stellen[151]. Der Grund dafür liegt höchstwahrscheinlich darin, dass Volkmar zwar die Nachweise für die einschlägigen Stellen erledigt hatte, die

---

146 In der Gemeinrechtslehre wird diese Geschäftsführungsklage als *actio negotiorum gestorum utilis* bezeichnet. Vgl. *Glück*, Bd. 5, S. 347.

147 Vgl. *Bergmann*, S. 38.

148 EAGB Th. II, Abth. II, Tit. X, Abschn. II, § 145 = ALR I 13, § 228.

149 Für die Anwendbarkeit *Dernburg*, Bd. II, S. 801; dagegen vgl. *Koch*, Bd. II, S. 395; *Förster/Eccius*, Bd. II, S. 470.

150 ALR I 13, § 262 = EAGB Th. II, Abth. II, Tit. X, Abschn. II, § 164: „Derjenige, aus dessen Vermögen etwas in den Nutzen eines Andern verwendet worden, ist dasselbe entweder in Natur zurück, oder für den Werth Vergütung zu fordern berechtigt." Vgl. *Förster/Eccius*, Bd. II, S. 470.

151 Diese Nachweise dürften sich zwischen den datierten Folien 07.02.114v. und 07.02.115r. befinden.

Handschriftenblätter jedoch vor der amtlichen Bearbeitung der Akten im Jahr 1810 verlorengegangen sind.

bb) Die Lücken im Auszug

Die eigentlichen Lücken[152] in Volkmars Extrakt aus den römischrechtlichen Fragmenten bestehen aus denjenigen Stellen, die weder im Auszug extrahiert worden sind noch in der „*Nachweisung*" mit einem Grund für ihre Abwesenheit im Auszug versehen werden. Diese „abwesenden" Stellen bezeichnet die folgende Tabelle:

Tabelle 5: Übersicht der fehlenden Stellen

Kategorie	Von	Bis	Gesamtzahl fehlender Stellen[153]
Digesten	D. 18, 5	D. 36, 4	ca. 6000 Stellen
Digesten	D. 43, 3	D. 46, 12	ca. 2000 Stellen
Codex	C. 4, 1	C. 4, 11	ungefähr 110 Stellen
Codex	C. 4, 14	C. 4, 66	ca. 500 Stellen
Codex	C. 5, 14	C. 12, 63	ca. 5300 Stellen
Novellen	Die Novellen fehlen im Auszug vollständig.		

Aus dem tabellarischen Überblick ergibt sich, dass Volkmar fast die Hälfte des *Corpus Iuris Civilis* übergangen hat, ohne eine Erklärung für seinen Umgang mit diesen Quellen zu geben[154]. Damit ist für uns nicht mehr klar festzustellen, warum Volkmar die einschlägigen Stellen ignoriert.

Der Grund dafür könnte wohl einerseits darin liegen, dass Volkmar unter Zeitdruck nur die seines Erachtens wichtigsten und repräsentativsten Stellen zu den entsprechenden Topoi des Schemas aus dem *Corpus Iuris* herausziehen konnte, und zwar auf Kosten der Vollständigkeit der zu überprüfenden Quellen.

152 Nicht zu verwechseln mit den von Volkmar absichtlich übergangenen Titeln, die bereits oben 2 b erörtert wurden.

153 Wegen des riesigen Umfangs der römischrechtlichen Quellen können die „Gesamtzahlen" hier nur sehr grob analysiert werden.

154 Die Vermutung von *Barzen*, S. 78, wonach „bloß der Nachweis über die Auswertung" lückenhaft sei, und die Lücken des Nachweises nur darauf zurückzuführen seien, „dass die Seiten zur Bearbeitung an Carmer und Pachaly, möglicherweise auch später an Klein, weitergegeben werden und sich daher nicht mehr bei den Materialien vorfinden", lässt sich allerdings aktenmäßig nicht bestätigen.

Es lässt sich andererseits auch vermuten, dass Volkmar am praktischen Wert der Extrahierungsarbeit Zweifel hatte, weil der angefertigte Auszug ihm unpraktisch und fragwürdig erscheint. Dafür spricht die Tatsache, dass er selbst in seinem danach formulierten Rohentwurf zum allgemeinen Gesetzbuch keine Quellen aus seinem römischrechtlichen Auszug zitiert hat.

Auf jeden Fall hat Svarez durch den Punkt 4. 1[155] Vollständigkeit befohlen, Volkmar verstößt also im engen Sinne gegen die Svarezsche Anweisung[156]. Die Lücken im Auszug könnten daher auch Svarez' Unzufriedenheit mit Volkmar erklären. Die Kritiker Volkmars, die diese These vertreten, bekommen schließlich Wasser auf ihre Mühlen, als Volkmar wegen unvollständiger Erledigung seiner Aufgabe aus der Gesetzkommission entlassen wird[157].

b) Gründe für die Auslassung

Der Svarezschen „*Instruction*" nach soll Volkmar seine Entscheidungen für die Stellenauswahl begründen, und zwar mithilfe der in der „*Instruction*" aufgelisteten Auswahlkriterien. Volkmar geht mehr als 10.000 römischrechtliche Stellen durch und wählt ein Drittel davon (ungefähr 3.000 Stellen) aus. Die sonstigen Stellen werden ausgesondert und weggelassen. Für jede ausgesonderte Stelle bzw. jeden ausgesonderten Titel[158] fügt Volkmar normalerweise eine Begründung hinzu, um seine Entscheidung zu rechtfertigen. Die Begründung gibt vor allem an, aufgrund welchen Kriteriums der „*Instruction*" die einschlägige Stelle nicht extrahiert werden sollte.

Einen Überblick über die von Volkmar angeführten Gründe gibt die folgende Tabelle:

155 Punkt 4. 1: „Es müßen sämmtliche Bücher des *Corporis Juris* und alle Titel derselben nachgesehen, und kein einziger gänzlich übergangen werden."

156 Angesichts der Lücken im Auszug muss die in der Literatur bisweilen geäußerte Vorstellung abgelehnt werden, Volkmar habe einen „nahezu vollständigen Extrakt" angefertigt. Zu dieser Ansicht vgl. *Barzen*, S. 78; *Gärtner*, S. 47 in Fn. 102.

157 *Simon*, S. 200; *Bornemann*, Bd. I, S. 11

158 Volkmar lässt manchmal den ganzen Titel mit einer kurzen Begründung weg, z.B. gibt er zu C. 2, 1 „*de edendo*" und C. 2, 2 „*de in ius vocando*" die Begründung: „Diese 2 Titel sind, da sie sich auf den römischen Proceß beziehen, nicht zu extrahiren gewesen."

Tabelle 6: Übersicht über die Gründe für die Auslassung

Nr.	Instruction	Begründung	Beispiele	Häufigkeit (ungefähr)[159]
1.	4. 2. a.	Staatsverfassung	Inst. 2, 23, 4; D. 1, 11; D. 49, 14, 32; C. 1, 24-57.	50
2.	4. 2. b.	Religionsverfassung	D. 1, 8, 6, 9; D. 6, 1, 43; D. 11, 8; C. 1, 1; C. 1, 6.	22
3.	4. 2. c.	Kriegsverfassung	Inst. 1, 12, 5; D. 3, 5, 21; D. 38, 16, 15.	9
4.	4. 2. d.	Strafrecht	D. 2, 1, 8; D. 2, 3; D. 37, 12; C. 5, 5, 6.	12
5.	4. 2. e.	Prozessrecht	Inst. 4, 11; Inst. 4, 16; D. 2, 6; D. 2, 7; D. 3, 3, 64; D. 42, 6; C. 2, 26, 4; C. 2, 40.	64
6.	4. 2. f.	Von der Sklaverei, Knechtschaft und Freilassung	Inst. 1, 8; Inst. 2, 14, 1; Inst. 4, 8; D. 1, 5, 3; D. 3, 5, 36; D. 15, 1, 25; D. 50, 17, 209; C. 1, 19, 1.	198
7.	4. 2. g.	Stipulation	Inst. 3, 15-19; D. 2, 9, 14; D. 2, 15, 4; D. 17, 2, 10; C. 2, 3, 27; C. 2, 4, 4.	47
8.	4. 2. h	Etymologie und Definition	Inst. 1, 13, 2; D. 1, 5, 4; D. 12, 1, 1; D. 39, 2, 3.	10
9.	4. 2. i.	Meinungen der Juristen	D. 1, 8, 10; D. 2, 1, 6; D. 4, 1, 4; D. 15, 1, 42.	8
10.	6. b./c.[160]	Schon extrahiert; Wiederholungen	Inst. 1, 11, 1; Inst. 1, 12, 7; D. 1, 7, 43; D. 8, 4, 15; D. 16, 2, 18, 1; C. 3, 32, 16.	88
11.	-	„Bloß theoretisch"	Inst. 3, 22; D. 2, 1, 2; D. 3, 3, 50; D. 41, 3, 44, 3.	27
12.	-	„Bloß römisch"	Inst. 1, 12, 1; Inst. 2, 10, 1; Inst. 4, 6; D. 1, 2; D. 1, 9; D. 3, 1; D. 13, 5, 26; D. 49, 1, 7; C. 1, 14, 3.	49

159 Anstatt der Gesamtzahl der weggelassenen Stellen wird hier nur die Anzahl analysiert, wie häufig Volkmar einen Grund für die Auslassung angeführt hat. Die Zahlen beruhen auf ungefährer Einschätzung.

160 Der Punkt 6. a. („daß die weitläufigen Prologe und unnützen *raisonnements*, womit so viele Gesetze verunstaltet sind, wegbleiben, und nur *pars dispositiva* derselben einzurücken ist.") findet in der Nachweisung gar keine Anwendung.

In jeder Zeile wird zunächst der einschlägige Punkt der Instruction, sodann die darin enthaltene Begründung ausgewiesen. Darauf folgen beispielhaft Stellen, zu deren Auslassung im Auszug Volkmar die Begründung angibt. Schließlich findet sich eine ungefähre Angabe, wie oft Volkmar seine Auswahl so begründet.

Die Begründung „Sklaverei“ wird am häufigsten gebraucht, Volkmar rechtfertigt damit die Aussonderung der Stellen, die Sklaven und deren Freilassung betreffen. Die Anweisungen in den Punkten 5 und 6 („getreu“ und „deutlich“) treten in Begründungen für die Weglassung insofern in Erscheinung, als redundante Stellen außer Acht bleiben können, worauf Volkmar indes nur ausnahmsweise abstellt (Zeile 10 der Tabelle 6). Dass Volkmar den Auszug größtenteils gemäß den Auswahlkriterien in der Svarezschen „*Instruction*“ angefertigt hat, zeigt sich in der tabellarischen Ansicht deutlich. Es ist anzumerken, dass Volkmar neben den bereits von Svarez formulierten Auswahlkriterien noch zwei weitere Kategorien als erschöpfende „Generalklauseln“ hinzusetzt. Hierhin gehören die Quellen, welche entweder als „bloß theoretisch“ (Nr. 11) oder als „bloß römisch“ (Nr. 12) bezeichnet werden.

Unter der Kategorie „bloß theoretisch“ sind diejenigen Quellen gemeint, die die theoretische Beschreibung eines römischen Rechtsinstituts enthalten: z.B. die Einteilung der römischen Obligationen in D. 2, 14, 5[161] und D. 2, 14, 7, 8[162]; oder die Grundlage der römischen Erbschaftsklage in D. 5, 3, 1-3[163]. Die eigentümlich römischrechtlichen Quellen, beispielsweise die Stellen in Bezug auf das römische Gewohnheitsrecht in D. 1, 3, 33-41[164] und C. 1, 14, 11[165] oder die Statusänderung (*capitis deminutio*) in Inst. 1, 12, 1-3[166] und D. 7, 4, 1[167], sind unter die Kategorie „bloß römisch“ zu zählen.

---

161 07.02.032v. „L. 5 ist bloß theoretisch. *Pacta sunt vel publica vel privata, quae sunt vel legitima, vel juris gentium*, also entweder *civili* und *nuda* oder *non nuda*. Ist daher nicht extrahirt.“

162 07.02.032v. „L. 7 § 8 ist theoretisch. Enthält die Eintheilung der *pactorum in rem* und *in personam*. Ist daher nicht zu extrahiren gewesen.“

163 07.02.042v. „L. 1. Theoretisch und historisch. Ist daher nicht zu extrahiren gewesen. L. 2, 3 sind ebenfalls bloß theoretisch.“

164 07.02.024v. „33-41stes Gesetz, eine lange Gewohnheit, soll die Kraft eines Gesetzes haben; Gesetze müßen vorzüglich durch die Gewohnheit erklährt werden; jede Gewohnheit muß nicht der Vernunft entgegen seyn; *praejudicia* sollen wie Gesetze entscheiden.“

165 07.02.117r. „L. 11 von Gewohnheitsrecht.“

166 07.02.014r. „§ 1.2.3 von *capitis deminutione*.“

167 07.02.048r. „L. 1 von der *capitis deminutione*, dürfte nicht zu extrahiren gewesen seyn.“

IV. Zusammenfassung

Volkmar wurde bereits Ende Mai 1780 zur Mitarbeit in die Gesetzkommission nach Berlin berufen. Die Hauptaufgabe Volkmars bestand in der Erstellung eines Auszugs aus den römischrechtlichen Quellen. Obwohl die Idee eines Auszugs auf Schlossers Vorschlag zurückgehen soll, haben weder Schlosser noch die Gesetzesredaktoren in Berlin damals eine konkrete bzw. durchführbare Arbeitsmethode für die Erstellung des Auszugs. Die Auseinandersetzung zwischen den Redaktoren und Volkmar über die Extrahierungsweise betrifft vor allem zwei Themen, nämlich die Systematik des anzufertigenden Auszugs und die Auswahlkriterien für die römischrechtlichen Quellen. Mitte Juli entwarf Svarez die *„Instruction für den Doctorem Juris Volckmar wegen Anfertigung eines Auszugs"* und das *„Schema"* für den Auszug, auf dessen Grundlage Volkmar erst mit der Extrahierungsarbeit anfangen soll.

Spätestens von Juli 1780 an geht Volkmar binnen eines Jahres mehr als 10.000 römischrechtliche Stellen durch und extrahiert ein Drittel nach der schematischen Reihenfolge für den Auszug. Mit der *„Nachweisung über die Vollständigkeit des Auszugs"* bietet er dann ein Register der Quellen nach ihrer gesetzlichen Reihenfolge an, und zwar mit kurzer Beschreibung der Gründe für Auslassungen. Die Begründungen schließen sich streng an die Svarezsche *„Instruction"* vom 19. Juli 1780 an, davon abweichend setzt Volkmar aber noch Ergänzungen hinzu, um die möglichen Lücken beim Extrahieren zu füllen und die Vollständigkeit des Auszugs abzusichern.

Die strikten Anweisungen von Svarez für die Vollständigkeit des Auszugs führen im Ergebnis dazu, dass der Umfang des Extrakts auf 600 Handschriftenblätter ausgedehnt wird, obgleich Volkmar, ungeachtet einiger übersehener, 3.000 Stellen aus dem *Corpus Iuris Civilis* ausgezogen hat. Volkmars Auszug ist nicht nach Paragraphen formuliert und bleibt insofern von der Form her noch weit hinter dem EAGB, aber auch hinter dem von Volkmar selbst erarbeiteten Rohentwurf zurück.

Obwohl Volkmar seinen umfänglichen Auszug mit hoher Geschwindigkeit anfertigte, wurde er als unzufriedenstellend oder „nicht qualifiziert" nicht nur von den Gesetzesredaktoren, sondern auch den Autoren des 19. Jahrhunderts kritisiert[168]. Inwiefern diese Kritik aus rechtshistorischer Sicht berechtigt ist,

168 Vgl. *Simon*, S. 202; *Bornemann*, Bd. I, S. 11; *Koch*, Bd. I, S. 37. Diese Autoren geben anscheinend nur das Urteil der Gesetzesredaktoren Carmer und Svarez wieder, ohne eine eigene Untersuchung des Volkmarschen Auszugs anzustellen.

kann erst nach der ausführlichen Untersuchung im Teil D beantwortet werden. Der römischrechtliche Auszug erfährt beim späteren Redaktionsverfahren in der Tat zwar viele Überarbeitungen, die Behauptung, wonach es nur noch eine „indirekte Beziehung" zwischen dem Auszug und dem gedruckten EAGB gegeben habe[169], ist dennoch voreilig.

Nach dem chronologischen Überblick stellen sich noch einige Fragen: In welchem Verhältnis steht Volkmars Auszug zu seinem Rohentwurf für das Gesetzbuch und sodann zum späteren (gedruckten) EAGB? Welche Rolle spielt der römischrechtliche Auszug bei der Redaktionsgeschichte des allgemeinen Landrechts? Was ist die eigentliche Bedeutung des Auszugs für die Redaktion des allgemeinen Landrechts? Um diese Fragen beantworten zu können, muss der Auszug mit dem Rohentwurf zum allgemeinen Gesetzbuch von Volkmar in einem zusammenhängenden Kontext untersucht werden.

169 *Simon*, S. 203.

C. Der Volkmarsche Rohentwurf zu einem allgemeinen Gesetzbuch

Abstract: The 200 manuscript pages of the rough draft of the Code is considered "unplanned", as Volkmar is not commissioned with it from the outset, but only during his work in the Law Commission. In one year of his work (1781 to May 1782), Volkmar only partially completed the rough draft with more than 200 manuscript sheets. He drafts the individual sections piece by piece on the basis of his plan ("Grundriss"), from the introduction to family law to canon law. Although the rough draft is put into paragraph form, it is still a long way from completion. The casuistically formulated legal sentences, the hastily rewritten Prussian state laws, the lack of references to the Roman legal sources: All these shortcomings indicate that Volkmar's rough draft would have needed much further editing. For some unknown reason, Volkmar did not even take into account his previously elaborated Roman law extract. His choice of sources reveals a rather conservative attitude towards legislation, which also corresponds to his understanding of the Enlightenment, according to which legislation should not be a revolutionary event. Volkmar's rough draft was then reviewed by Pachaly. However, Pachaly did not directly comment on and amend the paragraphs prepared by Volkmar, but prepared his own draft ("essays") on Volkmar's individual groups of norms . Pachaly's works, which have survived in the files, comprise only 28 sheets and relate only to inheritance and family law. Although Pachaly listed the sources and textbooks used in as much detail as possible, his elaboration and collection of numerous disputes and school opinions can only be considered a supplement to Volkmar's rough draft.

Keywords: rough draft; plan of the code; feudal law; church law; family law

I. Einführung; Grundlage der Materialien

Volkmar wendet sich wohl nach Anfertigung des römischrechtlichen Auszugs im Jahre 1781 sofort der Formulierung seines Rohentwurfs zum allgemeinen Gesetzbuch zu. Die Ausarbeitung dieses Rohentwurfs war ihm allerdings anfänglich weder in den „*Grundsätzen*" noch in der Svarezschen „*Instruction*" zugeteilt worden, sondern erst durch eine Anweisung von Carmer im Winter 1780/1781[1]. Demgemäß beschäftigt sich Volkmar mit dem Rohentwurf des Personenrechts bis zu seiner Entlassung im Mai 1782.

1 *Krause*, Geschichte, S. LXIV. Nach der Auffassung *Daniels*, S. 29, (ohne Verweis auf die

Die im GStAPK aufbewahrten Volkmarschen Materialien umfassen rund 210 Handschriftenblätter. Diese Blätter werden vom amtlichen Redaktor der Gesetzgebungsmaterialien *August Heinrich Simon* unter dem 4. Band der „Materialien zum Allgemeinen Landrecht für die Preußischen Staaten: Vorarbeiten zu dem Entwurfe eines allgemeinen Gesetzbuchs" rubriziert, und zwar als die *„Excerpte des Doctoris Volckmar"*. In der „Vorerinnerung" zu diesen *„Excerpten"* gibt Simon eine Übersicht über die Materialien und nimmt eine vorläufige Gliederung vor[2]:

> Außer dem Extract aus den Römischen Gesetzbüchern von dem Doctor Volckmar auch die Sammlung der ersten Materialien übertragen werden. Hierbei sollte nicht bloß die Landes=Gesetze, sondern auch die vorhandenen Sammlungen streitiger Rechtsfälle benutzt werden. Die Concurrenz des Volckmar scheint nur bis zum Sommer 1782 gedauert zu haben. Von dieser Zeit an hat der General=Fiskal Pachaly auch die erste Sammlung der Materialien besorgt.

Die verhältnißmäßig wenigen Bruchstücke, welche von den Volckmarschen Materialien noch vorgefunden worden sind, haben wir unter dem Namen *Excerpte des Doctoris Volckmar* in diesem Bande gesammelt. Diesen Namen haben wir ihnen, ihrer ursprünglichen Bestimmungen, gegeben, ungeachtet Volckmar sehr oft seine benutzten Quellen nicht angeführt hat. Die hier befindlichen Piecen bestehen:

I. in einigen Bogen, welche sich auf eine zu entwerfende Einleitung[3] beziehen, welche die allgemeinen Rechts=Prinzipien und einen Plan[4] des ganzen Werks enthalten sollte[5].

Akten) hat Volkmar dagegen die Ausarbeitung eines Rohentwurfs schon anfänglich vorzubereiten gehabt.

2 07.04.001(b)r.-07.04.001(b)v. Vgl. auch *Simons* „Vorerinnerung" zum 1. Band dieser „Materialien", abgedruckt in *Mühleisen*, S. 207 f.

3 07.04.002r.-07.04.005r., mit einem zusätzlichen Blatt 07.04.018. Abgedruckt in *Daniels*, Bd. 1, Anlage IV, S. 14 ff. Das Blatt 07.04.018 erscheint in den Akten zusammenhangslos. Es wird zwar vom Redaktor Simon im zweiten Kapitel der Einleitung eingefügt, gehört ursprünglich allerdings höchstwahrscheinlich zum ersten Buch des Grundrisses. Dafür spricht nicht nur, dass die Paragraphen im Blatt 07.04.018 ohne das Paragraphenzeichen „§" stehen, während diejenigen auf allen anderen Blättern mit diesem Zeichen versehen sind. Darüber hinaus überschneiden sich die Paragraphen im Blatt 07.04.018 auch inhaltlich mit den einschlägigen im Grundriss (s. unten Fn. 10 und 11).

4 07.04.005r.-07.04.016v. Abgedruckt in *Daniels*, Bd. 1, Anlage IV, S. 17-30.

5 Dazu vgl. die Bemerkung des Redaktors bei 07.04.001(c)r. als auch bei 07.04.001(d)r.: „Note. Der hier befindliche Entwurf scheint mir nicht ausschließlich Volckmars Arbeit zu sein, obgleich er unstreitig von seiner Hand geschrieben ist. Vielleicht werden dem Volckmar vom Groß=Kanzler selbst dictiert. Mehrere Marginalien sind

II. in einem gewißenen Bruchstücke, die Rechte *ex statu familiae* betreffend[6].
III. in einigen Bogen, welche zu dem ersten Entwurf der Exzerpte über die Rechte der verschiedenen Stände im Staate gehören[7]. Und endlich
IV. in einem gewißenen Bruchstücke[8] über das Kirchenrecht.

Die Volkmarschen Materialien zum Rohentwurf werden von Simon demzufolge je nach deren Inhalt in vier Gruppen aufgegliedert, nämlich: I. Plan („Grundriss") und Einleitung, II. Familienrecht („*ex statu familiae*"), III. Ständerecht (1. Adelsrecht; 2. Bürgerrecht; 3. Gilde usw.; 4. Bauernrecht; 5. Soldatenrecht; 6. Fiskusrecht), und schließlich IV. Kirchenrecht. Diese etwas voreilige Vierteilung der Materialien entspricht jedoch nicht dem ursprünglichen Vorhaben von Volkmar. Vielmehr versuchte Volkmar von vornherein, den Rohentwurf Schritt für Schritt aufgrund seines Plans (Grundrisses) anzufertigen[9]. Er ging von der Einleitung aus und stellte das erste Buch „von den Rechten und Verbindlichkeiten der Personen" größtenteils fertig. Darin ist vor allem die Materie des Familienrechts sorgfältig bearbeitet. Eine Übersicht über die Volkmarschen Materialien mit paralleler Betrachtung seines Plans (Grundrisses) bietet die folgende Tabelle:

---

vom Groß=Kanzler eigenhändig hinzugefügt." Fragwürdig ist jedoch *Simons* Zweifel, wonach der Entwurf „nicht ausschließlich" durch Volkmars Arbeit entstanden sei. Vgl. *Daniels*, Bd. 1, S. 28; *Barzen*, S. 80.

6 07.04.020r.-07.04.0102r. Teilweise abgedruckt im Anhang VI. Dazu vgl. ebenfalls die Bemerkung bei 07.04.001(c)r.: „Note a. Dieses Bruchstück erstreckt sich von § 120 bis § 1746 und umfaßt auch das Vormundschaftsrecht und die Verhältnisse der Herrschaft zum Gesinde. Der Anfang, nämlich die §§ 1-120, fehlen. Note b. Auf diese Exzerpte beziehen sich die Pachalyschen Bemerkungen, Band V fol. 1-28."

7 07.04.104r.-07.04.117v. Vgl. dazu die Bemerkung bei 07.04.001(c)v.: „1. Von den persönlichen Rechten des Adels. 2. Von dem Bürgerstande in Städten. 3. Von denen, welche ohne Bürgerrecht in Städten wohnen und nicht zum Adel gehören. 4. Von den persönlichen Rechten des Bauerstandes. 5. Von den persönlichen Rechten des Soldatenstandes. 6. Von den Rechten und Verbindlichkeiten des Fiskus gegen die verschiedenen Stände des Staats."

8 07.04.119r.-07.04.217r. Dazu vgl. die Bemerkung bei 07.04.001(c)v.: „Note. Es fehlen hier die §§ 578-611 und die §§ 757-773."

9 Die Beurteilung *Barzens*, S. 83, wonach Volkmars Rohentwurf sich nicht in seinem Grundriss finde sowie dass der Rohentwurf und der Grundriss zwei separate, unverbundene Ausarbeitungen seien, ist also verfehlt.

Tabelle 7: Grundlage der erledigten Materialien

Der Volkmarsche Plan („Grundriss")	**Erledigte Materialien in den Akten, nach der Gliederung *Simons***
Einleitung	I. Einleitung (§§ 1–25; §§ 1–2)
I. Buch. Von den Rechten und Verbindlichkeiten der Personen	–
I. Capitel. Von den Rechten und Verbindlichkeiten der Personen überhaupt.	I. Grundriss (§§ 1–4[10])
II. Capitel. Von den Personen, so durch die Verwandtschaft unter einander verbunden sind.	I. Grundriss (§§ 1–12[11])
III. Capitel. Von den Rechten und Verbindlichkeiten des Haupts der *famille* gegen seine Frau und der Frau gegen den Mann.	II. *Ex statu familiae* (§§ 120–309)
IV. Capitel. Von den Rechten in Rücksicht der ehelichen Verbindung	II. *Ex statu familiae* (§§ 310–420)
V. Capitel. Von den Rechten und Verbindlichkeiten der Eheleute gegen den Staat und des Staats gegen die Eheleute.	–
VI. Capitel. Von den Rechten und Verbindlichkeiten der Eheleute gegen ihre Kinder.	II. *Ex statu familiae* (§§ 421–1161)
VII. Capitel. Von den Rechten der ganzen Verwandtschaft in Rücksicht der Häuser oder *familien*.	II. *Ex statu familiae* (§§ 1162–1198)
VIII. Capitel. Von den Rechten und Verbindlichkeiten der *famille* gegen den Staat und des Staats gegen die *famille*.	II. *Ex statu familiae* (§§ 1199–1725)
IX. Capitel. Von den Rechten und Verbindlichkeiten des Hausvaters und der Hausmutter gegen ihr Hausgesinde und des Hausgesindes gegen ihre Herrschaft.	II. *Ex statu familiae* (§§ 1726–1746)
X. Capitel. Von denjenigen Personen, welche in Städten zusammen verbunden sind.	III. 2. Bürgerrecht, Kaufleute, Gilde, Lehrpursche; 3. Juden, Vagabunden. usw.

10 Die Paragraphen 1-4 des Grundrisses sind gleichlautend mit den §§ 27-30 auf Blatt 07.04.018.

11 *Sic.* Volkmar beginnt im zweiten Kapitel erneut bei § 1. Die Paragraphen 1-12 des Grundrisses sind gleichlautend mit den §§ 31-41 auf Blatt 07.04.018.

Der Volkmarsche Plan („Grundriss“)	**Erledigte Materialien in den Akten, nach der Gliederung *Simons***
XI. Capitel. Von denen, welche auf dem Lande wohnen und in gewißer Verbindung mit einander stehen[12].	III. 1. Adelsrecht; 4. Bauerrecht.
XII. Capitel. Von den persönlichen Rechten und Verbindlichkeiten der zu der Kirche gehörigen Personen.	IV. Kirchenrecht (§§ 1–921)
XIII. Capitel. Von den Rechten und Verbindlichkeiten des Soldatenstandes.	III. 5. Soldatenrecht.
XIV. Capitel. Von den Rechten derer Universitäten, Collegien und moralischen Personen.	–
XV. Capitel. Von den verschiedenen Rechten und Verbindlichkeiten des *fisci* gegen die verschiednen Stände des Staats, und derselben Rechte und Verbindlichkeiten gegen den *fiscum*.	III. 6. Fiskusrecht.
II. Buch. Von den Rechten und Verbindlichkeiten in Rücksicht der Sachen.	[keine Ausarbeitung]
III. Buch. Von den Rechten und Verbindlichkeiten, welche aus Handlungen der Menschen entstehen.	[keine Ausarbeitung]

Diese Tabelle zeigt, dass die Vierteilung der Materialien durch Simon (rechte Spalte) mit dem ursprünglichen Plan Volkmars (linke Spalte) nicht übereinstimmt. Während der I. Teil der Gliederung Simons aus zwei separaten Ausarbeitungen (Einleitung und Grundriss) besteht, sollen die Teile II, III und IV gemeinsam unter dem ersten Buch des Volkmarschen Rohentwurfs rubriziert werden. Die Vierteilung von Simon erschwert daher das Verständnis der Volkmarschen Materialien[13].

Der Grundriss des allgemeinen Gesetzbuchs handelt von einer verfeinerten Systematik des allgemeinen Gesetzbuchs („Plan des ganzen Werks“). Die Bezeichnung „*Grundriss des Gesetzbuchs*“ ist allerdings nicht aktenmäßig, sondern tritt

12 Dieses XI. Kapitel ist wohl von Volkmar als eigenständiges getilgt und an das X. Kapitel angeschlossen worden.

13 Obwohl der Überblick über die Volkmarschen Materialien durch die amtliche Redaktion komplizierter gemacht wird, ist die Vierteilung im bisherigen Schrifttum ohne Kritik übernommen worden. Vgl. *Daniels*, Bd. 1, S. 29 f.; *Barzen*, S. 83.

erst mit Daniels' Darstellung in das neuere Schrifttum ein[14]. Der Grundriss ist größtenteils nicht in einzelne Paragraphen unterteilt, vielmehr enthält er nur die nach Volkmars Anmerkungen unter der jeweiligen Überschrift „zu handelnden" Materien. Die einzige Ausnahme bilden die ersteren zwei Kapitel des 1. Buchs, in denen Volkmar insgesamt 16 Paragraphen formuliert, welche jedoch angesichts seiner übrigen Ausarbeitungen unverhältnismäßig kurz erscheinen.

Das Hauptstück der Volkmarschen Materialien wird vom Rohentwurf zum 1. Buch über das Personenrecht ausgemacht, nämlich den Teilen II, III und IV, jeweils über das Familienrecht (82 Blätter mit 1626 Paragraphen), das Ständerecht (14 Blätter mit ca. 300 Paragraphen) und das Kirchenrecht (98 Blätter mit 921 Paragraphen). Dieses Hauptstück umfasst die Kapitel III bis XV des 1. Buchs (in der linken Spalte der Tabelle 7), ausgenommen sind nur das V. Kapitel „von den Rechten und Verbindlichkeiten der Eheleute gegen den Staat und des Staats gegen die Eheleute" und das XIV. Kapitel „von den Rechten derer Universitäten, Collegien und moralischen Personen".

In der vorliegenden Untersuchung ist im folgenden Kapitel II zuerst der Grundriss einschließlich der Einleitung des Rohentwurfs zu betrachten. Die Volkmarschen Ausarbeitungen für das Ständerecht und Kirchenrecht werden in Kapitel III und das Familienrecht im anschließenden Kapitel IV behandelt.

II. Grundzüge des Rohentwurfs zum allgemeinen Gesetzbuch

1. Der „*Grundriss des Gesetzbuchs*"

a) Grundlage und Systematik

Der Grundriss gilt als ein verfeinertes Gesetzesschema nach Buch, Capitel und Abschnitt. Zu den einzelnen Titeln formuliert Volkmar in der Regel noch keine Paragraphen, sondern eine kurze Beschreibung der zu behandelnden Materialien. Als Beispiel kann die Bemerkung Volkmars zum III. Kapitel des 1. Buchs dienen:

> III. Capitel. Von den Rechten und Verbindlichkeiten des Haupts der *famille* gegen seine Frau und der Frau gegen den Mann.

---

14 *Daniels*, Bd. 1, Anlage IV, S. 14 ff. Auch *Barzen*, S. 79 ff. Die entsprechenden Ausarbeitungen Volkmars sind vielmehr in den Akten einfach als „ein Plan" bezeichnet, wie Simon in der oben wiedergegebenen „Vorerinnerung" zum 4. Band der Materialien angeführt hat.

Hier ist:

1) von den Rechten des Mannes in Rücksicht auf die Person der Frau zu handeln. Aus dem doppelten Endzweck der Ehe, nehmlich der Erzeugung der Kinder und dem wechselseitigen hülfreichen Beistand folgt, daß Eheleute auf die Person, wechselseitige Treue, Beystand u.s.w. ein Recht haben.
2) von dem besonderen Recht des Ehemannes in Rücksicht seiner Gewalt über die Frau.
3) in Rücksicht ihres Vermögens. Hier dürfte von dem Wahlschatz, Braut=Geschenkten, Morgengabe und der Aussteuer (*Dote*), Ausstattung dem Paraphernal, Vermögen der Frau, Spillgeldern, Gegenvermächtniß und Wittum oder Leibgedinge und Nießbrauch des Mannes zu reden seyn.
4) inwiefern die Vermuthung eintrete, ob eine Sache der Frau oder dem Manne angehöre.
5) von den besonderen Verbindlichkeiten des Mannes; z.B. die Frau zu ernähren, sie zu vertheydigen, zu verpflegen, zu begraben.
6) von den besonderen Verbindlichkeiten der Mutter der *famille*, als z.B. dem Mann im Fall der Veränderung seines Aufenthalts zu folgen.
7) von der Gemeinschaft der Güter der Eheleute.
8) von den Rechten der Erbfolge unter Eheleuten: 1) nach römischem; 2) nach deutschem Recht und der Gemeinschaft der Güter.

Die in diesem Kapitel III über das Verhältnis zwischen den Eheleuten zu behandelnden Materien werden zwar nicht im Detail aufgelistet, es werden aber doch für die weitere Ausarbeitung Hinweise gegeben. Volkmar hat jedoch nur das 1. Buch so ausführlich abgeschlossen, das 2. Buch über die Sachen und das 3. Buch über die Handlungen hat er nur in wenigen Sätzen skizziert[15]. Der Grundriss

---

15 07.04.016. Abgedruckt in Daniels, Bd. I, Anlage IV, S. 30: „II. Buch. Von den Rechten und Verbindlichkeiten in Rücksicht der Sachen. Hierher gehört die ganze Lehre: 1) von dem Eigenthum; 2) Besitz; 3) Dienstbarkeiten; 4) Pfändern; 5) Lehnen; 6) Verjährung u.s.w. sowohl beweglich als unbewegliche, geistliche oder weltliche Sachen u.s.w.
III. Buch. Von den Rechten und Verbindlichkeiten, welche aus Handlungen der Menschen entstehen. Hier ist zu handeln: 1. Von den Rechten und Verbindlichkeiten, welche aus zweiseitigen Handlungen entstehen; als aus Verträgen und Contracten; worunter das Wechselrecht, die *sponsalia, pacta dotalia* u.s.w. mit vorzutragen sind; 2. Die Lehre von dem *damno, culpa, dolo* und *interesse* vorzutragen ist. 3. Von den Rechten und Verbindlichkeiten, welche aus einseitigen erlaubten Handlungen flüßen. Als z.B. von der *negotiorum gestione, solutione indebiti*, und die ganze Lehre von der

kommt also nicht vollständig zustande. Wenn man das ausführlich formulierte 1. Buch des Grundrisses im Zusammenhang mit dem ebenso detaillierten Rohentwurf zum Personenrecht (d.h. Teil II, III, IV) parallel betrachtet, liegt die Vermutung nahe, dass Volkmar die Formulierung des Personenrechts bereits durchdacht und daran anhand seines Grundrisses lange gearbeitet hatte. Wäre er nicht verfrüht im Mai 1782 entlassen worden, hätte er vermutlich den gesamten Rohentwurf fertiggestellt. Für die Abschnitte über Sachen und Handlungen (Buch 2 und 3) macht Volkmar dagegen weder konkrete Bemerkungen im Grundriss noch Ausarbeitungen für den Rohentwurf.

Obwohl Volkmars Grundriss nicht vollständig fertiggestellt ist, lässt sich dessen Systematik klar erkennen. Der Grundriss lehnt sich eng an das Svarezsche „*Schema*" an, mit nur wenigen Abweichungen[16]. Die naturrechtliche Systematisierung findet sich im Svarezschen Schema nur noch im Ansatz[17], das Schema wird von Volkmar umorganisiert sowie nach dem Gaianischen Institutionensystem übersichtlicher eingeteilt, nämlich nach *personae* und *res*[18]. Im Vergleich zum Svarezschen Schema auf der einen Seite und zum EAGB (womöglich auch ALR[19]) auf der anderen Seite, erscheint der Volkmarsche Grundriss als ein Zwischenstand[20].

Neben der Einleitung lässt sich Volkmars Systematik im Grundriss nach den verschiedenen Gegenständen in drei Teile unterteilen: Personen, Sachen und Handlungen. Das Personenrecht umfasst die Rechte und Pflichten, die Personen ihrem Status gemäß haben. Dazu gehören etwa die Rechtsbereiche des Familienrechts und der gesetzlichen Erbfolge, aber auch das Ständerecht, Kirchenrecht

---

testamentarischen Erbfolge. 4. Von den Rechten und Verbindlichkeiten, welche aus einseitigen unerlaubten Handlungen entspringen.
Hier sind: 1) unerlaubte Handlungen, welche nicht Verbrechen sind; 2) die Verbrechen und das ganze peinliche Recht abzuhandeln."

16 S. oben B II 3 b.

17 Vgl. die Präambel im Svarezschen Schema: „Diese Rechte haben entweder Personen, oder Sachen, oder Handlungen zum Gegenstande; die natürlichste Ordnung also, in welcher die Gesetze vorzutragen, wird seyn, wenn man sie nach ihren verschiedene Objecten mitheilt, und bey einem jeden zugleich auf die Quellen, woraus die Rechte fließen, ihre innere Beschaffenheit und Umfang, die Art ihrer Erwerbung, und die Art, wie sie aufhören und verlohren werden können, Rücksicht nimmt."

18 Die *res* sind im weiteren Sinne zu verstehen, d.h. Sachen und Handlungen.

19 Das ALR folgt streng dem Prinzip vom subjektiven Recht. *Förster/Eccius*, Bd. I, S. 24.

20 Vgl. auch den noch gröberen „ohngefähren Plan des neuen Gesetzbuchs" vom 31. März 1783, abgedruckt in *Daniels*, Anlage VI, S. 38–39; auch bei *Barzen*, S. 113 ff.

und Gesellschaftsrecht. Im 2. Buch vom Sachenrecht werden Eigentum und Besitz behandelt. Die Rechte und Pflichten aus menschlichen Handlungen im 3. Buch werden in zweiseitige und einseitige Handlungen untergegliedert, darunter sind auch das Deliktsrecht und das Strafrecht einzuordnen.

Der Grundriss wird danach sowohl von Volkmar selbst als auch vom Großkanzler Carmer überprüft und mit handschriftlichen Marginalien versehen, was auf eine weitere Arbeitsphase im Redaktionsverfahren hindeuten könnte[21]. Für die Vermutung Simons, dass der Grundriss von Carmer angefertigt und lediglich von Volkmar diktiert worden sei, fehlt es an jeglichem Beweis in den Akten; sie ist daher nicht stichhaltig[22]. Die Marginalien Volkmars betreffen überwiegend die Korrektur der sprachlichen Fassung und der systematischen Anordnung mancher Materien[23]. Carmer dagegen lässt die sachlichen Inhalte des Grundrisses fast unverändert. Vielmehr konzentriert er sich völlig auf die systematische Ordnung: Manche Titel werden an einen anderen Ort verwiesen[24], mache schlechthin durchgestrichen[25].

b) Der Grundriss im Einzelnen: ein Vergleich

Im Einzelnen soll der Grundriss dem früheren Svarezschen Schema und zugleich der späteren Systematik des EAGB vergleichend gegenübergestellt

21 Vgl. oben in Fn. 5. *Barzen*, S. 80.

22 Vgl. *Barzen*, S. 80. Vgl. auch oben in Fn. 5.

23 Als Beispiel sind die Marginalien im 10. Kapitel des 1. Buchs „von denjenigen Personen, welche in Städten zusammen verbunden sind“ zu nennen. Volkmar setzt darunter zunächst die folgende: „Hier dürfte zu handeln seyn: a) von Städten und Flecken, vom Bürgerrecht, desselben Erwerbung und Verlust; b) von den persönlichen Rechten [der] Gelehrten und denen, die in landesherrlichen Bedienungen stehen; c) Kaufleuten; d) Künstlern; e) Handwerckern; Zünften, Gilden; f) Von denen Städten sich aufhaltenden und keiner Innung schlagenden Leuten, z.E. Juden, Müßiggänger, Bettler, Vagabondi u.s.w.“ Sodann streicht er alles durch und formuliert neu: „Von den Adel; von dem Bürgerstand in Städte; von denen, welche ohne Bürgerrecht in Städte wohnen und nicht zum Adel gehören; von dem Bauernstand; von dem kirchlich- geistlichen Stand; von dem Soldatenstand.“

24 Carmer tilgt die ersteren drei Kapitel des 1. Buchs: „1. von den Rechten und Verbindlichkeiten der Personen überhaupt“, „2. von den Personen, so durch die Verwandtschaft unter einander verbunden sind“ und „3. von den Rechten und Verbindlichkeiten des Haupts der *famille* gegen seine Frau und der Frau gegen den Mann“, und setzt deren Inhalte in die Einleitung.

25 Zum Beispiel das 5. Kapitel des 1. Buchs: „Von den Rechten und Verbindlichkeiten der Eheleute gegen den Staat und des Staats gegen die Eheleute.“

werden. Angesichts der Unvollständigkeit des Grundrisses wird in der folgenden Tabelle ausschließlich das Familienrecht berücksichtigt:

Tabelle 8: Vergleichender Überblick über die Systematik des Familienrechts nach verschiedenen Plänen

Das Svarezsche Schema	**Der Volkmarsche Grundriss**	**Der gedruckte EAGB von 1784**
I. Von dem Rechte der Personen nach ihrem Stande, das heißt, nach dem Verhältniß, worinn sie im menschlichen und bürgerlichen Leben sich befinden.	I. Buch. Von den Rechten und Verbindlichkeiten der Personen.	I. Theil. Von dem Recht der Personen, nach ihren Verhältnissen im Staat.
	I. Capitel. Von den Rechten und Verbindlichkeiten der Personen überhaupt (*[26]).	1. Abtheilung. Von den Rechten und Pflichten des Hausstandes
	II. Capitel. Von den Personen, so durch die Verwandtschaft unter einander verbunden sind (*).	–
13. Von den Rechten zwischen Eheleuten	IV. Capitel. Von den Rechten in Rücksicht der ehelichen Verbindung.	1. Titel. Von der Ehe
a. Von Verlöbnissen	2. Wer eine Ehe schließen könne (*).	1. Von den Erfordernissen einer gültigen Ehe
b. Von rechtmäßigen Ehen	1. eine Ehe zu vollziehen sey, und zwar von den *pactis sponsalibus.*	2. Von Ehegelöbnissen
		3. Von Vollziehung einer vollgültigen Ehe
c. Von den Rechten und Verbindlichkeiten der Eheleute in Ansehung ihrer Personen	3. Von den *pactis dotalibus*. Von den Rechten des Mannes aufs Vermögen der Frau.	4. Von den Rechten und Pflichten der Eheleute, in Beziehung auf ihre Person
d. [Von den Rechten und Verbindlichkeiten der Eheleute in Ansehung] ihres Vermögens	[III. Capitel. Von den Rechten und Verbindlichkeiten des Haupts der *famille* gegen seine Frau und der Frau gegen den Mann (*).]	5. Von den Rechten und Pflichten der Eheleute, in Beziehung auf ihr Vermögen

26 Die mit Sternchen (*) gekennzeichneten Überschriften werden von Carmer durchgestrichen.

Das Svarezsche Schema	**Der Volkmarsche Grundriss**	**Der gedruckte EAGB von 1784**
	7. Von der Gemeinschaft der Güter der Eheleute.	6. Von der Gemeinschaft der Güter, unter Eheleuten
e. Von der Erbfolge unter Eheleuten[27]	8. Von den Rechten der Erbfolge unter Eheleuten	
f. Von der Aufhebung und Trennung der Ehe	4. Von Aufhebung der Ehe	7. Von Trennung der Ehe durch den Tod
	5. Von den Verbindlichkeiten der Eheleute oder des noch übrigen Ehegatten nach Trennung der Ehe	8. Von Trennung der Ehe durch richterlichen Ausspruch
-	[*Ex statu familiae*: §§ 125-140]	9. Von der Ehe zur linken Hand
	[*Ex statu familiae*: §§ 385-405]	10. Von ungültigen und unverbindlichen Ehen
g. Von der zweiten Ehe	[*Ex statu familiae*: §§ 406-420]	–
h. Vom Konkubinat und andern dergleichen Verbindungen	6. Vom Concubinat und seine Würkungen	11. Von den rechtlichen Folgen des unehelichen Beyschlafs
-	V. Capitel. Von den Rechten und Verbindlichkeiten der Eheleute gegen den Staat und des Staats gegen die Eheleute (*).	–
14. Von den Rechten zwischen Eltern und Kindern	VI. Capitel. Von den Rechten und Verbindlichkeiten der Eheleute gegen ihre Kinder.	2. Titel. Von den wechselseitigen Rechten und Pflichten der Eltern und Kinder.
a. Wie diese Rechte erworben werden: α. Durch die Zeugung aus einer rechtmäßigen Ehe	1. von den Rechten und Verbindlichkeiten der Eltern in Rücksicht der Person der Kinder. a) durch rechtmäßige Ehe.	1. Von den in rechtmäßiger Ehe erzeugten Kinder
b. Von dem Gegenstande dieser Rechte: α. In Ansehung der Personen	2. Von der väterlichen Gewalt, in Rücksicht: a) der Person der Kinder.	2. Von den Rechten und Pflichten der Eltern, und der aus vollgültiger Ehe erzeugten Kinder, so lange die letztern unter väterlicher Gewalt stehen.

27 Die in Kursivschrift wiedergegebenen Titel enthalten keinen römischrechtlichen Auszug.

Das Svarezsche Schema	**Der Volkmarsche Grundriss**	**Der gedruckte EAGB von 1784**
b. β. In Ansehung des Vermögens	2 b) des Vermögens der Kinder.	3. Von dem eigenthümlichen Vermögen der Kinder.
c. Von der Aufhebung dieser Rechte	3. Wann die väterliche Gewalt aufhört.	4. Von Aufhebung der väterlichen Gewalt.
-	4. Von der mütterlichen Gewalt.	–
	5. Bey welchem von den Eltern im streitigen Fall die Kinder zu erziehen sind.	–
b. γ. In Ansehung der Erbfolge	6. Von dem Recht der Erbfolge der Eltern.	5. Von der Erbfolge der Eltern, und andrer Verwandten in absteigender Linie. 6. Von der Erbfolge der Eltern, und andrer Verwandten in aufsteigender Linie.
	[*Ex statu familiae*: §§ 502-529]	7. Von der Pupillarsubstitution
	-	8. Von den Kindern aus einer Ehe zur linken Hand.
a. δ. Durch die Legitimation außer der Ehe erzeugten Kinder	7. Von den Rechten und Verbindlichkeiten der Eltern in Rücksicht der aus einem unehlichen Beyschlaf erzeugten Kinder.	9. Von den aus unehelichem Beyschlaf erzeugten Kindern.
a. β. Durch die Adoption oder Annahme an Kindesstatt	1. b) durch Annehmung an Kindesstatt.	10. Von der Annahme an Kindes statt.
a. γ. Durch die Einkindschaft unio prolium	-	11. Von der Einkindschaft.
	-	12. Von Pflegekindern.
15. Von den Rechten der Verwandtschaft	VII. Capitel. Von den Rechten der ganzen Verwandtschaft in Rücksicht der Häuser oder *familien*.	3. Titel. Von den Rechten und Pflichten der übrigen Mitglieder der Familien.

Das Svarezsche Schema	Der Volkmarsche Grundriss	Der gedruckte EAGB von 1784
16. Von den Rechten unmündiger und minderjähriger Personen, ingleichen solcher, die ihren eigenen Sachen nicht verstehen können	VIII. Capitel. Von den Rechten und Verbindlichkeiten der *famille* gegen den Staat und des Staats gegen die *famille*.	4. Titel. Von gemeinschaftlichen Familienrechten.
-	IX. Capitel. Von den Rechten und Verbindlichkeiten des Hausvaters und der Hausmutter gegen ihr Hausgesinde und des Hausgesindes gegen ihre Herrschaft.	5. Titel. Von den Rechten und Pflichten der Herrschaften und des Gesindes

Aus der tabellarischen Übersicht der verschiedenen Pläne ergibt sich, dass der Volkmarsche Grundriss mit Blick auf die systematische Anordnung einen „Zwischenstand" darstellt, der einerseits über das Svarezsche Schema hinausgeht, andererseits trotz einiger Abweichungen schon vorwegnimmt, was der gedruckte EAGB enthalten wird. Beispielsweise hat Volkmar das Familiengüterrecht des „*Schemas*" detailliert, indem er der Gütergemeinschaft in seinem Grundriss einen selbständigen Abschnitt widmet. Darüber hinaus sind die Rechtsfolgen der Ehescheidung und die Regelungen der Intestaterbfolge im Vergleich zum „*Schema*" detaillierter ausgeführt und dadurch verfeinert. Mache Ergänzungen Volkmars, wie die Kapitel III und VI, sind von Carmer durchgestrichen und bei der weiteren Redaktion nicht übernommen. Die scheinbaren „Lücken" des Grundrisses im Vergleich zum EAGB, z.B. die fehlenden Titel bezüglich der Ehe zur linken Hand oder der ungültigen Ehen, werden nicht im Grundriss behandelt, sondern in Volkmars Rohentwurf zum Familienrecht (*ex statu familiae*) in Paragraphenform ausgefüllt[28].

2. Die Einleitung des Rohentwurfs

a) Grundlage und Quelle

Dass Volkmar anfänglich nicht vorhat, seinem eigenen „*Versuch eines zum Grunde zu legenden Schemas*" für das Gesetzbuch eine Einleitung voranzustellen und dass er die einschlägigen römischrechtlichen Stellen für die Einleitung nicht

28 Näheres unten IV.

von vornherein, sondern erst beim Formulieren der „*Nachweisung*“ extrahiert, wurde oben bereits gezeigt[29]. Die Einleitung im Auszug aus den römischrechtlichen Quellen besteht schließlich aus 30 Fragmenten und umfasst zwei Kapitel, nämlich „A. Von den Gesetzen überhaupt“ und „B. Von der *Ignorantia juris et facti*“.

Die Einleitung des Rohentwurfs weicht vom Auszug insofern ab, als Volkmar im Rohentwurf zwar ebenfalls zwei Kapitel formuliert, diese aber anders überschreibt: „I. Capitel. Von Gesetzen überhaupt. *Salus publica suprema lex esto*“ und „II. Capitel. Von den Gegenständen der Gesetze“. Während das erste Kapitel 25 Paragraphen umfasst, stellt sich das zweite Kapitel mit nur zwei Paragraphen unverhältnismäßig kurz dar.

Die 25 Paragraphen des ersten Kapitels sind in fortlaufender Gesetzesreihenfolge in Reinschrift formuliert, und zwar in der Regel ohne Berufung auf die benutzten Quellen. Als einzige Ausnahme hebt sich der das Retorsionsrecht[30] betreffende Paragraph § 21 heraus, in der Volkmar zwei ältere preußische königliche Reskripte in Form einer Anmerkung („*Nota*“) zitiert[31]:

> § 21: Ein *Jus retorsionis* aber findet statt, wenn fremde Staaten Königl. Unterthanen, die sich daselbst aufhalten, *in odium* derselben, nicht ein gleiches Recht als gegen ihre eignen Unterthanen, nicht wiederfahren laßen; obgleich niemals der bloße Unterschied deren *jurium provincialium* kein *fundamentum* des *juris retorsionis* abgeben kann. N[ota]. Hier sind mehrere solche Hauptgrundsätze, welche das *Jus retorsionis* betreffen, aus den *Rescriptis* d[e]. d[ato]. XV. Jan. 1756 und d[e]. d[ato]. XIX. Maj. 1756 und den andern Gesetzen beyzubringen.

§ 21[32] der Einleitung geht also auf mehrere preußische Landesgesetze zurück, welche Volkmar auswählt, bearbeitet und danach in einen Paragraphen gießt.

---

29 S. oben B III 2 a aa.

30 Unter Retorsionsrecht versteht man das Vergeltungsrecht gegen die Person eines fremden Staats, wenn der eigene Staatsangehörige in diesem fremden Staat benachteiligt wird. ALR Einleitung, § 43: „Wenn aber der fremde Staat, zum Nachtheil der Fremden überhaupt, oder der hiesigen Unterthanen insbesondere, beschwerende Verordnungen macht, oder dergleichen Mißbräuche wissentlich gegen diesseitige Unterthanen duldet, so findet das Wiedervergeltungsrecht statt.“ Vgl. *Coing*, Bd. I, S. 154; *Förster/Eccius*, Bd. I, S. 70; *Dernburg*, Bd. I, S. 77.

31 07.04.004r-07.04.004v. Abgedruckt in *Daniels*, Bd. 1, Anlage IV, S. 14 ff.

32 Dieser Paragraph wird von Carmer bei der Überprüfung umgeändert und in zwei Paragraphen geteilt: „§ 21. Ein *Jus retorsionis* aber findet statt, wenn fremde Staaten Königl. Unterthanen, zum Nachtheil ein gleiches Recht als gegen ihre eignen Unterthanen, nicht wiederfahren laßen. § 22. Der bloße Unterschied deren Provinzialrecht kann kein *fundamentum retorsionis* abgeben.“ Vgl. auch EGAB Einleitung, §§ 32-33;

Die von Volkmar erwähnten *Rescripta* sind nämlich das Reskript vom 15. Jan. 1756 „an die Clevische Regierung, wie das *Jus Retorsionis* in Wechsel=Sachen statt habe“[33], und die Resolution vom 19. Mai 1756 „an den Tecklenburgischen Land=Richter Meyer, wegen Locirung auswärtiger *Creditorum* bey *Concursen*“[34].

Jenseits dieser Ausnahme fällt es aktenmäßig schwer, konkrete Verweise auf die einzelnen Quellen für die Einleitung festzustellen. Es lässt sich jedoch vermuten, dass Claproths dreibändiger „ohnmaßgeblicher Entwurf eines Gesetzbuchs (1773–1776)“ von Volkmar beim Formulieren der Einleitung verwendet wurde, denn die Inhalte der Einleitungen beider Entwürfe decken sich größtenteils[35].

b) Verhältnis zum römischrechtlichen Auszug

Jeder Versuch, eine unmittelbare Beziehung zwischen der Einleitung des Rohentwurfs und dem von Volkmar zuvor angefertigten römischrechtlichen Auszug festzustellen, würde wohl an der Quellenlage scheitern[36]. Zumal die Einleitung vor allem von allgemeinen Grundsätzen handelt, welche überwiegend von der naturrechtlichen bzw. preußisch-staatsrechtlichen Lehre hervorgebracht

---

ALR Einleitung, §§ 43-45. Zur Entstehungsgeschichte der ALR Einleitung, §§ 43-45 über das Retorsionsrecht vgl. *Schwennicke*, S. 231 ff.

33 Abgedruckt in NCC, Bd. II, 1756, Nr. VI. Sp. 21–22: „Es ist ohnedem eine ausgemachte Sache, daß der bloße Unterschied derer *jurium provincialium* kein *fundamentum juris retorsionis* abgebe. Dann dieses *jus* ist ein *species defensionis*, die eine *offensam* oder *injuriam* vorausgesetzet, folglich nur in dem Falle statt haben kann, wann in andern Ländern Unsere Unterthanen härter, als die Einheimischen tractiret werden, mithin in *odium peregrinorum* ein *jus inaequale adeoque iniquum in aequale statuiret* ist.“

34 Abgedruckt in NCC, Bd. II, 1756, Nr. L, Sp. 87–88: „… Daß, weil das *jus retorsionis* allemahl voraussetzet, daß in dem *Foro* dererjenigen Ausländer, wieder welche es exerciret werden soll, ein Unterscheid zwischen Einheimischen und Fremden gemacht und *in odium* derer letzten, als derer Fremden, nicht eben dasselbe Recht, so den Einheimischen zustehet, ertheilet oder gegen die Fremden das besondere Recht ihres eigentlichen *Fori* unbilliger weise retorquiret werde …“

35 Vgl. *Schwennicke*, S. 63 f.; auch *Barzen*, S. 82. Für die weitere Vermutung *Schwennickes*, dass Coccejis „Project des Corpus Juris Fridericani“ ebenfalls berücksichtigt worden sei, fehlt jedoch der Beweis, da es keinen einer Einleitung entsprechenden Teil in Coccejis „Project“ gegeben hat. Cocceji wird zwar von Volkmar ausdrücklich zitiert, jedoch nicht in der Einleitung, sondern im Familienrecht (*ex statu familiae*). Näheres unten IV.

36 So bereits *Simon*, S. 203.

wurden. In den römischrechtlichen Quellen sind diese daher freilich nicht leicht aufzufinden[37].

Einige Vorschriften der Einleitung sind dennoch mit ausgezogenen Quellen vergleichbar, wie die folgende Tabelle aufzeigt:

Tabelle 9: Vergleichende Übersicht über die einzelnen Vorschriften

Auszug: A. Von den Gesetzen überhaupt	Einleitung des Rohentwurfs
C. 1, 14, 10. Alle Unterthanen, auch welche am Hofe und in der königlichen *Famille* sind, werden durch die Gesetze verbunden.	I. Capitel. § 18. Alle und jeder Einwohner und Mitglieder des Staats sind sich nach diesen Gesetzen zu achten und sollen nach denselben beurtheilt werden.
C. 1, 14, 9. Gesetze müßen iedermann bekandt gemacht und von iedermann verstanden werden. Was in Gesetzen dunkel und hart scheint, muß der Landesherr erklähren.	§ 23. Die Gesetz=Commission muß dafür Sorge tragen, daß die Gesetze so viel möglichst zu iedermanns Wissenschaft gebracht oder gehörig publicirt werden.
C. 1, 23, 2. Ein Rescript, welches das Recht bestimmt, dauert immer gültig fort: Es müßte dann in dem Rescript eine Zeit, binnen welcher solches nur gültig seyn soll, bestimmt worden seyn.	§ 24. Gesetze, welche auf diese Art publicirt sind, gelten so lange sie nicht wieder durch ausdrückliche Verordnungen aufgehoben werden.
C. 1, 18, 12. Landesherrliche Gesetze muß weder iemand ignoriren noch sich stellen, als wenn er sie ignorirte (*dissimulare*).	§ 25. Niemand kann die Unwissenheit der auf diese Art publicirten Gesetze zur Entschuldigung, vielweniger zu seinem Vortheil vorschützen.
[Gai. D. 1, 5, 1: *Omne autem ius, quo utimur, vel ad personas pertinet vel ad res vel ad actiones.*[38]]	II. Capitel. § 1. Die Rechte und Verbindlichkeiten, welche durch die Gesetze bestimmt werden, betreffen entweder Personen, Sachen, oder Handlungen.

Nach diesem wörtlichen Vergleich zwischen den beiden Dokumenten lässt sich die Möglichkeit nicht völlig ausschließen, dass der römischrechtliche Auszug eine gewisse Rolle für die Einleitung gespielt hat. Der Auszug bleibt aber von der Einleitung des Rohentwurfs nicht allein sprachlich weit entfernt. Man wird

37 Vgl. *Schwennicke*, S. 65; *Stegmaier*, S. 128.

38 Dieses Fragment lässt Volkmar jedoch aus, und zwar mit dem Vermerk: „L. 1 Das Recht hat zu seinem Gegenstand, entweder Personen, oder Sachen, oder Klagen, ist weggelaßen."

annehmen dürfen, dass die Einleitung keine inhaltliche Verbindung mit dem römischrechtlichen Auszug hat und auch wenn es eine gäbe, wäre sie nur eine indirekte[39]. Sicher ist, dass Volkmar in seiner Einleitung weder römischrechtliche Stellen noch seinen Auszug zitiert hat.

3. Zusammenfassung

Der Grundriss in Volkmars Rohentwurf bezieht sich namentlich auf die Systematik des Gesetzbuchs, er kann in der Redaktionsgeschichte als „Zwischenstand“ zwischen dem Svarezschen „*Schema*“ und dem gedruckten EAGB gelten. Jedoch ist der Grundriss nicht vollständig, vielmehr ist nur das 1. Buch über das Personenrecht im Wesentlichen fertiggestellt. Die übrigen Bücher über das Sachenrecht und das Handlungsrecht sind hingegen nur in wenigen Stichwörtern skizziert.

Die Einleitung des Rohentwurfs erhält zwei Kapitel und 27 Paragraphen, dabei führt Volkmar die von ihm benutzten Quellen meist nicht an. Eine unmittelbare Beziehung der Volkmarschen Einleitung zu seinem römischrechtlichen Auszug ist daher in den Akten schwer festzustellen. Volkmars Einleitung wurde danach von den Gesetzesredaktoren bearbeitet, bis Klein den ersten Vorentwurf zum EAGB Ende 1782/Anfang 1783 vorlegte[40].

III. Ständerecht und Kirchenrecht

1. Grundlage der Quellen

Volkmars Ausarbeitungen für den Rohentwurf zum Ständerecht und zum Kirchenrecht gehören eigentlich in den Bereich des Personenrechts, wie oben erörtert wurde. Beide Materien sind in den Akten ebenso unvollständig wie der Grundriss. Die Ausarbeitungen für das Ständerecht betragen 14 Handschriftenblätter und liegen mit ca. 300 Sätzen zwar in Paragraphenform vor, jedoch weder in Reinschrift noch in fortlaufender Gesetzesreihenfolge. Das Kirchenrecht wird im Vergleich dazu in vollständigere Form gebracht, indem Volkmar insgesamt 921 Rechtssätze auf 98 Handschriftenblätter ins Reine geschrieben hat.

39 Vgl. auch *Schwennicke*, S. 63.

40 *Barzen*, S. 108. Die weitere Bearbeitung der Volkmarschen Einleitung überschreitet das Thema der vorliegenden Arbeit. Zur Redaktionsgeschichte der einzelnen Vorschriften der Einleitung des ALR vgl. *Schwennicke*, S. 70 ff.

Die Quellen für das Ständerecht und das Kirchenrecht werden in der folgenden Tabelle 10 zusammengestellt:

Tabelle 10: Überblick der Quellen mit Berücksichtigung des EAGB und des ALR

Akten-Nr.	Das Svarezsche Schema	Der Volkmarsche Rohentwurf	EAGB
	–	X. Capitel. Von denienigen Personen, welche in Städten zusammen verbunden sind. [XI. Capitel. Von denen, welche auf dem Lande wohnen und in gewißer Verbindung mit einander stehen.[41]]	Zweyte Abteilung. Von den Rechten und Pflichten der verschiedenen Stände des Staats.
07.04.104r.-105r.	I. 10. Von dem Adel und deßen Rechten.[42]	[III.] 1. Von dem Adel.	4. Titel. Von den Rechten und Pflichten des Adelstandes. [ALR II. 9[43]]
07.04.106r.-108v.	I. 11. Von dem Bürgerstand und deßen Rechten.[44]	[III.] 2. Von dem Bürgerstand in Städten.	3. Titel. Vom Bürgerstand. [ALR II. 8]
07.04.109r.-110v.	–	[III.] 3. Von denen, welche ohne Bürgerrecht in Städten wohnen und nicht zum Adel gehören.	[Dritte Abtheilung. Von den Rechten und Pflichten des Staats gegen seine Bürger und Einwohner] 7. Titel. Von den Rechten und Pflichten des Staats, in Ansehung der Armen=Anstalten und andrer milden Stiftungen. [ALR II. 19]
07.04.111r.-113v.	I. 9. Die Rechte der Grundherrschaften und ihrer Guts=Unterthanen. [45]	[III.] 4. Von dem Bauerstand.	2. Titel. Vom Bauerstand. [ALR II. 7]

41 Dieses XI. Kapitel ist wohl von Volkmar als eigenständiges getilgt und an das X. Kapitel angeschlossen worden. Bereits oben in Fn. 12.

42 Zu diesem Titel macht Volkmar keinen römischrechtlichen Auszug.

43 Die einschlägigen Titel des ALR sind in der Regel gleichlautend mit denen des EAGB, daher sind sie hier nicht mehr wiederzugeben.

44 Zu diesem Titel macht Volkmar keinen römischrechtlichen Auszug.

45 Zu diesem Titel macht Volkmar keinen römischrechtlichen Auszug.

Akten-Nr.	Das Svarezsche Schema	Der Volkmarsche Rohentwurf	EAGB
07.04.114r.-114v.	I. 17. Vom Soldatenstande und dessen Rechten.	[III.] 5. Von dem Soldatenstand.	[5. Titel. Von den Rechten und Pflichten der Diener des Staats. I.] Von Militärbedienten. [ALR II. 10]
07.04.115r.-117v.	IX. Von fiskalischen Rechten.	[III.] 6. Von dem Fiskus.	[Dritte Abtheilung. Von den Rechten und Pflichten des Staats gegen seine Bürger und Einwohner] 2. Titel. Von den Staats=Einkünften und fiskalischen Rechten. [ALR II. 14]
07.04.119r.-217r.	X. Von den Rechten der Kirchen und anderer milden Stiftungen.[46]	[IV.] Kirchenrecht	6. Titel. Von den Rechten und Pflichten der Religionsgesellschaften. [ALR II. 11]

Das Ständerecht und das Kirchenrecht waren von Svarez bereits im „*Schema*" für den Auszug vorgesehen, wobei sich im römischrechtlichen Auszug kaum entsprechende Inhalte finden. Volkmar extrahiert fast keine römischen Quellen für die beiden Kategorien, abgesehen davon, dass er zu den Titeln III. 5. und 6. jeweils für das Soldatenrecht (I. 17 im „Schema") und das Fiskalrecht (IX im „Schema") auch einen Auszug erstellt.

2. Das Ständerecht im Einzelnen

Die Materien für das Ständerecht zerfallen nach der von Simon gesammelten Redaktion in 6 Teile, nämlich für 1. den Adelstand; 2. den Bürgerstand; 3. die weiteren Bevölkerungsgruppen in der Stadt; 4. den Bauernstand; 5. den Soldatenstand; 6. den Fiskus. Die Aufgliederung der Kategorien entspricht einerseits dem Svarezschen Schema, geht andererseits aber auch auf die vorangegangenen Gesetzesentwürfe von Claproth[47] und Tevenar[48] zurück.

46 Zu diesem Titel macht Volkmar keinen römischrechtlichen Auszug.

47 Das Ständerecht bei Claproth besteht aus 10 Teilen: Corpora und Collegia, Städte und Flecken, Zünfte und Gilden, Lehrknabe, Gesellen, Meisterschaft, Dorfgemeinde und Bauer, Adelstand, ehrlose Personen, Juden. Vgl. Bd. I, S. 554 ff.

48 Tevenar gliedert nach Adel, Bürger, Bauern, privilegierte Personen, Geistliche, Soldaten, Ausländer und Juden. Vgl. 592 ff.

Obwohl das Fiskalrecht weder privat- noch ständerechtlicher Natur ist, wird es dennoch vom Redaktor Simon den Materialien des Ständerechts zugeordnet. Im Rohentwurf verdeckt der Titel „von den Rechten und Verbindlichkeiten des *fisci* gegen die verschiedenen Stände des Staats und derselben Rechte und Verbindlichkeiten gegen den *fiscum*", dass es darunter vor allem um das fiskalische Besteuerungsrecht und die Kassenschuld geht[49]. In unserer Untersuchung ist dieser Abschnitt daher nicht zu berücksichtigen[50].

Volkmars allgemeine Arbeitsmethode für das Ständerecht besteht darin, dass er zuerst die bis dahin geltenden, verschiedenen, sogar sich widersprechenden preußischen königlichen Reskripte, Resolutionen, Verordnungen usw. sammelt. Danach bildet er die ausgewählten kasuistischen Regelungen in Paragraphenform um, ohne die systematische Anordnung für diese Regelungen anzupassen. Schließlich ordnet Volkmar die Paragraphen in fortlaufender Reihenfolge in Reinschrift an. Der so zustande gekommene Rohentwurf erscheint chaotisch und ist für den Leser nur mit Mühe zu begreifen[51].

Obwohl Volkmar den römischrechtlichen Auszug bereits für das Soldatenrecht und das Fiskalrecht erstellt hat, beruft er sich bei der Erstellung des Rohentwurfs nie darauf, sondern benutzt stets die preußischen Rechtsquellen. Die folgende Untersuchung des Rohentwurfs zum Ständerecht wird versuchen, vor allem die von Volkmar benutzten Rechtsquellen festzustellen.

a) „Von dem Adel"

Svarez hat bereits in seinem „*Schema*" die Inhalte für das Adelsrecht kurz ausgewiesen, danach geht es im allgemeinen Gesetzbuch vor allem um den Erwerb

49 Vgl. die Bemerkung Volkmars: „Hier dürfte noch von den allgemeinen Rechten des Staats, die er auf ieden Bürger oder Unterthanen hat, als von der Unterstützung des Staats durch Leute, von den Abgaben, Steuern, von den Ansprüchen, die er darauf hat, daß die Unterthanen im Lande bleiben, und wenn sie daßelbe verlaßen, von den Abzugsgeldern u.s.w. zu handeln seyn." 07.04.015v. Abgedruckt in *Daniels*, Bd. 1, Anlage IV, S. 29. Die Wiedergabe dieser Anmerkung bei *Barzen*, S. 117, ist misslungen, da Barzen sie als „Volkmars Überblick über das Kapitel ‚der Rechte des Staats gegen die Bürger und umgekehrt'" verkannt hat. Ein solches Kapitel existiert in Volkmars Grundriss jedoch nicht.

50 Das Fiskusrecht im Rohentwurf umfasst ca. 70 Paragraphen, dazu gibt Volkmar jedoch keine Nachweise für die von ihm benutzten Quellen. Jeder Versuch, die Quellen in den preußischen Landesgesetzen oder im römischen Recht zu identifizieren, wird deswegen scheitern.

51 Vgl. Pachalys Kritik zum Volkmarschen Rohentwurf, *Daniels*, Bd. 1, S. 32.

des Adelstitels, dessen Aufhebung und die Adelsvorrechte[52]. Diese grobe Anweisung wird von Volkmar in seinem Grundriss beibehalten, und zwar mit einer erläuternden Aufzählung einiger Adelsvorrechte[53].

Der Rohentwurf zum Adelsrecht umfasst 30 halbfertige Paragraphen. Diese sind teils ohne Paragraphenzeichen, teils auch nicht in fortlaufender Reihenfolge notiert. Manche Sätze sind durch mehrmalige Überarbeitung verschmiert und so unleserlich geworden.

Das Adelsrecht lehnt sich vor allem an die preußischen Landesgesetze an, indem Volkmar die einschlägigen Gesetze gekürzt und in Paragraphenform wiedergibt. Laut seinen Bemerkungen bezieht Volkmar ausdrücklich zwei Gesetze ein, nämlich die Resolution vom 17. Februar 1767[54] und die Deklaration vom 23. Oktober 1762. Beispielsweise formuliert Volkmar aufgrund der Deklaration vom 23. Oktober 1762 die folgenden Rechtssätze über die Handlungsfähigkeit minderjähriger Adliger[55]:

> § 14. Obgleich Adliche mit 20 Jahren volljährig sind, so können sie doch nicht ohne Obrigkeit Erlaubniß vor geendigtem 24ten Jahre unbewegliche Güter veräußern, Schulden machen, oder ausstehende *Capitalium* einheben; sondern dergleiche *actus* sind null und nichtig.
>
> § 15. Es steht ihnen bloß die Administration über ihre *Revenuem* und *Actionen* zu. Und stehe selbige bis zu erreichen 25ten Jahre in Ansehung ihrer Immobilien unter der pupillen *Collegiorum* und *Curatorum* Aufsicht; ohne welches Consens solche Güter nicht verpachtet werden sollen.
>
> § 16. Deswegen sind ihre Curatores noch wie vorher zu alljähriger Rechnung Ablegung verbunden.

---

52 07.01.049v. „I. 10. Von dem Adel und deßen Rechten. a. Wie der Adel erworben wird. b. Von dem Rechten der deßelben. c. Wodurch der Adel verlohren wird.“ Abgedruckt im Anhang II.

53 07.04.014r. „b) von den Vorrechten deßelben. Inwiefern Geschlechtsrechte dem männlichen Geschlecht allein oder auch dem weiblichen zukommen. Primogenitur, Seniorat, Majoratrecht u.s.w. Vorrechte derselben, als z.B. Wappens u.s.w.“

54 Die Datierung dieser Resolution ist falsch. Richtigerweise ist die Resolution vom 17. Februar 1761 „an das Pupillen=Collegium zu Berlin, wiefern die von Adel nach zurückgelegtem 20sten Jahre über die Baarschaften, Prätiosa und Effekten, welche ihnen durch Erbschaften zufallen, disponiren können“ gemeint; sie ist abgedruckt in NCC, Bd. III, 1761, Nr. 4, Sp. 3–4.
07.04.104r.

55 07.04.104v.

N[ota]. In den Provinzen, wo Minderjährige eher als nach erreichtem 25ten Jahr *maiorem* werden, sind auch Adliche *respectu* der Immobilien eher *majorem*. Declaration d[e]. d[ato]. 23te. Oct. 1762.

Die in der Anmerkung zitierte Deklaration heißt „Declaration der wegen der Majorennité der adelichen bisher ergangenen Verordnungen und Edicte, vom 23ten October 1762“[56], es handelt sich dabei sowohl um das Veräußerungsverbot, dem minderjährige Adlige unterliegen, als auch die Verwaltung des adligen Vermögens durch Pfleger sowie deren Pflichten:

> Daß die denen von Adel, nach zurückgelegtem 20ten Jahre, accordirte Majorennität, mit der *Restriction* verstanden werden solle, daß ihnen vor geendigtem 24ten Jahre, unbewegliche Güter zu alieniren, Schulden zu contrahiren, oder ausstehende *Capitalia* einzuheben, ohne Obrigkeitlichen *Consens*, ganz und gar nicht erlaubt; und dergleichen Actus, daferne sie dennoch vorgenommen würden, null und nichtig, und von keinem *Effect* noch Würkung seyn, auch so, als ob sie von minderjährigen geschehen, angesehen werden sollen...
> Daß, ob Wir wohl denen von Adel, nach zurückgelegtem 20ten Jahre, die *Administration* ihres Vermögens überlassen haben, Wir dennoch dieses bloß von ihren *Revenüen* und *Actionen*, nicht aber von den *Immobilien* und *Capitalien* verstanden haben, und dannenhero Unsere Adeliche Vasallen und Unterthanen in Ansehung ihrer *Immobilien* und *Capitalien* bis zu erreichtem 25ten Jahre, unter der *Pupillen=Collegiorum* und *Curatorum* Aufsicht bleiben; und die Verpachtung ihrer Güter, nicht ohne deren *Consens* geschehen solle, auch daher die *Curatores* nach wie vor dieserwegen die Rechnung jährlich vor dem *Pupillen=Collegio* abzulegen, schuldig seyn sollen.

Darüber hinaus schließt Volkmar manche Paragraphen inhaltlich an die damalige Lehre und Praxis des Ancien Régime an[57], z.B. schreibt er ausdrücklich vor, dass der Erwerb des Adelstitels nur durch Geburt oder landesherrliche Verleihung möglich ist: „§ 1. Dem Adel kann sich iemand nur deswegen, weil er von adlichen Eltern gebohren, oder von Landesherrn geadelt worden, anmaßen. § 2. Nur allein der Landesherr kann den Adel ertheilen.“ Entsprechende, davon nur wenig abweichende Regelungen finden schließlich Eingang in EAGB und ALR[58].

---

56 NCC, Bd. III, 1762, Nr. 40, Sp. 161–162.

57 Vgl. *Bornhak*, S. 29; *Koselleck*, S. 79.

58 EAGB Th. I, Abt. II, Tit. IV, § 9 (= ALR II 9, § 9): „Nur das Oberhaupt des Staats kann einem Unterthan, welcher den Adel durch die Geburt nicht hat, denselben verleihen.“ EAGB Th. I, Abt. II, Tit. IV, § 2 (= ALR II 9, § 2): „Zum Adelstande werden nur diejenigen gerechnet, denen der Geschlechtsadel durch Geburt oder Landesherrliche Verleihung zukommt.“

b) „Von dem Bürgerstand in Städten“

Svarez hat in seinem „*Schema*“ einige Bevölkerungsgruppen aufgelistet, welche zum Bürgerstand gehören und in das allgemeine Gesetzbuch einzubeziehen seien, nämlich die Künstler, Handwerker und Kaufleute[59]. Volkmar befolgt die Anordnungen von Svarez mit der Ergänzung, dass auch die Zünfte und die Gilden beigefügt werden sollten[60]. Diese Ergänzung wird von den Gesetzesredaktoren aufgenommen und besteht in den weiteren Gesetzesentwürfen fort.

Das Bürgerrecht im Rohentwurf enthält ca. 60 Paragraphen und liegt, wie das Adelsrecht, nur halbfertig vor. Die von Volkmar behandelten Materien der landesherrlichen Bedienten, Kaufleute, Handwerker, Gesellschaften (*corpora*), Gilden und Zünfte beruhen wohl auf den einzelnen preußischen Landesgesetzen. Diese Materien sind zwar von Volkmar in einzelne Paragraphen überführt, jedoch auf kasuistische Weise gefasst und ohne zusammenhängende Anordnung. Manche Berufe oder kleinere Gewerbe hat Volkmar sogar einzeln kurz erwähnt, z.B. den Arzt (*medicus*)[61] und das Kaffeehaus[62], dabei fehlt es jedoch an ausführlichen Bestimmungen oder Hinweisen zur Anwendung.

Als Quelle benennt Volkmar nur ein einziges Gesetz, nämlich das Edikt vom 6. August 1732 über die Abstellung der „Mißbräuche bey den Handwerckern“[63]. Aufgrund dieses Edikts formuliert Volkmar den Paragraphen „§ 1. Alle Handwercksmißbräuche sollen abgestellt werden“[64]. Darin spiegeln sich zwar teilweise die sozialen Verhältnisse im 18. Jahrhundert wider, nämlich dass die Handwerker stärker und unmittelbarer durch staatliche Verwaltung geschützt und die Zünfte seit der Industrialisierung allmählich unter staatliche Kontrolle gestellt

59 07.01.049v. „I. 11. Von dem Bürgerstand und deßen Rechten. a. Überhaupt; b. Insonderheit; α. Von den Rechten der Künstler, Professionisten und Handwerkern; β. Von den Rechten der Kaufleute.“ Abgedruckt im Anhang II.

60 Dazu vgl. auch *Claproth*, Bd. I, S. 563.

61 „§ 2. Ein Arzt, aus sich auf die vorgeschriebenen Arten das Recht, seine Wissenschaft exerciren zu dürfen, verschaffen. … Not. Inwiefern ein *medicus* zu curen gezwungen werden kann? Inwiefern denselben Privilegien zustehe und wegen Curen in Verantwortung und Strafen gezogen werden können?“

62 „§ 66. Cabaréts, Thee, Coffeehäuser u[nd]. d[er]. Gl[eiche]. sind nicht ohne landesherrliche Erlaubniß dazulegen und sollen auf denselben keine verbothene Spiele gespielt werden.“

63 CCM, Bd. V. 2, Nr. 81, Sp. 766 ff.: „Patent, wegen Abstellung der Mißbräuche bey den Hanwercker. Sub dato Berlin, den 6. Aug. 1732.“

64 07.04.106r.

wurden[65]. Dieser § 1 im Rohentwurf wurde jedoch nicht von den Gesetzesredaktoren übernommen. Vielmehr wird die staatliche Kontrolle über die Zünfte in EAGB und ALR anders geregelt: Danach darf die Zunft nur mit staatlicher Genehmigung Beiträge erheben und ihre Mitglieder mit Strafen belegen[66].

c) *„Von denen, welche ohne Bürgerrecht in Städten wohnen und nicht zum Adel gehören“*

Besonders auffällig im Rohentwurf zum Ständerecht ist die dritte Kategorie, welche von Volkmar als diejenige „von denen, welche ohne Bürgerrecht in Städten wohnen, und nicht zum Adel gehören“ bezeichnet wird. Die Kategorie handelt von den Personen, wie Volkmar sie in seinem Grundriss vorgestellt hat, die sich „in Staedten aufenthaltend und zu keiner Innung schlagend“ seien, dazu gehören namentlich die Juden, Müßiggänger, Bettler und Vagabunden[67].

Volkmar hat 46 Paragraphen dazu im Rohentwurf vorgelegt, dabei geht es allerdings größtenteils (§§ 6-43) um das Recht der Juden. Diese 38 Rechtssätze sind ausschließlich aus den berühmten preußischen Landesgesetzen vom Jahr 1730 über das Generalprivileg der Juden[68], d.h. aus dem „General=Privilegium und Reglement, wie er wegen der Juden in Sr. Königl. Majestät Landen zu halten vom 29. September 1730“[69] und der „Declaration des General=Privilegii und Reglements der Juden vom 24. December 1730“[70] ausgezogen und umgebildet. Zum Paragraphen 16 fügt Volkmar noch eine Anmerkung bei, wobei er auf den Entwurf von Tevenar, nämlich den „Grundriss eines Allgemeinen Gesetzbuches“ im 6. Band der Materialien für „Vorarbeiten zu dem Entwurfe eines allgemeinen Gesetzbuchs“ in den Akten, hinweist[71].

---

65 Vgl. *Frerich/Frey*, S. 18; *Koselleck*, S. 118; *Schildt*, S. 170 f.

66 EAGB Th. I, Abt. II, Tit. III, § 144 (= ALR II 8, §§ 204, 205): „Beyträge und Strafen darf die Zunft von ihren Mitgliedern nur so weit fordern, als solches in den vom Staate genehmigten Innungsartikeln, mit Specificirung der Fälle, und der Summe des Beytrages, oder der Strafe, ausdrücklich zugelassen ist.“

67 07.04.013v. „f. Von denen, in Staedten sich aufhaltenden und zu keiner Innung schlagenden Leuten, z.E. Juden, Müßiggänger, Bettler, Vagabondi u.s.w.“

68 Zum historischen Hintergrund der Generalprivilegien der Juden vgl. nur *Schulte*, S. 25 ff.

69 CCM, Bd. V. 5, Nr. 53, Sp. 193 ff.

70 CCM, Bd. V. 5, Nr. 54, Sp. 199 ff.

71 „§ 16. Juden sollen sich nicht auf Dörfern aufhalten. Not[a]. Herr *von Tevenar* bemerkt p. 180 des Plans, daß die Verfassung der Juden in Westpreußen von der Verfassung der Juden in den übrigen Provinzen in verschiedenen Stücken verschieden ist.“ Die

Die übrigen 8 Paragraphen außer dem Judenrecht handeln jeweils vom Rechtsstand der Ausländer[72] und der Vagabunden[73], auch sie sind sowohl kasuistisch als auch sehr knapp formuliert. Die Versorgung und Unterhaltung der Armen, welche von Svarez als selbstverständlich dem kohärenten Zweck des Staats entsprechend betont[74] und in EAGB und ALR ausdrücklich geregelt wird[75], fehlt in Volkmars Rohentwurf noch.

d) *„Von dem Bauernstand"*

Das Bauernrecht im Rohentwurf umfasst ca. 70 in fortlaufender Gesetzesreihenfolge formulierte Paragraphen, welche vor allem von den Rechten und Pflichten des Bauers in Bezug auf seine Person und sein Vermögen handeln. Die Paragraphen sind wie im Adelsrecht überwiegend aus den preußischen Landesgesetzen ausgewählt und angepasst.

Anstatt des Begriffs „Bauer" benutzt Volkmar häufiger die tradierte und damals gewöhnliche Terminologie „Freybauer" oder „Eigenbehöriger", wobei die letztere auf die mittelalterliche bzw. frühneuzeitliche „Eigenbehörigkeit" (Leibeigenschaft[76]) des Feudalsystems hindeutet. Volkmar schreibt zwar gemäß der aufgeklärten Rechtslehre[77] die persönliche Freiheit des Eigenbehörigen

---

hier zitierte Seite (p. 180) liegt in 07.06.180r. Dieses Zitat deutet auch darauf hin, dass Tevenar seinen Grundriss teilweise fertiggestellt und vorgelegt hatte, spätestens bevor Volkmar im Mai 1782 aus der Gesetzkommission entlassen wurde. Ungenau ist daher die Äußerung *Barzens*, S. 69, wonach das Einsendungsdatum des Tevenarschen Grundrisses nicht mehr zu bestimmen sei.

72 „§ 1. Fremde und Ausländer werden in Ansehung des allgemeinen Rechts eine Eingebohrene behandelt und können verbindlich einseitige Rechtshandlungen vornehmen. § 2. Daher sind selbige befugt, Testamente zu machen und Verträge zu schließen. § 3. Auch kommen selbigen gleiche Rechts=Wohlthaten und Vorzugsrechte zu statten. § 4. Jedoch wird gegen dieselben in bestimmten Fällen das Retorsions=Recht beobachtet. Not[a]. Wie es zu halten, wenn ein fremder Unterthan todt gestunden worden [ist]." 07.04.109r.

73 „§ 44. Kein Herumlaufe und liederliches Gesindel sind zu dulden, sondern sofort in Arbeitshäuser zu bringen, oder nach Befinden des Todes zu verweisen. § 45. Zu solchen sind auch gesunde Bettler zu rechnen. § 46. Kein Vagabund kann zu einem Zeugnis zugelaßen werden." 07.04.110v.

74 *Svarez*, Vorträge, S. 642.

75 ALR II 19, §§ 9 ff., § 23.

76 Zu dieser Terminologie vgl. *Andermann*, Sp. 771 ff.

77 Vgl. auch *Tevenar*, S. 594; *Cocceji*, Bd. I, S. 12.

ausdrücklich vor, behält jedoch noch die Abhängigkeit des bäuerlichen Vermögens sowie das Züchtigungsrecht des Herrn bei:

§ 66. Eigenbehörige sind, was ihre Person betrifft, freye Leute[78].
§ 67. Daher können sie nach ihrer Willkühr Handlungen vornehmen und über ihr Vermögen disponiren[79].
§ 68. Hingegen müßen sie und ihre Kinder die ihre Herrschaft zubehörige Güter bearbeiten und können selbige ohne ihres Herrschaft Einwilligung bey Strafe der Infamie, Körper und Leibesstrafen nicht verlaßen[80].
§ 69. Folglich können sich auch derselben Töchter ohne dieses Consens nicht auswärtig verheyrathen[81].
§ 77. Ingleichen, wenn ein Eigenbehöriger sich wegen Unfruchtbahrkeit des Orts nicht ernähren kann und deßwegen, oder weil ihm sein Herr zu grausam begegnet, genöthigt wird, davon zu gehen.
Not[a]. Was rechtens sey, wenn der *fundus*, dem er adscribirt ist, zu seyn aufhört? Ob das *ius in hominem proprium* durch 30 oder 40 Jahre praescribirt werde? Ob ein *rusticus voluntates [sic.] domini separatus vel alienatus* wieder vindicirt werden kann? Ob ein Herr gezwungen werden könne, worinnen Eigenbehörigen frey zu laßen?
Not[a]. Von den Rechten der Dörfer dürfte auch im Sachenrecht zu handeln seyn.

---

78 Vgl. *Cocceji*, Bd. I, Part. I, Lib. I, Tit. V, § 7: „Diese Knechte werden Eigenbehörige oder Unterthanen (*homines proprii, glebae adscripti etc.*) genannt: Sie seyn, so viel ihre Person anbetrift, freye Leute …" EAGB Th. I, Abth. II, Tit. II, § 104 (= ALR II 7, § 147): „Personen des Bauerstandes werden, außer der Beziehung auf das Gut, zu welchem sie geschlagen sind, in ihren Geschäften und Verhandlungen, als freye Bürger des Staats angesehen."

79 Vgl. *Cocceji*, a.a.O. § 7: „… und können daher handeln und wandeln, und von ihren Actionen und Vermögen disponiren." EAGB Th. I, Abth. II, Tit. II, § 165 (= ALR II 7, § 240): „Unterthanen können, gleich andern Bürgern des Staats, freyes Vermögen erwerben und besitzen." Auch EAGB Th. I, Abth. II, Tit. II, § 177 (= ALR II 7, § 267): „Nach gemeinen Rechten kann jeder Unterthan, gleich andern Bürgern des Staats, über sein eigenthümliches Vermögen, auch auf den Todesfall, Verfügungen treffen."

80 Vgl. *Cocceji*, a.a.O. § 7: „Hingegen seyn sie und ihre Kinder an gewisse der Herrschaft zugehörige Güter gebunden, welche sie bearbeiten, und ohne der Herrschaft Bewilligung nicht verlassen können, …" EAGB Th. I, Abth. II, Tit. II, § 108 (= ALR II 7, § 150): „Sie dürfen das Gut, zu welchem sie geschlagen sind, ohne Bewilligung ihrer Grundherrschaft nicht verlassen."

81 Vgl. *Cocceji*, a.a.O. § 7: „… daher auch die Töchter sich auswärtig nicht verheyrathen, sondern auf dem Hof oder in dem Guth bleiben und dienen müssen." EAGB Th. I, Abth. II, Tit. II, § 114 (= ALR II 7, § 161): „Unterthanen sind bey ihrer vorhabenden Heirath die herrschaftliche Genehmigung nachzusuchen verbunden."

Für die oben wiedergegebenen Paragraphen wird, wie für die übrigen Teile des Ständerechts, in den Akten keine Quelle benannt. Trotzdem lässt sich feststellen, dass Volkmar den Paragraphen 66-69 aus Coccejis Entwurf zum Gesetzbuch („*Project*") durch seine eigene Bearbeitung im Rohentwurf zu Geltung verhilft. Aus dem Vergleich mit den einschlägigen Regelungen in EAGB und ALR ergibt sich, dass die §§ 66-69 des Volkmarschen Rohentwurfs auch teilweise von den Gesetzesredaktoren beibehalten werden, welche als Proklamation der bäuerlichen Freiheit betrachtet werden[82].

Volkmar zitiert im Bauernrecht nur eine königliche Verordnung ausdrücklich, nämlich die „Bauerordnung vor das Herzogthum Vor= und Hinter=Pommern vom 30. Dec. 1764[83]", aufgrund deren er die §§ 20-23 im Rohentwurf über das bäuerliche Ehegeld bzw. den Brautschatz umarbeitet[84].

Bemerkenswert ist noch, dass Volkmar in seinem Rohentwurf neben dem Paragraphen manchmal auch seine Anmerkungen („*Nota*") beifügt. Damit richtet er wohl Fragen an die Gesetzesredaktoren, welche möglicherweise bei der Auslegung des betreffenden Paragraphen entstehen könnten, wie etwa der § 77 oben gezeigt hat. Diese Anmerkungen erscheinen oft minutiös, teils penibel, und blieben wohl bei der weiteren Redaktion unberücksichtigt.

e) „Vom Soldatenstand"

Volkmar hat zwar in seinem römischrechtlichen Auszug auch für das Soldatenrecht die relevanten Quellen aus D. 49, 17 (*de castrensi peculio*) und C. 2, 50 (*de restitutione militum et eorum qui rei publicae causa afuerunt*) extrahiert. Jedoch hat er weder diesen Auszug noch die gemeinrechtliche Literatur in seinem Rohentwurf zitiert, vielmehr beruft er sich nach wie vor ausschließlich auf die preußischen Landesgesetze.

---

82 Vgl. *Birtsch*, S. 143.

83 NCC, Bd. III, 1764, Nr. 93, Sp. 531 ff., hier Sp. 539–541.

84 Beispielsweise der § 23. (= § 5 des IV. Titels der Bauerordnung, Sp. 541.): „Ist ein Bauer mit Schulden überhäuft, so muß zuförderst, was zur Hofwehr gehört, als der Herrschaft Eigenthum von dem Vermögen separirt werden, und bey dem Hofe bleiben, hiernächst sind von des Schuldmanns Güter zuförderst der Herrschaft Pächte und was dieselbe zu Unterhaltung des Hofes vorgestreckt hat, zu bezahlen; hernach Kirchen und Kindergelder, auch andere privilegirte Schulden abzutragen und müßen wegen bemeldeter Gemeinschaft, aller Güter, auch der Frauengüter, mit in die Execution, mit Hintenansetzung des *privilegii dotis*, welches in den gemeinen Rechten statt hat, gezogen werden, wenn auch zu der Zeit, als die Frau zu dem Mann gekommen, derselbe allbereits mit Schulden behaftet gewesen und sie solche nicht machen helfen."

Das Soldatenrecht kommt nur unvollständig zustande. Mit 21 Paragraphen führt Volkmar vor allem die Regelungen an, welche sich auf die allgemeinen persönlichen Rechte des Offiziers und des Soldaten beziehen. Als Beispiel zu nennen ist das generelle Verbot der Eheschließung des Soldaten ohne Einwilligung seines Kommandeurs:

> § 20. Subalterne Officiers und Soldaten, die keine Grundstücke besitzen, dürfen ohne Consens keine Schulden contrahiren, noch sich verheyrathen[85].
> § 21. Wohl aber können sich Soldaten, so von den Regimentern in die Cantons entlaßen werden, ohne Consens des Commandeurs verheyrathen.
> Not[a]. Circ[ulare]. d[e]. d[ato]. 10 Marz, 1763.

Die Verheiratung eines Unteroffiziers oder eines Soldaten bedarf also in der Regel der Genehmigung ihrer Vorgesetzten, es sei denn, dass sie in die Kantons[86] entlassen werden. Um diese Ausnahme rechtlich zu stützen, zitiert Volkmar in der Anmerkung ein königliches Zirkularschreiben vom 10. März 1763, nämlich das „Circulare, worinn denen Predigern bekannt gemacht wird, daß diejenigen Soldaten, so von den Regimentern in die Cantons entlassen werden, sich ihres Gefallens, ohne vorgängigen Consens des Commandeurs, verheyrathen können“[87]. Diese Ausnahme wird jedoch von den Gesetzesredaktoren nicht berücksichtigt, vielmehr seien die Ehen von Militärpersonen gemäß dem EAGB ohne erforderliche Einwilligung generell nichtig[88].

---

85 EAGB Th. I, Abth. I, Tit. I, § 22 (= ALR II 1, § 35): „Bey Unterofficieren, Soldaten, und allen, welche gleich diesen zur Fahne geschworen haben, wird die Einwilligung des Chefs oder Commandeurs von dem Regimente, Bataillon, oder Corps, zu welchem sie gehören, erfordert.“ EAGB Th. I, Abth. II, Tit. V, § 26 (= ALR II 10, § 35): „Ihre Grundstücke können Unterofficiers und Soldaten, ohne schriftliche unter dem Regimentssiegel ertheilte Einwilligung des Chefs oder Commandeurs, nicht veräußern, noch verpfänden.“

86 Der Kanton ist ein militärischer Verwaltungsbezirk in preußischer Zeit. Zum Kantonssystem vgl. *Büsch*, S. 63 ff.

87 NCC, Bd. III, Nr. 12, Sp. 201–202: „Daß alle und jede Bursche, sie seyen von der Infanterie, Cavallerie oder Husaren, so von denen Regimentern in die Cantons entlassen werden, hinführo ohne Vorwissen, oder Bewilligung, derer Commandeurs der Regimenter sich verheyrathen können.“

88 EAGB Th. I, Abth. I, Tit. I, § 731 (= ALR II 1, § 950): „Auch solche Ehen, die von Militairpersonen, ohne die, in Ansehung ihrer, nach den Gesetzen besonders erforderliche Einwilligung geschlossen worden, sind nichtig.“ Die Lockerung dieses strengen Verbots fand erst im 1870er Jahren statt, vgl. *Förster/Eccius*, Bd. IV, S. 19 in Fn. 31.

Für die Soldatentestamente, die im römischen Recht besonders häufig diskutiert wurden[89], hat Volkmar keinen Auszug aus den Quellen erstellt. Auch im Rohentwurf erwähnt er das Soldatentestament nur kurz:

> § 9. Soldaten können in gewißen Fällen Testamente machen, bey denen die sonst vorgeschriebenen Feyerlichkeit erlaßen sind[90].
> Not[a]. Von dem *Testamento militari*: Das dürfte unten Fügliches zu handeln seyn. Ob Soldaten, ehe sie zur Fahne geschworen, der Vorrechte eines Soldaten theilhaftig sind?

Im § 9 bestätigt Volkmar zwar die dem römischen Recht entsprechende Lockerung der Formalität beim Soldatentestament[91], fügt jedoch in der Bemerkung noch hinzu, dass die Soldatentestamente anderswo in seinem Rohentwurf ausführlicher behandelt werden sollen. In den Akten gibt es die angekündigte Darstellung jedoch leider nicht. Volkmar beendet seine Arbeit offenbar in Eile, sodass sein Rohentwurf zum Soldatenrecht im Ergebnis nicht vollständig zustande kommen konnte.

3. Das Kirchenrecht

a) Grundlage des Kirchenrechts im Rohentwurf

Das Kirchenrecht soll einen festen Platz im allgemeinen Gesetzbuch haben, so sieht es das Svarezsche „*Schema*" vor. In seinem Grundriss zum Gesetzbuch stellt auch Volkmar fest, dass die Materien des Kirchenrechts als ein selbständiges Kapitel im 1. Teil des Personenrechts zu behandeln sind, nämlich als „XII. Capitel. Von den persönlichen Rechten und Verbindlichkeiten der zu der Kirche gehörigen Personen." In dieses Kapitel, so fügt Volkmar in einer Bemerkung bei, seien das „*ius parochiale*[92], geistliche Pfründen und alles, was vom geistlichen Recht dem Gesetzbuche einzuverleiben ist, [aufzunehmen,] insofern es nicht Kirchensachen betrifft[93]".

---

89 D. 29, 1 (*de testamento militis*); C. 6, 21 (*de testamento militis*).

90 Vgl. EAGB Th. I, Abth. II, Tit. V, § 7 (= ALR II 10, § 8): „In Fällen, wo es auf die äußere Form, oder Feyerlichkeit einer Handlung ankommt, haben dergleichen Unterofficiers und Soldaten, auch wenn sie eine solche Handlung an dem Orte ihres Standquartiers vornehmen, die Wahl: ob sie den Statuten, oder den Vorschriften des gemeinen Rechts folgen wollen."

91 Vgl. nur *Kaser*, Bd. I, S. 680 f.

92 Wörtlich das Recht der Pfarrgemeinden, es geht dabei um die Zuständigkeit der Kirche je nach den örtlich gegliederten Parochialgemeinden. Dazu vgl. *de Wall*, Sp. 398; ALR II 11, §§ 260 ff.

93 07.04.015r. Abgedruckt in *Daniels*, Bd. 1, Anlage IV, S. 29.

Volkmar legt den Rohentwurf zum Kirchenrecht bereits in Reinschrift sowie in fortlaufender Paragraphenreihe von § 1 bis zu § 921[94] vor, formuliert jedoch ausschließlich die Regelungen in Bezug auf das römisch-katholische Kirchenrecht. Der Grund, warum Volkmar das evangelische Kirchenrecht aus seinem Rohentwurf ausgeschlossen hat, liegt laut seiner Bemerkung darin:

> Von denen Rechten der protestantischen Kirchen Überhaupt[95].
> N[ota]. Daß die *clerici* in *ecclesia evangelica ratione ordinam* keinen Unterschied haben, ist schon oben in dem 1sten Theil erinnert, ingleichen ist daselbst von der Verschiedenheit der *officiorum sacrorum*, und ihres *Subordinationis* gehandelt worden[96]. Die *Jura beneficiorum* werden unter Protestanten durch den Westphälischen Frieden, durch *Jura ecclesiastica particularia*, durch *statuta Capitulorum*, und *in subsidium* durch das *Jus Canonicum* bestimmt[97]. Die *Beneficia imperii immediata* haben mit denen katholischen gleiche Rechte; die *mediata* sind dem *regimini ecclesiastico vel vicario vel resevcato* deren *statuum imperii evangelicorum* unterworfen[98].
> Bey denen *praelaturis imperii immediatis protestantium* steht die Besetzung eines *Coadjutoris* allein dem Kapitel zu[99]. Bey denen *beneficiis evangelicorum* sind alle *provisiones papales* gänzlich aufgehoben, und die Collation steht nach Befinden der Umstände entweder dem *Collatori ordinario*, oder *ius extraordinariae collationis* durch Observanz denen *statibus imperii evangelicis* zu[100].

Diese Anmerkung beruht lediglich auf einem Zitat aus den „*Principia Iuris Canonici, speciatim iuris ecclesiastici publici et privati quod per Germaniam obtinet*" des Göttinger Kirchenrechtlers Georg Ludwig Boehmer, die Volkmar indes nicht ausdrücklich zitiert hat. Volkmar gibt Boehmers Darstellung wörtlich wieder, übersetzt sie dabei aber teils ins Deutsche. Der Hauptgedanke zur Bearbeitung des Kirchenrechts besteht also darin, dass das katholische Kirchenrecht in der Regel auch auf die evangelischen Kirchen anwendbar sei[101]. Dafür spricht auch, dass die geistlichen Gesellschaften im Sinne einer Organisation (*corpus*)

94 Es fehlen darin allerdings einige Handschriftenblätter, wobei sich die Paragraphen 578–611 zwischen den Blättern 07.04.165-166 und 757-773 zwischen den Blättern 07.04.183-184 befinden.
95 Den Titel schreibt Volkmar am Rand des Blatts. 07.04.217r.
96 *Boehmer*, *Principia*, § 87, S. 58 f.
97 *Boehmer*, *Principia*, § 493, S. 346.
98 *Boehmer*, a.a.O.
99 *Boehmer*, *Principia*, § 544, S. 380.
100 *Boehmer*, *Principia*, § 573, S. 399.
101 Es ist deshalb erstaunlich, dass Volkmar in einem für das protestantische Preußen bestimmten Gesetzbuch nur das katholische Kirchenrecht ausführlich formuliert.

generell unter dem allgemeinen Gesetzbuch gemeinsam zu regulieren sind, ohne Unterschied zwischen der katholischen und evangelischen Kirche[102].

Um die Systematik des Kirchenrechts im Rohentwurf hat Volkmar sich nur wenig gekümmert. Obwohl er am Anfang des Kirchenrechts die Gliederung skizziert[103], hält er diese nicht durch. Vielmehr schreibt er, wohl erst nachträglich, Titelbezeichnungen neben den entsprechenden Paragraphen an den Rand des Blattes, z.B. „von den Rechten der katholischen Kirchen überhaupt" für die Paragraphen 1–5; „*de collatione*" für die Paragraphen 226–241. Die gesamten Paragraphen sind in der Reihenfolge des personen- und sachenrechtlichen Kirchenrechts angeordnet.

b) Quellen des Kirchenrechts

Dem Rohentwurf zum Kirchenrecht sind mehrere Anmerkungen zu den benutzten Quellen beigefügt. Die Quellen des Kirchenrechts sind im Vergleich zu denen des Ständerechts deutlich vielfältiger: Neben den preußischen Landesgesetzen zitiert Volkmar sowohl Juristenschriften, ehemalige Gesetzesentwürfe als auch römisches Recht.

Ein auf das römische Recht bezogener Paragraph ist § 696 über das Legat zu frommen Zwecken (*ad pias causas*[104]):

> § 696. [*de pignoribus et aliis cautionibus*] Befinden sich die, welche damit, einer *piae causae* ein Legat herauszugeben, onerirt sind, *in mora restituendi legatum*: So müßen sie außer dem Legat alle *fructus* und *usuras*, ingleichen alle rechtmäßige *augmenta* von der Zeit des Todes des Erblaßers an gerechnet, herausgeben.
> N[ota]. Nach den Gesetzen des Justinians §. 19, J. *de act.* [Inst. 4, 6, 19] et l. 46, §. 7, C. *de epis. et c.* [C. 1, 3, 45, 7 nach heutiger Zählung]

---

102 Vgl. auch *Svarez*, Vorträge, S. 366; EAGB Th. I, Abt. II, Tit. VI, § 916 (= ALR II 11, § 1218): „Die protestantischen Stifter und Klöster haben, vermöge ihres Ursprungs und ihrer Fundation, die Rechte der geistlichen Gesellschaften."

103 „I. Theil. Von Rechten und Verbindlichkeiten, an beweglichen und unbeweglichen Sachen und welche denselben ankleben. A. Von den Rechten und Verbindlichkeiten an Sachen, die einem Eigenthum unterworfen sind und welche denselben ankleben. 1. Von den Rechten und Verbindlichkeiten der Kirchen, Kirchengüther und frommen Bestalten und denen in Rücksicht derselben zustehenden Rechten und Verbindlichkeiten der Kirchendienern." 07.04.119r.

104 07.04.178. Bei der *pia causa* handelt es sich vor allem um Verfügungen von Todes wegen zugunsten des Gemeinwesens, der Armen oder der Kirchen. Vgl. *Coing*, Bd. I, S. 594 f.

Dass die Erben dem Bedachten außer dem Legat *ad pias causas* noch alle inzwischen erworbenen Früchte herausgeben müssen, wenn sie in Verzug geraten sind, entspricht der seit dem römischen Recht tradierten Lehre[105]. Dieser Paragraph fällt besonders auf wegen der darunter angefügten Bemerkung: Die dort von Volkmar erwähnten römischen Stellen Inst. 4, 6, 19 und C. 1, 3, 45, 7 finden sich nicht in seinem römischrechtlichen Auszug, sondern sind laut der „*Nachweisung über die Vollständigkeit*" von ihm absichtlich ausgelassen geworden[106]. Ähnlich auffällig ist § 670, in dem Volkmar zwar die Stelle Nov. 123, 6[107] zitiert, allerdings hat er für die gesamten Novellen weder Auszug noch Nachweis zu den Akten[108] gegeben. Daraus ergibt sich, dass die Novellen für Volkmar wohl erst beim Formulieren des Rohentwurfs in Betracht gekommen sind, als er den römischrechtlichen Auszug bereits abgeschlossen hatte.

Ein weiteres Beispiel bildet § 916 über die Verteilung der Beerdigungskosten bei der Bestattungsklage (*actio funeraria*[109]):

---

105 Vgl. *Schulte*, S. 161. Das ALR enthält weder Erwähnung des Testaments *ad pias causas*, noch ausführliche Regelungen dafür. Die ALR I 12, §§ 514, 515 handeln mit dem zusammenfassenden Titel „Von Bedingungen oder Zwecken zum Besten des gemeinen Wesens." Vgl. *Coing*, Bd. I, S. 593; *Schulte*, S. 229.

106 Für die beiden Stellen gibt Volkmar keinen konkreten Nachweis an, vielmehr lässt er die gesamten Titel Inst. 4, 6 (*de actionibus*) und C. 1, 3 (*de episcopis et clericis et orphanotrophis et brephotrophis et xenodochis et asceteriis et monachis et privilegio eorum et castrensi peculio et de redimendis captivis et de nuptiis clericorum vetitis seu permissis*) aus. Zum Titel Inst. 4, 6 notiert er: „Diese Titel [gemeint sind Inst. 4, 3 bis zu 4, 6] sind laut Instruction nicht zu extrahiren gewesen." 07.02.013v; zum Titel C. 1, 3: „Da dieser Titel die, in der Ueberschrift derselben erwähnten Materien die Vorrechte der geistlichen Ordens=Brüder, und zum Theil, die, denen *pro causis* Gesetzen Vermächniße abhandeln, so dürfte derselben kein Gegenstand des Extracts gewesen seyn." 07.02.116r.

107 „§ 670. In Rücksicht aller, derer *negotiorum secularium* aber, mit deren Clerici nicht verbunden werden, und welche solbige nicht übernehmen können, soll keine von denen Clericis übernommene Verbürgung in Rechten beständig seyn. N[ota]. Die Nov. 123 c. 6 verordnet nur, daß sich *clerici* nicht für *exactores fiscalium functionum* oder *pro conductione publicarum et alienarum possessionem*, oder *pro curatione domus vel pro proncuratone* verbürgen sollen. [...]" 07.04.174v.

108 Bereits oben B III 1.

109 07.04.209. Volkmar benutzt in seiner Bemerkung zu § 900 ausdrücklich den römischrechtlichen Begriff: „§ 900. Hat aber iemand, der nicht Erbe ist, ohne Auftrag oder dazu obwaltende sonstige Verbindlichkeit zu haben, das Begräbniß eines Verstorbenen auf seine Unkosten besorgt: So kann er auf derselben Erstattung weder die Erbe oder die, welche zu Beerdigung des Leichnams verpflichtet waren, in Rechten

§ 916. [*de sepulturis*] Sollte schon die Wahrscheinlichkeit für die Nothwendigkeit der verwendeten Unkosten streiten, und sollten solche nicht übertrieben scheinen, so ist es zwar hinlänglich, wenn der Kläger eine Specification derselben aufreizt, iedoch muß er sodann, anstatt des zu führenden Beweises, seine Specification eydlich erklären.
N[ota]. Die Rechtslehrer rathen dem, der in Besorgung eines fremden Begräbnißes, ohne dazu verpflichtet zu seyn, übernimt, an, daß derselbe den Richter zu Rathe giehen solle, mit Unkosten auf das zu übernommene Begräbniß zu verwenden seyn dürfte.
In preußischen Landen aber ist zu Vermeidung mehrerer Streitigkeiten durch ein Edict *d[e]. d[ato]*. 27 Febr. 1747[110] verordnet: Daß wenn iemand von adlicher Herkunft, und dabey vornehmen Standes, oder der zugleich in hoher Bedienung und Character steht, verstirbt, desselben Erben auf seine Beerdigung nicht mehr als 300 rthl. verwenden müßen. [...]
Die Leichen=Gebühren sind auch ein besonders Edict *de d[ato]*. 3ten Jan. 1748[111] in den preußischen Residentzen festgesetzt.
Reicht des Verstorbenen Vermögen nicht zu und entsteht ein Concurs: So sollen nach dem *Cod[ice]. Frider[iciano]*. P[art]. IV. Tit. 9, Cl[asse]. 2, § 53, in eines von Adel Concurs nicht mehr als 50 rthl; in eines vornehmen Bedienten bürgerlichen Standes Concurs eben so viel; [...]. Landrecht P[art]. II, Lib. 1, Tit. 2, Art. 2, §. 27[112].

§ 916 handelt von der Frage, wie die Beweislast bei der streitigen Verteilung der Beerdigungskosten von den Parteien getragen werden soll. Dabei zitiert Volkmar in der Anmerkung die Meinung der „Rechtslehrer", ohne deren Namen zu nennen. An anderem Ort, im Kirchenrecht, nennt Volkmar jedoch den Halleschen Juristen Justus Henning Böhmer namentlich[113]. Bemerkenswert ist noch,

---

gegründete Klage erheben. N[ota]. Dieses ist die römische *actio funeraria*. Nach römischem Recht gehe die Begräbnißunkosten, bey entstandenem Concurs, allen andern *Creditis* vor." Zur Dogmatik der *actio funeraria* und deren Verhältnis zum heutigen § 679 BGB vgl. *Unger*, S. 20 ff.

110 *Sic*. Eigentlich das „Edict, wie viel bey erfolgtem Absterben derer Personen sowohl hohen Standes als mitteler und geringer Condition, von derselben Erben auf ihre Beerdigung verwand werden solle", vom 24. Januar 1747. Abgedruckt in CCM, Continuatio III, anno 1747, Nr. 2, Sp. 139–140. Die von Volkmar lediglich aus dem Gesetz abgeschriebenen Passagen sind bei der Wiedergabe ausgelassen und durch eckige Klammern angezeigt.

111 „Reglement, wie es in hiesigen Residentzien wegen der Leichen=Gebühren derer Kirchen, auch Kirchen= und Schul=Bedienten, imgleichen derer Küster, Pulsanten und Todten=Gräber gehalten, nicht weniger bey welchen Leichen, und wie vielmahl geläutet werden solle." Abgedruckt in CCM, Continuatio IV, anno 1748, Nr. 2, Sp. 3 ff.

112 *Cocceji*, Bd. II, Part. II, Lib. 1, Tit. 2, Art. 2, S. 11.

113 Insgesamt drei Male: die Bemerkungen zu §§ 630, 642 und 695. Volkmar beruht sich hochwahrscheinlich auf dessen Büchern *ius ecclesiasticum protestantium*.

dass Volkmar mit der Bezeichnung des „Landrechts" auf Coccejis „*Project des Corporis Juris Fridericiani*" verweist, obwohl dieses Projekt in Preußen nie förmlich in Kraft getreten war[114].

Die preußischen Landesgesetze und Verordnungen spielen im Kirchenrecht nach wie vor die wichtigste Rolle. Trotz deren Umfangs und kasuistischer Ausdrucksform gibt Volkmar sie in den Anmerkungen fast wörtlich wieder. Auf den Blättern 07.04.212 ff. weist Volkmar noch auf mehrere Landesgesetze hin, auf welche er sich beim Formulieren des Kirchenrechts gestützt hat[115].

IV. Der Rohentwurf *ex statu familiae*

1. Überblick über das Familienrecht

Die Ausarbeitung *ex statu familiae* darf als Hauptteil des Volkmarschen Rohentwurfs zum allgemeinen Gesetzbuch gelten. Mit rund 83 Handschriftenblättern und 1746 Paragraphen[116] macht das Familienrecht fast die Hälfte des 4. Bands der Ausarbeitungen Volkmars („*Excerpte*") aus.

Im Vergleich zu den oben untersuchten Ausarbeitungen des Ständerechts und des Kirchenrechts erreicht das Familienrecht einen höheren Fertigstellungsgrad, sodass es sowohl in fortlaufender Paragraphenreihenfolge angeordnet als auch in Reinschrift transkribiert ist. Es fehlt dabei zwar an einem zusammenfassenden Titel für jede Normengruppe, die entsprechenden Titel können aber doch aus deren Inhalten abgeleitet werden. Die folgende Tabelle stellt die einzelnen Normengruppen des Familienrechts mit den späteren Paragraphen des EAGB zusammen:

114 Vgl. *Krause*, Geschichte, S. XXXI.

115 Dies sind: das Edikt vom 14. Dezember 1709 (CCM, Bd. I. 1, Nr. 75); die Verordnung vom 8. Februar 1710 (CCM, Bd. I. 1, Nr. 76); das Edikt vom 16. April 1710 (CCM, Bd. I. 1, Nr. 77); die Verordnung vom 7. Februar 1711 (CCM, Bd. I. 1, Nr. 78); das Rescript vom 2. September 1736 (CCM, Bd. I. 1, Nr. 134); das Edikt vom 26. Juni 1753 (NCC, Bd. I, 1753, Nr. 39); die Declaration vom 12. März 1754 (NCC, Bd. I, 1754, Nr. 22). All diese von ihm zitierten Gesetze waren bereits in den 1760er Jahren in CCM und NCC enthalten und in zeitlicher Reihenfolge gesammelt.

116 Eigentlich §§ 120-1746. Die §§ 1-119 waren bereits vor der Redaktion der Materialien verloren. Die §§ 623-680 sind abgedruckt in *Daniels*, Bd. 1, Anlage V, S. 30–37.

Tabelle 11: Übersicht über einen Ausschnitt des Familienrechts, im Vergleich mit den entsprechenden Paragraphen des EAGB

Paragraphen[117]	**Möglicher Titel der Normengruppe**	**EAGB**
§§ 1–119	[Fehlen]	–
§§ 120–123	Eheberedung	–
§§ 124–140	Ehe zur linken Hand	[Th. I, Abt. I, Tit. 1] §§ 610-694
§§ 141–257	Vorbehaltenes und Eingebrachtes Vermögen	§§ 155–190
§§ 258–262	Recht der Ehefrau, in Rücksicht ihrer Person	§§ 136–146
§§ 263–272	Eheliche Vermögensgemeinschaft	§§ 237–293
§§ 273–283	Schenkung unter Eheleuten	§§ 211–216
§§ 284–309	Verlaßenschaft	§§ 298–405
§§ 310–347	Scheidung	§§ 494–529
§§ 348–365	Rechtsfolgen der Scheidung	§§ 530–609
§§ 366–384	Scheidung von Tisch und Bett	–[118]
§§ 385–405	Ungültige Ehen	§§ 695–746
§§ 406–420	Fernere Verehelichung	–
§§ 421–434	Kinder aus rechtmäßiger Ehe	[Th. I, Abt. I, Tit. 2] §§ 2–27
§§ 435–458	Legitimation	§§ 434–448
§§ 459–490	Annahme an Kindes statt	§§ 481–523
§§ 491–493	Einkindschaft	§§ 524–552
§§ 494–501	Kinder aus unehelichem Beyschlaf	§§ 449–480
§§ 502–529	Pupillarsubstitution	§§ 388–405
§§ 530–555	Enterbung	§§ 311–332
§§ 556–597	*Peculium*	§§ 108–153
§§ 598–601	Rechte der unehelichen Kinder[119]	–

117 Der Rohentwurf zum Familienrecht wird im Anhang VI wiedergegeben, daher sind die Paragraphen hier nur mit ihren Nummern zu bezeichnen.

118 ALR II 1, § 733: „Auf bloße Scheidung von Tisch und Bette soll nicht erkannt werden, sobald auch nur Einer der Ehegatten der protestantischen Religion zugethan ist." § 734: „Wird unter catholischen Ehegatten auf eine beständige Separation von Tisch und Bette erkannt: so hat dieses alle bürgerlichen Wirkungen einer gänzlichen Ehescheidung." Im EAGB finden sich die entsprechenden Paragraphen allerdings nicht, sie wurden daher erst bei weiteren Radaktionen beigefügt.

119 Die Paragraphen 598–601 hängen mit den §§ 494-501 eng zusammen.

Die in der Tabelle enthaltenen Paragraphen umfassen die zwei Titel „Von der Ehe“ und „Von den wechselseitigen Rechten und Pflichten der Eltern und Kinder“ (außer dem Erbrecht) des EAGB, die beide später gleichlautend auch in das ALR, als Titel „II 1“ und „II 2“, übernommen werden. Dass sich Volkmars Systematik des Familienrechts beim Blick auf die Entwicklung vom Svarezschen „*Schema*“ zum EAGB als Zwischenstand erweist, wurde bereits gezeigt[120]. Außerdem ist zu bemerken, dass das Volkmarsche Familienrecht sich nach seinem Inhalt mit dem des EAGB größtenteils deckt. Das könnte darauf hindeuten, dass Volkmars Familienrecht von den Redaktoren des EAGB (vor allem Klein und Svarez) bei der Arbeit am Entwurf benutzt wurde[121].

Volkmars Familienrecht stellt sich als Mischung aus den Regelungen des römischen Rechts, des germanischen Rechts und der preußischen Landesgesetze dar[122]. Volkmar führt beispielsweise sowohl die Regelungen über die germanischen Rechtsinstitute der Morgengabe[123] und des Gegenvermächtnisses[124] als auch die römischrechtliche Mitgift (*dos*[125]) auf. Angesichts dieses Inhalts stellt sich die Frage nach den Quellen, die Volkmar beim Formulieren heranzog.

2. Quellen des Familienrechts

Wie er es im Rohentwurf zum Ständerecht und zum Kirchenrecht gern getan hat, gibt Volkmar auch hier die benutzten Quellen in seinen Anmerkungen („*Notae*“) zum jeweiligen Paragraphen an. Neben den preußischen Landesgesetzen[126] und

120 S. oben II 1 b. Vgl. die Systematik im Coccejis „Project“, Bd. I, besonders „zweytes Buch“.

121 Der von Klein erstellte erste Vorentwurf zum ersten Teil des Gesetzbuchs, d.h. Personenrecht, ist in den Akten nicht mehr vorhanden. Vgl. *Barzen*, S. 108.

122 Allgemeine Aussagen zur systematischen Einordnung des ehelichen Güterrechts im 18. Jahrhundert finden sich z.B. *Brauneder*, HRG, Bd. I, Sp. 1216 ff.; HKK/*Maetschke*, §§ 1363-1557 (II), Rn. 7 ff.

123 Morgengabe ist, gemäß § 217, „das, was der Ehemann den Tag nach der Hochzeit seiner Frau zu ihrem Spielgeld schenkt.“ Vgl. *Schröder*, Geschichte, Bd. II, S. 242 ff.; *Gierke*, Bd. IV, S. 304; *Brauneder*, HRG, Bd. III, Sp. 1628 ff.

124 Gegenvermächtnis oder Widerlage ist „dasjenige Vermögen, welches der Ehemann, oder ein anderer in seinem Nahmen, der Frau zur Sicherheit des von ihr zugebrachten Brautschatzes anweist. (§ 227)“ Vgl. *Gierke*, Bd. IV, S. 308.

125 Es geht bei den §§ 144 und 145 jeweils um die *dos profecticia* und die *dos adventicia*, also die Mitgift seitens des Vaters der Frau und die Mitgift seitens eines Dritten. Näheres unten 3 a.

126 Z.B. „§ 608. Sollte also ein Kind zehn Jahren abwesend gewesen seyn, ohne daß mann während dieser Zeit Nachricht von seinem Leben oder Aufenthalt erhalten, so ist solches Kind für verstorben zu halten. N[ota]. § 1 des Edicts vom 27 Oct. 1763. Durch

den Entwürfen von Cocceji[127] und Claproth[128] finden im Familienrecht auch andere Quellen Verwendung, nämlich das römische Recht, aber auch etwa Erläuterungen aus der *Jurisprudentia forensis secundum pandectarum ordinem* des Jenaischen Romanisten Johann August von Hellfeld. Als Beispiel sind die Paragraphen zur Enterbung heranzuziehen[129].

§ 537. Sollte ein Kind seine Eltern geschlagen und sich an ihnen vergriffen haben: So kann es enterbt werden. (*Si filius parentibus impias manus intulit.*)[130]

§ 541. Gesellen sich Kinder zu Menschen, die eine gesetzwiedrige Lebensart und Gewerbe führen, in der Absicht, um ihre Lebensart und Gewerbe zu ergreifen: So können sie enterbt werden. (*Si cum maleficis versentur, ut malefici habet.*)[131]

Not[a]. Bestimmungen solcher Menschen, z.E. Zigeuner.

§ 542. Ebendies ist rechtens, wenn ein Kind wieder dem Willen seiner Eltern unter Comoedianten und Gaukler u.s.w. geht, und in dieser Lebensart beharrt. (*Si se filius*

---

dies Edict, aus welchem dieser § 608 enthalten ist, werden die vorhergehenden Edicte unter 10 Jan. und 23 Apr. 1752 und 22 Apr. 1752, nach welchen eine dreyßig jährige Abwesenheit erfordert ward, erwähntermaßen declarirt." 07.04.052r. Hier erwähnt ist die „Verordnung, wie es wegen der Abwesenden mit der Güter= und Vermögens=Verwaltung zu halten; item wenn ein Abwesender für todt zu achten sey" vom 27. Oktober 1763, abgedruckt in: NCC, Bd. III, 1763, Nr. 77, Sp. 315 ff.

127 Z.B. „§ 127. Die Frau und die in diese Ehe gebohrenen Kinder haben alle Rechte, die aus einer anderen gültigen Ehe entspringen, insofern nicht durch die Eheberedungen in derselben Rücksicht Einschränkungen, die den zu dem gutten Sitten nicht zuwider lauten, getroffen worden. (Von *Tevenar*, Vers. der Rechtsgelahrh. pg. 402. N[ota]. Nach dem Project des Corp. Juris Frid. pg. 61 erhält eine solche Frau keine Rechte, welche der Familie ankleben, sie erlangt also nicht die Dignität, Nahmen, Wappen, Forum des Mannes. Sie bestellt dem Mann keinen *dotem*, und der Mann kein Gegenvermächtnis. [...]" 07.04.020v. Hier werden ausdrücklich sowohl Cocceji als auch Tevenar mit genauen Seitenanzahlen zitiert.

128 „§ 378. Hat die Frau zu der Scheidung von Tisch und Bette Anlaß gegeben, so muß der Ehemann derselben ihr eingebrachtes Vermögen zurückgeben, oder nothdürftigen Unterhalt anweisen. Not[a]. Wenn sie kein Vermögen eingebracht hat, ob und inwiefern der Mann zum Unterhalt verbunden ist? Nach Claproths Versuch. pg. 548, muß der Ehemann seine Einkünfte dergestalt mit der Frau theilen, daß wenn keine Kinder vorhanden sind, sie ein Drittheil, der Ehemann aber 2/3 zu genießen hat. Sind Kinder vorhanden, so hat die Frau ein 1/4 der Einkünfte zu gewärtigen." 07.04.040r. Vgl. *Claproth*, Bd. I, S. 548.

129 07.04.049v. Die lateinischen Texte samt den einfassenden Klammern sind im Original wiedergegeben.

130 *Hellfeld*, Bd. II, § 1424, S. 542.

131 Nov. 115, 3, 4: *Si cum maleficis ut maleficus versatur.*

praeter voluntatem parentum inter arenarios vel mimos sociaverit, et in hac professione permanserit.[132])

§ 543. Würde eine Tochter vor den 20ten Jahre ihres Alters *vitam meretriciam* ergreifen, ohne daß ihre Eltern in derselben Verehlichung Hinderniße gesetzt haben, so sind die Eltern selbige zu enterben befugt.[133]

Die Normengruppe §§ 530-555 im Familienrecht handelt von der Enterbung der Kinder, darunter geht es bei den §§ 536-551 um die Enterbungsgründe, also die „von den Gesetzen gebilligten Ursachen" für die Enterbung. Die Enterbungsgründe im römischen Recht werden vor allem in Novellen 115, 3, 1-14 ausführlich aufgezählt, welche Volkmar in seinem römischrechtlichen Auszug allerdings nicht berücksichtigt hatte.

An die Novellen anknüpfend, jedoch mit gewissen Abweichungen davon, formuliert Volkmar die 15 rechtmäßigen Ursachen zur Enterbung der Kinder. Auf die Abweichungen vom römischen Recht weist Volkmar typischerweise in seinen darunter gesetzten Anmerkungen hin, und zwar durch lateinische Texte in Klammern. Diese Texte sind aus Hellfelds Buch *Jurisprudentia forensis secundum pandectarum ordinem* entnommen.

Die Enterbungsgründe im Volkmarschen Rohentwurf werden bei der Revision durch Pachaly überarbeitet[134], im Ergebnis sind sie von den Regelungen des EAGB und ALR noch weit entfernt, bei denen die Enterbung wegen strafbarer oder unwürdiger Handlungen sowie wegen Lieblosigkeit und Undankbarkeit der Kinder gerechtfertigt werden soll[135]. Die einschlägigen Regelungen im EAGB kamen möglicherweise erst 1783 bei der Bearbeitung durch die Gesetzesredaktoren zustande[136].

---

132 *Hellfeld*, a.a.O. Vgl. auch *Cocceji*, Part. II, Lib. VII, Tit. V, § 9. V.: „Wann die Kinder sich zu den Comödianten, Seil=Täntzern, etc. gesellen: Welche Regel aber gleichfalls ihren Abfall hat, wann die Eltern consentiren, oder von eben derselben Profession sind. Ueberdem aber hat diese Causa nicht statt, wann die Kinder vor der Enterbung die Profession wieder quittiert haben."

133 *Hellfeld*, a.a.O. Dieser Paragraph ist eine wörtliche Übersetzung des lateinischen Texts: „11) *Vita filiae meretricia ante annum vigesimum quintum, nisi parentes eius nuptiis impedimentum fecerint.*"

134 07.05.074r.

135 EAGB Th. I, Abt. II, Tit. 2, § 311; ALR II 2, §§ 399-409. Vgl. *Förster/Eccius*, Bd. IV, S. 334 f.

136 Vgl. *Barzen*, S. 122.

3. Das Familienrecht im Einzelnen

Volkmars Rohentwurf zum Familienrecht ist besonders umfangreich und enthält zahlreiche dogmatische Fragen sowie diverse spezielle Fallkonstellationen. Angesichts seines erheblichen Umfangs kann er in der vorliegenden Arbeit nur teilweise betrachtet werden. Um die Arbeitsmethode Volkmars und dabei zugleich seinen Beitrag zu verdeutlichen, sind vor allem diejenigen Materien zu untersuchen, denen auch der römischrechtliche Auszug nachgeht. Besonders repräsentativ und das römische Recht betreffend sind die Abschnitte über den Brautschatz (Mitgift oder *dos*) und das Sondervermögen (*peculium*) des Haussohns.

a) Brautschatz (§§ 141-202)

Der Brautschatz[137] ist Gegenstand des Dotalrechts, mit dem eine seit dem römischen Recht tradierte eheliche Vermögensordnung einhergeht. Sie dient einerseits dazu, dem Ehemann das Tragen „ehelicher Lasten“ zu erleichtern, andererseits zur Versorgung der Ehefrau nach beendeter Ehe[138]. Das römische Dotalrecht handelt also vor allem vom Rechtsverhältnis der Eheleute mit Blick auf die Mitgift und wird von Volkmar dementsprechend unter der Rubrik „I. 13. c. Von den Rechten und Verbindlichkeiten der Eheleute in Ansehung ihrer Vermögen“ in seinem römischrechtlichen Auszug[139] extrahiert. Dabei hatte Volkmar sich jedoch nur um die einschlägigen Codexstellen gekümmert und zugleich die wichtigen Digestentitel D. 23, 3 (*de iure dotum*) sowie den folgenden[140] ohne Nachweise ausgelassen[141].

An den Anfang der Normengruppe §§ 141-202 setzt Volkmar im Rohentwurf die Definition des Brautschatzes. Danach sei dieser „das Vermögen, welches die Frau dem Mann dahin ausdrücklich zubringt, daß er an denselben, zur

137 Die Terminologie wurde im ausgehenden 18. Jahrhundert noch nicht vereinheitlicht, es wurden verschiedene Bezeichnungen wie Brautschatz, Mitgift, Ehesteuer, Aussteuer, Brautgabe usw. oder eben *dos* (aber auch *res uxoria*) verwendet. Vgl. *Glück*, Bd. 24, S. 430; *Olechowski*, Sp. 384; *Brauneder*, HRG, Bd. I, Sp. 1138.

138 Vgl. dazu nur *Kaser*, Bd. I, S. 332.

139 Insgesamt 40 Stellen aus C. 4, 12 (*ne uxor pro marito vel maritus pro uxore vel mater pro filio conveniatur*); C. 5, 11 (*de dotis promissione vel nuda pollicitatione*); C. 5, 12 (*de iure dotum*) und C. 5, 13 (*de rei uxoriae actione in ex stipulatu actionem transfusa et de natura dotibus praestita*).

140 D. 23, 4 (*de pactis dotalibus*) und D. 23, 5 (*de fundo dotali*).

141 S. bereits oben A 3 a bb.

Erstattung des standesmäßigen Unterhalts, zu welchem er der Frau verbunden ist, den Nießbrauch haben solle“ (§ 142). Diese Definition steht ganz im Einklang mit der tradierten gemeinrechtlichen Lehre[142]. In eben derselben gedanklichen Tradition teilt Volkmar die Mitgift in *profectitia* und *adventitia*[143], wohl in Anlehnung an Coccejis Entwurf zum allgemeinen Gesetzbuch („*Project*“ von 1749).

Tabelle 12: Teilung der Mitgift in *profecticia* und *adventicia*

Coccejis „*Project*“, Part. I, Lib. II, Tit. IV, Art. I.	**Rohentwurf zum Familienrecht**
§ 12. Die Rechtsgelahrte haben den Brautschatz getheilet in *dotem profectitiam et adventitiam.*	§ 143. Der Brautschatz kann nicht nur von dem Vater, sondern auch von einem Fremden, sowie auch von der Frau selbst bestellt werden.
§ 13. *Dos profectitia* wird genannt, wann der Vater, das ist, aus seinem eigenen Vermögen, seiner Tochter (wann sie der väterlichen Gewalt nicht erlassen,) den Braut=Schatz constituiret; oder wann ein Fremder in Ansehung des Vaters, solchen hergiebt, und diese Intention mit ausgedruckten Worten anführt.	§ 144. *Dos profectitia* heißt der Brautschatz, den ein Vater seiner Tochter aus seinem Vermögen oder eine andere Person fremder in Rücksicht des Vaters der Frau aus seinem Vermögen bestellt.
§ 14. *Dos adventitia* wird genannt, wann der Braut=Schatz nicht aus des Vaters Vermögen herfliesset, noch von einem Fremden in Ansehung des Vaters, sondern aus einem fremden Vermögen gutwillig constituirt wird.	§ 145. Wird der Brautschatz aus fremden Vermögen und ohne Rücksicht des Paters bestellt, so ist es eine *dos adventitia.*

Auch darüber hinaus nimmt Volkmar die Regelungen des römischen Dotalrechts generell an, z.B.: Die Mitgift steht dem Ehemann frei zu veräußern (§§ 170-172); die Bestellung der Mitgift erfolgt durch Vertrag, letzten Willen

---

142 Vgl. *Höpfner*, Commentar, § 130, S. 120; *Glück*, Bd. 24, S. 429 f.
143 Vgl. Ulp. D. 23, 3, 5 pr.; Ulp. D. 23, 3, 5, 9.

oder Übertragung (§ 148[144]); und den Ehemann trifft die Pflicht zur Rückgabe der Mitgift bei nicht erfolgter und nach beendeter Ehe (§ 183).

Bei den ausführlichen Regelungen zum Dotalrecht lehnt sich Volkmars Rohentwurf also eng an das römische Recht an. Das Dotalrecht setzt jedoch getrennte Vermögen der Ehegatten voraus[145], was möglicherweise mit der (als typisch germanisch bezeichneten[146]) ehelichen Gütergemeinschaft (§§ 263 ff.[147]) in Konflikt geraten könnte. Um umständliche Auseinandersetzungen in einem subsidiären allgemeinen Gesetzbuch zu vermeiden, haben die Gesetzesredaktoren letztlich einen gewissen Kompromiss zwischen dem römischen Dotalrecht und der Gütergemeinschaft gewählt: Die Lehre von der Mitgift wird zwar teilweise angenommen, die Einteilung des eingebrachten Vermögens nach der Dotalordnung aber als grundsätzlich ungeeignet abgelehnt[148]. Der Brautschatz ist einer anderen Trennung ehelicher Güter folgend zu behandeln. Dabei ist er als das „eingebrachte Vermögen[149]" vom „vorbehaltenen Vermögen"[150] zu unterscheiden: „Das Vermögen der Frau ist entweder dem Manne eingebracht, oder ihr vorbehalten." (EAGB Th. I, Abt. I, Tit. 1, § 149) Zum eingebrachten Vermögen gehört neben dem Brautschatz auch das Paraphernalvermögen, welches von Volkmar im Rohentwurf ebenfalls behandelt wird (§§ 203-210).

---

144 Vgl. *Cocceji*, Bd. I, Part. I, Lib. II, Tit. IV, Art. I. § 39: „Der Brautschatz kann entweder durch ein blosses Pactum und Versprechen, oder durch einen letzten Willen, oder durch eine wirckliche Tradition und Illation constituirt werden."

145 *Förster/Eccius*, Bd. IV, S. 44; *Honsell/Mayer-Maly/Selb*, S. 403.

146 *Bornemann*, Bd. V, 74; *Gierke*, Bd. IV, S. 322.

147 § 263: „Sobald als eine Ehe vollzogen worden, ist beyden Theile Vermögen gemeinschaftlich."

148 Vgl. die Bemerkung von Svarez: „Die nach dem Römischen Recht statt findende Unterscheidung des Eingebrachten in Dotal= und Paraphernalvermögen, ist um deswillen nicht beybehalten worden, weil die Lehre *de dominio dotis* auf allzu feinen, oft spitzfindigen Unterscheidungen beruht; Ungewißheit und Unsicherheit in dem Eigenthum der Dinge und in den Verträgen der Bürger des Staats hervorbringe; und zu vielen verwickelten Prozeßen Anlaß giebt." Abgedruckt in *Svarez*, Entwurf, Bd. I, S. 64 in Fn. Vgl. *Bornemann*, Bd. IV, S. 76, aber auch HKK/*Maetschke*, §§ 1363-1557 (II), Rn. 17.

149 ALR II 1, § 210: „Was weder durch solche Verträge, noch vermöge des Gesetzes, (§. 206. 207.) der Frau vorbehalten ist, hat die Eigenschaft des Eingebrachten."

150 ALR II 1, § 206. „Zum gesetzlich vorbehaltenen Vermögen gehört, was nach seiner Beschaffenheit zum Gebrauche der Frau gewidmet, ist." Dazu gehört vor allem die Morgengabe. Vgl. *Förster/Eccius*, Bd. IV, S. 46.

b) Peculium (§§ 556-597)

Das Recht des Sondervermögens oder *peculium* des Kindes im römischen Recht wird durch strukturell zusammenhängende Rechtsinstitute[151] gestaltet, um ein Gleichgewicht zwischen dem Schutz der Familiengüter und dem Gläubigerschutz zu erreichen[152]. Da die unbeschränkte väterliche Gewalt und die daran anschließende Vermögensunfähigkeit des Hauskindes[153] in der Neuzeit allmählich überwunden werden[154], muss auch die tradierte Lehre von *peculium* überprüft werden. Aus gerade dieser Erwägung heraus gibt Volkmar in einer allgemeinen Anmerkung zum *peculium* die folgenden Worte von Tevenar wieder:

> „Die Römer haben das Vermögen des Kindes *peculium* genandt, und davon macherley Abtheilungen auch Einschränkungen gemacht, die zum Theile in Deutsche Gesetzbücher übertragen worden, ob es gleich gegenwärtig mit der väterlichen Gewalt und dem Vermögen der Kinder eine ganz andere Beschaffenheit als bey den Römern hat, da die Kinder sowie ihre Eltern und fremde Personen bewegliche und unbewegliche Sachen oder Rechte als ihr Eigenthum besitzen können, daher die Einschränkung dieses Eigenthums nicht nach den römischen Begriffen des *peculii*, sondern nach dem Titel, nach den Bedingungen, worunter sie solches erhalten haben, beurtheilt werden muß."[155]

Das *peculium* versteht Volkmar demzufolge im Sinne des Kindervermögens, dessen Regelung im Preußischen Gesetzbuch würde eine vollständige vergleichende Untersuchung des römischen *peculium* im Zusammenhang mit den deutschen Partikulargesetzen voraussetzen. Volkmar hat allerdings unter der Rubrik „I. 14. b. β. [Von den Rechten zwischen Eltern und Kindern,] in Ansehung des Vermögens" in seinem römischrechtlichen Auszug nur 6 Stellen extrahiert[156], welche verhältnismäßig knapp und unvollständig erscheinen[157].

Obwohl der römischrechtliche Auszug zum *peculium* lückenhaft bleibt, folgt Volkmar, unter Berufung auf Cocceji und Claproth, der gemeinrechtlichen Lehre[158]. Das *peculium* wird dementsprechend in das *peculium castrense* (und

---

151 Z.B. durch die *exceptio SC Macedoniani*. Vgl. *Bornemann*, Bd. V, S. 285.

152 Vgl. *Glück*, Bd. 14, S 355; *Kaser*, Bd. II, S. 214.

153 Vgl. *Mandry*, Bd. I, S. 32.

154 *Tevenar*, S. 585; *Bornemann*, Bd. V, S. 286; HKK/*Thier*, §§ 104-115, Rn. 18.

155 07.04.051v. *Tevenar*, S. 588.

156 Ulp. D. 1, 7, 15 und Paul. D. 1, 7, 45 über die Adoption und Arrogation; C. 4, 12, 4; C. 4, 13 1; C. 4, 13, 4; C. 4, 13, 5.

157 Den Digestentitel D. 15, 1 (*de peculio*) extrahiert er vielmehr unter der Rubrik „V. 6. Von Verbindlichkeiten aus Kontrakten, so von andern geschlossen werden".

158 „§ 563. Ebenso ist auch die Kriegs=Equipage, welche einem Sohn geschenkt worden, unter dem *peculium castrense* begriffen. Not[a]. Ob dies eine auf die Kriegs=Equipage,

peculium quasi castrense) und das *peculium adventicium* geteilt, für beide entwirft Volkmar einige, teils minutiöse, kasuistische Regelungen:

Tabelle 13: Verschiedene Arten des *peculium*

Rohentwurf zum Familienrecht	**EAGB Th. I, Abt. I, Tit. 2, Abschn. 3.**
§ 559. Der Inbegriff alles des Vermögens, was ein Kind unter väterlicher Gewalt im Krieg oder bey Gelegenheit des Krieges erwirbt, macht desselben *peculium castrense* aus.	§ 109. Zum freyen Vermögen der Kinder gehört alles, was dieselben, außerhalb des Betriebes des väterlichen Gewerbes, durch Fleiß und Geschicklichkeit verdienen.
§ 563. Ebenso ist auch die Kriegs=Equipage, welche einem Sohn geschenkt worden, unter dem *peculium castrense* begriffen.	§ 110. Desgleichen dasjenige, was sie in Kriegs- oder bey Gelegenheit derselben, von ihren Eltern oder Andern, zur Ausrüstung oder Beyhülfe erhalten.
§ 566. Der Inbegriff alles des Vermögens, welches sich ein Kind unter väterlicher Gewalt durch Aemter und Bedienungen, ingleichen durch Wißenschaften und freye Künste erworben hat, macht desselben *peculium quasi castrense* aus.	§ 111. Ferner die Belohnungen ihres Fleißes und ihrer Geschicklichkeit, die ihnen von den Eltern oder andern ertheilt werden.
§ 567. Ebenfalls gehört auch das, was einem Kinde zu Erlangung eines Amts und Bedienung, oder zu Erlernung der Wißenschaften und Künste geschenkt worden, zu diesem *peculio*.	§ 112. Alle Geschenke, die ihnen aus Erkenntlichkeit für geleistete Dienste, oder erwiesene Gefälligkeiten zufließen.
§ 564. An diesem *peculium [castrense]* steht den Kindern das völlige Eigenthumsrecht zu.	§ 117. Ueber das freye Vermögen haben die Kinder ein unbeschränktes Eigenthum.
§ 568. An dem *peculio quasi castrense*, steht den Kindern das uneingeschränkte Eigenthumsrecht zu.	

welche ein Fremde, oder auch auf die, welche die Eltern dem Kinde schenken, zu beziehen sey? Das römische Recht und das Landrecht pag. 30 rechnen beydes zu diesem *peculium*. Klaproth aber in seinem Entwurf eines Gesetzbuches pag. 541 rechnet die Equipage, welche der Vater gegeben hat, zu dem *peculio profectitio*.“ Gemeint sind die Darstellungen in *Cocceji*, Bd. I, Part. I, Lib. I, Tit. IX, Art. IV, § 62 und *Claproth*, Bd. I, S. 541.

Rohentwurf zum Familienrecht	EAGB Th. I, Abt. I, Tit. 2, Abschn. 3.
§ 570. Alles Vermögen, was das Kind nicht durch erst erwähnte Fälle, sondern auf andere Art erwirbt, und was es nicht vom Vater oder ausdrücklich in Rücksicht seines Vaters erhält, macht das *peculium adventitium* aus.	§ 115. Alles andre, was den Kindern durch bloße Schenkungen, Erbschaften, Vermächtnisse, oder Glücksfälle zukommt, gehört nicht zu ihrem freyen Vermögen.
§ 571. Was also Kinder für sich selbst, oder durch Glücksfälle gewinnen, oder was ihnen von einer fremden Person, oder von ihrer Mutter und Verwandten geschenkt oder vermacht wird, gehört zu ihrem *peculio adventitio*.	§ 116. Auch die Pathengeschenke werden dem nicht freyen Vermögen der Kinder beygerechnet.
§ 573. Den Kindern ist an diesem *peculium* das Eigenthumsrecht zuständig. § 574. Hingegen steht dem Vater vom selbigen *peculio* der völlige Nießbrauch zu.	§ 126. Das nicht freye Vermögen der unter väterlicher Gewalt stehenden Kinder, ist der Vater, gleich seinem eignen, zu verwalten berechtigt.

Volkmars Trennung der verschiedenen *peculia* samt der zugehörigen Regelungen lehnt sich inhaltlich bei Cocceji an[159]. Sein Entwurf wird insofern auch von den Gesetzesredaktoren grundsätzlich angenommen. Die vereinzelten Abweichungen davon im EAGB bestehen namentlich in der Benennung der Sondervermögen: Anstatt der verschiedenen *peculia* ist das Kindervermögen in EAGB und ALR in das „freie" und „nicht freie" Vermögen unterteilt, sie entsprechen jeweils dem *peculium (quasi) castrense* und dem *peculium adventicium*[160].

In den übrigen Paragraphen werden sowohl die Nießbrauchs- und Verwaltungsrechte des Hausvaters (§§ 569, 575, 576) als auch die Aufhebung des *peculium* (§§ 578, 596, 597) kurz geregelt. Die adjektizische *actio de peculio*[161], mit der in Rom der Gläubiger des Haussohnes bis zur rechnerischen Höhe des *peculium* Befriedigung erlangen konnte, hat Volkmar nicht berücksichtigt.

V. Fazit

Der Rohentwurf zum Gesetzbuch gilt als „ungeplant", da Volkmar nicht von vornherein, sondern erst während seiner Arbeit in der Gesetzkommission damit beauftragt wird. In einem Jahr seiner Tätigkeit (1781 bis Mai 1782) stellt Volkmar

159 *Cocceji*, Bd. I, Part. I, Lib. I, Tit. IX, Art. IV, §§ 62-66.
160 *Förster/Eccius*, Bd. IV, S. 154; *Bornemann*, Bd. V, S. 290.
161 *Cocceji*, Bd. I, Part. I, Lib. I, Tit. IX, Art. IV, §§ 45-46.

mit mehr als 200 Handschriftenblättern den Rohentwurf nur teilweise fertig. Die einzelnen Abschnitte entwirft er Stück für Stück anhand seines Plans („Grundriss"), von der Einleitung über das Familienrecht bis hin zum Kirchenrecht.

Der Rohentwurf ist zwar in Paragraphenform gebracht, befindet sind aber dennoch weit von der Fertigstellung entfernt. Die kasuistisch formulierten Rechtssätze, die eilig umgebildeten preußischen Landesgesetze, der Mangel an Verweisen auf die römischrechtlichen Quellen: All diese Mängel deuten darauf hin, dass Volkmars Rohentwurf viel weiterer Bearbeitung bedurft hätte.

Obwohl Volkmar bei seiner Arbeit vermeidet, rechtspolitische Entscheidungen ausdrücklich zu treffen, zeigt sich seine Haltung dennoch durch die Auswahl der Quellen. Im Bereich des Familienrechts, welches als Materie des Privatrechts stark von politischen Vorstellungen abhängig ist, versucht Volkmar die paternalistische Familiengestaltung zu bewahren, indem er die ständischen Regelungen aus den älteren preußischen Landesgesetzen entnimmt und in seinen Rohentwurf setzt. Seinen zuvor ausgearbeiteten römischrechtlichen Auszug hat Volkmar dabei aus irgendeinem unbekannten Grund gar nicht berücksichtigt. Aus seiner Quellenauswahl ergibt sich eine eher konservative Haltung zur Gesetzgebung, welche auch seinem Verständnis der Aufklärung entspricht[162], wonach die Gesetzgebung kein revolutionäres Ereignis sein soll. Volkmars Rohentwurf wurde sodann von Pachaly überprüft. Pachaly kommentierte und änderte jedoch nicht direkt die von Volkmar ausgearbeiteten Paragraphen, sondern erstellte seinen eigenen Entwurf („Aufsätze") zu den einzelnen Normengruppen Volkmars[163]. Die in den Akten überlieferten Arbeiten Pachalys umfassen nur 28 Blätter und beziehen sich lediglich auf das Erb- und Familienrecht. Obwohl Pachaly die benutzten Quellen und Lehrbücher so detailliert wie möglich aufgelistet hat, kann seine Ausarbeitung und Sammlung zahlreicher Streitfragen und Schulmeinungen nur als eine Ergänzung des Volkmarschen Rohentwurfs gelten[164].

Die Ausarbeitungen von Volkmar und Pachaly wurden in die Hand Kleins gegeben und von den Gesetzesredaktoren weiterbearbeitet, bis der erste Vorentwurf zum EAGB im Jahr 1783 fertiggestellt war. Schließlich zeigt sich doch ein sehr großer Unterschied zwischen Volkmars Rohentwurf und dem gedruckten ersten Teil des EAGB aus dem Jahr 1784, sodass es schwer ist, zwischen beiden eine unmittelbare Verbindung herzustellen.

---

162 Vgl. A I 2 in Fn. 38.

163 07.05.001-028. Teilweise abgedruckt in *Daniels*, Bd. I, Anlage VIII, S. 41–54.

164 *Daniels*, Bd. I, S. 33; *Barzen*, S. 88.

D. Der Volkmarsche Auszug und derjenige Schlossers: ein Vergleich

Abstract: Volkmar takes a very different approach to extracting Roman law material from Schlosser, and the Volkmar's work is in moderate quality. While Schlosser still had a great deal of freedom when extracting or formulating his sample draft in 1777, Volkmar now had to adhere strictly to Svarez's "Instruction" in 1780, in which the latter had laid down the guidelines for completeness and faithfulness in particular. Although Volkmar partially complies with the instruction for completeness by reproducing the extracted fragments as a rule in full text and marking them in the "Nachweisung", the detailed remarks in the sense of point 5. b. of the "Instruction" are missing in his excerpt. Volkmar also makes a number of hardly credible, in part felicitous, deviations from the usual use of the terms in his excerpt. The greatest difficulty in the extraction work lies in the following: How should the editor deal with those Roman legal sources which have served as starting points of common law legal institutions, but whose interpretation has increasingly diverged from Roman law since their reception? Volkmar reproduces the relevant passages but adds only a few explanations; in this respect, Carmer's criticism is justified, according to which Volkmar compiles the matters without giving reasons "pro et contra". The sources in question, on the other hand, are either underestimated by Schlosser as dispensable or hastily omitted. Instead, they are replaced in his sample draft by the received doctrine of common law.

Keywords: classical Roman law; european common law

I. Einführung

Der Volkmarsche Auszug erfährt von den Gesetzesredaktoren und der zeitgenössischen Literatur nur negative Resonanz[1]. Die ungünstige Beurteilung in der Literatur geht dabei wohl lediglich auf die Kritik von Svarez zurück, wonach Volkmar die Zweifelsfragen im *Corpus Iuris* „nur zuweilen und ganz im Vorbeigehen“ gewürdigt habe, ohne eine eigene Entscheidung zu treffen[2]. Darüber hinaus bleibt Volkmars Auszug aber auch in den preußischen amtlich

1 *Simon*, S. 200; *Bornemann*, Bd. I, S. 11.
2 So das von Svarez entworfene Schreiben Carmers an Volkmar vom 31. Mai 1782, abgedruckt in *Daniels*, I, S. 34, in Fn. 2.

herausgegebenen Materialien zum Sachenrecht als „an und für sich von geringem Werth" völlig unberücksichtigt[3].

Diese scharfe Kritik wird allerdings im neueren Schrifttum allmählich zurückgewiesen. Wegen seiner schnellen Bereitstellung und dennoch beachtlichen Qualität wird Volkmars Auszug im Gegenteil geschätzt und gelobt; zugleich wird der Probeauszug Schlossers in dessen „*Vorschlag und Versuch*" eher geringgeschätzt[4].

Bereits Savigny eröffnete in seinem „*Beruf*" die interessante Perspektive, dass man einen Vergleich zwischen den beiden Auszügen von Schlosser und Volkmar anstellen könne[5]. Bisher wurde ein solcher Vergleich jedoch nicht unternommen. Da die beiden Bearbeiter ihren jeweiligen Auszug aus unterschiedlichen römischrechtlichen Stellen und nur bruchstückhaft angefertigt haben, ist ein Vergleich auch allein dort möglich, wo Volkmar und Schlosser sich mit denselben Stellen beschäftigt haben. Zwar könnte man auch den Vergleich gerade bezüglich derjenigen Stellen anstellen, die von Volkmar und/oder Schlosser fortgelassen wurden; ein solcher Vergleich ist aber wenig zielführend, weil beide ihre Weglassungen so gut wie nicht begründet haben.

Allerdings ist der Auszug Schlossers bereits strukturell anders als der Volkmarsche. In seinem „*Vorschlag und Versuch*" behandelt Schlosser nur die einschlägigen Stellen aus Digesten, Codex und Novellen, und zwar nach der gesetzlichen Abfolge in den justinianischen Quellen[6]. Er zitiert keine einzige Stelle aus den römischen Gesetzen direkt, sondern gibt relevante Stellen mit eigenen Kommentierungen wieder, danach formuliert er aufgrund der passenden Stellen einige Paragraphen zu Themen aus dem Bereich des Vertragsrechts:

---

3 *Simon/Strampff*, S. IV. Die Herausgeber berufen sich hier auf die allgemeine Darstellung von Savignys „Beruf" (S. 87, 88) und Simons Bericht in der „Juristischen Monatsschrift" (S. 202). Die Kritik erscheint deshalb nicht besonders aussagekräftig.

4 Das neuere Schrifttum stammt namentlich aus *Peter Krause* und seinen Schülern. Vgl. *Krause*, Geschichte, S. LXIV; *Barzen*, S. 76; *Gärtner*, S. 47.

5 *Savigny*, Beruf, S. 87: „... es wäre interessant, wenn man wenigstens nach einzelnen Proben vergleichen könnte, wie Schlosser die Aufgabe [Volkmars] gelöst haben würde."

6 Vgl. oben B II 2 in Fn. 30.

Tabelle 14: Übersicht des Schlosserschen Auszugs

	Abschnitt	Die ausgezogenen Stellen[7]	Entworfene Gesetze
1	Das Allgemeine von Kontrakten	**D. 2, 14**; **C. 2, 3**; **D. 4, 2**; **C. 2, 20**; **D. 4, 3**; C. 2, 21; D. 44, 4	1–22
2	Von Schenkungen	D. 39, 5; C. 8, 54; C. 8, 55; C. 8, 56; Nov. 92; Nov. 162, 1, 1; Nov. 162, 1, 2	23–35
3	Von Kauf und Verkauf	**D. 18, 1**; **D. 18, 2**; **D. 18, 4**; D. 18, 5; D. 18, 6; D. 19, 1; C. 4, 38; C. 4, 39; C. 4, 44-53	36–65
4	Von Pacht und Miethe	D. 19, 2; C. 4, 65	66–87

Der Vergleich zwischen den beiden Auszügen kann also nur darin bestehen, dass die verschiedenen Verarbeitungen ein und derselben Stelle in den Blick genommen werden: auf welche Weise Volkmar sie extrahiert und übersetzt auf der einen Seite; wie Schlosser sie kommentiert und ggf. welche Regel er aufgrund dieser Stelle formuliert auf der anderen Seite. Als ergänzende Hilfsmittel lassen sich der römischrechtliche Auszug von *Fenderlin*[8] (ab 1783) sowie die Übersetzung ausgewählter Stellen aus dem Digestentitel D. 2, 14 von *Höpfner*[9] (von 1785) heranziehen. Die beiden Werke helfen, einen Horizont des zeitgenössischen Forschungsstands zum (gemein-)römischen Recht zu gewinnen, vor dem sich die Auffassungen Volkmars und Schlossers betrachten lassen.

7 Diejenigen Quellen, die von Volkmar ebenfalls behandelt worden sind, werden durch Fettschrift gekennzeichnet.

8 *Lukas Fenderlin*, Versuch eines Auszuges der römischen Gesetze in einer freyen Uebersetzung zum Behuf der Abfassung eines Volks=Codex, Bände 1-7, Breslau 1783–1787. Fenderlin (1732–1791) studierte Jura in Halle und Leipzig, danach betätigte er sich im schlesischen und preußischen Justizdienst. Vgl. *Meyer, Herbert*, „Fenderlin, Lukas“, in: ADB, Bd. 48 (1904), S. 518–520.

9 *Ludwig Julius Friedrich Höpfner*, Sammlung der römischen Gesetze auf Befehl Kaiser Justinians verfertigt, ins Teutsche mit erläuternden Anmerkungen übersetzt, erster Theil: Pandekten, Frankfurt und Leipzig 1785. Höpfner (1743–1797) studierte Jura in Gießen und war dort seit 1771 ordentlicher Professor für Naturrecht, Rechtsgeschichte und Pandekten. Vgl. *Eisenhart, August Ritter von*, „Höpfner, Ludwig“, ADB, Bd. 13 (1881), S. 109–112.

II. Allgemeines zum Vertragsschluss

Svarez hatte bereits in seinem „*Schema*" vorgegeben, die gesamten Materien des Vertragsrechts unter dem Kapitel „V. Von den Rechten, welche jemand aus gewissen Handlungen und *praestationes* eines anderen durch Zusagen und Vertrage enthält" einzuordnen. Zu diesem Kapitel gehört zuerst das allgemeine Vertragsrecht sowie die persönliche Fähigkeit zum Vertragsschluss. Diese Materien werden von Svarez im Abschnitt „V. 1. Von den Personen, welche Versprechen und Verträge schließen können" angeordnet.

Unter diesem Abschnitt extrahiert Volkmar insgesamt vier Stellen: D. 2, 14, 1; D. 2, 14, 4, 1; D. 50, 17, 5 und C. 2, 3, 3. An den ersteren zwei Stellen aus dem Digestenteil „*de pactis*" hat Schlosser auch gearbeitet, und zwar unter einer umfangreichen Rubrik über „das Allgemeine von Kontrakten" in seinem „Vorschlag und Versuch".

1. Definition des *pactum*

D. 2, 14, 1: *Ulpianus libro quarto ad edictum. Huius edicti aequitas naturalis est. quid enim tam congruum fidei humanae, quam ea quae inter eos placuerunt servare? 1. Pactum autem a pactione dicitur (inde etiam pacis nomen appellatum est) 2. et est pactio duorum pluriumve in idem placitum et consensus. 3. Conventionis verbum generale est ad omnia pertinens, de quibus negotii contrahendi transigendique causa consentiunt qui inter se agunt: nam sicuti convenire dicuntur qui ex diversis locis in unum locum colliguntur et veniunt, ita et qui ex diversis animi motibus in unum consentiunt, id est in unam sententiam decurrunt. adeo autem conventionis nomen generale est, ut eleganter dicat Pedius nullum esse contractum, nullam obligationem, quae non habeat in se conventionem, sive re sive verbis fiat: nam et stipulatio, quae verbis fit, nisi habeat consensum, nulla est. 4. Sed conventionum pleraeque in aliud nomen transeunt: veluti in emptionem, in locationem, in pignus vel in stipulationem.*

Ulpian im 4. Buch zum Edikt: Dieses Edikt beruht auf der natürlichen Gerechtigkeit. Denn was entspricht der menschlichen Treue mehr als zu halten, worüber man sich untereinander geeinigt hat? 1. *Pactum*, formlose Vereinbarung, wird aber von *pactio*, Vertrag, her so bezeichnet (von daher ist auch der Ausdruck *pax*, Frieden, geprägt worden), 2. und *pactio*, Vertrag, ist die Vereinbarung und der Konsens zweier oder mehrerer Menschen über denselben Gegenstand. 3. Das Wort *conventio*, Übereinkommen, Einigung, Vertrag, ist ein allgemeines und erfasst alle Fälle, in denen diejenigen, die miteinander rechtlich zu tun haben, im Abschluß oder in der Erledigung eines Rechtsgeschäfts übereinstimmen. Denn wie man bei denen von *convenire*, zusammenkommen, spricht, die sich von verschiedenen Orten aus an einem Ort versammeln und dort zusammenkommen, so [spricht man von Zusammenkommen] auch bei denen, die anfangs von verschiedenen Absichten bewegt am Ende in ein- und demselben übereinstimmen, das heißt zu einer einheitlichen Meinung gelangen. Der Begriff *conventio*, Übereinkommen, Einigung, Vertrag, ist aber derart allgemein, dass Pedius treffend sagt, es gebe keinen

Vertrag, kein Schuldverhältnis, das nicht ein Übereinkommen in sich trage, mag es durch Sachhingabe oder durch Worte zustandekommen. Denn auch die Stipulation, die durch Worte zustandekommt, ist, wenn sie keinen Konsens enthält, nichtig. 4. Aber die meisten Übereinkommen fallen unter einen besonderen Begriff, zum Beispiel Kauf, Miete, Pacht, Dienst-, Werkvertrag, Verpfändung oder Stipulation.

Volkmar: Zusage (*pactum*) ist die Einwilligung mehrerer Personen in ein und eben denselben Gegenstand ihres Willens. *Est consensus duorum vel plurium in idem placitum.*

B[emerkung]. Diese Definition dürfte ohnmaßgeblich, weil sie *latior suo definito* ist, schwerlich beybehalten werden können; richtiger möchte wohl die recipirte [Definition] seyn: *est promissio acceptata.*[10]

Schlosser: Das erste Gesez dieses Titels lobt des Prätors Edikt über die Verträge, weil, sagt es, nichts natürlicher ist, als Versprechen [zu] halten; dann lehrt es, daß der Name Konvention ein gemeiner Name sey, und alle Arten von Contrakten und [in] sich begreife; das Paktum aber wäre eine Uebereinkunft zweyer oder mehrerer über eine Sache.

Der Anfang dieses Gesezes ist in dem zweyten Gesez dieses Versuchs enthalten; das übrige ist bloß dogmatisch, und gehört wohl in Ulpians Kommentar, aber nicht ins Gesezbuch.[11]

[Zweytes Gesez: Ein Kontrakt ist eine Uebereinkunft, wodurch einer dem andern etwas verspricht, was er sonst nicht schuldig war; und alle Kontrakte sind so zu halten, wie sie versprochen worden.]

Das Ulpianische Fragment D. 2, 14, 1 aus dem 4. Buch seines Ediktskommentars (hier zum Edikt *de pactis et conventiones*[12]), welches vor allem von den verschiedenen Vertragsbegriffen handelt, haben die beiden Bearbeiter aus unterschiedlichen Standpunkten extrahiert. Während das *pactum* im klassischen römischen Recht nur eine formlose Vereinbarung neben den klagbaren Vertragstypen bezeichnet[13], wird der Unterschied zwischen verschiedenen Abreden, vor allem *pactum* und *contractus*, seit der Rezeption verwischt und das *pactum* wird allmählich zu einer allgemeinen Bezeichnung für den Vertrag[14]. Ulpians Definition des *pactum* in D. 2, 14, 1, 2, welche die Bedeutung der Willenseinigung besonders hervorhebt, wurde im juristischen Schrifttum häufig aufgegriffen[15] und ermöglichte die spätere Entwicklung des allgemeinen Vertragsbegriffs in

---

10 07.03.078r. In der „*Nachweisung*" steht: „L.1 fol 75. Die übergangenen §§ dieses Gesetzes sind bloß Etymologie und Theorie." 07.02.032v.

11 *Schlosser*, S. 45.

12 Vgl. *Lenel*, EP, S. 64 f.

13 Vgl. nur *Honsell/Mayer-Maly/Selb*, S. 250; *Kaser*, Bd. I, S. 279.

14 *Fenderlin*, Bd. I, S. 105; *Diesselhorst*, Versprechen, S. 5; *Nanz*, S. 164.

15 *Boehmer*, *Introductio*, lib. II, Tit. XIV, § 1, S. 114; *Wolff*, *Institutiones*, § 438, S. 233; *Heineccius*, § 349, S. 117; *Voet*, Bd. I, S. 393; *Hellfeld*, § 287, S. 92.

der subjektiven und willenstheoretischen Richtung seit der Pandektenwissenschaft im 19. Jahrhundert[16].

Zu Ulpians Definition in D. 2, 14, 1, 2 gibt Volkmar zuerst seine eigene Übersetzung, wonach das *pactum* die Einwilligung mehrerer Personen in ein und eben denselben Gegenstand ihres Willens sei[17]. Erstaunlicherweise wird jedoch das Wort „*pactum*" von Volkmar als „Zusage" behandelt, obwohl das *pactum* nach gewöhnlichem Verständnis die „Vereinbarung" oder den „Vertrag" bedeutet[18]. Bereits in der deutschen juristischen Literatur des 18. Jahrhunderts wird „*pactum*" überwiegend mit „Vertrag" übersetzt[19].

Hinzu kommt, dass die „Zusage" im juristischen Sinne jedenfalls kein Synonym für Vertrag sein dürfte, sondern im Gegenteil eine einseitige Willensäußerung bedeutet, sei es das „Versprechen" oder die „*promissio*". Die Gegenüberstellung von Zusage und Vertrag in dem Kapiteltitel V des Svarezschen „*Schemas*" ist dementsprechend so zu verstehen, dass Svarez mit dem Ausdruck „Zusage" auf das (einseitige) Versprechen als den Gegensatz zum wechselseitigen Vertrag hingedeutet hat[20], wie er ihn auch später beim EAGB und ALR machen wollte[21].

Unter der „Zusage" hat Volkmar hingegen verstanden, sie sei ein Synonym für den (Konsensual-)Vertrag, gleichsam eine tautologische Apposition zu den „Verträgen" der Titelüberschrift („Von den Rechten, welche jemand aus gewissen Handlungen und *praestationes* eines anderen durch Zusagen und Vertrage enthält"). Die Zweiteilung von Vertrag und Versprechen im Svarezschen „*Schema*" wird so von Volkmar verkannt, obwohl er selbst in seinem eigenen Probeschema eine ähnliche Aufteilung von „Verträgen und Contracten" (im 2. Buch) und „Rechten, welche durch Erbfolge und andere einseitigen Willen übertragen

---

16 Vgl. *Savigny*, System, Bd. III, S. 315; *Nanz*, S. 197; HKK/*Hofer*, vor § 145, Rn. 26.

17 Vgl. den Auszug bei *Fenderlin*, Bd. I, S. 34: „Der einstimmige Beschluß zweyer oder mehrerer Personen, über die Ausführung oder Beylegung eines vorhabenden Geschäftes, macht einen Vertrag."

18 *Heumann/Seckel*, S. 400.

19 *Wolff*, Grundsätze, § 438, S. 269; *Höpfner*, Sammlung, S. 9; *Diesselhorst*, Vermögenssystem, S. 59.

20 Ein weiterer Beleg besteht darin, dass Svarez in seinem Schema die Titel „3. Von den Rechten und Verbindlichkeiten, welche aus bloßen Zusagen entstehen" und „5. Von den Wirkungen eines gültigen Contracts und den daraus entstehenden Rechten und Verbindlichkeiten" gegenübergestellt hat.

21 Vgl. *Svarez*, Vorträge, S. 675; *Svarez/Goßler*, S. 89 ff.; EAGB Th. II, Tit. II, § 1 = ALR I 5, § 1 (Begriff vom Vertrag) und EAGB Th. II, Tit. II, § 2 = ALR I 5, § 2 (Begriff vom Versprechen).

werden“ (im 3. Buch) vorgenommen hatte[22]. Die irreführende Übersetzung von *pactum* mit „Zusage“ zieht Lücken im Auszug nach sich: Es fehlt schließlich an einem Auszug aus denjenigen Quellen, die die Bestimmungen aus dem (wirksamen) einseitigen Versprechen umfassen[23].

Neben dem Auszug fügt Volkmar noch seine Kommentierung zur Ulpianischen Definition des *pactum* hinzu, wonach sie als *latior suo definito*[24] („allzu weit“) unmaßgeblich und im Auszug schwer beizubehalten sei. Gemäß dem Punkt 4. 2. h). der Svarezschen „*Instruction*“[25] ist die Auslassung der die bloße Worterklärung enthaltenden Fragmente korrekt. Danach macht Volkmar seinen Vorschlag einer Definition: „*pactum est promissio acceptata*“, nämlich das angenommene Versprechen. Diese Definition geht auf Christian Wolff zurück[26] und wird von den neueren Naturrechtlern wie Nettelbladt[27] und Darjes[28] übernommen, steht jedenfalls mit der tradierten gemeinrechtlichen Doktrin des Vertrags in Einklang[29]. Im Ergebnis entspricht Volkmars Vorschlag allerdings noch nicht dem Vertragsbegriff des EAGB und ALR, wonach der Vertrag von den

22 Freilich hat Volkmar sogar in seinem eigenen „*Versuch eines Schemas*“ weder den Ausdruck „Zusage“ noch „Versprechen“ benutzt. Vgl. 07.01.046r. Abgedruckt im Anhang III.

23 Die Beantwortung der Frage, ob und inwieweit ein einseitiges Versprechen im römischen Recht von den Parteien geltend gemacht werden konnte, überschreitet das Thema dieser Arbeit. Jedenfalls erkennt das ALR die Verbindlichkeit des einseitigen Versprechens zumindest bei Auslobung („Prämien“, I 11, § 988-995) und Inhaberpapieren (I 15, §§ 47 ff.) an. Vgl. *Dernburg*, Bd. I, S. 198 ff.; Bd. II, 24; *Förster/Eccius*, Bd. I, S. 413 ff.; zusammenfassend auch HKK/*Thier*, § 311 I, Rn. 7 ff.

24 Diese kritische Haltung stammt wohl von den Gemeinrechtlern. Vgl. *Lauterbach*, lib. II, Tit. XIV, § 4, S. 173: „*At haec definitio, latior est suo definito, ideoque vitiosa videtur; nam saepe homines in idem consentiunt, ut in disputationibus, consiliis, testimoniis, et tamen consensus iste non statim facit pactum*“; auch eine frühere Kritik bei *Frantzkius*, S. 135: „*Vitiosa est, tum propter defectum differentiae specificae, … quia definitio latior est definito.*“

25 Punkt 4. 2: „Bei dem Extrahieren selbst muß keine Materien oder Lehre weggelassen werden, außer folgenden: … h). die Gesetze, welche in bloßen Wort=Erklärungen bestehen.“

26 *Wolff*, *Jus naturae*, § 788, S. 555.

27 *Nettelbladt*, § 635, S. 232: „*Pactum enim promissio acceptata.*“

28 *Darjes*, Bd. II, § 415, S. 582: „*Pactum igitur est promissio acceptata cum consensu reciproco.*“

29 *Höpfner*, Commentar, § 732; *Glück*, Bd. 4, S. 102; *Siegel*, S. 6 in Fn. 11.

Gesetzesredaktoren als „die wechselseitige Einwilligung zur Erwerbung oder Veräußerung eines Rechts“ bezeichnet wurde[30].

Schlossers Vorgehen bei der Behandlung des Vertragsbegriffs in D. 2, 14, 1 ist ein ganz anderes als das Volkmars. In seinem Auszug lässt Schlosser die Begriffskonstruktion weitgehend unberücksichtigt und gibt nur eine lose Definition des Kontrakts wieder, wonach das *pactum* eine Übereinkunft zweier oder mehrerer Personen über eine Sache sei. Vielmehr betont er im *fr.* D. 2, 14, 1 pr. ausdrücklich die moralische Pflicht zum Halten des Versprechens und kodifiziert diese als „zweytes Gesez“ in seinem Probeentwurf. Eine ähnliche Regel zur Einhaltung des Vertrags durch vollständige Erfüllung findet sich sodann auch im allgemeinen Landrecht, systematisch eingestellt unter den Tatbeständen der Erfüllung eines Vertrags[31].

2. Fähigkeit zum Vertragsschluss

a) *Auszug aus D. 2, 14, 4, 1*

D. 2, 14, 4, 1.: *Paulus libro tertio ad edictum. Secundum haec et mutus pacisci potest.*
Paulus im 3. Buch zum Edikt: Demgemäß kann auch der Stumme eine Vereinbarung treffen.
Volkmar: Auch die Verträge der Personen, welche nur durch äußerliche Zeichen ihre Einwilligung erklähren können, sind gültig. *Et mutus pacisci potest.*[32]
Schlosser: Weiter sagt das Gesez, daß auf die Art auch Stumme Verträge machen könnten. … Das braucht kein Gesez, und ist nach dem dritten und vierten Gesez des Versuchs zu beurtheilen[33].
[Drittes Gesez: Alle Kontrakte müssen mit verständlicher Einwilligung aller Kontrahenten geschehen, sonst binden sie nur die, welche vollständig eingewilliget haben, so weit sie eingewilliget haben. Dies gilt auch von Aufhebung der Kontrakte.
Viertes Gesez: Sinnlose können dann, wann sie nicht bey Sinnen sind; von der Obrigkeit erklärte Verschwender und Kinder, die noch das vierzehnte Jahr nicht erreicht haben, können niemals einen Kontrakt schliessen; haben sie es gethan, so gilt der Kontrakt nur so weit er ihnen nicht schädlich ist.]

---

30 EAGB Th. II, Tit. II, § 1; ALR I 5, § 1.

31 ALR I 5, § 270 = EAGB Th. II, Tit. II, § 188: In der Regel müssen die Verträge nach ihrem ganzen [im EAGB noch: „vollen“] Inhalt erfüllt werden. Vgl. *Förster/Eccius*, Bd. I, S. 489.

32 07.03.078r.

33 *Schlosser*, S. 46.

Das Fragment aus dem 3. Buch des Ediktskommentars von Paulus zeigt im Anschluss an das vorangehende *principium* von D. 2, 14, 4[34], dass ein *mutus* (Stummer) einen Vertrag wirksam schließen kann, sofern er seinen Willen verständlich äußern könne. Die Fähigkeit zum Vertragsschluss wird nicht durch die bloß körperliche Behinderung beschränkt, sondern ist ausschließlich vom Zustand der Vernunft und Willensfreiheit abhängig[35]. Eine andere Frage betrifft die systematische Einordnung. Seit der pandektistischen Systemkonstruktion bildet die Fähigkeit zum Vertragsschluss einen Aspekt der Handlungs- bzw. Geschäftsfähigkeit [36] und wird im allgemeinen Teil des Zivilrechts behandelt. Die römischen Juristen besprechen sie hingegen kasuistisch im Zusammenhang mit dem Zustandekommen eines gültigen „stillschweigenden Vertrags"[37].

Fraglich war nun, ob die im *fr.* D. 2, 14, 4, 1 kasuistisch formulierte Regel in einem allgemeinen Gesetzbuch für Preußen beibehalten werden sollte. Das Schlossersche Argument, dass diese Regel als Gesetz überflüssig sei und die Wirksamkeit der von Stummen geschlossenen Verträge durch richterliche Auslegung oder analoge Anwendung anderer Regeln geprüft werden könne, wird von den Gesetzesredaktoren abgelehnt. Der Grund der Ablehnung lag wohl darin, dass Schlossers „*Vorschlag*" der Grundlinie der Gesetzesreform widersprach, wonach das künftige Gesetzbuch dem Richter weniger Freiraum bieten und enge Auslegungsschranken setzen sollte[38].

Der Volkmarsche Auszug aus D. 2, 14, 4, 1 wird von den Gesetzesredaktoren sowohl im EAGB als auch im ALR grundsätzlich angenommen, mit nur geringfügiger Abweichung: „Blinde, Taube, und Stumme, können in so weit Verträge schließen, als sie ihren Willen deutlich und mit Zuverläßigkeit zu äußern vermögen[39]." Jedoch seien diejenigen, die ihre Angelegenheiten wegen Taubstummheit

34 Diese Stelle enthält die allgemeine Anerkennung des stillschweigenden Vertragsschlusses: „*Item quia conventiones etiam tacite valent, placet in urbanis habitationibus locandis invecta illata pignori esse locatori, etiamsi nihil nominatim convenerit.*" Das *fr.* wird von Volkmar unter dem Titel „IV. B. 1. Von den Arten, wie ein Pfandrecht erlangt wird" extrahiert: „Den Vermiethern der Häuser und städtischen Gebäude, sollen die in das gemiethete Gebäude eingebrachten Sachen des Miethers stillschweigend verpfändet seyn, ohne daß es eines ausdrücklichen Vertrags bedarf." 07.03.068r.

35 *Glück*, Bd. 4, S. 52; *Dernburg*, Bd. I, S. 126; *Förster/Eccius*, Bd. I, S. 144.

36 *Windscheid/Kipp*, Bd. I, S. 321; *Dernburg*, Bd. I, S. 125 f.

37 Vgl. *Wacke*, SZ 90 (1973), S. 249.

38 ALR Einleitung § 46. Vgl. *Schwennicke*, S. 280; *Kuhli*, S. 136.

39 EAGB Th. II, Tit. II, § 27 = ALR I 5, § 24.

nicht „durch allgemein verständliche Zeichen" besorgen können, unter staatliche Vormundschaft zu nehmen[40].

b) *Auszug aus D. 50, 17, 5 und C. 2, 3, 3*

D. 50, 17, 5.: *Paulus libro 2 ad Sabinum. In negotiis contrahendis alia causa habita est furiosorum, alia eorum qui fari possunt, quamvis actum rei non intellegerent: nam furiosus nullum negotium contrahere potest, pupillus omnia tutore auctore agere potest.*
Paulus im 2. Buch zu Sabinus: Man hat das Verhältnis der Rasenden beim Kontrahieren von Rechtsgeschäften für ein anderes gehalten, als das derjenigen, welche schon sprechen können, obwohl sie noch nicht die Verhandlung der Sache einsehen. Denn ein Rasender kann kein Geschäft kontrahieren, ein Mündel aber kann alles unter Ermächtigung des Vormunds verhandeln.
Volkmar: Ein Pupill kann ieden Contract mit Einwilligung seines Tutors schlüßen; ein Rasender aber kann keinen eingehen?[41]
C. 2, 3, 3.: *Severus et Antonius AA. Restituto. 202. Servus creditoris meliorem causam domini facere potest: in deterius autem reformare novo pacto non potest obligationem recte constitutam.*
Severus und Antonius an Restitutus: Der Sclave eines Gläubigers kann das Verhältniss seines Herrn verbessern; verschlechtern kann er aber das wohlbegründete Forderungsrecht [desselben] durch ein neues Pactum nicht.
Volkmar: Ein Knecht kann zwar seines Herrn Lage verbessern; nicht aber durch einen neuen Vertrag seines Herrn gültige Verbindlichkeit schlimmer machen[42].
[Schlosser: Von *pactis* der Knechte, gehet uns nichts an[43].]

Volkmar extrahiert unter dem Titel „V. 1. Von den Personen, welche Versprechen und Verträge schließen können" neben den oben betrachteten Stellen D. 2, 14, 1 und D. 2, 14, 4, 1 noch zwei weitere Stellen aus Digesten und Codex, nämlich D. 50, 17, 5 und C. 2, 3, 3.

Die Stelle D. 50, 17, 5 aus Paulus' Ediktskommentar handelt von den verschiedenen Rechtsfolgen der von Rasenden und Mündeln abgeschlossenen Verträge. Schlosser lässt sie zwar völlig unberücksichtigt, setzt jedoch eine ähnliche Regel

---

40 So EAGB Th. I, Abth. III, Tit. VI, Absch. I, § 18. Vgl. auch ALR II 18, §§ 15, 16.

41 07.03.078r.

42 07.03.078r.

43 Viertes Gesez: „Sinnlose können dann, wann sie nicht bey Sinnen sind; von der Obrigkeit erklärte Verschwender und Kinder, die noch das vierzehnte Jahr nicht erreicht haben, können niemals einen Kontrakt schliessen; haben sie es gethan, so gilt der Kontrakt nur so weit [,] er ihnen nicht schädlich ist." *Schlosser*, S. 75.

in seinen Probeentwurf als das „vierte Gesez“[44]. Schlosser schließt demgemäß Geisteskranke („Sinnlose“[45]) und Kinder unter 14 Jahren von den tauglichen Vertragsparteien ganz aus[46]. Einem Auszug aus der Codexstelle C. 2, 3, 3 räumt Schlosser in seinem Probeentwurf keinen Platz ein, da das Fragment vom römischen Sklavenrecht handele.

Die tradierte Doktrin, dass weder ein *furiosus*[47] noch ein Unmündiger zum Vertragsschluss fähig ist, wird seit der Rezeption auf vernunftrechtlicher Basis beibehalten, indes mit erneuter Begründung. Die Handlungsfähigkeit einer Person werde nicht durch ihre Unfähigkeit zum Sprechen (*fari non potest*) gehindert[48]. Bei der Wirksamkeit der Willenserklärung spielen im 18. Jahrhundert vielmehr „Vernunft und Überlegung“ die wichtigste Rolle[49]. In diesem Kontext extrahiert Volkmar das *fr.* 5 von Paulus zusammenfassend so, dass ein *pupillus* nur mit Einwilligung seines Tutors einen Vertrag schließen dürfe, ohne die weitere Erklärung von Paulus (*qui fari possunt, quamvis actum rei non intellegerent*) wiederzugeben. Die später in EAGB und ALR geklärte Frage danach, ob die Einwilligung des Tutors die Willenserklärung eines Rasenden[50] berechtigen könne oder nicht[51], lässt Volkmar in seinem Auszug allerdings offen.

Für die in der Gemeinrechtslehre allgemein angenommene Theorie der sogenannten „lichten Zwischenzeiten“ (*dilucida intervalla*)[52] leitet Volkmar unter

44 Schlosser hat dieses Fragment nicht extrahiert. In seinem Probeentwurf steht jedoch eine entsprechende Regelung, das „vierte Gesez“, welches wiederum von der Handlungsfähigkeit der Kinder handelt. Vgl. *Schlosser*, S. 36.

45 Die Bezeichnungen „Rasende“, „Sinnlose“ und „Wahnsinnige“ werden in der Literatur des ausgehenden 18. Jahrhunderts geleichbedeutend benutzt, ebenso wie die lateinischen Synonyme *„menti capti“*, *„insani“* und *„fatui“*. Vgl. *Glück*, Bd. 2, S. 129.

46 Hier weicht Schlosser von der römischen Altersgrenze ab, da das Kind mit vollendetem 7. Lebensjahr doch rechtsgeschäftlich handeln kann: Bis zur Vollendung des 14. Lebensjahres ist der Unmündige ein *impuberes infantia maiores*. Vgl. *Kaser*, Bd. I, S. 275.

47 Gai. 3, 106; Inst. 3, 19, 8; D. 50, 17, 40. Als Auszug aus D. 50, 17, 40 gibt Volkmar den lateinischen Volltext in seinem „Anhang“ wörtlich wieder: *„Furiosi vel eius, cui bonis interdictum sit, nulla voluntas est.“* 07.03.450r.

48 Vgl. *Kaser*, Bd. I, S. 275; *Knothe*, S. 169.

49 So EAGB Th. II, Tit. I, § 4 = ALR I 4, § 3; Vgl. *Höpfner*, Commentar. § 734; *Glück*, Bd. 4, S. 62 ff.

50 ALR I 1, § 27: „Rasende und Blödsinnige heißen diejenigen, welche des Gebrauchs ihrer Vernunft gänzlich beraubt sind.“

51 Vgl. EAGB Th. II, Tit. I, §§ 25, 21 = ALR I 4, §§ 23, 20; II 18, § 12, wonach die Willenserklärung der Rasenden und Wahnsinnigen null und nichtig sein solle.

52 *Voet*, Bd. II, S. 254; *Tevenar*, S. 56; *Glück*, Bd. 2, S. 133.

dem Titel V. 1 zwar keine allgemeine Regel aus seinem Auszug her, erwähnt diese Theorie aber beim Extrahieren von D. 1, 18, 14 bezüglich des Strafrechts[53]. Schlosser dagegen akzeptiert die Theorie der lichten Zwischenzeiten ausdrücklich. In seinem vierten Gesetz des Probeentwurfs schließt er die Möglichkeit nicht aus, dass ein „Sinnloser" einen Vertrag wirksam abschließen könne, wenn er gerade „bey Sinnen" sein sollte. Darüber hinaus extrahiert Schlosser unter der Rubrik „Von Kauf und Verkauf" die Codexstelle C. 4, 38, 2 und zitiert das vierte Gesetz aus seinem Probeentwurf zum allgemeinen Vertragsrecht: „L. 2. Raßende können nicht als in den Stunden des Verstandes Kaufkontrakte schließen, steht im vierten Gesez.[54]" Trotz allem wird die Theorie der lichten Zwischenzeiten wegen der mit ihr einhergehenden Unsicherheiten in der Praxis von den Gesetzesredaktoren grundsätzlich abgelehnt[55] und daher nicht im allgemeinen Gesetzbuch kodifiziert[56].

III. Gesetzliches Verbot

D. 2, 14, 7, 16: *Ulpianus libro quarto ad edictum. Et generaliter quotiens pactum a iure communi remotum est, servari hoc non oportet: nec legari, nec iusiurandum de*[57] *hoc adactum ne quis agat servandum Marcellus libro secundo digestorum scribit: et si stipulatio sit interposita de his, pro quibus pacisci non licet, servanda non est, sed omnimodo rescindenda.*

Ulpian im 4. Buch zum Edikt: Und in der Regel darf eine Vereinbarung immer dann vom Prätor nicht anerkannt werden, wenn sie vom allgemeinen Recht abweicht. Auch ist ein Eid, der jemandem zu dem Zweck abgenötigt wurde, daß er nicht klagt, wie Marcellus im 2. Buch seiner Digesten schreibt, nicht anzuerkennen. Auch wenn eine

53 Vgl. den Auszug aus D. 1, 18, 14 unter dem Abschnitt „XIII. Von den Verbrechen und deren Strafen", wo Volkmar diese Terminologie ausdrücklich benutzt: „Sollte iedoch ein solcher Mensch *dilucida intervalla* haben, so muß erst untersucht werden, ob er zu der Zeit der Raserey, oder des *dilucidi intervalli*, solchen Mord begangen habe, mithin ob er mit einer Todesstrafe zu belegen sey, oder nicht und daher soll der Richter einen solchen Fall dem Landesherrn zu berichten verbunden seyn." 07.03.448r.

54 *Schlosser*, S. 252. Text von C. 4, 38, 2: *„Emptionem et venditionem consensum desiderare nec furiosi ullum esse consensum manifestum est. intermissionis autem tempore furiosos maiores viginti quinque annis venditiones et alios quoslibet contractus posse facere non ambigitur."*

55 Zu der Auseinandersetzung um die Übernahme der „lichten Zwischenzeiten" beim Gesetzgebungsverfahren des ALR vgl. *Svarez*, Entwurf, Bd. 4, S. 23.

56 *Bornemann*, Bd. I, S. 89; *Dernburg*, Bd. I, S. 132.

57 Zur Korrektur einer Textstörung werden die Worte *„legari, nec iusiurandum de"* emendiert als *„de ea re iusiurandum in"* und entsprechend übersetzt.

> Stipulation über etwas abgeschlossen wurde, worüber man eine formlose Vereinbarung nicht treffen darf, ist sie nicht anzuerkennen, sondern auf jeden Fall zu entkräften.
> Volkmar: Es muß aber kein Vertrag den Landes=Gesetzen zuwieder seyn (*a jure communi remotum*); sollte ein solcher wiederrechtlicher Vertrag auch durch einem Eyd bekräftigt seyn, so soll dieser Eyd keine verbindliche Kraft haben oder zu halten seyn.[58]
> Schlosser: Gegen Verbote darf man nicht Vertrage machen, liegt im eilften [*sic.*] Gesez des Versuchs.[59]
> [Eilftes Gesetz: Ueber alles, was dem Kontrahent, der es verspricht, eigen, was möglich, und was nicht verboten ist, kann man kontrahiren …[60]]

D. 2, 14, 7, 16 aus dem 4. Buch des Ulpianischen Ediktskommentars handelt vor allem von der Unwirksamkeit eines gegen ein gesetzliches Verbot verstoßenden Paktums. In der Gemeinrechtslehre fällt die Frage nach der Gültigkeit eines derart geschlossenen Vertrags in den Bereich der „Gegenstände des Vertrags“[61]. Damit der Vertrag wirksam ist, darf sein Gegenstand keinem gesetzlichen Verbot zuwider sein. Der Gemeinrechtslehre entsprechend extrahiert Volkmar das *fr.* 7, 16 unter dem Titel über den Gegenstand des Vertrags „V. 2. Von den Handlungen und Prästationen, welche ein Gegenstand von Zusagen und Kontrakten sein können“. Schlosser dagegen ordnet dieses Fragment noch unter der Rubrik „Das Allgemeine von Kontrakten“ ein.

Nach Ulpian darf der römische Prätor keine gegen das *ius commune* verstoßenden Verträge anerkennen. Einer tiefgehenden Erläuterung des lateinischen Texts, insbesondere der Worte „*a iure communi remotum*“[62], sind beide Bearbeiter ausgewichen. Ohne weiteres nehmen sie die seit Cujacius in der gemeinrechtlichen Lehre tradierte Leseart[63] an, wonach das *ius commune* als Inbegriff der Gesetze interpretiert wird[64]. Darüber hinaus ist die römische Differenzierungung nach *leges perfectae, leges minus quam perfectae* und *leges imperfectae*[65], wonach sich die Rechtsfolgen je nach der Natur des Verbotsgesetzes unterscheiden würden, nicht mehr von Bedeutung. Vielmehr soll jeder Verstoß gegen („*remotum*“) das *ius commune* zur Nichtigkeit führen[66]. Folgerichtig übersetzt Volkmar das

58 07.03.079r.
59 *Schlosser*, S. 49.
60 *Schlosser*, S. 40.
61 *Glück*, Bd. 4, S. 200; *Diesselhorst*, Vermögenssystem, S. 44.
62 Zur Auseinandersetzung darüber im älteren Schrifttum vgl. nur *Marckart*, S. 299 f.
63 *Cujacius*, Bd. III, Sp. 15: "*Eo autem in loco pactum jure communi remotum est, quod contra leges factum est, contra jus commune, contra rempublicam …*"
64 Vgl. *Daniel*, S. 45.
65 Vgl. *Kaser*, Verbotsgesetze, S. 9 ff.
66 *Cujacius*, Bd. III, Sp. 15; *Voet*, Bd. I, S. 42; auch *Pufendorf*, S. 403.

ius commune schlicht als die „Landesgesetze“, worunter die allgemeinen geltenden Verbotsgesetze zu verstehen sind[67]. Der letzte Satz dieses Fragments, in dem es um eine unwirksame Stipulation geht, die über einen verbotenen Gegenstand abgeschlossen ist, wird von Volkmar ausgelassen[68].

Im Zusammenhang mit D. 2, 14, 7, 16 extrahiert und übersetzt Volkmar auch den Ulpiantext D. 2, 14, 7, 7[69]: „Alle Verträge, welche nicht aus böser Absicht, oder zum Betrug des einen Paciscenten, sind eingegangen worden, und welche nicht wieder das Landes=Gesetz streiten, sollen gültig seyn[70].“ Hier übersetzt Volkmar die eigentümlich römischen Gesetze „*leges plebis scita senatus consulta decreta edicta principum*“ auch zutreffend in vereinfachter Weise als die Landesgesetze[71]. Aus diesem Fragment ergibt sich abermals, dass Verträge nicht gegen das Gesetz verstoßen dürfen.

Die Gesetzesredaktoren nehmen schließlich eine verallgemeinerte Regel über das gesetzliche Verbot nicht nur für Verträge, sondern auch für die Willenserklärungen in ALR I 4, § 6 auf. Danach dürfen die vom Gesetz verbotenen Handlungen nicht Gegenstand von Willenserklärungen sein: „Zu Handlungen, welche die Gesetze verbieten, kann durch Willenserklärungen niemand verpflichtet oder berechtigt werden[72]“; für Verträge heißt es in I 5, § 68: „Verträge über unerlaubte Handlungen gelten eben so wenig, als über unmögliche.“

---

67 So auch bei *Höpfner*, Sammlung, S. 29; *Glück*, Bd. 4, S. 212.

68 Vgl. dagegen den Auszug *Höpfner*s, in: Sammlung, S. 29: „Wenn aber ein Vertrag in den Gesetzen verboten ist, so ist er ungültig; er verpflichtet so wenig als der Eyd, womit man ihn bekräftiget hat. Kann man über eine Sache nicht paciciren, so gilt auch eine darüber eingegangene Stipulation nicht, sondern sie wird gänzlich umgestoßen.“

69 *Ulpianus 4 ad edictum: Ait praetor: "pacta conventa, quae neque dolo malo, neque adversus leges plebis scita senatus consulta decreta edicta principum, neque quo fraus cui eorum fiat facta erunt, servabo."* Ulpian im 4. Buch zum Edikt. Der Prätor sagt: „Formlose Vereinbarungen, die weder arglistig noch unter Verstoß gegen Gesetze, Plebiszite, Senatsbeschlüsse, Entscheidungen oder Edikte der Kaiser getroffen werden und durch die nicht irgendeine dieser Normen umgangen wird, werde ich anerkennen“.

70 07.03.084v. Unter dem Titel „V. 3. Von den Rechten und Verbindlichkeiten, welche aus bloßen Zusagen entstehen“.

71 Vgl. den Auszug aus demselben Fragment in Verbindung mit C. 2, 3, 6 bei *Fenderlin*, Bd. I, S. 35: „Die Gesetzen schützen alle Verträge, sobald sie aufrichtig, ohne Betrug, nicht wider Gesetze, noch zu Hintergehung der Gesetze geschlossen worden, und die Sittlichkeit nicht beleidigen.“

72 Vgl. auch EAGB Th. II, Tit. I, § 8: „Zu Handlungen, welche die Gesetze schlechterdings verbieten, kann, auch durch Willenserklärungen, niemand verpflichtet werden.“

IV. Zusage und Vertrag

Da Volkmar unter der „Zusage" im Svarezschen Schema ein Synonym für den (Konsensual-)Vertrag verstanden hat[73], extrahiert er unter der Rubrik „V. 3. Von den Rechten und Verbindlichkeiten, welche aus bloßen Zusagen entstehen" ausschließlich diejenigen Quellen, die sich mit der Entstehung und den Rechtsfolgen eines Vertrags beschäftigen, nämlich die einschlägigen Stellen aus D. 2, 14 (*de pactis*); D. 12, 4 (*de condictione causa data causa non secuta*); D. 12, 5 (*de condictione ob turpem vel iniustam causam*); D. 13, 4 (*de eo quod certo loco dari oportet*); D. 13, 5 (*de pecunia constituta*) u.a. Manche dieser Quellen werden ebenfalls von Schlosser unter dem ersten Abschnitt („das Allgemeine von Kontrakten") seines „*Vorschlags und Versuchs*" behandelt.

1. Stillschweigender Vertragsschluss

D. 2, 14, 2: *Paulus libro 3 ad edictum. Labeo ait convenire posse vel re: vel per epistulam vel per nuntium inter absentes quoque posse. sed etiam tacite consensu convenire intellegitur:* 1. *et ideo si debitori meo reddiderim cautionem, videtur inter nos convenisse ne peterem, profuturamque ei conventionis exceptionem placuit.*

Paulus im 3. Buch zum Edikt: Labeo sagt, man könne entweder tatsächlich „übereinkommen" [nämlich durch Zusammenkommen am gleichen Ort] oder man könne dies auch unter Abwesenden tun, sei es durch Brief, sei es durch Boten. Aber auch stillschweigend kann man, wie man annimmt, durch bloßen Konsens übereinkommen. 1. Und deshalb nimmt man, wenn ich meinem Schuldner den Schuldschein zurückgegeben habe, an, wir seien übereingekommen, daß ich nicht mehr klage, und es ist daher anerkannt, daß ihm die Einrede des formlosen Übereinkommens helfen wird.

Volkmar: Mann kann seine Einwilligung nicht nur durch Erfüllung und Leistung deßen, in was mann einwilligt (*re*), oder schriftlich und durch andern, wenn mann abwesend seyn sollte (*vel per nuntium inter absentes*), sondern auch durch Handlungen, aus denen mann sie schlüßen kann (*tacite consensu*), erklären. [1.] Hat mithin ein Gläubiger seinem Schuldner die Obligation (*cautionem*) zurückgegeben, so kann mann daraus vermuthen, daß der Gläubiger mit dem Schuldner, stillschweigend den Vertrag, daß er nicht seine Schuld zurückfordern wolle, eingegangen habe; und daher hat der

---

73 Bereits oben 4 a aa. Fraglich ist, was Svarez hier in der Überschrift mit der „bloßen Zusage" bezeichnet haben wollte. Denkbar ist zuerst, dass hier die „bloße Zusage" ein einseitiges Versprechen oder eine *pollicitatio* im Gegensatz zur Willenseinigung ist. Eine alternative Denkweise, dass die bloße Zusage doch eine wörtliche Übersetzung für „*promissio nuda*" sein könnte, überzeugt allerdings nicht. Weil eine „*promissio nuda*" bzw. ein bloßes einseitiges Versprechen gemäß der Naturrechtslehre nicht rechtsrelevant ist, wäre diese Erwähnung unnötig. Vgl. *Darjes*, Bd. II, § 411, S. 577; ALR I 5, § 5 („bloße Gelübde").

Schuldner, wenn der Gläubiger sie dem ohngeachtet einklagen wollte, eine gegründete Ausflucht (*exceptionem*).
N[ota]. *Cautio* ist so viel als Obligation, eine Handschrift; in eben diesem Verstande wird *mutuum cautum* genommen.[74]
Schlosser: [D. 2, 14, 2] L. 2 sagt, daß Uebereinkünfte durch Briefe, Handlungen, auch stillschweigend geschehen könnten. Das erste versteht sich von selbst, das lezte habe ich im sechsten Gesez ausgedruckt. Die Sache muß, und wenn man hundert Geseze gabe, dem Menschensinn und der Ehrlichkeit des Richters überlassen werden, denn die stillschweigende Einwilligung ist immer nur Wahrscheinlichkeit, und für diese ist noch kein Maaßstab da. Will ein Gesezgeber hier etwas bestimmen, so muß er zugleich verordnen, daß alle von ihm nicht benannte Kennzeichen der stillschweigenden Einwilligung gar nicht sollen in Rücksicht genommen werden. Doch auch dies wollt[e] ich nicht rathen, theils, weil viele auf diese Art können hintergangen werden, theils, weil auch die Umstände, unter welchen die vom Gesez bestimmte[n] Handlungen vorgenommen würden, oft alles ändern und nie zu bestimmen sind.
[D. 2, 14, 2, 1] § 1. Die Zurückgabe der Schuldverschreibung hebt die Schuld auf, nach den Umständen, die aus dem sechsten Gesez des Versuchs zu beurtheilen sind.[75]
[Sechstes Gesez: Auch stillschweigend kann man kontrahiren, und Bedingnisse sezen lassen, wenn man etwas thut oder leidet, woraus die Einwilligung nothwendig folgt. Wie diese Kontrakte zu erklären sind, urtheilt der Richter, wenn das Gesez deßhalb nichts verordnet.]

Das Fragment D. 2, 14, 2 aus dem 3. Buch des Ediktskommentars von Paulus handelt zuerst von den verschiedenen Möglichkeiten, einen Vertrag zu schließen, sei es persönlich oder unter Abwesenden. Danach erklärt Paulus, dass eine formlose Erlaßabrede durch die Rückgabe der *cautio* stillschweigend abgeschlossen werden könne, dadurch erhalte der Schuldner die *exceptio pacti* gegen den Gläubiger[76]. Dass man durch stillschweigende Willenserklärung kontrahieren kann, wird von EAGB und ALR allgemein anerkannt und geregelt[77]. Im preußischen Recht kann die Entsagung[78] zwar durch die Annahme des Schuldscheins

74 07.03.083r.

75 *Schlosser*, S. 45 f.

76 *Wacke*, 90 (1973), S. 258; *Kaser*, Bd. I, S. 229 in Fn. 19; HKK/*Kleinschmidt*, § 397, Rn. 21 in Fn. 129.

77 EAGB Th. II, Tit. I, §§ 58-60 = ALR I 4, §§ 58-62.

78 Das ALR unterscheidet unter den Begriff „Entsagung" noch weiter zwischen „Erlaß" und „Verzichtleistung", wonach der Erlaß die Entsagung eines bereits erworbenen Rechts bezeichne und die Verzichtleistung die Entsagung eines noch zu erwerbenden Rechts. ALR I 16, § 379. Vgl. *Bornemann*, Bd. 3, S. 388.

als Akzeptation geschehen, dieselbe Rechtsfolge kann sich allerdings lediglich aus der bloßen Rückgabe des Schuldscheins nicht ergeben[79].

Das *fr.* 2 wird von den beiden Bearbeitern extrahiert, indes auf unterschiedliche Weise. Schlosser gibt die Stelle kurz in einem Satz wieder, ohne auf die einzelnen Sachprobleme einzugehen. Danach formuliert er einen allgemeinen Rechtssatz, der den stillschweigenden Vertragsschluss anerkennt, das „sechste Gesez" seines Probeentwurfs. Zur Auslegung der stillschweigend geschlossenen Verträge gibt Schlosser keine näheren Bestimmungen im Probeentwurf, sondern überlässt diese Probleme der richterlichen Einschätzung[80].

Volkmar dagegen geht auf die Sachprobleme des Fragments ausführlich ein, indem er den Text auf Deutsch wiedergibt. An zwei Punkten ist seine Übersetzung genauer zu betrachten, zunächst bei dem bis heute umstrittenen[81] Ablativ *re* im ersten Satz des *principium*. Volkmars Übersetzung von *re* als „durch Erfüllung und Leistung deßen, in was mann einwilligt", entspringt der tradierten Lesart, wonach Labeo mit den Worten „*re convenire*" über einen Realkontrakt gesprochen habe[82]. Ein Vertrag kommt also zustande, wenn die bereits versprochene Sache tatsächlich übergeben wird. Damit wird eine neuere Auffassung seit Cujacius[83], den Ablativ *re* entweder als „durch Handlung"[84] oder als „tatsächlich" und „persönlich"[85] zu übersetzen, von Volkmar abgelehnt.

Der zweite zu berücksichtigende Punkt liegt darin, dass Volkmar die *cautio* in der ersten *lex* nicht den zeitgenössischen Übersetzungen[86] folgend als

79 ALR I 16, § 389: „Die Annahme des bey der Entsagung zurückgegebenen Instruments dient statt einer ausdrücklich erklärten Acceptation."; § 390: „Aus der bloßen von dem Berechtigten geschehenen Rückgabe des Instruments, über eine nicht durch eigentliche Zahlung zu erfüllende Verbindlichkeit, folgt allein noch kein Erlaß derselben." Vgl. *Bornemann*, Bd. 3, S. 393 f.

80 Vgl. die Kritik am Schlosserschen Auszug, *Schall*, S. 88 ff.

81 Vgl. *Knütel*, SZ 113 (1996), S. 444 m.w.N.

82 Zur neuzeitlichen Literatur vgl. *Glück*, Bd. 4, S. 87 f. in Fn. 33. Die moderne englisch-amerikanische Übersetzung nimmt auch die tradierte Lehre an. Vgl. *Watson*, Vol. 1, S. 62: "Labeo says that we can agree either by handing something over or ..."

83 *Cujacius*, Bd. I, Sp. 919: „*Re igitur hoc in loco non est tacito consensu, sed tractatu habito, et coram.*"

84 *Otto/Schilling/Sintenis*, Bd. 1, S. 316.

85 *Glück*, Bd. 4, S. 88 in Fn. 33; *Höpfner*, Sammlung, S. 10 f. Aber auch als „mündlich" bei *Fenderlin*, Bd. 1, S. 34.

86 *Fenderlin*, Bd. I, 1783, S. 34; *Höpfner*, Sammlung, 1785, S. 11 (als „Handschrift"); *Otto/Schilling/Sintenis*, Bd. 1, 1830, S. 316.

Schuldschein oder Schuldverschreibung, sondern erstaunlicherweise als „Obligation"[87] übersetzt. Den daran anschließenden Satz „*et ideo si debitori meo reddiderim cautionem*" gibt Volkmar danach wieder als „hat mithin ein Gläubiger seinem Schuldner die Obligation (*cautionem*) zurückgegeben". Da eine abstrakte „Obligation" im juristischen Verständnis nicht „zurückgegeben" werden kann, fällt es dem Leser hiernach schwer, die Übersetzung zu verstehen. Volkmar fügt dem Auszug eine Anmerkung („*Nota*") hinzu, dass die *cautio* im lateinischen Text „so viel als" eine Obligation, oder eher Handschrift bedeute[88]. Somit bezeichnet die *cautio* die in Form eines Schriftstücks symbolisierte Obligation. In eben diesem Verständnis, so Volkmars Bemerkung weiter, werde ein Darlehensvertrag[89] durch die Übergabe eines Schuldscheins an den Gläubiger als „gesichert" (*cautum*) angenommen.

Zusammenfassend lässt sich sagen, dass der Auszug Schlossers aus dem *fr.* 2 das Hauptproblem zutreffend erfasst – nämlich die Arten des Vertragsschlusses, vor allem der stillschweigende Abschluss durch konkludente Handlung –, auch wenn das sechste Gesetz seines Probeentwurfs noch unvollständig und umständlich erscheint. Volkmar dagegen konzentriert sich auf einzelne Probleme, die Kernfrage des Fragments hebt er hingegen nicht hervor[90].

2. Unerlaubte Bedingung

D. 2, 14, 7, 3: *Ulpianus 4 ad edictum: Si ob maleficium ne fiat promissum sit, nulla est obligatio ex hac conventione.*

Ulpian im 4. Buch zum Edikt: Wenn etwas dafür versprochen worden ist, daß ein Verbrechen unterbleibt, entsteht aus dieser Übereinkunft kein Schuldverhältnis.

---

87 In manchen Digestenstellen ist „*cautio*" freilich mit Vertrag oder Verabredung übersetzt worden, z.B. Papinian D. 35, 2, 15, 1: „*privatorum cautione legibus non esse refragandum*", die Gesetze dürfen nicht durch Verträge der Privaten ausgeschlossen werden. *Heumann/Seckel*, S. 61; *Otto/Schilling/Sintenis*, Bd. III, S. 658.

88 So auch in der deutschen Übersetzung *Höpfner*s, Sammlung, S. 11.

89 Volkmar erwähnt in seiner Bemerkung, dass „in eben diesem Verstande *mutuum cautum*" gebraucht werde. Das Beispiel eines Darlehensvertrags ist zwar im Kontext des Extrakts einigermaßen überraschend, aber doch nach Volkmars Übersetzung von *re* verständlich, da er so im *principium* den Realvertrag bereits eingeführt hat.

90 Vgl. den Auszug bei *Fenderlin*, Bd. I, S. 34: „Labeo hat bemerkt, daß man nicht nur mündlich, sondern auch durch Briefe, durch Bothen in der Entfernung und durch Thathandlungen oder stillschweigende Genehmigung Verträge schlüssen könne. Z.B. Wenn ich meinem Schuldner den Schuld=Schein zurück gegeben habe, so wird dieses für einen Vertrag, wodurch ich ihn der Schuld entlasse, geachtet."

Volkmar: Sollte iemand sich einen Vertrag anheischig machen, etwas zu praestiren, damit der andere ein Verbrechen unterlaßen soll: So ist dieses kein verbindlicher Vertrag[91].
Schlosser: [Zu D. 2, 14, 7] L. 7 verfolgt den ängstlichen Unterschied zwischen den verschiedenen Arten der *pactorum*, in wie fern sie vor [*sic*. eigtl. wohl „von"] sich selbst ein Recht geben, oder nur dienen, das Recht eines andern abzuweisen. Dieses Gesez kann also, da bey uns alle Verträge gleich sind, bis auf dem siebenten § [D. 2, 14 *fr*. -7] gar keinen rechtlichen Nuzen haben[92].

Das *fr*. 7, 3 aus Ulpians Kommentierung des Edikts *de pactis et conventionibus* enthält keinen konkreten Fall, sondern die theoretische Erläuterung der Verbindlichkeit eines unter einer Bedingung geschlossenen Vertrags. Die gesamten Stellen von *fr*. 7, 1 bis zu *fr*. 7, 7 hat Schlosser pauschal als „ängstlich" sowie nutzlos bezeichnet und daher unberührt gelassen. Volkmar dagegen hält diese Stellen für geeignet, sie unter der Rubrik „Von den Rechten und Verbindlichkeiten, welche aus bloßen Zusagen entstehen" aufzunehmen.

Das *fr*. 7, 3 handelt von einer Abrede, nach welcher der Versprechende dem Anderen etwas unter der Bedingung versprochen hat, dass diese ein Verbrechen unterlässt. Da ein Verbrechen als verbotswidrige Handlung nicht Gegenstand eines Vertrags sein kann[93], ist eine Bedingung, die ein Verbrechen zum Gegenstand hat, ebenfalls als unerlaubt anzusehen. Außerdem sei es sittenwidrig, sich etwas für die Unterlassung eines Verbrechens versprechen zu lassen[94]. Auch deshalb kann der derart bedingte Vertrag keine Verbindlichkeit hervorbringen[95]. Sollte der Versprechensempfänger das Verbrechen wirklich begehen, kann der Versprechende das Gegebene mit der *condictio ob turpem causam* zurückfordern[96].

Im Zusammenhang mit dem obigen ist allerdings ein weiteres Ulpianisches Fragment, D. 2, 14, 50[97], in den Blick zu nehmen, welches ebenfalls einen Vertrag

91 07.03.083v.
92 *Schlosser*, S. 47 f.
93 Vgl. oben 4 b zu Ulpian D. 2, 14, 7, 16.
94 *Höpfner*, Sammlung, S. 17; *Glück*, Bd. 4, S. 508 f.; *Savigny*, System, Bd. III, S. 176.
95 *Savigny*, System, Bd. III, S. 176; *Windscheid/Kipp*, Bd. 1, S. 492.
96 *Glück*, Bd. 4, S. 509.
97 *Lenel*, *Palingenesia*, Bd. II, Sp. 1170, ordnet diese Stelle mit dem *fr*. D. 21, 2, 31 in einem zusammenhängenden Kontext unter der Rubrik *„de furtis"* ein. Die ältere Literatur geht beim *fr*. 50 davon aus, dass es um die Fallkonstellation der Leistungsunmöglichkeit gehe, da Ulpian hier mit *„non impossibile"* eine *conditio moraliter impossibilis negativa* ausgedrückt habe. Der Sachverhalt dieses *fr*. liegt jedoch der konstruktiven

ne facias betrifft und von Volkmar exzerpiert wird. Dort bejaht Ulpian indes die Gültigkeit des *pactum* in Bezug auf eine Bedingung, die die Unterlassung einer unerlaubten Handlung zum Inhalt hat:

> *Ulpian 42 ad Sabinum. Non impossibile puto in contractibus depositi, commodati et locati et ceteris similibus hoc pactum: "ne facias furem vel fugitivum servum meum", hoc est: ne sollicites ut fur fiat, ut fugitivus fiat: ne ita neglegas servum, ut fur efficiatur. sicut enim servi corrupti actio locum habet, ita potest etiam haec pactio locum habere, quae ad non corrumpendos servos pertinet.*
>
> Ulpian im 42. Buch zu Sabinus: Für nicht unmöglich halte ich bei Verwahrungs-, Leih- sowie Miet-, Pacht-, Dienst- und Werkverträgen und anderen ähnlichen Verträgen die folgende Vereinbarung: „daß du meinen Sklaven nicht zum Dieb oder zum Flüchtigen machst", das heißt, daß du den Sklaven weder dazu anstiftest, zu stehlen oder zu fliehen, noch daß du ihn so wenig beaufsichtigst, daß er Dieb wird. Ebenso wie es nämlich die Klage wegen Korrumpierens eines Sklaven gibt, so kann es auch die Vereinbarung geben, die darauf gerichtet ist, daß Sklaven nicht korrumpiert werden.
>
> Volkmar: Der Vertrag, daß einer nichts dazu beytragen solle, daß ein Knecht sittlich verderbt werde, ist bey Contracten, wo ein Knecht einem andern übergeben wird, dencklich. N[ota]. Die Gesetze praediciren von diesem *pacto* nichts anders als: *non impossibile puto pactum etc.*[98]
>
> [Schlosser: L. 50. Der Vertrag, du sollst meinen Knecht nicht zum Dieb machen, ist wohl möglich; Gewiß! und deswegen brauchts keines Gesezes[99].]

Jemand hat seinen Sklaven im Rahmen einer Leihe oder *locatio conductio* einem anderen übergeben, und zwar mit der Bedingung, dass der Sklave nicht von dem anderen moralisch verdorben werden solle. Es handelt sich bei dieser auflösenden Bedingung[100] um die Unterlassung einer unerlaubten Korrumpierung des Sklaven. Ulpian hält jedoch in seiner Kommentierung diesen Vertrag mit der fraglichen Bedingung für „nicht unmöglich (*non impossibile*)" und bejaht daher die Gültigkeit des Vertrags *ne facias*. Wenn der andere dem Versprechen zuwiderhandelt, kann der Gläubiger ihn mit der jeweiligen *actio ex contractu* auf Schadensersatz verklagen. Darüber hinaus fügt Ulpian hinzu, dass der Gläubiger mit der *actio servi corrupti* die doppelte Schadenssumme vom Versprechenden erlangen kann[101].

Unmöglichkeitslehre fern. Vgl. *Glück*, Bd. 4, S. 509; *Medicus*, SZ 86 (1969), S. 94 f.; *Albers*, S. 335 f.

98 07.03.090v.

99 *Schlosser*, S. 69.

100 Zu der auflösenden Bedingung im römischen Recht vgl. *Kaser*, Bd. I, S. 257; HKK/*Finkenauer*, §§ 158-163, Rn. 6.

101 Vgl. *Bonfiglio*, S. 44.

In *fr.* 7, 3 widerspräche Ulpian also seiner Kommentierung in *fr.* 50, wo er die Gültigkeit gerade eines solchen Vertrags abgelehnt hat, dem die Unterlassung einer unerlaubten Handlung als Bedingung beigefügt wird. Eine solche Bedingung führt demzufolge nicht *per se* zur Unwirksamkeit des Vertrags. Vielmehr hat Ulpian einen Unterschied zwischen den Rechtsfolgen der Verträge gemacht, je nachdem, ob ihnen eine aufschiebende (bei *fr.* 7, 3) oder eine auflösende (bei *fr.* 50) Bedingung hinzugefügt wird[102].

Auf die kontroversen Aussprüche von Ulpian geht Volkmar beim Extrahieren nicht ein. In seinem Auszug aus dem *fr.* 50 lässt Volkmar die hinzukommende *actio servi corrupti*[103] unerwähnt und fasst die Stelle mit seiner Bemerkung zusammen, dass der Vertrag trotz der unerlaubten Bedingung wirksam sein solle. Schlossers Kommentierung zum *fr.* 50 fällt in unserer Untersuchung nicht auf, da er die Wirksamkeit des fraglichen Vertrags für selbstverständlich („Gewiss!") hält. So umgeht er die scheinbar widersprüchlichen Aussprüche Ulpians über das Schicksal des Vertrags mit rechtswidriger Bedingung[104].

Die Zusammenschau der Fragmente 7, 3 und 50 ergibt, dass Volkmar in seinem Auszug die kasuistischen Lösungen von Ulpian getreu beibehalten hat, ohne eigene systematisierende Entscheidungen zu treffen. Schlosser dagegen geht weder auf die Einzelheiten der einschlägigen Stellen ein, noch formuliert er eine Regel für Verträge mit rechtswidrigem Bedingungsinhalt[105]. Allein die Regel im *fr.* 7, 3 wird von den Gesetzesredaktoren kodifiziert[106], wonach ein unerlaubter Gegenstand nicht als Bedingung zum Vertrag beigefügt werden kann: „Was selbst kein Gegenstand einer Willenserklärung seyn kann, das darf auch derselben, als Bedingung eines zu erwerbenden Rechts, nicht beygefügt

102 *Marckart*, S. 164 f.; *Glück*, Bd. 4, S. 509.

103 Diese Klage erhält sich bis ins 18. Jahrhundert noch in (analogem) richterlichen Gebrauch, vgl. *Glück*, Bd. 11, S. 319.

104 Die einschlägigen zwei Stellen werden von Fenderlin nicht berücksichtigt. Höpfner dagegen extrahiert zwar die beiden Stellen, interpretiert sie allerdings als eine kohärente Fallkonstellation: Der Unterlassende kann zwar nichts aufgrund des Vertrags fordern (bei *fr.* 7. 3); wenn er aber das Verbrechen begeht, kann ich auf das Interesse klagen (bei *fr.* 50). *Höpfner*, Sammlung, S. 17; 77.

105 Nur das 15. Gesetz unter der Rubrik „Das Allgemeine von Kontrakten" bezieht sich auf die Bedingung: „Ist der Kontrakt auf Bedingniß gesezt, so wird er vor unbedingt von Anfang gehalten, so bald die Bedingniß erfüllt ist, bis dahin giebt er kein Eigenthum." S. 41.

106 *Bornemann*, Bd. 1, S. 171; *Förster/Eccius*, Bd. I, S. 173.

werden."[107] Eine unerlaubte Bedingung führt generell zur Unwirksamkeit des Vertrags: „Durch Bedingungen, welche, nach den Gesetzen, einer Willenserklärung nicht beygefügt werden können, wird ein Vertrag, soweit sie solchem dennoch beygefügt worden, entkräftet."[108]

3. Auslegung von Verträgen

D. 2, 14, 39: *Papinianus libro quinto quaestionum. Veteribus placet pactionem obscuram vel ambiguam venditori et qui locavit nocere, in quorum fuit potestate legem apertius conscribere.*

Papinian im 5. Buch der Rechtsfragen: Von den alten Juristen ist anerkannt, dass eine unklare und mehrdeutige Vereinbarung zu Lasten des Verkäufers und derjenigen geht, die vermietet, verpachtet oder ein Werk bestellt haben, weil es in ihrer Macht lag, die Vertragsbestimmung deutlicher abzufassen.

Volkmar: Die duncklen und zweydeutigen Ausdrücke in einem Vertrage, schaden dem, welcher sich deutlicher und bestimmter hätte ausdrücken sollen.[109]

Schlosser: Ist das *pactum* dunkel, so ist es gegen den Verkäufer und Verpachter zu erklären. Dieses ist im vierzehnten Gesez mit Rücksicht auf die von der neuen Jurisprudenz, und der Praxis gemachte vernünftige Ausdehnung enthalten.[110]

[Vierzehntes Gesez: Wer etwas aus einem Kontrakt fodert, muß beweisen, daß es im Kontrakt versprochen worden; im Zweifel ist gegen den zu sprechen, der es fodert.[111]]

Im *fr.* 39 erklärt Papinian die Auslegungsregel, wonach der Vertrag bei Mehrdeutigkeit zum Nachteil desjenigen verstanden werden muss, der sich klarer und deutlicher hätte ausdrücken können. Der Grund für diese tradierte Auslegungsregel liegt darin, dass der Verkäufer, Vermieter usw. in der Lage gewesen wäre, den Vertrag deutlich zu formulieren und den Zweifel zu verhüten[112].

---

107 EAGB Th. II. Tit. I. § 122. Auch ALR I 4 § 136: Was selbst kein Gegenstand einer Willenserklärung seyn kann, das kann auch niemanden als eine Bedingung aufgelegt werden.

108 EAGB Th. II, Tit. II, § 162. Vgl. auch ALR I 5, § 227: Unerlaubte Bedingungen, welche nach den Gesetzen bey Willenserklärungen überhaupt nicht statt finden, entkräften einen jeden Vertrag, welchem sie beygefügt worden. § 228: Ist nicht der Hauptvertrag selbst, sondern nur eine gewisse Nebenbestimmung oder Abrede an eine solche unerlaubte Bedingung gebunden, so wird auch nur diese dadurch entkräftet.

109 07.03.036v.

110 *Schlosser*, S. 65.

111 *Schlosser*, S. 41.

112 *Lauterbach*, Lib. XVIII, Tit. I, §CXX, S. 863; *Glück*, Bd. 4, S. 569; *Savigny*, System, Bd. VIII, S. 268.

Schlosser gibt zwar das Fragment in einer gekürzten Form wieder, lehnt allerdings die Kodifizierung der enthaltenen Auslegungsregel ab. Vielmehr meint er, dass diese Regel durch erweiternde Auslegung einer anderen Rechtsregel, nämlich des „vierzehnten Gesezes“, überflüssig würde. Allein das 14. Gesetz seines Probeentwurfs erscheint eher als Beweislast- denn als Auslegungsregel. Volkmar dagegen übersetzt und extrahiert das Fragment vollständig, in derselben Weise sind auch Höpfner[113] und Fenderlin[114] damit umgegangen.

In engem Anschluss an das *fr.* 39 steht ein weiteres Fragment, D. 18, 1, 21 von Paulus, welches von den beiden Bearbeitern Volkmar und Schlosser aufgegriffen wird.

D. 18, 1, 21: *Paulus libro quinto ad Sabinum. Labeo scripsit obscuritatem pacti nocere potius debere venditori qui id dixerit quam emptori, quia potuit re integra apertius dicere.*
Paulus im 5. Buch zu Sabinus: Labeo hat geschrieben, die Unklarheit einer Abrede müsse eher dem Verkäufer schaden, der sie formuliert hat, als dem Käufer, weil jener sich vorher klarer hätte ausdrücken können.
Volkmar: Ein Vertrag, der von dem Verkäufer dunkel ausgedrückt ist, muss mehr zu dem Nachteil des Verkäufers, als des Käufers, erklährt werden[115].
Schlosser: Die Dunkelheit in dem Ausdruck schadet mehr dem Verkäufer. Dieses steht mit der bekannten Ausdehnung im vierzehnten Gesez des Versuchs[116].

Paulus beruft sich in seiner Kommentierung zu Sabinus auf Labeo, nach dem der Kaufvertrag bei Zweifeln zu Lasten des formulierenden Verkäufers interpretiert wird[117]. Im Vergleich zu D. 2, 14, 39 betrifft D. 18, 1, 21 einem

113 *Höpfner*, Sammlung, S. 68: „Die alte Rechtsgelehrte halten dafür, daß ein dunkler und zweydeutiger Vertrag gegen den Verkäufer und Verpachter zu erklären sey, wenn es bey ihnen stand, den Vertrag deutlicher aufzusetzen.“

114 *Fenderlin*, Bd. I, S. 98: „Bey Erklärung eines dunklen oder zweydeutigen Ausdrucks in einem Contract, pflegt man denjenigen, welchem der Contract angetragen worden, gegen den der ihn angetragen hat, zu begünstigen. Z.B. den Käufer gegen den Verkäufer, den Miether gegen den Vermiether, weil es ihnen obliegt, ihren Antrag deutlich zu bestimmen.“

115 07.03.165r.

116 *Schlosser*, S. 172.

117 Vgl. den Auszug (zusammen mit dem *fr.* D. 18, 1, 33) bei *Fenderlin*, Bd. III, S. 118 f.: „Dem Verkäufer lieget besonders ob, die Kauf=Waare deutlich nach allen Gesichtspunkten zu bestimmen; fehlt er darinnen, so muß bey der rechtlichen Erörterung mehr auf den Sinn des Käufers als des Verkäufers gesehen werden.“

engeren Anwendungsbereich, nämlich den Kaufvertrag. Daher haben Volkmar und Schlosser diese Stelle unter den einschlägigen Rubriken des Kaufrechts einbezogen[118].

Bei D. 18, 1, 21 wiederholt Schlosser seine Vorstellung über die Möglichkeit einer ausdehnenden Auslegung des 14. Gesetzes. Demzufolge sei es ebenfalls überflüssig, dieses Fragment zu extrahieren. Dieser Vorschlag Schlossers wird allerdings nicht von den Gesetzesredaktoren angenommen, da er richterlicher Willkür Raum geben könnte. Die Auslegungsregel in den beiden Fragmenten wird in einer verallgemeinerten Weise[119] für den Vertrag im EAGB kodifiziert: „Kann ein Vertrag nach vorstehenden Regeln nicht erklärt werden, so ist solcher gegen den auszulegen, welcher sich der undeutlichen Ausdrücke in seiner Willenserklärung bedient hat."[120] Diese Regel wird nach Bearbeitung schließlich als ALR I 5, § 266 beibehalten: „Kann ein Vertrag nach vorstehenden Regeln nicht erklärt werden, so ist derselbe gegen den auszulegen, der in seiner Willensäußerung zweydeutiger eines verschiedenen Sinnes fähiger Ausdrücke sich bedient hat."[121]

4. Vertragsstrafe

C. 2, 3, 14: *Gordianus A. Caecilio militi. Si pacto, quo poenam adversarium tuum promisisse proponis, si placito non stetisset, stipulatio subiecta est, ex stipulatu agens vel id quod in conventionem devenerat, ut fiat, consequeris vel poenam stipulatione comprehensam more iudiciorum exiges. nam bona adversarii tui in te transferri citra sollemnem ordinem frustra deprecaris. a. 241 pp. k. April. Gordiano A. II et Pompeiano conss.*

Gordianus an Caecilius, Soldat: Wenn mit dem Pactum, in welchem, wie du anführst, dein Gegner eine Strafe auf den Fall, wenn er den Vertrag nicht würde gehalten haben, versprochen hat, eine Stipulation verbunden worden ist, so wirst du, wenn du aus der Stipulation klagst, entweder das erlangen, dass das, was Gegenstand der Übereinkunft geworden war, geleistet wird, oder die in der Stipulation festgesetzte Strafe nach dem Gebrauch der Gerichte einfordern; denn dass das Vermögen deines Gegners auf dich übertragen werde, darum bittest du vergeblich gegen die gewöhnliche Ordnung. Geg. d. 1. April 241, u. d. 2ten C. d. K. Gordian. u. d. d. Pompejan.

Volkmar: Ist einem Vertrag eine Wandel=Poen zugefügt worden: So kann mann, wenn der Vertrag nicht erfüllt wird, darauf klagen[122].

---

118 Volkmar extrahiert die Stelle unter der Rubrik „V. 7. f. Vom Kaufkontrakt"; Schlosser unter dem Titel „Von Kauf und Verkauf".

119 Vgl. *Glück*, Bd. 4, S. 570; *Hufeland*, S. 283.

120 EAGB Th. II, Tit. II, § 186.

121 *Förster/Eccius*, Bd. I, S. 208. Vgl. heute BGB § 305c II.

122 07.03.105v.

Schlosser: Wenn ein *pactum* durch Stipulation bekräftiget ist, kann man daraus klagen, sonst nicht. Das geht uns wieder nichts an[123].

Caecilius hat mit einem anderen ein *pactum* abgeschlossen, zugleich hat er sich eine *poena* für den Fall der Nichterfüllung stipulieren lassen. Wenn der Schuldner seine Schuld nicht erfüllt, hat Caecilius aufgrund der Vereinbarung das Recht zu wählen, entweder die Erfüllung einzufordern oder die stipulierte *poena* zu beanspruchen[124]. Schlosser lässt C. 2, 3, 14 aus seinem Auszug mit der Bemerkung weg, dass dieses Reskript von einem durch *stipulatio* bekräftigten *pactum* handele und wegen der obsoleten römischen Lehre von der *stipulatio* unberücksichtigt bleiben könne. Dem Sachverhalt nach scheint Schlossers Bemerkung allerdings verfehlt, weil es sich bei C. 2, 3, 14 nicht um die stipulierte Verstärkung eines *pactum* handelt, sondern um die Wirkung der Konventionalstrafe[125].

Volkmar extrahiert das Fragment in kurz gefassten Worten und interpretiert den Sachverhalt zutreffend dahin, dass der Gläubiger bei Nichterfüllung auf die vereinbarte Vertragsstrafe klagen kann. Fragwürdig ist es allerdings, die Vertragsstrafe in C. 2, 3, 14 ohne weiteres als „Wandel=Poen" zu bezeichnen. Unter einer Wandelpön oder Reugeld versteht man die durch eine Vereinbarung begründete Vertragsstrafe, wonach der Schuldner (anstelle des Gläubigers) zur Wahl berechtigt wird, die *poena* zu bezahlen oder die Schuld zu erfüllen[126]. Die davon unterschiedliche Rechtsfigur in C. 2, 3, 14, welche dem Gläubiger jenes Wahlrecht gewährt, wird jedoch Konventionalstrafe genannt[127].

Durch die irreführende Benennung verwechselt Volkmar dann das Rechtsinstitut der Wandelpön mit der Konventionalstrafe, unter welchen die Gesetzesredaktoren gerade bei der Redaktion des allgemeinen Gesetzbuchs zu unterscheiden versuchen[128]. Die verabredete Wandelpön wird von den

123 *Schlosser*, S. 77.

124 Was Inhalt der Stipulation ist, über die das Reskript entscheidet, ist umstritten: Ob nur die *poena* (nicht das *pactum*) stipuliert wird oder ob das Hauptpaktum mit der *poena* gemeinsam durch *stipulatio* verstärkt wird. Vgl. *Knütel*, *Stipulatio*, S. 278 m.w.N.

125 Vgl. *Glück*, Bd. 4, S. 539; *Bernhard*, S. 27; *Knütel*, *Stipulatio*, S. 278.

126 *Glück*, Bd. 4, S. 540; *Windscheid/Kipp*, Bd. 2, S. 170.

127 *Bornemann*, Bd. 2, S. 301; *Förster/Eccius*, Bd. I, S. 737. Zur Terminologie vgl. HKK/*Hermann*, §§ 336-345, Rn. 13.

128 *Förster/Eccius*, Bd. I, S. 737; *Dernburg*, Bd. II, S. 102. EAGB Th. II, Tit. II, § 210 (= ALR I 5, § 292): „Das Interesse, welches ein Contrahent dem andern, bey nicht gehörig geleisteter Erfüllung des Vertrags, zu vergüten hat, kann im Vertrag selbst, durch verabredete Strafe, im voraus bestimmt werden." EAGB Th. II, Tit. II, § 228 (= ALR I 5, § 312): „Ist aber ausdrücklich verabredet, daß der Verpflichtete, durch Erlegung

Gesetzesredaktoren aufgenommen, und zwar mit einem Wahlrecht zugunsten des Schuldners: EAGB Th. II, Tit. II, § 230 (= ALR I 5, § 314): „Ist eine Wandel=Pön verabredet, so hat der Verpflichtete die Wahl: ob er den Contrakt erfüllen, oder die Strafe erlegen wolle."

V. Mängel beim Vertragsschluss

Den Titel „V. 4. Von der Erfordernüßen eines gültigen Contracts und deßen Mängeln, welche seine Gültigkeit hindern" hat Svarez mit dem Hinweis versehen, dass unter diesem Titel die Materien „*de dolo, vi, metu etc.*" extrahiert werden sollten. Nach der Vorstellung von Svarez gehören dazu die Rechtsquellen zu Willensmängeln, welche beim Vertragsschluss durch Zwang, Betrug usw. entstehen[129]. Die Materie des Irrtums wird nicht hier behandelt, sondern für die Einleitung als Quellen „von der *Ignorantia juris et facti*" extrahiert[130].

Volkmar extrahiert die einschlägigen Stellen aus Pandekten und Codex, vor allem aus D. 4, 2 (*quod metus causa gestum erit*); D. 4, 3 (*de dolo malo*); C. 2, 20 (*de dolo malo*) und schließlich C. 2, 19 (*de his quae vi metusve causa gesta sunt*)[131]. Die ersten drei Titel werden zwar auch von Schlosser ausgewertet, aber nicht unter einer selbständigen Rubrik in seinem „*Vorschlag und Versuch*", sondern unter den allgemeinen Regelungen vom Vertragsrecht („Das Allgemeine von Kontrakten").

1. Zwang und Furcht

D. 4, 2, 5: *Ulpianus libro 11 ad edictum: Metum accipiendum Labeo dicit non quemlibet timorem, sed maioris malitatis.*
Ulpian im 11. Buch zum Edikt: Labeo sagt, nicht jede beliebige Angst sei als Furcht [im Sinne des Edikts] aufzufassen, sondern nur die Angst vor einem schweren Übel.
Volkmar: Ferner muß die Furcht würkliche Uebel zum Gegenstande gehabt haben: *majoris malitatis.*[132]

---

der Strafe, von seiner Verbindlichkeit befreyt werden solle, so ist die Strafe für eine Wandel=Pön zu achten."

129 *Löhnig*, ZRG 120 (2003), S. 214.

130 S. oben B III 2.

131 Außer den vier Haupttiteln kommen nur noch einige Stellen aus D. 4, 1 (*de in integrum restitutionibus*); D. 4, 6 (*ex quibus causis maiores viginti quinque annis in integrum restituuntur*); C. 2, 53, 3 und C. 2, 54, 1 hinzu.

132 07.03.107r.

Schlosser: Die Furcht muß groß seyn, das sagt das achte Gesez des Versuchs. Der Richter muß sie messen.[133]
[Achtes Gesez: Wahrer wichtiger Betrug und unrechtmäßig einstehende große Furcht, die durch oder für einen der Kontrahenten veranlaßt wird, und ohne die nicht kontrahirt worden wäre, macht den Kontrakt null. Dem, der durch Furcht geschreckt, oder durch Betrug hintergangen worden, und seinen Nachfolgern stehts frey, den Kontrakt zu halten, und sich mit dem Schaden=Ersaz zu begnügen; wo nicht, und wird der Kontrakt aufgehoben, so muß der schuldige Kontrahent alles in den Stand sezen, wo die Sache vor dem Kontrakt stund. Er muß also, was es er schon aus dem Kontrakt empfangen, wieder geben, allen Schaden ersezen, und allen Nuzen, den er gezogen, oder mit Recht ziehen konnte, heraus geben. Die Erben und andere Unschuldige geben nur wieder, was zur Zeit der Klage und Einlassung in den Proceß in des Erblassers Vermögen war, oder auf sie gekommen ist, in so ferne es inzwischen nicht ohne ihre Schuld verlohren worden.
Die Sachen, die durch Furcht dem einen Kontrahenten abgenommen worden, kann er überall, wo er sie findet, gegen Zurückgabe dessen, was der Kläger dafür schon empfangen, ansprechen. Was aber durch Betrug weggekommen, nur, wanns noch beym Betrüger, oder seinen Erben, oder auf einen dritten ohne Entgeld gekommen, und nicht durch seine Schuld zu Anfang des Processes verlohren worden ist. Wäre der Kontrakt doch auch ohne die Furcht und Betrug zu Stande gekommen, oder haben diese nur in Nebensachen einen Einfluß gehabt; so wird nur der Schaden ersezt. Der Schaden=Ersaz wird bey solchen Kontrakten überhaupt durch des Unschuldigen Theils Eid geschäzt. Was aber wahrer wichtiger Betrug und Furcht ist, und was jedem ersezt werden soll, bestimmt der Richter. Sind beyde Theile gleich schuldig, so ist der Kontrakt null, und keiner kann auf den Schaden klagen[134].]

In seiner Kommentierung zum Edikt *quod metus causa*[135] stellt Ulpian unter Berufung auf Labeo fest, dass nicht jede Furcht *metus* im Sinne des Edikts sei, sondern nur die Furcht vor einem wirklichen und erheblichen Übel[136]. Volkmar gibt den Text auf Deutsch wieder und betont dabei den lateinischen Ausdruck der *maior malitas*. Was unter dem „würklichen Uebel" genau zu verstehen ist, lässt Volkmars in seinem Auszug allerdings offen.

Schlosser extrahiert dieses Fragment auf ähnliche Weise[137] wie Volkmar. Bemerkenswert ist jedoch, dass Schlosser die gesamten Regelungen für Zwang

133 *Schlosser*, S. 80.
134 *Schlosser*, S. 37 ff.
135 Zu dieser Formel vgl. *Lenel*, EP, S. 112.
136 *Glück*, Bd. 4, 168; *Gaulhofer*, S. 17.
137 Ebenso extrahiert Fenderlin diese Stelle in Verbindung mit dem folgenden *fr.* D. 4, 2, 6: „L. 5, 6: Wo keine würkliche Drohung von Gefahr, sondern bloße eigene Einbildung die Furcht erregt hat, da nehmen die Gesetze auf die Furcht keine Rücksicht." *Fenderlin*, Bd. I, S. 65.

und Betrug in einem langen „achten Gesez“ im Probeentwurf formuliert hat. Nach diesem 8. Gesetz sind Zwang und Betrug auf gleicher Ebene zu behandeln, ohne die römische Unterscheidung zwischen *actio de dolo* und *actio quod metus causa* aufrechtzuerhalten[138]. Der Zwang sei durch eine „unrechtmäßig einstehende große Furcht“ zu verursachen, das Kriterium dafür liege jedoch im Auge des einzelnen Richters[139].

Die Gesetzesredaktoren haben das *fr.* 5 kodifiziert, und zwar mit gemeinrechtlicher Konkretisierung[140] der erheblichen Übel[141]: „Gefährliche Bedrohungen des Lebens, der Gesundheit, der Freyheit und Ehre, machen jede darauf erfolgte Willensäußerung unkräftig.“[142] Dagegen macht die „bloß Gelegenheit“ erzeugende Gefahr die Willenserklärung nicht unwirksam[143].

2. Betrug durch Dritte

a) Auszug aus D. 4, 3, 2-5

D. 4, 3, 2-5[144]: [*fr.* 2. *Paulus 11 ad edictum*] *vel ab eo res servari poterit,* [*fr.* 3. *Ulpianus 11 ad edictum*] *non habet hoc edictum locum, verum etiam si adversus alium.* [*fr.* 4. *Paulus 11 ad edictum*] *Sit actio vel si ab alio res mihi servari potest.* [*fr.* 5. *Ulpianus 11 ad edictum*] *Ideoque si quis pupillus a Titio, tutore auctore conludente, circumscriptus sit, non debere eum de dolo actionem adversus Titium habere, cum habeat tutelae actionem, per quam consequatur quod sua intersit. plane si tutor solvendo non sit, dicendum erit de dolo actionem dari ei.*

[*fr.* 2.] oder wenn diesem gegenüber das Recht [auf andere Weise] gewahrt werden kann, [fr. 3.] findet dieses Edikt keine Anwendung, sondern auch, wenn gegen einen anderen [*fr.* 4] eine Klage gegeben ist oder wenn mir dem anderen gegenüber das Recht [auf andere Weise] gewahrt werden kann. [*fr.* 5] Und wenn deshalb ein Mündel durch Titius im geheimen Einverständnis mit dem Vormund, der [dem Geschäft des Mündels] förmlich zugestimmt hat, übervorteilt worden ist, darf das Mündel keine Klage wegen

138 Als Rechtsfolge des Zwangs scheint jedoch der zweite Absatz, wohl dem römischen Recht entsprechend, eine Haftung auch des gutgläubigen Dritterwerbers zu enthalten.

139 Vgl. die Kritik an Schlosser bei *Schall*, S. 92.

140 *Lauterbach*, Lib. IV, Tit. II, §XI, S. 283; *Glück*, Bd. 4, S. 168; *Förster/Eccius*, S. 156; *Dernburg*, Bd. I, S. 211.

141 *Svarez*, Vorträge, S. 275; *Klein*, System, § 70, S. 48 f.

142 EAGB Th. II, Tit. I, § 35 = ALR I 4, § 33.

143 EAGB Th. II, Tit. I, § 43 (= ALR I 4, § 44): Dadurch aber, daß eine drohende Gefahr zu der Willensäußerung bloß Gelegenheit [im ALR: „Anlaß“] gegeben hat, wird diese noch nicht entkräftet.

144 Diese Stellen schließen sich an das vorherige Fragment Ulp. D. 4, 3, 1, 8 (11 ad ed.) an: „*Non solum autem si adversus eum sit alia actio, adversus quem de dolo quaeritur,*“

Arglist gegen Titius bekommen, weil es die Vormundschaftsklage hat, durch die es den Ersatz seines Interesses erlangen kann. Wenn allerdings der Vormund zahlungsunfähig ist, muß man sagen, daß dem Mündel die Klage wegen Arglist zu erteilen ist.
Volkmar: Kann mann auf eine andere Art von dem, der ihn vorsätzlich zugefügt hat (*vel ab eo res servari poterit*), oder kann mann durch eine Klage gegen einen anderen Menschen, oder kann mann durch einen anderen Menschen, seinen Schaden ersetzt erhalten, so findet diese Klage nicht statt.
Wäre daher ein Unmündiger von iemandem, dem deßen Pupills Vormund zu gewissenen Handlungen berechtigt (*tutore auctore*), vorsätzlich gefährdet worden, so kann er nicht gegen diesen Dritten die besondere Klage, die aus dem vorsätzlichen Betrug entspringt, anstellen, weil ihm gegen seinen Vormund die Klage aus der Vormundschaft zuständig ist; wäre aber der Vormund nicht im Stande, den Schaden dem Pupill zu ersetzen, so steht diesem diese besondere Klage aus dem vorsätzlichen Betrug gegen dem Dritten zu.[145]
Schlosser: L. 2. 3. 4. 5. Auch wenn[146] ich durch Klage gegen einen dritten mir hätte helfen können. Alles das gehört ins Kapitel von Klagen.[147]

Die Kompilatoren der Digesten stellen eine Reihe von Auszügen aus den Ediktskommentaren von Paulus und Ulpian in den Stellen D. 4, 3, 2-5 zusammenhängend als Katene zusammen. Zunächst stellen beide spätklassischen Juristen die Subsidiarität der *actio de dolo* fest. Demzufolge kann der Betrogene gegen den Betrüger mit der Arglistklage vorgehen, falls er keine andere Möglichkeit zur Klageerhebung hat. Um die Subsidiarität der Arglistklage näher zu erläutern, führt Ulpian anschließend ein Beispiel an: Ein Mündel kann den betrügenden Dritten mit der Arglistklage nur verklagen, sofern der vorrangig verpflichtete Vormund, der mit dem Dritten kolludiert hat, zahlungsunfähig ist[148].

Schlosser fasst das Kernproblem der *fr.* 2-5 zwar insofern zutreffend zusammen, als man mithilfe der Betrugsklage den Dritten verklagen kann. Er ordnet allerdings diese Fragmente der Kategorie des Prozessrechts zu. Dementsprechend gehörten die *fr.* 2-5 nicht zum materiellen Recht, welchem Schlosser sich im achten Gesetz seines Probeentwurfs widmet. Volkmars Auszug ist dagegen ausführlicher und den Quellen getreuer, indem er die Texte fast wörtlich auf

145 07.03.111v.

146 Hier bezieht sich Schlosser wieder auf seine Erläuterung von der Subsidiarität der Betrugsklage im fr. D. 4, 3, 1, 1: „Es [Die Betrugsklage] ist nur anzuwenden, wenn man keine andere Klagen gegen den Betrüger hat, und der Richter muß dem Betrogenen beystehen." S. 92.

147 *Schlosser*, S. 93.

148 *Martens*, S. 59; *Harke*, S. 63.

Deutsch wiedergibt[149]. Zur Frage nach der Subsidiarität der *actio de dolo* macht Volkmar hernach keine Anmerkung, vielmehr schreibt er anderswo zum *fr.* D. 4, 3, 1[150]: „Dieser Satz: Daß, wenn eine andere Klage angestellt werden kann, keine *actio de dolo* stattfindet, komt mit allen Folgesätzen aus dem Grundsatz des römischen Rechts: Daß der *ex capite doli mali* Verurtheilte infam ist.“

b) Auszug aus D. 4, 3, 7 pr.

An die Fragmente 2-5 ist das berühmte und zahlreiche Diskussionen anregende *fr.* 7 pr. aus Ulpians Kommentar zum Edikt anzuschließen, welches ebenfalls von den beiden Bearbeitern betrachtet wird:

> D. 4, 3, 7 pr.: *Ulpianus undecimo ad edictum. Et eleganter Pomponius haec verba "si alia actio non sit" sic excipit, quasi res alio modo ei ad quem ea res pertinet salva esse non poterit. nec videtur huic sententiae adversari, quod Iulianus libro quarto scribit, si minor annis viginti quinque consilio servi circumscriptus eum vendidit cum peculio emptorque eum manumisit, dandam in manumissum de dolo actionem (hoc enim sic accipimus carere dolo emptorem, ut ex empto teneri non possit) aut nullam esse venditionem, si in hoc ipso ut venderet circumscriptus est. et quod minor proponitur, non inducit in integrum restitutionem: nam adversus manumissum nulla in integrum restitutio potest locum habere.*
> Ulpian im 11. Buch zum Edikt: Und Pomponius faßt die Worte ‚wenn keine andere Klage gegeben ist‘ treffend so auf: wenn das Recht demjenigen, dem es zusteht, auf keine andere Weise gewahrt werden kann. Und dieser Ansicht steht ersichtlich nicht entgegen, was Julian im 4. Buch [seiner Digesten] schreibt: Wurde jemand, der jünger als fünfundzwanzig Jahre ist, durch den Rat seines Sklaven getäuscht und hat er diesen mit seinem Sondergut verkauft und hat der Käufer den Sklaven freigelassen, so müsse gegen den Freigelassenen eine Klage wegen Arglist gegeben werden (denn wir verstehen den Sachverhalt so, daß der Käufer frei von Arglist war, so daß er nicht mit einer Klage aus dem Kaufvertrag haftbar gemacht werden kann) oder der Verkauf sei unwirksam, wenn der Minderjährige gerade in dem Punkt, daß er verkaufte, übervorteilt wurde. Der bloße Umstand, daß der Fall eines Minderjährigen vorgelegt wird, gibt keinen Anlaß für eine

149 Vgl. Fenderlins Auszug aus den *fr.* D. 4, 3, 5 et 6: „Wann ein Mündel durch das Versehen seines Vormundes von einem Dritten betrogen worden, so hat das Mündel zwar ordnungsmäßig die Vertretung von dem Vormund zu fordern; aber wann der Vormund nichts hat, kann es sich auch unmittelbar an den Betrüger halten, denn ein Recht ohne Gegenstand entschädigt nicht.“ *Fenderlin*, Bd. I, S. 67. Aus den anderen Stellen D. 4, 3, 2-4 sowie der Stelle D. 4, 3, 7 pr., extrahiert Fenderlin nichts.

150 07.03.111r. Auszug aus D. 4, 3, 1: „Wer durch des anderen Arglist, Betrug und Vorsatz (*dolus malus*) eine Schaden erlitten, und durch keine andere ihm zuständige Klage desselben Ersetzung fordern kann, soll diese in einer bestandenen Klage zu thun berechtigt seyn.“

Wiedereinsetzung in den vorigen Stand; denn gegenüber einem Freigelassenen kann eine Wiedereinsetzung in den vorigen Stand nicht erfolgen.
Volkmar: Diese bestandene Klage aus dem vorsätzlichen Betrug kann mithin nur als dann angestellt werden, wenn iemand auf keine andere Weise zu seiner Schadens=Ersetzung kommen kann.[151]
Schlosser: [Zu D. 4, 3, 7] L.7 Ueberhaupt findet diese Klage nicht statt, wenn der Betrogene auf eine andere Art kann schadlos gehalten werden, wovon viele Beyspiele hier vorkommen, die alle bey der Materie von Klagen untersucht werden müssen, uns aber alle wenig angehen werden, da unsere Betrugsklage von der römischen in ihrer Wirkung so unterschieden ist.[152]

In D. 4, 3, 7 pr. geht Ulpian anhand eines Beispiels aus den Digesten von Julian weiter auf die Subsidiarität der Arglistklage ein. Ein Minderjähriger ist von seinem Sklaven betrogen worden und hat ihn verkauft, danach wird der Sklave vom Käufer freigelassen. Ulpian bejaht die *actio de dolo* des Minderjährigen gegen den freigelassenen Sklaven, wenn dem Minderjährigen keine andere Klage zustehe. Zur Subsidiarität der Arglistklage fügt er hinzu, dass der Minderjährige angesichts der Umstände weder aus dem Kaufvertrag noch durch *in integrum restitutio* vorgehen könne. Die Gründe für das Scheitern der anderen Klagen können nach Ulpian darin liegen, dass der Käufer in gutem Glauben oder der Vertrag unwirksam sei[153].

Ulpian erklärt den Kaufvertrag in diesem Beispiel nicht schlicht für nichtig. Aus seinen fallspezifischen Ausführungen lässt sich zumindest induktiv schließen, dass der Betrug durch einen nichtkontrahierenden Dritten nicht *ipso iure* zur Unwirksamkeit des Vertrags führt[154], es sei denn, es handelt sich beim Vertrag um einen *dolus causam dans*[155]. Obwohl die Frage nach der Wirksamkeit des Vertrags im *fr.* 7 pr. von Ulpian offenbleibt, kann jedenfalls eine *actio de dolo* gegen dem Dritten erhoben werden.

Die beiden Bearbeiter Volkmar und Schlosser konzentrieren sich auf das römische Subsidiaritätsprinzip der Arglistklage und übergehen Ulpians

151 07.03.111v.

152 *Schlosser*, S. 93.

153 Aus dem Sachverhalt dieses Fragments ergeben sich in der Literatur zahlreiche Diskussionen über das Verhältnis zwischen *actio de dolo* und *in integrum restitutio*, außerdem über die Unterscheidung des *dolus causam dans* vom *dolus incidens*. Vgl. *Glück*, Bd. 4, S. 124; *Wacke*, SZ 88 (1971), S. 112; *Harke*, S. 55.

154 *Lauterbach*, Lib. IV, Tit. III, § 6, S. 291; *Glück*, Bd. 4, S. 122; *Dernburg*, Bd. I, S. 208; *Bechmann*, Kauf, Bd. II, S. 301; *Wacke*, SZ 94 (1977), S. 238.

155 Zur Gemeinrechtslehre vgl. *Glück*, Bd. 4, S. 135; *Martens*, S. 103.

Erörterung von Julians Beispiel im letzten Teil des Fragments aus dem Auszug. Während Volkmar dieses Fragment mit Erwähnung des Subsidiaritätsprinzips noch zusammenfassend extrahiert, lässt Schlosser dieses ebenso wie die Fragmente 2-5 aus seinem „*Vorschlag und Versuch*" weg. Dabei wiederholt er seine Begründung, wonach diese Stellen in den Bereich der Klagen gehörten.

Auf die Feststellung, dass Volkmar und Schlosser mit denselben römischrechtlichen Quellen zur Arglistklage unterschiedlich umgehen, folgt die Frage, wie die vom römischen Klagesystem stark abhängige *actio de dolo* im Preußischen Gesetzbuch kodifiziert werden kann. Zum einen lässt sich festhalten, dass die Arglistklage als Ersatzklage eine subsidiäre Rolle unter den römischen Klagen gespielt hat[156]. Zum anderen muss der Bearbeiter beim Extrahieren die materiellen Elemente der Klage aus den Quellen herausstellen. Angesichts der Fragmente 2 ff. und 7 pr. ist besonders die Frage danach augenfällig, in welchem Verhältnis die subsidiäre *actio de dolo* mit dem durch den Betrug Dritter zustande gekommenen Vertrag steht.

Weil die *actio de dolo* gegen den täuschenden Dritten in den einschlägigen Fragmenten unzweifelhaft bejaht wird, haben die beiden Bearbeiter die mögliche Klageerhebung gegen den Dritten ausgewählt und im Auszug beibehalten, wie oben gesehen. Zur Wirksamkeit des Vertrags hat Schlosser im achten Gesetz seines Probeentwurfs festgelegt, dass der Betrug den Vertrag nichtig mache, wenn der Kontrahent ohne Betrug nicht kontrahiert hätte. Wenn dagegen „der Kontrakt doch auch ohne die Furcht und Betrug zu Stande gekommen wäre, oder haben diese nur in Nebensachen einen Einfluß gehabt; so wird nur der Schaden ersezt"[157]. Schlossers Vorschlag folgt also der gemeinrechtlichen Unterscheidung zwischen *dolus causam dans* und *dolus incidens*, wonach die Gültigkeit des Vertrags beim *dolus incidens* ohne Rücksicht auf die Klageart[158] unverändert bleiben soll[159].

In Volkmars Auszug aus den entsprechenden Fragmenten fehlt hingegen jede Spur dazu, ob er die gemeinrechtliche Lehre zur Differenzierung übernommen hat oder nicht. Es lässt sich allerdings annehmen, dass Volkmar beim Extrahieren

156 Vgl. nur *Wacke*, SZ 94 (1977), S. 238; *Martens*, S. 88.

157 Bereits oben 2 a.

158 Nach dem römischen Recht führt der *dolus incidens* bei den *bonae fidei* Verträgen nicht zur Nichtigkeit; bei den *stricti iuris* Verträgen dagegen bringt der *dolus incidens* stets die *actio de dolo* bzw. *exceptio de dolo* hervor. Vgl. *Glück*, Bd. 4, S. 122 ff.; *Windscheid/Kipp*, Bd. I, S. 404.

159 Zu dieser Unterscheidung vgl. nur HKK/*Schermaier*, §§ 116-124, Rn. 113; *Wacke*, SZ 94 (1977), S. 238.

die römischen Rechtsinstitute nach Möglichkeit beizubehalten versuchte, um die Aufforderung von Svarez zur „Getreue" diszipliniert einzuhalten[160]. Die erst seit dem Mittelalter hervorgehobene begriffliche Unterscheidung zwischen *dolus causam dans* und *dolus incidens* wird von Volkmar konsequent als nicht römisch betrachtet, sondern als unerheblich ausgelassen.

Auf die Regelungen zum Betrug haben die Gesetzesredaktoren im allgemeinen Gesetzbuch große Mühe verwendet. Klein hatte zumindest beim Formulieren des ersten Vorentwurfs zum EAGB[161] ganz mit dem römischen Recht, also dem Volkmarschen Auszug übereingestimmt. Im EAGB erkennen die Redaktoren infolgedessen den Schadensersatzanspruch des Betrogenen gegen den Dritten im Einklang mit der römischen Dogmatik an[162], die gemeinrechtliche Differenzierung innerhalb des *dolus* wird dagegen grundsätzlich abgelehnt: Es finden sich im gedruckten EAGB zwei Paragraphen zur Drittwirkung des *dolus*: EAGB Th. II, Tit. I, § 81 (= ALR I 4, § 85): „Vielmehr ist jede durch Betrug veranlaßte Willenserklärung für den Betrogenen unverbindlich." EAGB Th. II, Tit. I, § 82 (= ALR I 4, § 86): „Nicht nur den Erklärenden, sondern auch Andern, die bey einem solchen Irrthum Schaden leiden, muß der Betrüger entschädigen." Die §§ 87, 88 des ALR I 4[163], welche als Annahme der gemeinrechtlichen Differenzierung zwischen *dolus causam dans* und *dolus incidens*[164], daher als Abweichung vom römischen Recht, bezeichnet werden[165], sind erst bei der weiteren Bearbeitung des EAGB nach einem Monitum von Svarez hinzugefügt worden[166].

---

160 Punkt 5. a. der „*Instruction*": „5. Wenn man ferner einen getreuen Auszug verlangt, so wird darunter verstanden: a. daß überall so viel als möglich die eigenen Worte des Gesetzes beibehalten werden." Vgl. oben B II 3 a.

161 *Barzen*, S. 202.

162 *Svarez*, Vorträge, S. 277; *Klein*, System, S. 51.

163 ALR I 4, § 87: „Ist die Willenserklärung zwar nicht durch Betrug veranlaßt, aber doch der Erklärende zu einem Irrthum bey derselben vorsetzlich verleitet worden, so hängt es von der Beschaffenheit dieses Irrthums, an und für sich betrachtet, ab: ob und wie weit die dadurch veranlaßte Erklärung nach obigen Grundsätzen bestehen könne, oder nicht." ALR I 4, § 88: „Wenn aber auch hiernach die Willenserklärung in Ansehung des Hauptgeschäfts besteht, so muß dennoch der Erklärende, wegen des aus dem Irrthum entstandenen Nachtheils, von dem Betrüger entschädigt werden."

164 *Svarez*, Vorträge, S. 277 f; *Svarez/Goßler*, S. 98; *Bornemann*, Bd. 1, S. 150.

165 *Förster/Eccius*, Bd. I, S. 163; *Dernburg*, Bd. I, S. 208 f.

166 Vgl. die Bemerkung von Svarez in den Monita, abgedruckt in *Bornemann*, Bd. 1, S. 150. Ungenau deshalb *Martens*, S. 161, wo die Redaktionsgeschichte des ALR nur sehr oberflächlich untersucht worden ist.

VI. Kaufvertrag

Das V. Kapitel des „*Schemas*" handelt von denjenigen Rechten, wie sie Svarez im Titel bezeichnet, welche „aus Handlungen und Prästationen durch Zusagen und Verträge" entstehen. Svarez hat unter dem V. Kapitel insgesamt 8 Abschnitte formuliert, während nur der 7. Abschnitt von den einzelnen Verträgen („Von einigen besonderen Gattungen der Verträge") handelt, enthalten die sonstigen Abschnitte allgemeine Regelungen zum Vertragsrecht. Der Kaufvertrag wird dem Titel f. des 7. Abschnitts untergeordnet. Dazu fügt Svarez noch Bemerkungen bei, um seine Instruktion für die Extrahierungsarbeit genau kenntlich zu machen. Danach sollen neben dem Kaufvertrag auch die Materien „von den verschiedenen *pactis adjectis*, Redhibition, Verletzung über die Hälfte, *venditione hereditatis etc.* und bey Kaufe oft vorkommenden Materien z.E. *de retractu, de cessione jurium etc*" behandelt werden. Svarez hat also Nebenabreden, den Rücktritt, die *laesio enormis*, außerdem den Erbschaftskauf unter der Rubrik einbezogen[167].

Volkmar extrahiert unter dem Titel V. 7. f. aus den Digesten: D. 18, 1 (*de contrahenda emptione et de pactis inter emptorem et venditorem compositis et quae res venire non possunt*); D. 18, 2 (*de in diem addictione*); D. 18, 3 (*de lege commissoria*) und D. 18, 4 (*de hereditate vel actione vendita*)[168]. Erstaunlicherweise werden jedoch für den Kaufvertrag wichtige Digestentitel wie D. 19, 1 über die Kauf- und Verkaufsklage (*de actionibus empti venditi*) sowie D. 21, 2 über die Eviktionshaftung (*de evictionibus et duplae stipulatione*) von Volkmar völlig übergegangen, und zwar ohne Begründung in seiner „*Nachweisung über die Vollständigkeit*"[169]. Mangels eines Beweises in den Akten kann man nur vermuten, dass Volkmar wegen des Zeitdrucks auf das Lesen und Extrahieren des Titels D. 19, 1 verzichtet hat.

Im Gegensatz zu Volkmar verwertet Schlosser unter seiner groben Rubrik „Von Kauf und Verkauf" die Titel sowohl aus den Digesten als auch aus dem justinianischen Codex[170]. Aufgrund seines Auszugs aus den Quellen formuliert Schlosser 30 „Geseze" als Probeentwurf im „*Vorschlag*".

---

167 Dies entspricht auch der Systematik des ALR, vgl. ALR I 11, Erster Abschnitt: Von Kaufs- und Verkaufsgeschäften, §§ 1 ff.

168 Darunter sind nur die einschlägigen Stellen aus D. 18, 1 ins Deutsche übersetzt, die sonstigen Titel sind ausschließlich lateinisch wiedergegeben.

169 S. oben B III 3 a bb.

170 *Schlosser*, S. 166 ff.: D. 18, 1; D. 18, 2; D. 18, 4; D. 18, 5; D. 18, 6; D. 19, 1; C. 4, 38; C. 4, 39; C. 4, 44-53.

1. Grundsätze des Kaufvertrags

a) Verpflichtung des Verkäufers

D. 18, 1, 25, 1: *Ulpianus libro 34 ad Sabinum. Qui vendidit necesse non habet fundum emptoris facere, ut cogitur qui fundum stipulanti spopondit.*

Ulpian im 34. Buch zu Sabinus. Wer ein Grundstück verkauft hat, braucht dem Käufer nicht das Eigentum daran zu verschaffen, wie derjenige es muß, der jemandem ein Grundstück durch Stipulation versprochen hat.

Volkmar: Daß der Verkäufer dem Käufer das Eigenthum verschafft, ist nicht nothwendig.[171]

Schlosser: § 1. In der Stipulation muß die Sache dem Kontrahenten zu eigen gegeben werden; im Kauf braucht sie nur übergeben zu werden; das steht im fünf und sechszigsten Gesez.[172]

[Fünf und sechszigstes Gesez: Der Kauf einer fremden Sache ist nicht null, denn die Gewährschaft tritt an die Stelle der Sache[173].]

Im *fr.* 25, 1 stellt Ulpian klar, dass die Verschaffung des Eigentums dem Verkäufer nicht obliegt. Vielmehr wird der Verkäufer durch den Vertrag nur dazu verpflichtet, dem Käufer die Sache zu übergeben sowie den ungestörten Besitz und Genuss der Sache (*habere licere*) zu gewähren; im Gegensatz dazu steht die *stipulatio in dando*, wodurch der Gläubiger verpflichtet wird, das Eigentum zu verschaffen[174]. Falls die Sache dem Käufer von einem besser berechtigten Dritten evinziert wird, hat der Verkäufer jenem für die Eviktion, eine Störung des *habere licere*, zu haften[175].

Volkmar gibt den ersten Teil der Kommentierung Ulpians wortgenau wieder, lässt den zweiten Teil über die *stipulatio in dando* eines *fundum* weg[176]. Der Kaufvertrag verpflichtet den Verkäufer demzufolge zur Verschaffung des fehlerfreien Besitzes, nicht aber des Eigentums. Bemerkenswert ist noch, dass Volkmar anlässlich des Fragments nicht näher erläutert, was an die Stelle der laut Ulpian entbehrlichen Eigentumsverschaffung („nicht nothwendig“) tritt. Der Grund dafür liegt wohl darin, dass die *habere-licere*-Haftung statt der

171 07.03.165r.

172 *Schlosser*, S. 173.

173 *Schlosser*, S. 165.

174 *Westphal*, S. 135; *Bechmann*, Kauf, Bd. III. 2, S. 28; *Ehrhardt*, S. 18; *Kaser*, Bd. I, S. 550; *Ernst*, S. 92.

175 *Kaser*, Bd. I, S. 553; *Ernst*, S. 8; *Bergmann*, RabelsZ, 74 (2010), S. 42.

176 Die Lehre von Stipulationen, die nicht von den allgemeinen Grundsätzen der Zusagen und Verträge handelt, sind gemäß dem Punkt 4 2) g. der „*Instruction*“ wegzulassen.

Eigentumsverschaffung systematisch mit dem Eviktionssystem im römischen Recht verbunden ist, sodass es beim Extrahieren unnötig ist, auf die *habere-licere*-Haftung einzugehen. Hinzu kommt, dass Svarez in der Bemerkung zum Titel „V. 7. f." weder das *habere licere* noch die Eviktionshaftung erwähnt hat.

In seinem Umgang mit dem *fr.* 25, 1 geht Schlosser in eine andere Richtung als Volkmar. Zwar hat Schlosser zutreffend wiedergegeben, dass der Verkäufer nicht wie der *promissor* einer Stipulation für die Eigentumsverschaffung haftet. Er ordnet aber den Sachverhalt dieses Fragments unter dem 65. Gesetz dessen Probeentwurfs ein[177]. Allein das 65. Gesetz handelt nicht von der Pflicht zur Besitzverschaffung, sondern von der Vertragswirksamkeit und der Gewährschaft[178] beim Kauf einer fremden Sache, ohne sich zum Besitz explizit zu äußern. Auf das Verhältnis von Besitzverschaffung und Eviktionshaftung im römischen Recht geht Schlosser ebenfalls nicht ein.

In einem Kontext mit dem *fr.* 25, 1 steht auch die Stelle D. 19, 1, 30, 1, die zwar von Volkmar übergangen, im Auszug Schlossers aber ausführlich behandelt wird.

> D. 19, 1, 30, 1: *Africanus 8 quaestionum. Si sciens alienam rem ignoranti mihi vendideris, etiam priusquam evincatur utiliter me ex empto acturum putavit in id, quanti mea intersit meam esse factam: quamvis enim alioquin verum sit venditorem hactenus teneri, ut rem emptori habere liceat, non etiam ut eius faciat, quia tamen dolum malum abesse praestare debeat, teneri eum, qui sciens alienam, non suam ignoranti vendidit: id est maxime, si manumissuro vel pignori daturo vendiderit.*
> Afrikan im 8. Buch der Rechtsfragen. Für den Fall, daß du eine Sache, von der du weißt, daß sie einem anderen gehört, mir, der ich das nicht weiß, verkauft hast, hat er [Julian] die Meinung vertreten, daß ich, auch bevor sie evinziert wird, aus Kauf erfolgreich auf den Betrag klagen kann, auf den sich mein Interesse daran beläuft, daß die Sache mir übereignet worden wäre. Denn auch wenn es an sich zutreffe, daß der Verkäufer nur darauf haftet, daß der Käufer die Sache ungestört besitzen kann, nicht auch darauf, daß der Käufer sie zu Eigentum erwerbe, so hafte der Verkäufer, da er nichtsdestoweniger für das Fehlen von Arglist einstehen müsse, wenn er eine Sache, von der er weiß, daß sie nicht ihm, sondern einem anderen gehört, jemandem verkauft, der das nicht weiß, das heißt insbesondere dann, wenn er einen Sklaven jemandem verkauft, der ihn freilassen oder verpfänden will.

---

177 Das 65. Gesetz stellt eine kasuistische Klarstellung oder zumindest eine Variante des 51. Gesetz desselben Probeentwurfs (S. 160) dar, welches heißt: „Wer wissentlich kauft, was dem Verkäufer nicht eigen oder zu verkaufen verboten war, kann nichts fordern; wers nicht wußte, kann zwar nicht die Sache, aber doch die Gewährschaft fordern."

178 Was hier unter der „Gewährschaft" genau zu verstehen ist, klärt Schlosser nicht auf. Er hat wohl schlicht das lateinische Wort *auctoritas* übersetzt.

Schlosser: § 1. Du hast wissentlich mir eine fremde Sache verkauft, auch ehe sie evincirt wird, kann ich gegen dich klagen, ob du mir gleich nur den Besitz, nicht das Eigenthum zu verschaffen hast. – Denn es ist Betrug nach dem achten Gesez[179]. Das Gesez ist übrigens bey uns überflüßig; denn der Käufer ist bey uns schuldig, das Eigenthum zu liefern, und die Umschweife der Kaution wegen der Gewähr, womit diese Sublicität[180] unschädlich gemacht worden, sind bey uns auf einem viel einfacheren Fuß[181].

Das bekannte Fragment von Afrikan über die *actio empti et venditi* hat im Schrifttum zahlreiche Diskussionen ausgelöst[182]. Ein Verkäufer hat wissentlich eine fremde Sache verkauft und dem gutgläubigen Käufer übergeben. Diesem droht somit die Eviktion durch den rechtmäßigen Eigentümer (den Dritten). Es stellt sich die Frage, ob der Käufer auch vor der erfolgten Eviktion gegen den bereits bezahlten Verkäufer auf das Interesse klagen kann. Julian bejaht diese Frage, obwohl das Eigentum nicht an den Käufer übertragen werden muss[183].

Weil Volkmar den Titel D. 19, 1 einschließlich des *fr.* 30, 1 völlig übergangen hat, lässt sich nur der Schlossersche Auszug auswerten[184]. Schlosser fasst den Fall zunächst in einem lakonischen Satz zusammen, danach ordnet er ihn dem achten Gesetz über den Betrug und Zwang zu. Gemäß dem achten Gesetz seines Probeentwurfs ist der Kaufvertrag im Fall des *fr.* 30, 1 wegen *dolus causam dans* nichtig, und dem Käufer steht es frei, entweder am Vertrag festzuhalten und auf Schadensersatz zu klagen oder den Vertrag aufzuheben und eine *restitutio in integrum* zu fordern. Dieser Lösungsweg unterscheidet sich grundsätzlich vom römischen Recht, wonach die Gültigkeit des Kaufvertrags unberührt bleibt. Daher ist die subsidiäre *actio de dolo* hier von keiner Relevanz[185].

Besonders auffällig ist bei unserer Betrachtung der Umgang Schlossers mit der Eviktionshaftung des Verkäufers gegenüber dem gutgläubigen Käufer. Schlosser weist deutlich darauf hin, dass das *fr.* 30, 1 insofern überflüssig sei,

---

179 Bereits oben V 1.

180 *Sic.* „Sublicität“ leitet sich wohl vom lateinischen „*sublicius*“ („auf Pfählen ruhend“) ab.

181 *Schlosser*, S. 244.

182 Vgl. *Ernst*, S. 12 m.w.N.

183 Der letzte Teil dieses *fr.*, nämlich das von Afrikan beigefügte Beispiel des Sklavenkaufs, wird hier nicht in Betracht gezogen. Vgl. *Medicus*, S. 78 ff.; *Ernst*, S. 12 ff.

184 Es ist aber auch der Auszug von Fenderlin zu vergleichen: „L. 30, §. 1: Wann der Verkäufer wissentlich eine Sache verkauft hat, die nicht sein ist, kann der treuherzige Käufer gegen ihn die Vertretungsklage anbringen, sobald ihm der Betrug des Verkäufers bekannt wird, und er ist nicht verbunden zu warten, bis ihn der wahre Eigenthümer belangt.“ *Fenderlin*, Bd. III, S. 150.

185 *Glück*, Bd. 16, S. 36; *Westphal*, S, 208.

weil es sich auf die Pflicht zur Besitzverschaffung statt zur Eigentumsverschaffung bezogen habe. Darin sieht er die große Diskrepanz zwischen preußischem und römischem Recht. Dabei lobt er das preußische Recht als „viel einfacher". Schlosser entscheidet danach, die römischen Lehre von der Besitzverschaffung sowie die damit verbundene *habere-licere*-Haftung abzulehnen.

Zusammenfassen lässt sich aufgrund der Exzerpte aus den Stellen D. 18, 1, 25, 1 und D. 19, 1, 30, 1 durch die jeweiligen Bearbeiter, dass Volkmar ungeachtet des fehlenden Auszugs aus D. 19, 1, 30, 1 den römischrechtlichen Auszug den Quellen getreu gemacht hat, mit dem sachlichen Mangel indes, keine eigene Erklärung bzw. Bemerkung beizufügen[186]. Der Auszug Schlossers hingegen spiegelt das zeitmäßige Verständnis für das rezipierte Gemeinrecht wider[187], wonach der durch Betrug entstandene Kaufvertrag nichtig ist.

Bei den Verpflichtungen des Verkäufers erweisen sich EAGB und ALR als sehr verschieden vom römischen Recht[188]. Insbesondere wird die Eigentumsverschaffungspflicht vom EAGB anerkannt: Th. II, Abth. II, Tit. VIII, Abschn. 1, § 1 (= ALR I 11 § 1): „Das Kaufs=Geschäfte ist ein Vertrag, wodurch der eine Contrahent zur Abtretung des Eigenthums einer Sache, und der andre zur Erlegung einer bestimmten Geldsumme dafür, sich verpflichtet." Zugleich wird bei der Redaktion aber auch die Eviktionshaftung beibehalten, allerdings in einer vom römischen Recht abweichenden Form, sodass es im preußischen Recht ein „gemischtes System" gibt[189]: EAGB Th. II, Abth. II, Tit. VIII, Abschn. 1, § 165 (= ALR I 11, § 135): „Der Verkäufer ist schuldig, dem Käufer die Sache so zu gewähren, daß dieser dieselbe bedungenermaßen als sein Eigenthum besitzen, nutzen, und darüber verfügen könne."

b) Hoffnungskauf

D. 18, 1, 8: *Pomponius 9 ad Sabinum. Nec emptio nec venditio sine re quae veneat potest intellegi. et tamen fructus et partus futuri recte ementur, ut, cum editus esset partus, iam*

---

186 Gemäß Punkt 5. b. der „*Instruction*" ist eine solcherart beizufügende Bemerkung nötig: „… daß wo dunkle und zweideutige Gesetze vorkommen, den Worten des Gesetzes nicht eine bloß willkührliche Erklärung substituirt, sondern hier vornehmlich das Gesetz mit seinen eignen Worten angeführt, seine Erklärungs=Art beigefügt, und die davon abweichenden in einem *marginali* oder einer Note angegeben werden."

187 Vgl. noch das 36. Gesez seines Probeentwurfs: „Der Kaufkontrakt ist ein Kontrakt, nach welchem Einer sein Eigenthum oder seine Rechte um eine gewisse Summe Gelds an einen andern abtritt." *Schlosser*, S. 155.

188 *Koch*, Bd. II, S. 428; *Bornemann*, Bd. III, S. 12; *Dernburg*, Bd. II, S. 328.

189 *Dernburg*, Bd. II, S. 376; *Förster/Eccius*, Bd. II, S. 65; *Koch*, Bd. II, S. 197 ff.

tunc, cum contractum esset negotium, venditio facta intellegatur: sed si id egerit venditor, ne nascatur aut fiant, ex empto agi posse. Aliquando tamen et sine re venditio intellegitur, veluti cum quasi alea emitur. quod fit, cum captum piscium vel avium vel missilium emitur: emptio enim contrahitur etiam si nihil inciderit, quia spei emptio est: et quod missilium nomine eo casu captum est si evictum fuerit, nulla eo nomine ex empto obligatio contrahitur, quia id actum intellegitur.

Pomponius im 9. Buch zu Sabinus: Ohne eine Sache, die verkauft werden soll, kann ein Kauf weder von seiten des Käufers noch von seiten des Verkäufers angenommen werden. Dennoch ist der Kauf von künftigen Früchten oder von künftigen Sklavenkindern wirksam, und zwar in der Weise, daß, wenn das Kind geboren ist, angenommen wird, der Verkauf sei schon im Zeitpunkt des Abschlusses des Geschäfts zustande gekommen. Wenn aber der Verkäufer darauf hingewirkt hat, daß nichts geboren wird oder es keine Früchte gibt, könne aus dem Kaufvertrag geklagt werden. 1. Manchmal kann jedoch ein Kauf auch ohne eine Sache angenommen werden, zum Beispiel wenn man gewissermaßen Würfelglück [eine Chance] kauft. Dies ist der Fall, wenn ein künftiger Fang von Fischen oder Vögeln gekauft wird oder das, was jemand von den unter das Volk geworfenen Geschenken erlangt. Hier wird nämlich ein gültiger Kauf geschlossen, auch wenn nichts gefangen oder aufgefangen wird, weil es sich um den Kauf einer Hoffnung handelt. Und wenn das, was jemand von den bei einem bestimmten Ereignis unter das Volk geworfenen Geschenken erlangt hat, [von einem Dritten beim Käufer] evinziert wird, entsteht daraus keine Verbindlichkeit aus dem Kauf, weil dies als vereinbart anzusehen ist.

Volkmar: [Zu D. 18, 1, 8] Weder Kauf, noch Verkauf kann ohne eine Sache, welche verkauft werden soll, gedacht werden; zukünftige Früchte und Geburten können schon dergestalt gekauft werden, daß es nachdem die Geburt ans Licht gekommen ist, dahin zu achten ist, daß schon der Kauf seit der Zeit, als er verabredet und getroffen ward, geschloßen sey; hat der Verkäufer die Geburt und die Früchte gehindert, so kann der Käufer gegen ihn die *actionem emti* erheben.

Zuweilen aber kann ein Kauf noch ohne vorhandene Sachen getroffen werden, wenn eine Sache, von der es noch ungewiß ist, ob sie existiren wird, gekauft wird (*si quasi alea emitur*); als wenn mann einem Fisch=Zug oder Vogel=Zug kauft; in welchen Fällen der Kauf gültig ist, wenn auch keine Sache vorhanden ist. Wird eine durch einen solchen Kauf erhaltene Sache evincirt, so darf der Verkäufer nichts erstatten, weil solche Fälle schon stillschweigend der Käufer übernimt.[190]

Schlosser: [Zu D. 18, 1, 8] Ohne Sache ist kein Kauf, aber kunftig [sic.] erst entstehende Sachen können doch gekauft werden, und hat der Käufer ihre Entstehung verhindert, so kann man aus dem Kauf wider ihn klagen. Das ist eigentlich ein Verkauf des Rechts, also ist dieses nach den gemeinen Kaufgesezen zu beurtheilen, nach dem fünf und dreyßigsten[191] und funfzigsten

190 07.03.163r.

191 *Sic*. Das 35. Gesetz gehört jedoch zur Rubrik „Von Schenkungen", und zwar in Bezug auf die bedingte Schenkung: „Erfüllt der Beschenkte die Bedingniß nicht, unter welcher geschenkt worden, so kann das Geschenk widerrufen werden." S. 128. Schlosser

Gesez.[192]

[Funfzigstes Gesez: Wer den Kaufkontrakt zur rechten Zeit durch seine Schuld nicht erfüllt, muß den Schaden ersezen. Der Käufer, der nicht zahlt, ersezt die Interessen, der Verkäufer, was die Sache seit dem Kauf am höchsten kostete. Wäre der Käufer säumig im Abholen gewesen, der Verkäufer zu liefern bereit, hätte aber inzwischen die Sache anders benuzt, so, daß er Vortheil davon gehabt, und müßte also nun, da er sie nicht mehr liefern kann, den Werth ersezen, so braucht er nur so viel zu ersezen, als der geringste Werth von der Zeit des Kontrakts an am Ort der Lieferung gewesen ist[193].]

In D. 18, 1, 8 erörtert Pomponius Anforderungen an den Gegenstand eines Kaufvertrags. Stets sei eine „Sache“ für den wirksamen Vertrag erforderlich. Unter dem Begriff der Sache im *principium* wird auch die künftige Sache mit einbezogen, in diesem Fall wird der Vertrag als bedingt angesehen[194]. Als „Sache“ wird im *fr.* 8, 1 aber auch eine bloße Hoffnung oder Chance qualifiziert. Pomponius gibt für den sogenannten Hoffnungskauf (*emptio spei*) drei Beispiele, nämlich den Kauf eines Fisch- oder Vogelfangs sowie den Kauf unter das Volk geworfener Geschenke (*captus missilium*). Der so abgeschlossene Hoffnungskauf ist gültig, auch wenn der Käufer aus diesem gekauften Fang gar nichts oder mehr als gehofft bekommen wird[195].

Dass der Hoffnungskauf als ein eigentümlich qualifizierter Sachkauf bereits im römischen Recht erlaubt ist, wird seit der Rezeption auch von der naturrechtlichen Lehre ohne weiteres angenommen[196]. Der Hoffnungskauf hat im Kaufrecht der neuzeitlichen Kodifikationen seinen festen Platz[197], sodass es sich anbietet, das grundlegende Fragment für den Hoffnungskauf im römischrechtlichen Auszug näher zu betrachten[198]. Volkmar gibt neben dem *fr.* 8 pr. auch den

---

hat wohl aus Versehen das 35. Gesetzt statt das 36. geschrieben, welches von den allgemeinen Bestimmungen des Kaufrechts spricht.

192 *Schlosser*, S. 168.

193 *Schlosser*, S. 160.

194 *Westphal*, S. 60; *Glück*, Bd. 16, S. 33; *Kaser*, Bull. 74 (1971), S. 50; *Honsell/Mayer-Maly/Selb*, S. 307.

195 *Glück*, Bd. 4, S. 193; *Westphal*, S. 62; *Bechmann*, Kauf, Bd. II, S. 143.

196 *Wolff*, Grundsätze, § 684, S. 469; *Heineccius*, § 359, S. 314; *Höpfner*, Commentar, § 866, S. 134.

197 *Knütel*, SZ 117 (2000), S. 445.

198 Vgl. den Auszug von *Fenderlin*, Bd. III, S. 117: „L. 8, § 1. Auch bestehet ein Kauf ohnerachtet die Substanz des Kauf=Guths blos auf Hoffnung beruhet, z.B. ein Fischzug, ein Lotterie=Loos etc. In dergleichen Fällen muß sich der Käufer gefallen lassen, ob er etwas oder nichts bekommt, denn beydes ist in der Natur eines solchen Handels begriffen.“ Der Kauf eines Lotterieloses steht freilich nicht im *fr.* 8, 1.

Volltext des *fr.* 8, 1 wieder, und zwar in gut organisierter deutscher Übersetzung. Aus Volkmars Auszug ergibt sich klar, dass sich der Kauf künftiger Sachen quellenmäßig vom Hoffnungskauf unterscheiden soll.

Diese Unterscheidung findet sich in Schlossers Auszug jedoch nicht wieder. Schlosser extrahiert wohl lediglich den Sachverhalt aus dem *principium*, also den Kauf einer künftigen Sache und subsumiert diesen unter sein Gesetz über Verzug und Nichterfüllung. Der Hoffnungskauf wird daher weder im Auszug noch als Probeentwurf von Schlosser erwähnt: Es liegt darin eine Lücke in der Bearbeitung Schlossers.

Die Gesetzesredaktoren des EAGB legen von vornherein fest, dass der Gegenstand des Kaufvertrags „bestimmt und bezeichnet" werden müsse[199]. Sowohl die künftige Sache als auch die bloße Hoffnung kann zwar ausnahmsweise Gegenstand des Vertrags sein, dies gehört indes zu den Sonderregelungen für die (Kauf-)Verträge, nämlich zu den „gewagten Geschäften und ungewissen Erwartungen"[200]. Im EAGB fehlt es für die Risikogeschäfte noch an einer allgemeinen Bestimmung im System des Kaufrechts. Sie werden am Ende des Kaufrechts eingeordnet, hinter dem Erbschaftskauf und dem Trödelvertrag, vor dem Darlehnsvertrag[201]. Die Bestimmung des gewagten Vertrags wird erst bei der Redaktion des ALR in das allgemeine Kaufrecht eingefügt: „Ist die nähere Bestimmung des Gegenstandes, welcher verkauft seyn soll, einer künftigen Begebenheit überlassen, so muß der Vertrag nach den Regeln der gewagten Geschäfte beurtheilt werden[202]."

2. Nebenabrede

D. 18, 1, 72 pr.: *Papinianus libro 10 quaestionum. Pacta conventa, quae postea facta detrahunt aliquid emptioni, contineri contractui videntur: quae vero adiciunt, credimus non inesse. quod locum habet in his, quae adminicula sunt emptionis, veluti ne cautio duplae praestetur aut ut cum fideiussore cautio duplae praestetur. sed quo casu agente emptore non valet pactum, idem vires habebit iure exceptionis agente venditore. an idem dici possit aucto postea vel deminuto pretio, non immerito quaesitum est, quoniam emptionis substantia constitit ex pretio. Paulus notat: si omnibus integris manentibus de augendo vel*

199 EAGB Th. II, Abth. II, Tit. VIII, Abschn. 1, § 30 (= ALR I 11, § 30): Der Gegenstand der Kaufshandlung muß so bestimmt oder bezeichnet werden, daß darüber kein gegründeter Zweifel statt finden kann.

200 *Bornemann*, Bd. III, S. 8; *Dernburg*, Bd. II, S. 331; *Förster/Eccius*, Bd. II, S. 49.

201 EAGB Th. II, Abth. II, Tit. VIII, Abschn. 1, §§ 447 ff.; §§ 480 ff.

202 ALR I 11, § 31.

deminuendo pretio rursum convenit, recessum a priore contractu et nova emptio intercessisse videtur.
Papinian im 10. Buch der Rechtsfragen. Formlose Vereinbarungen, die – nachträglich geschlossen – etwas vom Kauf abbedingen, werden als Bestandteil des Vertrages angesehen. Hingegen nehmen wir an, daß diejenigen Vereinbarungen, die etwas zum Leistungsinhalt hinzufügen, nicht Bestandteil des Vertrages sind. Dies findet Anwendung bei Nebenabreden zum Kauf, zum Beispiel, daß die Stipulation des doppelten Kaufpreises nicht geleistet oder daß sie mit Bürgensicherung geleistet werde. In den Fällen aber, in denen die Nebenabrede wirkungslos ist, sofern der Käufer [beispielsweise auf Bürgenstellung] klagt, erlangt sie doch einredeweise Wirkung, wenn der Verkäufer [auf Zahlung] klagt. Ob das gleiche gilt, wenn der Preis nachträglich erhöht oder vermindert wird, hat man nicht zu Unrecht gefragt, weil der Preis ein wesentliches Element des Kaufes ist. Paulus merkt an: Wird, solange noch von keiner Seite eine Leistung bewirkt ist, erneut eine Erhöhung oder Herabsetzung des Preises vereinbart, so ist anzunehmen, daß die Parteien vom früheren Vertrag abgegangen sind und einen neuen Kauf geschlossen haben.
Volkmar: Es ist dafür zu achten, daß alle Verträge, welche nach einem geschloßenen Kauf gemacht werden und vor dem Kauf einige Bestimmungen aufheben, mit in dem Kaufcontract enthalten seyn; nicht aber die Verträge, welche nach dem Kauf neuen Bestimmungen hinzufügen. Als z.E. die Verträge: *ne cautio duplae praestetur* oder *ut cum fideiussore cautio duplae praestetur*, als aus welchen der Käufer nicht klagen kann, aber eine rechtsgegründete Ausflucht hat, wenn der Verkäufer klagt. Wird nach geschloßenen Kauf durch Verträge das alte Kaufpretium erhöht oder vermindert, so ist der erste Kauf aufgehoben und ein neuer geschloßen[203].
Schlosser [Zu D. 18, 1, 72]: L. 72. Was durch besondere Verträge zum Kontrakt gesezt wird, ist eins mit dem Kontrakt, wenns ihn mindert, nicht; wenns ihn mehrt, dann kanns nur zur Einwendung dienen. Ist durch solche Verträge etwas am Preis oder der gekauften Sache geändert, so ists ein neuer Kauf. – Das erst gründet sich auf die römischen Begriffe vom *pacto*; das lezte ist aus dem zwanzigsten und sechs und deyßigsten Gesez des Versuchs zu nehmen[204].
[Zwanzigstes Gesez: Der lezte Contrakt hebt den ersten auf, wenn nicht beyde beysammen bestehen können[205].
Sechs und dreyßigstes Gesez: Der Kaufkontrakt ist ein Kontrakt, nach welchem Einer sein Eigenthum oder seine Rechte um eine gewisse Summe Gelds an einen andern abtritt[206].]

Das schwierige Fragment 72 pr. aus den *quaestiones* von Papinian handelt nicht von einem konkreten Fall, sondern enthält eine theoretische Erörterung der

---

203 07.03.172v.
204 *Schlosser*, S. 186 f.
205 *Schlosser*, S. 42.
206 *Schlosser*, S. 155.

Rechtswirkung formloser Nebenabreden, wenn diese erst nach dem Hauptvertrag abgeschlossenen werden (*pacta ex intervallo*). Papinian geht von verschiedenen Wirkungen nachträglicher Abreden aus: Die einen wesentlichen Bestandteil (*substantia*) des Vertrags verändernde Abrede sei als ein neuer Kaufvertrag anzusehen, während die einen unwesentlichen Bestandteil (*adminicula*[207]) betreffende Nebenabrede als inhärenter Teil des Hauptvertrags gilt und nur einredeweisen Schutz erfährt[208]. Für „unwesentliche Elemente" eines Kaufvertrags gibt Papinian zwei Beispiele: der Erlass der *cautio duplae* und die Bürgensicherung der Stipulation. Die Abänderung des Kaufpreises soll hingegen die *substantia* des Kaufvertrags betreffen.

Das *fr.* 72 pr. lässt sich bei der Extrahierungsarbeit unter zwei Aspekten besonders berücksichtigen. Der eine zielt auf die Rechtswirkungen des *pactum* im römischen Recht sowie die daran anschließende Unterscheidung zwischen *pacta ex intervallo* und *pacta in continenti*. Der zweite beruht auf Papinians Differenzierung zwischen den wesentlichen und unwesentlichen Bestimmungen des Vertrags, welche durch die mittelalterliche Entwicklung zur Unterscheidung von *essentialia negotii* und *accidentalia negotii* geworden ist[209]. Auf beide Probleme reagieren unsere Bearbeiter ganz unterschiedlich.

Zur ersten Frage gehört vor allem der römischrechtliche Lehrsatz *nuda pactio obligationem non parit, sed parit exceptionem*, ein bloßes Paktum kann keine klagbare Obligation hervorbringen, sondern nur eine Einrede[210]. Eine vollständige Wiedergabe dieses Lehrsatzes bietet namentlich Ulpian im *fr.* D. 2, 14, 7, 4, welches von Volkmar unter der Rubrik des allgemeinen Vertragsrechts „V. 3. Von den Rechten und Verbindlichkeiten, welche aus bloßen Zusagen entstehen" behandelt wird:

> D. 2, 14, 7, 4: *Ulpianus 4 ad edictum: Sed cum nulla subest causa, propter conventionem hic constat non posse constitui obligationem: igitur nuda pactio obligationem non parit, sed parit exceptionem.*
>
> Ulpian im 4. Buch zum Edikt. Wenn aber keine zweckbestimmte Leistung vorliegt, steht fest, daß dann durch ein bloßes Übereinkommen ein Schuldverhältnis nicht begründet werden kann. Eine bloße formlose Abrede bringt also kein Schuldverhältnis hervor, aber sie bringt eine Einrede hervor.

---

207 *Adminiculum* wird in der älteren Literatur als „Beistandsmittel" oder „Bestärkungsmittel" übersetzt. Vgl. *Otto/Schilling/Sintenis*, Bd. II, S. 360; *Heumann/Seckel*, S. 15.

208 Vgl. *Glück*, Bd. 4, S. 260 ff.; *Knütel*, *Consensus*, S. 67.

209 *Coing*, SZ 69 (1952), S. 32 f.; *Höpfner*, Commentar, § 732, S. 59; *Glück*, Bd. 4, S. 261.

210 Vgl. nur *Kaser*, Bd. I, S. 527.

> Volkmar: Aus einem Vertrage, wobey noch nichts von keiner Seite ist praestirt worden, sondern wo mann nur bloß einig geworden ist, daß der eine etwas praestiren solle, wofür der andere etwas praestiren werde (*nuda pactis*), kann keiner noch nichts klagen. Sollte aber einer von den Paciscenten von dem andern etwas fordern, welches einem solchen Vertrage zuwieder wäre, so soll diesem der eingegangene Vertrag zu einer Ausflucht gegen des andern Anforderungen dienen (*non actionem, sed exceptionem parit*)[211].

Aus einer formlosen Abrede wird keine Klage, sondern nur eine Einrede hervorgehen, es sei denn, dass die Nebenabrede gleichzeitig mit dem *bonae-fidei*-Hauptvertrag abgeschlossen wird. Diese sogenannten *pacta in continenti* können danach mit der Hauptklage durchgesetzt werden[212]. Erst vor diesem Hintergrund versteht sich die Unterscheidung von *pacta ex intervallo* und *pacta in continenti* im Fragment Papinians D. 18, 1, 72 pr.: Die Klagbarkeit der Nebenabrede hängt davon ab, ob sie gleichzeitig mit dem Hauptvertrag abgeschlossen wird oder erst nachträglich[213]. Den nachträglichen Nebenabreden gewährt er in

---

211 07.03.083v.-084r.

212 *Voet*, Bd. I, S. 169; *Lauterbach*, Lib. II, Tit. XIV, § 32, S. 181; *Glück*, Bd. 4, S. 259; *Knütel*, *Consensus*, S. 61.

213 Vgl. auch Ulpian D. 2, 14, 7, 5. *Ulpianus 4 ad edictum: Quin immo interdum format ipsam actionem, ut in bonae fidei iudiciis: solemus enim dicere pacta conventa inesse bonae fidei iudiciis. sed hoc sic accipiendum est, ut si quidem ex continenti pacta subsecuta sunt, etiam ex parte actoris insint: si ex intervallo, non inerunt, nec valebunt, si agat, ne ex pacto actio nascatur. ut puta post divortium convenit, ne tempore statuto dilationis dos reddatur, sed statim: hoc non valebit, ne ex pacto actio nascatur: idem Marcellus scribit. et si in tutelae actione convenit, ut maiores quam statutae sunt usurae praestentur, locum non habebit, ne ex pacto nascatur actio: ea enim pacta insunt, quae legem contractui dant, id est quae in ingressu contractus facta sunt. idem responsum scio a Papiniano, et si post emptionem ex intervallo aliquid extra naturam contractus conveniat, ob hanc causam agi ex empto non posse propter eandem regulam, ne ex pacto actio nascatur. quod et in omnibus bonae fidei iudiciis erit dicendum. sed ex parte rei locum habebit pactum, quia solent et ea pacta, quae postea interponuntur, parere exceptiones.* Der entsprechende Auszug von Volkmar: „Durch Verträge, welche gleich bey dem Schluß des Contracts (*bonae fidei*) sind eingegangen und hinzugefügt worden, kann die Verbindlichkeit eines Contracts bestimt worden, und derjenige, welcher aus dem Contract klagt, kann seine Klage auf dasjenige richten, was in dem Vertrage festgesagt worden ist; sodaß durch die sonst gewöhnlich aus einem Contract entspringende Klage neue Bestimmungen und Abänderungen erhalten kann. Sollten aber solche Verträge, wodurch ein Contract neue Bestimmungen erhält, nicht gleich bey dem Schluß des Contracts demselben einverleibt werden, sondern erst nach völligen Schluß desselben von den Partheyen eingegangen werden, so sind sie nur als unvollkommene

der Regel den einredeweisen Schutz; wenn es sich jedoch beim Gegenstand der Abrede um einen wesentlichen Bestandteil des Hauptvertrags handelt, dann gilt diese Abrede ausnahmsweise als ein neuer Vertrag[214].

Obwohl die römische Unterscheidung von *pactum* und *contractus* seit der Rezeption allmählich verwischt wird und das *pactum* zum allgemeinen Begriff des klagbaren Vertrags geworden ist[215], behält Volkmar die Stellen D. 2, 14, 7, 4 in Verbindung mit Ulpian D. 2, 14, 7, 5 im Exzerpt bei. Nach Schlossers Vorstellung ist dieser Grundsatz einschließlich der Unterscheidung von *pacta ex intervallo* und *pacta in continenti* „bloß römisch" und somit überflüssig, daher hätten die einschlägigen Fragmente in einem römischrechtlichen Auszug „gar keinen rechtlichen Nuzen"[216].

Die Frage danach, was unter den „wesentlichen Bestimmungen" des Kaufvertrags zu verstehen ist, dient im römischen Recht einer differenzierten Bewertung von *pacta ex intervallo*: Während die Nebenabrede über eine wesentliche Bestimmung den Hauptvertrag aufhebt, gilt die über unwesentliche Bestimmungen getroffene Nebenabrede nur als Modifizierung des Hauptvertrags[217]. Die wesentlichen Bestimmungen des Kaufvertrags, unter welchen Papinian im *fr.* 72 pr. den Kaufpreis fasst, werden durch die mittelalterliche Entwicklung unter Einfluss der griechischen Philosophie in eine verallgemeinerte Theorie von *essentialia* und *accidentalia negotii* umgedeutet[218]. Diese Theorie wird sodann in der Gemeinrechtslehre des 18. Jahrhunderts generell angenommen[219]. Die *essentialia negotii* sind jetzt vielmehr die notwendig erforderlichen Bestimmungen einzelner Vertragstypen, für den Kaufvertrag gehören dazu namentlich Ware (*res*) und Preis (*pretium*)[220].

Der tradierten gemeinrechtlichen Lehre der *essentialia negotii* ist Volkmar jedoch dem Anschein nach nicht gefolgt, indem er beim Extrahieren des *fr.* D. 18, 1, 72 pr. der wörtlichen Übersetzung von *substantia* und *adminicula*

Verträge (*nuda pacta*) anzusehen, welche mithin keine Klage, sondern nur von Seiten des Beklagten eine Ausflucht hervorbringen." 07.03.084r.

214 *Lauterbach*, Lib. II, Tit. XIV, § 33, S. 181; *Glück*, Bd. 4, S. 262; *Bechmann*, Kauf, Bd. II, S. 484.

215 Vgl. oben II 1 über die Definition des Vertrags.

216 Vgl. die Bemerkung zu D. 2, 14, 7. *Schlosser*, S. 47. Bereits oben IV 2.

217 *Bechmann*, Bd. II, S. 485; *Knütel*, *Consensus*, S. 79.

218 *Zimmermann*, S. 234; *Coing*, SZ 69 (1952), S. 32.

219 *Voet*, Bd. I, S. 167; *Lauterbach*, Lib. XVIII, Tit. I, § 64, S. 844; *Höpfner*, Commentar, § 732, S. 59; *Windscheid/Kipp*, Bd. I, S. 449 in Fn. 1.

220 *Höpfner*, Commentar, § 732, S. 59; *Glück*, Bd. 4, S. 216.

ausgewichen ist. Dazu im Gegensatz legt Schlosser sowohl in seinem Auszug aus D. 18, 1, 72 pr., als auch im 36. Gesetz seines Probeentwurfs über den Begriff des Kaufvertrags fest, dass Kaufsache und Kaufpreis die wichtigsten Bestandteile des Kaufvertrags seien, daher hätten die den Preis oder die Sache verändernden Verträge die Wirkung, den alten Kauf aufzuheben und einen neuen zu begründen.

Zu den oben erörterten zwei Problemen in D. 18, 1, 72 pr. haben die Gesetzesredaktoren verschiedene Lösungswege gewählt. Auf der einen Seite bleibt die Unterscheidung zwischen *pacta in continenti* und *pacta ex intervallo* zwar durch Volkmars Arbeit im Auszug noch erhalten, taucht jedoch in EAGB und ALR nicht mehr auf. Vielmehr können alle gesetzlich festgelegten Verbindlichkeiten zwischen Käufer und Verkäufer durch die Nebenverträge der Parteien anders bestimmt werden[221], sofern es kein gesetzliches Verbot dagegen gibt[222].

Auf der anderen Seite ist die Lehre von den *essentialia negotii* in EAGB und ALR grundsätzlich, wenn auch nicht ausdrücklich, aufgenommen[223]. Zum Abschluss eines Kaufvertrags ist erforderlich, dass die Personen, die zu verkaufende Sache und der dafür zu zahlende Preis hinlänglich bestimmt wird[224]. Außerdem werden die Personen, die Sache und der Preis im EAGB als die „drey wesentlichen Stücke" des Kaufvertrags bezeichnet[225], dieser Paragraph wird jedoch während der Redaktion des ALR gestrichen.

VII. Fazit

Aus der vergleichenden exegetischen Untersuchung wird ersichtlich, dass Volkmar seine Extrahierungsarbeit in mäßiger Qualität erledigt hat. Während

221 ALR I, 11, § 257 = EAGB Th. II, Abth. II, Tit. VIII, Abschn. I, § 265.

222 ALR I, 5, § 226 = EAGB Th. II, Tit. II, § 160: „Die Contrahenten können die Rechte, welche sie einander einräumen, durch Beyfügung von Bedingungen, Zwecken, Bewegungsgründen, oder sonst, sowohl in dem Haupt- als in Nebenverträgen, nach Gutfinden bestimmen, erweitern, oder einschränken."

223 *Bornemann*, Bd. I, S. 161; *Koch*, Bd. I, S. 241; *Förster/Eccius*, Bd. I, S. 169; *Dernburg*, Bd. I, S. 137.

224 ALR I, 11, § 12 = EAGB Th. II. Abth. II, Tit. VIII, Abschn. I, § 9.

225 EAGB Th. II. Abth. II, Tit. VIII, Abschn. I, § 10: „Soll eins dieser drey wesentlichen Stücke noch erst durch eine künftige Begebenheit näher bestimmt werden, so ist der Kauf erst alsdann für abgeschlossen zu achten, wenn diese Begebenheit wirklich eintritt."

Schlosser beim Extrahieren bzw. bei der Formulierung seines Probeentwurfs im Jahr 1777 noch viele Freiheiten hatte, musste Volkmar sich nun im Jahr 1780 streng an die „*Instruction*" von Svarez halten, worin dieser die Richtlinien für Vollständigkeit und Getreue besonders festgesetzt hatte[226]. Die Anweisung zur Vollständigkeit erfüllt Volkmar zwar teilweise, indem er die extrahierten Fragmente in der Regel im Volltext wiedergibt und in der „*Nachweisung*" markiert, aber die ausführlichen Bemerkungen im Sinne vom Punkt 5. b. der „*Instruction*"[227] fehlen in seinem Auszug.

Volkmar unterlaufen darüberhinaus in seinem Auszug einige kaum glaubliche, z.T. felerhafte Abweichungen von der gewöhnlichen Verwendung der Begriffe, wie z.B. mit seiner Verwendung des Begriffs *pactum* in D. 2, 14, 1, das er als „Zusage" interpretiert, und mit der *cautio* in D. 2, 14, 2, 1, welche er als „Obligation" behandelt. Im Vergleich dazu erweist sich die Bearbeitung Schlossers terminologisch als deutlich sicherer.

Beim Extrahieren der als kasuistisch bezeichneten Fragmente im *Corpus Iuris*, z.B. D. 2, 14, 4, 1 über die Geschäftsfähigkeit von Stummen oder D. 2, 14, 7, 3 über die Unwirksamkeit der unerlaubten Bedingung, verfolgen beide Bearbeiter unterschiedliche Ansätze. Gemäß der „*Instruction*" extrahiert Volkmar den römischen Vorlagen getreu, Schlosser dagegen hält diese Stellen für entbehrlich und ihren Inhalt in einem allgemeinen Gesetzbuch für überflüssig. Vielmehr überlässt er die Lösung der einschlägigen Fälle in diesen Fällen dem richterlichen Ermessen.

Die größte Schwierigkeit bei der Extrahierungsarbeit liegt in folgendem: Wie soll der Bearbeiter mit denjenigen römischrechtlichen Quellen umgehen, die zwar als Ansatzpunkte gemeinrechtlicher Rechtsinstitute gedient haben, deren Interpretation aber seit der Rezeption vom römischen Recht zunehmend abwich? Diese Frage stellt sich beispielsweise bei D. 2, 14, 1 über den verallgemeinerten Begriff des *pactum* oder bei D. 18, 1, 72 pr., woraus die deutlich nachrömische Theorie von den *essentialia negotii* gewonnen wurde. Gemäß der Instruktion müssen diese Quellen trotz alledem im Auszug beibehalten werden, und zwar

226 Punkt 2 der „*Instruction*", vgl. oben B II 3 a.

227 Bereits oben in Fn. 186: „... daß wo dunkle und zweideutige Gesetze vorkommen, den Worten des Gesetzes nicht eine bloß willkührliche Erklärung substituirt, sondern hier vornehmlich das Gesetz mit seinen eignen Worten angeführt, seine Erklärungs=Art beigefügt, und die davon abweichenden in einem *marginali* oder einer Note angegeben werden."

mit ausführlichen, aufklärenden Noten[228]. Die geforderten Erläuterungen setzen beim Bearbeiter hinreichende Kenntnisse über das römische Recht voraus, sind aber angesichts des Zeitmangels auch einem kenntnisreichen Bearbeiter kaum zumutbar[229]. Im Ergebnis gibt Volkmar zwar die einschlägigen Stellen wieder, fügt aber nur wenige Erklärungen bei; in dieser Hinsicht ist die Kritik Carmers berechtigt, wonach Volkmar die Materien zusammenstellt, ohne Gründe „*pro et contra*“ anzuführen[230]. Die fraglichen Quellen werden von Schlosser hingegen entweder als entbehrlich unterschätzt oder doch voreilig ausgelassen. An deren Stelle tritt in seinem Probeentwurf vielmehr schlechthin die rezipierte Gemeinrechtslehre.

Der Vergleich zwischen den Auszügen von Schlosser und Volkmar zeigt, dass die beiden Bearbeiter auf zwei sehr unterschiedliche Arten vorgegangen sind. Insofern ist solch ein Vergleich kaum zu ziehen, da die Methode Volkmars von den Redaktoren streng kontrolliert wird und ihm deutlich weniger Freiraum gegeben ist als Schlosser. Dennoch hat Volkmar den Auszug trotz einiger Fehler in mäßiger Qualität gemäß der Instruktion angefertigt, das Fehlen ausführlicher Erörterungen kann ihm wegen des Zeitmangels nicht angelastet werden.

Man könnte sich fragen, ob Schlosser unter der strikten Instruktion von Svarez ebenso gut, oder noch besser als Volkmar die Extrahierungsarbeit hätte erledigen können. Schlosser hatte in seinem „*Vorschlag und Versuch*“ sein „Geschick und [seine] Muße“[231] gezeigt, sein Intellekt, seine bessere Verwendung der Terminologie und seine Vertrautheit mit dem gemein-römischen Recht hatten ihn für die Aufgabe qualifiziert. Die Kontrolle durch die Gesetzesredaktoren hätte ihn aber doch behindert, was in der Tat auch zu seiner entschiedenen Ablehnung der Extrahierungsarbeit im Sommer 1780 führte. Volkmar fügt sich der Kontrolle, er ist der diszipliniertere und auch ein geeigneter Bearbeiter, selbst wenn er nicht der bessere Jurist ist.

---

228 Vgl. Punkt 4. 5) der „*Instruction*“: „Wenn auch der Grund eines oder des anderen Gesetzes auf unsere heutigen Zeiten, Sitten und Verfassungen nicht passend zu seyn scheinen möchte, so muß solches dennoch nicht übergangen, sondern gehörigen Orts eingerückt, und allenfalls nur das dabeihengende Bedenken in einer Note angezeigt werden.“

229 Vgl. die Pachalyschen Kommentierungen zu dem Volkmarschen Rohentwurf, teilweise abgedruckt in *Daniels*, Bd. I, Anlage VIII, S. 41 ff.

230 Vgl. oben A in Fn. 92.

231 Vgl. oben A II 1.

E. Zusammenfassung und Würdigung

1. Friedrich Nathanael Volkmar wurde wegen seiner literarischen Fruchtbarkeit bereits von seinen Zeitgenossen geschätzt und als aussichtsreicher Gelehrter angesehen. Im Alter vom 23 Jahren wurde er nach Berlin berufen. Dort beteiligte er sich als Sekretär der Gesetzkommission an der Gesetzgebungsarbeit, insbesondere exzerpierte er die römischrechtlichen Quellen und erstellte einen ersten Rohentwurf zum allgemeinen Gesetzbuch. Den Vorschusslorbeeren wurde er jedoch nicht gerecht; seine zweijährige Arbeit in der Gesetzkommission konnte die Gesetzesredaktoren nicht zufriedenstellen. Nach der ihn kränkenden Entlassung aus der Gesetzkommission schon 1782 versuchte er zwar, in einer Vielzahl verschiedener Funktionen daheim in Schlesien zu arbeiten, lebte aber zunehmend in Armut. Seine zuletzt aufgenommene Tätigkeit als Privatdozent an der Universität Halle sollte nicht lange dauern, da er im Frühling 1794 im Alter von nur 36 Jahren verstarb, wenige Monate vor dem Inkrafttreten des ALR.
2. Die Beiträge Volkmars zur Entstehung des ALR sollten nicht vergessen werden. Sie bestehen vor allem darin, dass er seinen römischrechtlichen Auszug in kürzester Zeit und in dafür beachtlicher Qualität anfertigt. Hinzu kommt, dass Volkmar einen eigenen Grundriss sowie den ersten Rohentwurf zum allgemeinen Gesetzbuch erstellt, selbst wenn diese wegen ihrer Unvollständigkeit weiterer Bearbeitungen bedürfen.
3. Die Idee, vor dem Entwurf des Gesetzbuchs zunächst einen Auszug aus den römischen Rechtsquellen zu erstellen, geht auf den Vorschlag Schlossers zurück. Die vergleichende Untersuchung der beiden Ausarbeitungen von Schlosser und Volkmar zeigt, dass der Schlossersche Probeentwurf stark von der gemein- und naturrechtlichen Lehre beeinflusst ist, er dabei aber auch dem richterlichen Ermessen viel Freiraum lässt. Der Auszug Volkmars beruht dagegen wortgetreu auf den römischen Quellen, obwohl er das Svarezsche Forderung nach Vollständigkeit nicht erfüllt.
4. Der römischrechtliche Auszug Volkmars weist neben einigen inhaltlichen Fehlern noch viele Mängel auf: Zahlreiche Fragmente, die kasuistische Rechtsfragen enthalten, exzerpiert Volkmar, ohne abzuwägen oder eine Kritik zu äußern. Die mehrdeutigen Stellen, die von der Rezeption bis zum ausgehenden 18. Jahrhundert bereits vom römischen Recht abweichend interpretiert worden waren, hat Volkmar dennoch ohne Erläuterung extrahiert. All diese Schwächen können Volkmar jedoch nicht zugeschrieben

werden, vielmehr hat er sich nach Kräften bemüht, unter großem Zeitdruck den Anweisungen von Svarez zu folgen.

5. Um einen „tauglichen“ Auszug erstellen zu können, ist eine höhere Stufe der Rechtswissenschaft erforderlich, als sie für das 18. Jahrhundert verlangt werden kann. Bereits Savigny resümierte in seinem „Beruf“: „Sehen wir aber auf die innere Entstehung des Landrechts, so wird auch dadurch unsre Ansicht bestätigt, nach welcher in dieser Zeit kein Gesetzbuch unternommen werden sollte.“[1] Erst nach den gründlichen Untersuchungen der historischen Rechtsschule sowie der systematischen Konstruktion der Pandektistik im 19. Jahrhundert wäre ein solcher Auszug möglich gewesen: Dann allerdings war ein Auszug aus den römischrechtlichen Quellen für die Gesetzgebungsarbeit nicht unentbehrlich, an dessen Stelle traten vielmehr die Lehrbücher des „systematisierten“ römischen Rechts.

1 *Savigny*, Beruf, S. 84.

Literaturverzeichnis

Ungedruckte Quellen

Geheimes Staatsarchiv Preußischer Kulturbesitz Berlin-Dahlem, Repositur 84 Justizministerium, Abteilung XVI Gesetzkommission:

Nr. 1: Akten betreffend die Etablierung der Gesetzkommission und deren Unterhaltung (1780–1787);

Nr. 3: Akten betreffend das Allgemeine Landrecht;

Nr. 7: Materialien zum Preußischen Allgemeinen Landrecht.

Gedruckte Quellen

I. Bibliographie von Volkmar

1. *De condictionum indole atque natura,* Halle 1777.
2. *De intestatorum Atheniensium hereditatibus,* Frankfurt an der Oder 1778.
3. *Variorum, quae ad leges Romuleas et magistratus pertinent,* liber singularis, Breslau 1779.
4. Erläuterungen der Begriffe: Erbschaft *ex asse et ex parte* und *successio titulo universali et singulari*; eine Vorlesung des bürgerlichen Rechts, seinen Herrn Zuhörern gewidmet, Breslau 1780.
5. Histoire de la Tactique des Romains, de ses progrès et de sa décadence, avec des recherches militaires, Theil I, Breslau 1780.
6. Prüfung der Glaubwürdigkeit des Zeugnisses der Evangelisten von der Auferstehung und Himmelfahrt Jesu nach Römischem Rechte, Breslau 1786.
7. Abhandlung über ursprüngliche Menschenrechte, Freyheit und Gleichheit; nebst einigen rhapsodischen Bemerkungen über demokratische und monarchische Regierungsform, Breslau 1793.
8. Philosophie der Ehe, Halle 1794.

II. Gesetzestexte und Gesetzessammlungen

Allgemeines Landrecht für die Preußischen Staaten von 1794, hrsg. mit Einführung von Hans Hattenhauer, 2. Aufl., Berlin 1994. (Zitiert: ALR)

Corpus Constitutionum Marchicarum, Oder Königl. Preußis. und Churfürstl. Brandenburgische in der Chur- und Marck Brandenburg, auch incorporirten

Landen publicirte und ergangene Ordnungen, Berlin und Halle [1737] -1755. (Zitiert: CCM)

Entwurf eines allgemeinen Gesetzbuchs für die Preußischen Staaten, Berlin 1784–1788, in: *Svarez, Carl Gottlieb*, Gesammelte Schriften, Mit einer Einführung und Anmerkungen von Peter Krause, Stuttgart-Bad Cannstatt 1996–2004. (Zitiert: EAGB)

Novum Corpus Constitutionum Prussico Brandenburgensium praeque Marchicarum, Berlin 1756–1822. (Zitiert: NCC)

Cocceji, Samuel von, Project des *Corporis Juris Fridericiani*, das ist Sr. Königl. Majestät in Preussen in der Vernunft und Landes=Verfassungen gegründete Land=Recht, worinn das Römische Recht in eine natürliche Ordnung und ein richtiges Systema, nach denen dreyen *objectis juris* gebracht, 1. Theil, Halle 1749; 2. Theil, Halle 1751. (Zitiert: *Cocceji*, 1./2. Theil)

Corpus Iuris Civilis: Text und Übersetzung, übersetzt und herausgegeben von Okko Behrends, Rolf Knütel, Berthold Kupisch, Hans Hermann Seiler, Band I-IV, Heidelberg 1995–2005. (Zitiert: *Behrends/Knütel/Kupisch/Seiler*)

Das *Corpus Juris Civilis* in's Deutsche übersetzt von einem Vereine Rechtsgelehrter und herausgegeben von Carl Eduard Otto, Bruno Schilling und Carl Friedrich Ferdinand Sintenis, Band 1-6, Leipzig 1830–1833. (Zitiert: *Otto/Schilling/Sintenis*)

The Digest of Justinian, translation edited by *Alan Watson*, Vol. 1–4, Philadelphia 1985. (Zitiert: *Watson*)

III. Sekundärliteratur

Allgemeine Deutsche Biographie, Bände 1-56, Leipzig 1875–1912. (Zitiert: ADB)

Albers, Gregor, *Perpetuatio obligationis*. Leistungspflicht trotz Unmöglichkeit im klassischen Recht, Wien/Köln/Weimar 2019.

Andermann, Kurt, Art. „Leibeigenschaft", in: *Albrecht Cordes* u.a. (Hrsg.), Handwörterbuch zur deutschen Rechtsgeschichte, Band. III, 2. Aufl. 2004 ff., Sp. 771–777.

Baldus, Christian und *Mühleisen, Horst*, Der Briefwechsel zwischen Carl Gottlieb Svarez und Johann Georg Schlosser über die Redaktion zum Entwurf eines Allgemeinen Gesetzbuchs für die Preußischen Staaten, in: *Willoweit, Dietmar* (Hrsg.), Aufklärung, Heft 2 (1994), S. 103–129. (Zitiert: *Baldus/Mühleisen*)

Bardong, Otto, Die Breslauer an der Universität Frankfurt (Oder). Ein Beitrag zur schlesischen Bildungsgeschichte 1648–1811, Würzburg 1968.

Barzen, Carola, Die Entstehung des „Entwurf(s) eines allgemeinen Gesetzbuchs für die reußischen Staaten" von 1780 bis 1788, Konstanz 1999.

Baur, Samuel, Allgemeines Historisches Handwörterbuch aller merkwürdigen Personen, die in dem lezten Jahrzehend des achtzehnten Jahrhunderts gestorben sind, Ulm 1803.

Bechmann, August, Das römische Dotalrecht, Zwei Abtheilungen, Erlangen 1863–1867. (Zitiert: *Bechmann*, Dotalrecht)

–, Der Kauf nach gemeinem Recht, Band I-III, Leipzig 1876–1908. (Zitiert: *Bechmann*, Kauf)

Bergmann, Andreas, Die Theorie der Rechtsmängelhaftung. Rechtsverschaffungsprinzip, *habere licere* und Eviktionshaftung, in: Rabels Zeitschrift für ausländisches und internationales Privatrecht, 74 (2010), 25–90.

–, Die Geschäftsführung ohne Auftrag als Subordinationsverhältnis, Tübingen 2010.

Bernhard, Johann Baptist, Von der Conventionalstrafe, Würzburg 1843.

Birtsch, Günter, Die preußische Sozialverfassung im Spiegel des Allgemeinen Landrechts für die preußischen Staaten von 1794, in: *Jörg Wolff* (Hrsg.), Das Preußische Allgemeine Landrecht. Politische, rechtliche und soziale Wechsel- und Fortwirkungen, Heidelberg 1995, 133–147.

Boehmer, George Ludwig, Principia Iuris Canonici, speciatim iuris ecclesiastici publici et privati quod per Germaniam obtinet, 2. Aufl., Göttingen 1767. (Zitiert: *Boehmer, Principia*)

Boehmer, Justus Henning, Introductio in ius digestorum, sensum pariter ac usum hodiernum singularum doctrinarum succincte exhibens, 7. Aufl, Halle 1746. (Zitiert: *Boehmer, Introductio*)

–, *Exercitationes ad pandectas*, Band I-V, Hannover und Göttingen 1747–1757. (Zitiert: *Boehmer, Exercitationes*)

Bonfiglio, Barbara, Corruptio servi, Mailand 1998.

Bornemann, Wilhelm, Systematische Darstellung des Preußischen Civilrechts mit Benutzung der Materialien des Allgemeinen Landrechts, Bände I-VI, Berlin 1842–1845. (Zitiert: *Bornemann*)

Bornhak, Conrad, Deutsches Adelsrecht, Leipzig 1929.

Brauneder, Wilhelm, Art. „*Dos*", in: Albrecht Cordes u.a. (Hrsg.), HRG, Band. I, 2. Aufl., 2004 ff., Sp. 1138–1139.

–, Art. „Eheliches Güterrecht", in: Albrecht Cordes u.a. (Hrsg.), HRG, Band. I, 2. Aufl., 2004 ff., Sp. 1216–1221.

–, Art. „Morgengabe", in: Albrecht Cordes u.a. (Hrsg.), HRG, Band. III, 2. Aufl., 2004 ff., Sp. 1628–1634.

Büsch, Otto, Militärsystem und Sozialleben im alten Preussen 1713–1807, Berlin 1962.

Claproth, Justus, Ohnmaßgeblicher Entwurf eines Gesetzbuches, Bände I-III, Frankfurt am Mayn 1773–1776.

Coing, Helmut, Zum Einfluß der Philosophie des Aristoteles auf die Entwicklung des römischen Rechts, in: Zeitschrift der Savigny-Stiftung für Rechtsgeschichte, Romanistische Abteilung, 69 (1952), 24–59.

–, Europäisches Privatrecht, Bände I-II, München 1985–1989.

Cujas, Jacques, *Opera omnia*, Band I-III, Neapel 1722.

Dajczak, Wojciech, Der Allgemeine Teil des Privatrechts im Kontext der mathematischen Inspirationen der Rechtswissenschaft ab dem 17. Jh. bis zur Entstehung der pandektistischen Systematik, in: *Baldus, Christian, Dajczak, Wojciech* (Hrsg.), Der Allgemeine Teil des Privatrechts, Berlin 2018, 43–68.

Daniel, Andreas, Gemeines Recht, Berlin 2003.

Daniels, Alexander von, Lehrbuch des gemeinen preußischen Privatrechtes, Bände 1-4, Berlin 1851.

Darjes, Joachim Georg, Discours über sein Natur- und Völkerrecht, Bände 1-2, Jena 1762–1763, Nachdruck Goldbach 1999.

Dernburg, Heinrich, Lehrbuch des preußischen Privatrechts, Bände I-III, Halle 1875–1878.

de Wall, Heinrich, Art. „Parochialrecht", in: Albrecht Cordes u.a. (Hrsg.), HRG, Band. IV, 2. Aufl., 2004 ff., Sp. 398–399.

Diesselhorst, Malte, Die Lehre des Hugo Grotius vom Versprechen, Köln/Graz 1959. (Zitiert: *Diesselhorst*, Versprechen)

–, Zum Vermögensrechtssystem Samuel Pufendorfs, Göttingen 1976. (Zitiert: *Diesselhorst*, Vermögenssystem)

Dilthey, Wilhelm, Das allgemeine Landrecht, in: Gesammelte Schriften, Bd. 12: Zur preußischen Geschichte, 5. Aufl., Stuttgart/Göttingen 1985.

Ehrhardt, Arnold, *Justa causa traditionis*, Berlin und Leipzig 1930.

Ehrhardt, Sigmund Justus, Presbyterologie des Evangelischen Schlesiens, Band 1, Liegnitz 1780.

Ernst, Wolfgang, Rechtsmängelhaftung, Tübingen 1995.

Euler, Matthias Joseph, Geschichtliche Einleitung in das Studium des allgemeinen Preußischen Landrecht, in: *Kamptz*, Jahrbücher, Bd. 32, Berlin 1828.

Fenderlin, Lukas, Versuch eines Auszuges der römischen Gesetze in einer freyen Uebersetzung zum Behuf der Abfassung eines Volks=Codex, Bände 1-7, Breslau 1783–1787.

Fikentscher, Wolfgang und *Heinemann, Andreas*, Schuldrecht. Allgemeiner und Besonderer Teil, 11. Aufl., Berlin/Boston, 2017. (Zitiert: *Fikentscher/Heinemann*)

Finkenauer, Thomas, Vom Allgemeinen Gesetzbuch zum Allgemeinen Landrecht: Preußische Gesetzgebung in der Krise, in: Zeitschrift der Savigny-Stiftung für Rechtsgeschichte, Germanistische Abteilung, 113 (1996), 40–216.

–, Eigentum und Zeitablauf - das *dominium sine re* im Grundstücksrecht, Berlin 2000. (Zitiert: *Finkenauer*, Eigentum)

Förster, Franz, Preußisches Privatrecht, 7. Aufl., bearbeitet von *M[ax]. E[rnst]. Eccius*, Band 1-4, Berlin 1896–1897. (Zitiert: *Förster/Eccius*)

Frantzkius, Georg, *Commentarius in viginti et unum libros pandectarum juris civilis priores*, Gera 1678.

Frerich, Johannes und *Frey, Martin*, Handbuch der Geschichte der Sozialpolitik in Deutschland, 1. Band, Von der vorindustriellen Zeit bis zum Ende des Dritten Reiches, 2. Aufl., München/Wien 1996.

Friedländer, Ernst (Hrsg.), Aeltere Universitäts-Matrikeln, I. Universität Frankfurt a. O., Band II, Leipzig 1888.

Gärtner, Florian, Joachim Georg Darjes und die preußische Gesetzesreform. Ein Beitrag zur Entstehungsgeschichte des ALR, Berlin 2007.

Gaulhofer, Julia, *Metus*. Der prätorische Rechtsschutz bei Furcht, Zwang und Gewalt, Wien/Köln/Weimar 2019.

Gierke, Otto von, Deutsches Privatrecht, Bände I-IV, 3. Aufl., Berlin 2010.

Glück, Christian Friedrich von, Ausführliche Erläuterung der Pandecten nach Hellfeld. Ein Commentar, Erlangen, Band 1, 2. Aufl., 1797; Band 2, 2. Aufl., 1800; Band 4, 1796; Band 5, 1798; Band 11, 1809; Band 14, 1813; Band 15, 1813; Band 24, 1825.

Grünhagen, Colmar, Schlesische Beziehungen zur Carmerschen Justizreform und der Entstehung des Landrechts, in: Zeitschrift des Vereins für die Geschichte Schlesiens, 33 (1989), 239–268.

Harke, Jan Dirk, *Actio de dolo*, Berlin 2020.

Hartleben, Franz, Joseph, Vollständige Anzeigen und unpartheiische Beurtheilung der neuesten juristischen Literatur für das Jahr 1784, 2. Theil, Mainz 1785.

Heineccius, Johann Gottlieb, *Elementa iuris civilis secundum ordinem pandectarum*, 3. Aufl., Straßburg 1732.

Heumann, Hermann Gottlieb; *Seckel, Emil*, Handlexikon zu den Quellen des römischen Rechts, 9 Aufl., Jena 1907, Nachdruck Graz 1958. (Zitiert: *Heumann/Seckel*)

Hirata, Alessandro, Die Vollendung des *usus modernus pandectarum*: Christian Friedrich von Glück (1755–1831), in: Zeitschrift der Savigny-Stiftung für Rechtsgeschichte, Romanistische Abteilung, 123 (2006), 330–343.

Höpfner, Ludwig Julius Friedrich, Theoretisch-praktischer Commentar über die Heineccischen Institutionen, 1. Aufl., Frankfurt am Main 1783. (Zitiert: *Höpfner*, Commentar)

–, Sammlung der römischen Gesetze auf Befehl Kaiser Justinians verfertigt, ins Teutsche mit erläuternden Anmerkungen übersetzt, erster Theil: Pandekten, Frankfurt und Leipzig 1785. (Zitiert: *Höpfner*, Sammlung)

Hofacker, Karl Christoph, *Institutiones Iuris Romani Methodo Systematica Adornatae*, Göttingen 1773.

Hofmann, Franz, Die Lehre vom *titulus* und *modus aquirendi*, und *iusta causa traditionis*, Wien 1873.

Honsell, Heinrich; Mayer-Maly, Theo; Selb, Walter, Römisches Recht, aufgrund des Werkes von *Jörs, Paul; Kunkel Wolfgang; Wenger, Leopold*, 4. Aufl., Berlin/Heidelberg/New York/London/Paris/Tokyo 1987. (Zitiert: *Honsell/Mayer-Maly/Selb*)

Hymmen, Johann Wilhelm Bernhard von, Beyträge zu der juristischen Litteratur in den preußischen Staaten, Sammlung 3, Berlin 1799; Sammlung 5, Berlin 1780.

Jakab, Eva und *Ernst, Wolfgang* (Hrsg.), Kaufen nach Römischem Recht, Berlin/Heidelberg 2008. (Zitiert: *Jakab/Ernst*)

Jansen, Nils, Die Korrektur grundloser Vermögensverschiebungen als Restitution? in: Zeitschrift der Savigny-Stiftung für Rechtsgeschichte, Romanistische Abteilung, 120 (2003), 106–162.

Kamptz, Karl Albert von (Hrsg.), Jahrbücher für die preußische Gesetzgebung, Rechtswissenschaft und Rechtsverwaltung, Berlin 1813–1845. (Zitiert: *Kamptz*, Jahrbücher)

Kaser, Max, Das Römische Privatrecht, 2. Aufl., Band 1-2, München 1971–1975.

–, Erbschaftskauf und Hoffnungskauf, in: Bullettino dell' Istituto di diritto romano, 74 (1971), 45–59.

–, Über Verbotsgesetze und verbotswidrige Geschäfte im römischen Recht, Wien 1977.

Klein, Ernst Ferdinand, Kurze Geschichte der Gesetzgebung in den Preußischen Staaten seit dem Anfange der Regierung Friedrich Wilhelm des Zweytens, in: Annalen der Gesetzgebung und Rechtsgelehrsamkeit in den Preußischen Staaten, 1 (1788), XXXV-LVI. (Zitiert: *Klein*, Geschichte)

–, System des preußischen Civilrechts, Halle 1801. (Zitiert: *Klein*, System)

Kleinheyer, Gerd und *Schröder, Jan* (Hrsg.), Deutsche und Europäische Juristen aus neun Jahrhunderten, 6. Aufl., Tübingen 2017.

Knothe, Hans-Georg, Die Geschäftsfähigkeit der Minderjährigen in geschichtlicher Entwicklung, Frankfurt am Main/Bonn 1983.

Knütel, Rolf, Contrarius consensus, Köln/Graz 1968. (Zitiert: *Knütel, Consensus*)

–, *Stipulatio poenae*, Köln/Wien 1976. (Zitiert: *Knütel, Stipulatio*)

Koch, Christian Friedrich, Lehrbuch des preußischen gemeinen Privatrechts, 2 Bände, 3. Auflage, Berlin 1857.

Koppe, Johann Christian, Juristischer Almanach auf das Jahr 1795, Rostock und Leipzig 1795.

Koselleck, Reinhart, Preußen zwischen Reform und Revolution. Allgemeines Landrecht, Verwaltung und soziale Bewegung von 1791 bis 1848, 1. Aufl., Stuttgart 1967.

Krause, Peter, Naturrecht und Kodifikation, in: Vernunftrecht und Rechtsreform, Hamburg 1988, 7–27. (Zitiert: *Krause*, Naturrecht)

–, Zur Geschichte der Gesetzgebung, in: *Svarez, Carl Gottlieb*, Gesammelte Schriften, *Krause, Peter* (Hrsg.), zweite Abteilung: Die Preußische Rechtsreform, I. Das Allgemeine Landrecht: Die Texte, A. Entwurf eines allgemeinen Gesetzbuches für die Preußischen Staaten, Stuttgart – Bad Cannstatt 1996, XVI-CI. (Zitiert: *Krause*, Geschichte)

Kuhli, Milan, Carl Gottlieb Svarez und das Verhältnis von Herrschaft und Recht im aufgeklärten Absolutismus, Frankfurt am Main 2012.

Landsberg, Ernst, Geschichte der deutschen Rechtswissenschaft, III. Abteilung, 1. Halbband, München und Leipzig 1898, Nachdruck Aalen 1957.

Lauterbach, Wolfgang Adam, Collegium theoretico- practicum a pandectarum, Band I, Tübingen 1763.

Lenel, Otto, Palingenesia Iuris Civilis, 2 Bände, Leipzig 1889. (Zitiert: *Lenel*, Palingenesia)

–, Das *edictum perpetuum*, 3. Aufl., Leipzig 1927. (Zitiert: *Lenel*, EP)

Lindemann-Stark, Anke, Article „Volkmar, Friedrich Nathanael (1750–94)" in: *Klemme, Heiner F.* und *Kuehn, Manfred* (Hrsg.), The Dictionary of Eighteenth-Century German Philosophers, Blommsbury, 2010, 816–817.

Löhnig, Martin, Die Entstehung des Irrtumsrechts im Allgemeinen Landrecht für die Preußischen Staaten von 1794, in: Zeitschrift der Savigny-Stiftung für Rechtsgeschichte, Germanistische Abteilung, 120 (2003), 200–215.

Lotz, Johann Friedrich Eusebius, Staatswissenschaftliche und juristische Nachrichten, Erster Jahrgang, Zweyter Band, Hildburghausen 1799.

Luig, Klaus, Samuel Stryk (1640–1710) und der „*Usus modernus pandectarum*“, in: *Stolleis, Michael* (Hrsg.), Die Bedeutung der Wörter. Studien zur europäischen Rechtsgeschichte, München 1991, 219–235. (Zitiert: *Luig*, Stryk)

–, Das Privatrecht im "Allgemeinen Landrecht für die preußischen Staaten" von 1794, in: Archiv für die civilistische Praxis, 194 (1994), 521–542.

Madihn, Georg Samuel, *De virtute conventionis, qua fundi venditi tributa in venditorem transferuntur*, Frankfurt an der Oder 1778.

Mandry, Gustav, Das gemeine Familiengüterrecht mit Ausschluss des ehelichen Güterrechtes, Bände I-II, Tübingen 1871–1876.

Marckart, Johann Wilhelm, *Interpretationum receptarum juris civilis lectionum libri duo*, Utrecht 1747.

Martens, Sebastian, Durch Dritte verursachte Willensmängel, Tübingen 2007.

Medicus, Dieter, *Id quod interest*, Köln/Graz 1962.

–, Zur Funktion der Leistungsunmöglichkeit im römischen Recht, in: Zeitschrift der Savigny-Stiftung für Rechtsgeschichte, Romanistische Abteilung, 86 (1969), 67–104.

Merten, Detlef, Die Rechtsstaatsidee im Allgemeinen Landrecht, in: *Friedrich Ebel* (Hrsg.), Gemeinwohl-Freiheit-Vernunft-Rechtsstaat. 200 Jahre Allgemeines Landrecht für die Preußischen Staaten, Berlin/New York 1995, 109–138.

Meusel, Johann Georg, Lexikon der vom Jahr 1750 bis 1800 verstorbenen teutschen Schriftsteller, Band I, Leipzig 1802; Band V, Leipzig 1805; Band VIII, Leipzig 1808; Band X, Leipzig 1810; Band XIV, Leipzig 1815.

Mühleisen, Horst, Zur Ordnung der Akten und Materialien des Allgemeinen Landrecht, in: Zeitschrift der Savigny-Stiftung für Rechtsgeschichte, Germanistische Abteilung, 108 (1991), 194–209.

Nanz, Klaus-Peter, Die Entstehung des allgemeinen Vertragsbegriffs im 16. bis 18. Jahrhundert, München 1985.

Nettelbladt, Daniel, *Systema elementare universae iurisprudentiae naturalis*, 4. Aufl., Halle 1777.

Olechowski, Thomas, Art. „Aussteuer“, in: Albrecht Cordes u.a. (Hrsg.), HRG, Band. I, 2. Aufl., 2004 ff., Sp. 384–386.

Perschke, Wilhelm, Verzeichniß der öffentlichen von Wallenberg-Fenderlinschen Bibliothek zu Landeshut in Schlesien, Landeshut 1829.

Peters, Frank, Die Verschaffung des Eigentums durch den Verkäufer, in: Zeitschrift der Savigny-Stiftung für Rechtsgeschichte, Romanistische Abteilung, 96 (1979), 173–203.

Pufendorf, Samuel, *De iure naturae et gentium ibri octo*, Frankfurt am Main 1716.

Pennitz, Martin, Die Rolle von Joachim Georg Darjes in den preußischen Kodifikationsbestrebungen der 2. Hälfte des 18. Jahrhunderts, in: *Vestigia Iuris Romani*. Festschrift für Gunter Wesener zum 60. Geburtstag, Graz 1992, 331–350.

Savigny, Friedrich Carl von, Vom Beruf unsrer Zeit für Gesetzgebung und Rechtswissenschaft, 3. Aufl., Heidelberg 1840. (Zitiert: *Savigny*, Beruf)

–, System des heutigen römischen Rechts, 8 Bände, Berlin 1840–1849. (Zitiert: *Savigny*, System)

Schall, Johann Eberhard Friedrich, Ueber die Justiz auf deutsche Art und zum deutschen Gebrauch, nebst einem Anhange über Herrn Hofrath Schlossers Vorschlag und Versuch einer Verbesserung des deutschen bürgerlichen Rechts, Berlin und Leipzig 1780.

Schermaier, Martin Josef, Die Bestimmung des wesentlichen Irrtums von den Glossartoren bis zum BGB, Wien/Köln/Weimar 2000.

Schildt, Gerhard, Handwerksrealität und Handwerksrecht vor der allgemeinen Einführung von Gewerbe- und Koalitionsfreiheit, in: *Jörg Wolff* (Hrsg.), Das Preußische Allgemeine Landrecht. Politische, rechtliche und soziale Wechsel- und Fortwirkungen, Heidelberg 1995, 163–174.

Schlosser, Johann Georg, Vorschlag und Versuch einer Verbesserung des deutschen bürgerlichen Rechts ohne Abschaffung des römischen Gesezbuchs, Leipzig 1777, Nachdruck Glashütten im Taunus 1973.

Schmoeckel, Mathias, Rückert, Joachim, Zimmermann, Reinhard (hrsg.), Historisch-kritischer Kommentar zum BGB, Band I-IV, Tübingen 2003–2018. (Zitiert: HKK)

Schott, August Friedrich, Unpartheyliche Kritik über die neusten juristischen Schriften, Band 6, Leipzig 1778; Band 7, Leipzig 1781.

Schröder, Jan, Recht als Wissenschaft, 2. Aufl., München 2012.

Schröder, Richard, Geschichte des ehelichen Güterrechts in Deutschland, Bände I-II, Stettin/Danzig/Elbing 1865–1871. (Zitiert: *Schröder*, Geschichte)

Schubart-Fikentscher, Gertrud, Untersuchungen zur Autorschaft von Dissertationen im Zeitalter der Aufklärung, Berlin 1970.

Schulte, Johann Friedrich, Ueber die *Testamenta ad pias causas* nach canonischem Rechte, besonders dem c. 11 x. de test. et ult. volunt., in: Zeitschrift für Civilrecht und Prozeß, Neue Folge, Bd. 8, Gießen 1851, 157–232.

Schulte, Marion, Über die bürgerlichen Verhältnisse der Juden in Preußen, Berlin/Boston 2014.

Schwarz, Andreas, Zur Entstehung des modernen Pandektensystems, in: Zeitschrift der Savigny-Stiftung für Rechtsgeschichte, Romanistische Abteilung 21 (1929), 578–610.

Schwennicke, Andreas, Die Entstehung der Einleitung des Preußischen Allgemeinen Landrechts von 1794, Frankfurt am Main 1993.

Seiler, Hans Hermann, Der Tatbestand der *negotiorum gestio* im römischen Recht, Köln/Graz 1968.

Sella-Geusen, Sylvia, Doppelverkauf. Zur Rechtsstellung des ersten Käufers im gelehrten Recht des Mittealters, Berlin 1999.

Siegel, Heinrich, Das Versprechen als Verpflichtungsgrund im heutigen Recht. Eine Germanistische Studie, Berlin 1873.

Simon, Heinrich, Bericht über die szientifische Redaktion der Materialien der preußischen Gesetzgebung, in: Allgemeine Juristische Monatsschrift für die Preußischen Staaten, Bd. 11 (1811), 192–286. (Zitiert: *Simon*)

–, und *Strampff, Heinrich Leopold von* (hrsg.), Materialien des allgemeinen Landrechts zu den Lehren vom Gewahrsam und Besitz, und von der Verjährung, Berlin 1836. (Zitiert: *Simon/Strampff*)

Springer, Max, Die Coccejische Justizreform, Berlin 1914.

Stegmaier, Wolfgang, Das Preußische Allgemeine Landrecht und seine staatsrechtlichen Normen, Berlin 2014.

Stölzel, Adolf, Carl Gottlieb Svarez: Ein Zeitbild aus der zweiten Hälfte des achtzehnten Jahrhunderts, Berlin 1885.

Streit, Karl Konrad; Zimmermann, Friedrich A. (Hrsg.), Schlesische Provinzialblätter, Achter Band, Breslau 1788.

Svarez, Carl Gottlieb, Gesammelte Schriften, *Peter Krause* (Hrsg.), zweite Abteilung: Die Preußische Rechtsreform, I. Das Allgemeine Landrecht: Die Texte, A. Entwurf eines allgemeinen Gesetzbuches für die Preußischen Staaten, Band 1-6, Stuttgart – Bad Cannstatt 1996–2004. (Zitiert: *Svarez*, Entwurf)

–, Vorträge über Recht und Staat, *Hermann Conrad/Gerd Kleinheyer* (Hrsg), Wiesbaden 1960. (Zitiert: *Svarez*, Vorträge)

–, [und *Goßler, Christoph*] Unterricht für das Volk über die Gesetze, Berlin 1793. (Zitiert: *Svarez/Goßler*)

Tevenar, Johann Wilhelm, Versuch über die Rechtsgelahrheit, Magdeburg und Leipzig 1777.

Thieme, Hans, Die Zeit des späten Naturrechts, in: Zeitschrift der Savigny-Stiftung für Rechtsgeschichte, Germanistische Abteilung, 56 (1936), 202–263. (Zitiert: *Thieme*, Naturrecht)

–, Die preußische Kodifikation, in: Zeitschrift der Savigny-Stiftung für Rechtsgeschichte, Germanistische Abteilung, 57 (1937), 355–428. (Zitiert: *Thieme*, Kodifikation)

Unger, Oliver, *Actio funeraria*, Tübingen 2018.

Voet, Johannes, *Commentarius ad pandectas*, Bände I-II, Halle 1776.

Wacke, Andreas, Kannte das Edikt eine *in integrum restitutio propter dolum*? in: Zeitschrift der Savigny-Stiftung für Rechtsgeschichte, Romanistische Abteilung 88 (1971), 105–135.

–, Zur Lehre von *pactum tacitum* und zur Aushilfsfunktion der *exceptio doli*, in: Zeitschrift der Savigny-Stiftung für Rechtsgeschichte, Romanistische Abteilung, 90 (1973), 220–261.

-. *Circumscribere*, gerechter Preis und die Arten der List, in: Zeitschrift der Savigny-Stiftung für Rechtsgeschichte, Romanistische Abteilung, 94 (1977), 184–246.

Wagner, Wolfgang, Die Wissenschaft des gemeinen römischen Rechts und das Allgemeine Landrecht für die Preussischen Staaten, in: *Helmut Coing* und *Walter Wilhelm* (hrsg.), Wissenschaft und Kodifikation des Privatrechts im 19. Jahrhundert, 119–152. (Zitiert: *Wagner*)

Weidlich, Christoph, Biographische Nachrichten von den jetztlebenden Rechtsgelehrten in Teutschland, 2. Theil, Halle 1781.

–, Biographische Nachrichten von den jetztlebenden Rechtsgelehrten in Teutschland, 3. Theil, Halle 1783.

–, Biographische Nachrichten von den jetztlebenden Rechtsgelehrten in Teutschland, Nachträge, Zusätze und Verbesserungen zu dem ersten, zweiten, und dritten Theile, Halle 1783.

–, Biographische Nachrichten von den jetztlebenden Rechtsgelehrten in Teutschland, 4. Theil, fortgesetzte Nachträge, Zusätze und Verbesserungen zu dem ersten, zweiten und dritten Theile, Halle 1785.

–, Vollständiges Verzeichniß aller auf der Königl. Preußl. Friedrichs Universität zu Halle seit ihrer Stiftung bis auf den heutigen Tag herausgekommener juristischen Disputationen und Programmen, mit einigen litterarischen Anmerkungen. Nebst beygefügter Succession aller Rechtsgelehrten dieser berühmten Universität, und deren kurzgefaßte Biographien, Halle 1789.

Wesener, Gunter, Dingliche und persönliche Sachenrechte – *iura in re* und *iura ad rem*. Zur Herkunft und Ausbildung dieser Unterscheidung, in: *Erik Jayme, Adolf Laufs, Karlheinz Misera, Gert Reinhart, Rolf Serick* (Hrsg.), Festschrift für Hubert Niederländer zum siebzigsten Geburtstag am 10. Februar 1991, 195–213.

Westphal, Ernst Christian, Lehre des gemeinen Rechts von Kauf, Pacht, Wirth- und Erbzinskontract, Frankfurt und Leipzig 1791.

Wieacker, Franz, Privatrechtsgeschichte der Neuzeit: unter besonderer Berücksichtigung der deutschen Entwicklung, Göttingen 1967.

Wiegand, Wolfgang, Doppelverkauf und Eigentumserwerb – Wer zuerst kommt, mahlt zuerst? in: Professor Dr. Hans Marti zum 70. Geburtstag am 14. Januar 1985 – Festgabe des Verbandes bernischer Notare, Bern 1985, 11–30.

–, *Numerus clausus* der dinglichen Rechte. Zur Entstehung und Bedeutung eines zentralen zivilrechtlichen Dogmas, in: *Karl Köbler* (Hrsg.), Wege europäischer Rechtsgeschichte: Karl Kroeschel zum 60. Geburtstag dargelegt von Freunden, Schülern und Kollegen, Frankfurt am Main u.a. 1987, 623–643.

–, Die Entwicklung des Sachenrechts im Verhältnis zum Schuldrecht, in: Archiv für die civilistische Praxis 190 (1990), 112–138.

Wieling, Hans Josef, Sachenrecht, Band I: Sachen, Besitz und Rechte an beweglichen Sachen, 2. Aufl., Berlin/Heidelberg/New York 2006.

Windscheid, Bernhard, Kipp, Theodor, Lehrbuch des Pandektenrechts, 3 Bände, 9. Aufl., Frankfurt am Main 1906. (Zitiert: *Windscheid/Kipp*)

Wolff, Christian, *Jus naturae methodo scientifica pertractatum*, pars tertia, Halle/Magdeburg 1743. (Zitiert: *Wolff*, *Jus naturae*)

–, *Institutiones juris naturae et gentium*, Halle und Magdeburg 1750 (Gesammelte Werke, II. Abt., Band 26, Nachdruck Hildesheim 1969.) (Zitiert: *Wolff*, *Institutiones*)

–, Grundsätze des Natur- und Völkerrechts, Halle 1754. (Zitiert: *Wolff*, Grundsätze)

Anhang I. Instruction für den Doctorem Juris Volckmar wegen Anfertigung eines Auszugs aus dem römischen Gesetzbuche

07.01.0051v.-07.01.0052v. Auch in Abschrift in: 01.01.007-01.01.009.

1. Dem *Doctori Juris* Herrn Volckmar wird hierdurch aufgetragen, einen Auszug aus dem *Corpore Juris* zu liefern, welcher bei der Ausarbeitung eines neuen Gesetzbuchs zum Grunde gelegt werden könne.
2. Dieser Auszug muß ordentlich, vollständig, getreu, und in möglichster Kürze, so viel ohne Verletzung der Vollständigkeit und Deutlichkeit geschehen kann, abgefasst seyn.
3. Soviel die Ordnung betrifft, so wird:
   a. in Ansehung des Arrangements der Materie hinter einander wird ein Plan hier beigefügt, welcher darunter zum Grunde zu legen ist.

      Insofern in diesem Plan, welcher eigentlich für das künftige neue Gesetzbuch bestimmt ist, Materien vorkommen, wovon im *Corpore Juris* nichts anzutreffen, so versteht es sich von selbst, daß solche im Auszug übergangen, gleichwohl aber die Rubrique des Titels in seiner Ordnung hingesetzt werden müße.

      Sollten dem Herrn d. Volckmar bei der wirklichen Ausarbeitung Materien vorkommen, welche in diesem Plan nicht enthalten sind, und unter keine der darin ausgeworfene Rubriquen füglich gebracht werden können, so muß er solche besonderes bemerken, und davon mit Beifügung eines Gutachtens, wohin sie zu verweisen seyn möchten, Anzeige machen.
   b. die innere Ordnung betreffend, so sind bei jeder Materie die allgemeinen Grundsätze und Regeln vorauszuschicken, und einer jeden ihre gehörigen Bestimmungen und Ausnahmen unter zu ordnen.
4. Anlangend die nöthige Vollständigkeit des Auszugs, so sind desfalls nachstehende Vorschriften zu beobachten:
   1). Es müßen sämmtliche Bücher des *Corporis Juris* und alle Titel derselben nachgesehen, und kein einziger gänzlich übergangen werden.
   2). Bei dem Extrahiren selbst muß keine Materien oder Lehre weggelassen werden, außer folgenden:

a. welche ganz allein das Römische *ius publicum*;
b. die Religions=
c. die Kriegs=Verfassung der Römer;
d. das Peinliche Recht;
e. die Prozeß=Ordnung denselben enthalten;
f. die Lehren von der Sclaverei, der Freilaßung, dem Verhältnis *inter patronum et libertum*;
g. die Lehre von Stipulationen insofern, sie sich bloß auf die Subtilitäten der damaligen Rechtsgelehrten bezieht, und nicht etwa allgemeine Grundsätze und Regeln, welche in die Lehre von Zusagen und Verträgen gehören, enthält;
h. die Gesetze, welche in bloßen Wort=Erklärungen bestehen;
i. diejenigen, worin bloßen Meinungen der Rechtlehrer ohne Entscheidung vorgetragen werden, insofern die Sache in einem anderen Gesetz deutlich und ausdrücklich entschieden ist.

3). Auch bei diesen Materien muß sorgfältig nachgesehen werden: ob etwa darin allgemeine Grundsätze liegen, welche im *Corpore Juris* auf andere Lehren angewendet sind, oder sich darauf füglich anwenden lassen.
4). Wenn wiedersprechende Gesetze vorkommen, müßen beide eingerückt, der Wiederspruch dabei bemerkt, und allenfalls ein Votum: wie solche zu beheben, oder welchem Gesetz der Vorzug zu geben seyn möchte, beigefügt werden.
5). Wenn auch der Grund eines oder des anderen Gesetzes auf unsere heutigen Zeiten, Sitten und Verfassungen nicht passend zu seyn scheinen möchte, so muß solches dennoch nicht übergangen, sondern gehörigen Orts eingerückt, und allenfalls nur das dabeihengende Bedenken in einer Note angezeigt werden.
6). Ueberhaupt kann eher eins und das andere, welches nach einer genauen Prüfung allenfalls wegbleiben könnte, eingerückt, als etwas wirklich Brauchbares wegen vermeintlicher Unbrauchbarkeit übergangen werden; maßen dieser Auszug noch nicht das Gesetzbuch selbst seyn, sondern nur den Stoff und die Materien liefern soll, aus welchen hiernächst das Gesetzbuch wird ausgearbeitet werden.

5. Wenn man ferner einen getreuen Auszug verlangt, so wird darunter verstanden:
   a. daß überall so viel als möglich die eigenen Worte des Gesetzes beibehalten werden.
   b. daß wo dunkle und zweideutige Gesetze vorkommen, den Worten des Gesetzes nicht eine bloß willkührliche Erklärung substituirt, sondern

hier vornehmlich das Gesetz mit seinen eignen Worten angeführt, seine Erklärungs=Art beigefügt, und die davon abweichenden in einem *marginali* oder einer Note angegeben werden.

6. Wenn endlich die möglichste Kürze, so viel ohne Nachtheil der Deutlichkeit und Vollständigkeit geschehen kann, erfordert wird, so versteht man darunter:
   a. daß die weitläufigen Prologe und unnützen *raisonnements*, womit so viele Gesetze verunstaltet sind, wegbleiben, und nur *pars dispositiva* derselben einzurücken ist;
   b. daß wenn ein Satz in mehreren Gesetzen vorkommt, oder mehrere vollkommen gleiche Fälle auf einerlei Art entschieden werden, der Satz und die Entscheidung nur einmal auszuziehen und gehörigen Orts einzurücken sind, folglich
   c. alle bloße Wiederholung wegbleiben müssen.
7. (sollte wegbleiben) Der Extract wird zwar in deutlichen Sprache abgefaßt, wo aber Zweideutigkeiten oder Schwierigkeiten bei der Uebersetzung sich äußern, müßen die Original Ausdrücke des lateinischen Textes beigefügt, und eingeschaltet werden.
8. (7.) Am Ende jeder extrahirten Materien ist ein Verzeichniß der ausgezogenen und der weggelaßenen Titeln und Gesetze beizufügen.
9. (sollte wegbleiben) Der Herr Doctor Volckmar wird sich mit seiner Arbeit so zu arrangiren suchen, womit solche theilweise abgeliefert werden könne.

Sign. Berlin, den 19ten Juli 1780.

Anhang II. Schema, nach welchem der Auszug aus dem *Corpore Civilis Romani* vom Doctor Volckmar angefertigt werden soll

07.01.049r.-051v.
Hinweis: Die in *Kursivschrift* wiedergegebenen Überschriften hat Volkmar keinen römischrechtlichen Auszug erstellt.

##

Ein bürgerliches Gesetzbuch soll die den Unterthanen des Staats zukommende Rechte und darauf sich beziehende Verbindlichkeiten festsetzen.

##

Diese Rechte haben entweder Personen, oder Sachen, oder Handlungen zum Gegenstande; die natürlichste Ordnung also, in welcher die Gesetze vorzutragen, wird seyn, wenn man sie nach ihren verschiedene Objecten mitheilt, und bey einem jeden zugleich auf die Quellen, woraus die dießfälligen Rechte fließen, ihre innere Beschaffenheit und Umfang, die Art ihrer Erwerbung, und die Art, wie sie aufhören und verlohren werden können, Rücksicht nimmt.

##

Nach diesen Gründen der Eintheilung ist in dem neuen Gesetzbuche zu handeln:

I. Von dem Rechte der Personen nach ihrem Stande, das heißt, nach dem Verhältniß, worinn sie im menschlichen und bürgerlichen Leben sich befinden.

Unter diese Rubrique gehören:

1. Die Rechte der noch ungebohrenen Personen.
2. Die Rechte der vorzeitigen unvollkommenen und wiedernatürlichen Geburten.
3. Die Rechte der nach dem Vaters Tode Gebohrenen.
4. Die Rechte, welche aus dem Unterschied des Geschlechts entstehen.
5. *Die Rechte und Verbindlichkeiten der Fremden.*
6. *Die Pflichten der Unterthanen gegen ihr Land=Majestät.*

7. Die Rechte eines Herrn über seinen Knecht.
8. *Die Rechte zwischen Dienst=Herrschaften und Gesinde.*
9. *Die Rechte der Grundherrschaften und ihrer Guts=Unterthanen.*
   a. *Von der Art, wie die grundherrschaftliche Rechte entstehen.*
   b. *Von dem Gegenstand dieser Rechte.*
      α. *Die Person.*
      β. *Die Gütter und das Vermögen.*
      γ. *Die Dienste der Unterthanen.*
   c. *Von den Pflichten der Grundherrschaften gegen ihre Unterthanen.*
   d. *Von den Grentzen der grundherrschaftlichen Rechte.*
   e. *Von den Arten der Aufhebung und Verlöschung der Unterthänigkeit.*
10. *Von dem Adel und deßen Rechten*
   a. *Wie der Adel erworben wird.*
   b. *Von dem Rechten der deßelben.*
   c. *Wodurch der Adel verlohren wird.*
11. *Von dem Bürgerstand und deßen Rechten*
   a. *Überhaupt*
   b. *Insonderheit*
      α. *Von den Rechten der Künstler, Professionisten und Handwerkern*
      β. *Von den Rechten der Kaufleute*
12. *Von dem Stande der Bewohner des platten Landes und deren Rechten*
13. Von den Rechten zwischen Eheleuten
   a. Von Verlöbnissen
   b. Von rechtmäßigen Ehen
   c. Von den Rechten und Verbindlichkeiten der Eheleute in Ansehung ihrer Personen
   d. Ihres Vermögens
   e. *Von der Erbfolge unter Eheleuten*
   f. *Von der Aufhebung und Trennung der Ehe*
   g. Von der zweiten Ehe
   h. *Vom Konkubinat und andern dergleichen Verbindungen*
14. Von den Rechten zwischen Eltern und Kindern
   a. Wie diese Rechte erworben werden
      α. Durch die Zeugung aus einer rechtmäßigen Ehe
      β. Durch die Adoption oder Annahme an Kindesstatt
      γ. *Durch die Einkindschaft unio prolium*
      δ. *Durch die Legitimation außer der Ehe erzeugten Kinder*
   b. Von dem Gegenstande dieser Rechte
      α. In Ansehung der Personen

β. In Ansehung des Vermögens
γ. In Ansehung der Erbfolge
c. Von der Aufhebung dieser Rechte
d. Von den Rechten der außer der Ehe erzeugten Kinder
15. Von den Rechten der Verwandtschaft
a. Wie eine Verwandtschaft entstehe
b. Von den Rechten, welche aus der Verwandtschaft herrühren
c. Von der Erbfolge der Verwandten
16. Von den Rechten unmündiger und minderjähriger Personen, ingleichen solcher, die ihren eigenen Sachen nicht verstehen können Hier ist die ganze Materie von den Vormundschaften abzuhandeln. Ingleichen *de restitutione in integrum ex capite aetatis.* Ingleichen von der *cura furiosorum* und Stummen, der Tauben, der Aberwitzigen, der Blödsinnigen, der Verschwender.
17. Vom Soldatenstande und dessen Rechten
18. Von den Rechten derjenigen, die in landesherrlichen Bedienungen stehen

II. Vom Eigenthum und den daraus entstehenden Rechten

1. Von den Personen, welche ein Eigenthum erwerben können oder nicht
2. Von den Sachen, welche eines Privat=Eigenthums fähig sind oder nicht Hier wird das, was aus dem Titel *de rerum divisione* würklich practisch und brauchbar ist, abgehandelt werden.
3. Von den rechtmäßigen Mitteln, Eigenthum zu erwerben
a. Von der Occupation
b. Von der Findung
c. Von der Erwerbung durch die Jagdt, Fischerei etc.
d. Von der Accession und den verschiedenen Arten derselben
e. Von Erlangung des Eigenthums durch die Übergabe
f. Von der Erwerbung des Eigenthums=Recht durch die Antretung der Erbschaft
g. Von der Erwerbung des Eigenthums=Rechts durch die Verjährung
h. Von der Erwerbung des Eigenthums=Rechts unmittelbar aus dem Gesetze
4. Von den Rechten des Eigenthümers, wohin hauptsächlich gehört
a. Das Recht über die Sache selbst zu disponiren
b. Das Recht, solche zu veräußern
c. Das Recht, sie zu vindiciren
5. Von den Umständen, welche die Rechte eines Eigenthümers einschränken; wo gehandelt werden von Fideicommissen, Majoraten, Lehen= und

Erbzins=Güttern etc.; wo jedoch in Ansehung der Lehen wurden die allgemeinen Grundsätze des Langobardischen Lehnsrechts einzurücken sind.

6. *Wie das Eigenthums=Recht verloren gehe*

III. Vom Besitz und den daraus entstehenden Rechten

1. Von Erlangung des Besitzes und was dazu erforderlich
2. Von den Rechten, die aus dem bloßen Besitz folgen Hier ist die Materie von den *Beneficiis possessionis*, von Erwerbung der Früchte, vom *spolio* etc. abzuhandeln.
3. Von den Arten, wie der Besitz verloren geht

IV. Von den Rechten, welche jemand in dem Eigenthum eines andern zustehen

A. Von Dienstbarkeits=Rechten

1. Von Dienstbarkeits=Rechten, welche auf Häusern und städtischen Gebäuden haften
2. Von Dienstbarkeits=Rechten, welche auf Grundstücken, so zum wirtschaftlichen Gebrauch bestimmt sind, haften. Hierher gehört besonders vom *Jure pascendi*, vom *Compascuo*, von Gemeinheiten und ihrer Aufhebung.
3. Vom Rechte des Nießbrauchs
4. Vom Wohnungs=Rechte
5. Von Erwerbung solcher Dienstbarkeits=Rechte
6. Von der Art, wie solche erlöschen und verlohren gehen

B. Vom Pfandrechte

1. Von den Arten, wie ein Pfandrecht erlangt wird.
2. Von den Rechten des Pfandinhabers und seinen Verbindlichkeiten. Hier kann von der *anticresi* gehandelt werden.
3. Von der Aufhebung und Erlöschung des Pfandrechts

V. Von den Rechten, welche jemand auf gewisse Handlungen und *praestationes* eines andern durch Zusagen und Verträge erlangt.

1. Von den Personen, welche Versprechen und Verträge schließen können.

2. Von den Handlungen und Prästationen, welche ein Gegenstand von Zusagen und Contracten sein können.
3. Von den Rechten und Verbindlichkeiten, welche aus bloßen Zusagen entstehen.
4. Von den Erfordernißen eines gültigen Contracts, und den Mängeln, welche seine Gültigkeit verhindern Hierher die Materie *de dolo, vi, metu causa* abgehandelt werden.
5. Von den Wirkungen eines gültigen Contracts und den daraus entstehenden Rechten und Verbindlichkeiten. Hier ist die allgemeinen Grundsätze von der Praestation der *culpae* und das Interesse bey Contracten abzuhandeln.
6. Von Verbindlichkeiten aus Contracten, so von andern geschlossen werden. Hierher gehört die Lehre *de obligatione exercitoria et institoria.*
7. Von einigen besonderen Gattungen der Verträge
   a. Vom Darlehns=Contracte. Hier ist zugleich die Materie von Zinsen, vom Wucher, vom *Contracta mohatra*, vom Schuldenmachen der Subaltern-Offiziere und Soldaten, von der *Obligatione correali* und andere dergleichen verwandte Materien abzuhandeln.
   b. Vom Wechsel=Contracte
   c. Vom *commodato* oder Leih=Contracte
   d. Vom *deposito* oder Aufbewahrungs=Contracte
   e. Vom Tausch=Contracte
   f. Vom Kauf=Contracte Hier sind nicht nur die Lehre von den verschiedenen *pactis adjectis*, von der Redhibition, von der Verletzung über die Hälfte, von der *venditione hereditatis* zu weisen, sondern auch andere verwandte Materien, welche bey Gelegenheiten der Kaufe häufigsten vorzukommen zulegen, z.E. *de retractu, de cessione jurium etc.* mitgenommen werden.
   g. Vom Pacht= und Miet=Contracte
   h. Vom *mandato*
   i. Vom Societaets=Contracte
   k. Von Schenkungen unter Lebendigen
   l. Vom Bürgschafts=Contracte, und vom *SC Vellejano* mit zu handeln.
   m. Von Vergleichen
   n. Von Eheberedungen
   o. Von Erbverträgen
   p. Vom Assecuranz=Contracte
   q. Von Wetten
8. Von den Arten, wie Rechte, die aus Verträgen entstehen, wieder aufhören und erlöschen können Hier ist die Lehre *de mutuo dissensu, de pactis*

renuntiatione et remissoriis, de solutione, de novatione et delegatione, de cessione bonorum, de restitutione in integrum ex edicto Pauliano abzuhandeln.

VI. Von den Rechten, welche jemanden auf gewiße *praestationes* eines andern aus unzulässigen Handlungen erwachsen.

Hierher gehört die Lehre von der Schadloshaltung und Gewährung des Interesse außer den Contracten; und das, was in *corpus iuris* unter den Titeln: *Si quadrupes pauperiem fecisse dicatur; de Lege Aquilia; de iudice litem suam faciente; de effusis vel dejectis; de positis vel suspensis.; de receptis; de novi operis nunciatio etc.* vorkommt.

VII. Von den Rechten, welche jemanden auf gewisse Handlungen oder *praestationes* eines andern unmittelbar aus den Gesetzen zukommen.

Hierher gehört die Lehre *de negotiorum gestione, de solutione indebiti, de societate incidente* und verschiedene Polizey=Gesetze.

VIII. Von den Rechten, die aus letztwilligen Verordnungen entspringen

1. Von Testamenten und deren äußern und innern Erfordernißen
   a. In Ansehung der äußerlichen Form
   b. In Ansehung der Personen, welche dergleichen Verordnungen machen können
   c. In Ansehung der Personen, welche darin etwas verlaßen werden kann
   d. In Ansehung der Sachen und Handlungen, worüber solchergestalt verordnet werden kann
2. Von den Erbes=Einsetzungen und Vermächtnißen beygefügten Bedingungen
3. Von Substitutionen
4. Von dem *jure accrescendi*
5. Von den Regeln, wonach eine dunkle oder zweideutige letzte Willensverordnung zu erklären
6. Von Antretung der Erbschaft
7. Von den Rechten und Verbindlichkeiten eines Erben (und auch von dem *Beneficio inventarii* zu handeln ist.)

8. Von den Rechten und Verbindlichkeiten eines *Legatarii* (und auch von denen Quarten)
9. Von den Umständen, welche eine letztwillige Verordnung ungültig machen
10. Von den Umständen, welche das Recht eines Erben oder *Legatarii* aufheben
11. Inwiefern eine Erbschaft oder Vermächtnis auf den Erben oder *Legatarii* Erben übergehen
12. Von Schenkungen von Todes wegen

IX. Von fiskalischen Rechten

X. Von den Rechten der Kirchen und anderer milden Stiftungen

XI. Von den Rechten der Städte und anderer Communen

XII. Vom Lehnrechte

XIII. Von den Verbrechen und deren Strafen

Anhang III. Ideen des Doctoris Volckmar über die Einrichtung des Auszugs aus den Römischen Gesetzbüchern, nebst dem Versuche eines zum Grunde zu legenden Schemas

07.01.041r.-047v.
[07.01.041r.] Diejenige Rechts=Gelehrte, deßen Geschäft es seyn würde, diejenigen römischen Gesetze, welche eine verbindliche Kraft in Deutschland erhielten und welche auf seinen Staat noch anwendlich sind, von den unbrauchbahren, die theils aus bloßer Speculation leere Subtilitäten enthalten, theils aus der innern Staats=Verfassung Roms entsprangen, abzusondern und die beyzubehaltenden Gesetze in einer natürlich zusammenhängenden Ordnung vorzutragen; dieser Rechtsgelehrte müßte, nach meinem Erachten, vor allen Dingen die äußern und innen Einrichtung und Natur des römischen Gesetzbuches mit einem Blick übersehen.

Diese Betrachtung der äußern Beschaffenheit dieses Gesetz=Buches läßt ihn hier Gesetz=Bücher finden, in welchen römische Regenten als Gesetz=Geber Ihres Volkes sprechen, und das Recht vermittelst Ihrer gesetzgebenden Gewalt selbst ausmitteln; (hierher rechtlich den Justinianeischen Codex und die Novellen;) aber er findet auch Gesetz=Bücher, welche allein Meynungen von Privat=Rechtsgelehrten enthalten, und denen Rom und Deutschland eine verbindliche Gesetz=Kraft ertheilten, er findet die Pandecten und Institutionen; welche letzter ein vermischtes Werk sind. Der verschiedene Ton, der verschiedene Geist, der verschiedene Endzweck, welche in dem Werk des Gesetz=Gebers eines Volks,

[07.01.041v.] und welche in dem Werk eines Privat=Rechtsgelehrten forschen, die verschiedenen Epochen der Gesetz=Gebung, sind für den deutschen Rechts=Gelehrten eine unentbehrliche Betrachtung. Er dringt dadurch in die inre Natur der Gesetz=Baßen ein, er beurtheilt desto schärfer, welches Gesetz bloß in ein unterrichtetem System der Rechts=Gelehrsamkeit gehört, welches Gesetz bloß als Subtilität eines distinguirenden Rechts=Lehrers zu verwerfen ist, welches Gesetz endlich bloß auf den römischen Staat paßt, kurz diese Betrachtung lehrt ihn die Quellen, die Ursachen der römischen Gesetz=Gebung kennen.

Dann leitet er seine Betrachtung auf die innre Natur der einzeln römischen Gesetze. Diese kann er in folgende Classen theilen. Die

1ste derselben sind sogenandte Gesetze, welche in das Gebieth eines Lehr=Systems des Rechts gehören. Ein Beyspiel sind die Begriffe, Eintheilungen, ganze Titel des 1sten Buchs der Digesten, und Etymologien der Pandecten. Die

2te besteht aus Gesetzen, welche Privat=Streitigkeiten der Rechtslehrer über ihren Meynungen vortragen.

[07.01.042r.] Die 3te besteht aus den Aussprüchen des Rechts=Gelehrten in einzelen Puncten, welche die Verbindlichkeit eines Gesetzes erfindten und wobey eines Rechts=Gelehrten Meynung oft in zweifelhaften Fällen oder bey mehrere verschiedenen Entscheidungen das Unter=Gewicht haben soll. So sagte, zum Beyspiel, der Theodosianische Codex: wenn mehrere Rechts=Gelehrte verschiedene Aussprüche über ein und dieselbe Rechts=Sache vortragen, so soll des Papinians Meynung die entscheidende seyn. Dieser Grundsatz des Prüfern römischen Gesetz=Buches wurde von den Gelehrten, welche das Justinianeische Gesetz=Buch bearbeiteten, befolgt und Deutschland, welches sich nach dem Willen des Justinians einschränkte, befolgte diesen Satz, ohne ihn oft zu kennen und zu prüfen. Die

4te besteht aus Gesetzen, welche sich auf Gewohnheiten, Observanz gründen. Die

5te aus solchen, welche Entscheidungen der römischen Gerichts=Höfe (*disputationes fori*) oder der Kayser (*constitutiones superatorum, rescripta, decreta etc.*) enthalten. Die

6te besteht aus Gesetzen, welche sich wiedersprechen und wobey bißher der Richter den Grundsatz: das spätre, wiedersprechende Gesetz habt das zuerst gegeben auf, als Mittel ergrief.

[07.01.042v.] Sind diese Claßen gebildet, so sieht mann auf die Quellen, aus welchen alle Gesetze gemeinschaftlich bey der römischen Gesetz=Gebung hergeleitet wurden. Hier findet der Rechtsgelehrte 2 Quellen. 1) stens Grundsätze der Natur, von den was recht und billig ist, und 2) tens den römischen Staat, mithin besteht seine

7te Haupt=Claße aus Gesetzen, welche durch die philosophische Betrachtung über die Natur des Menschen, seinen Pflichten, über die Natur der Handlung ausgemittelt wurden, kurz aus Gesetzen des Rechts der Natur. Zu diesem großen, ansehnlichen Teil müssen alle Gesetze gerechnet, welche nach der Sprache des römischen Gesetzbuches aus dem *aequo et bono* entsprungen sind. Durch diese Absonderung erhält mann die

8te Claße, nehmlich alle Gesetze, welche theils die Verfassung des römischen Staats allein erforderte, und teils nur zur willkührlichen Feyerlichkeiten gegeben wurden, kurz, die nur als eigentliche römische Gesetze, nicht als Welt=Gesetze anzusehen sind.

Hat der Rechts=Gelehrte diese Claßen abgetheilt, so muß er sich ganz in seinen Staat hineindenken, seinen Geist, seine innre Verfassung, seine

[07.01.043r.] Verhältniße, sein Volk, seine Bedürfniße, und die ihm nothwendigen Gesetze mit einem Blick übersehe. Hier sind 2 Bedürfniße für den Rechts=Gelehrten da, Bekanntschaft mit seinem Staat, und Scharfsinn um beurtheilen zu können, was mit der Verfassung seines Staats harmonirt. Erst nach diesen Beschäftigungen kann der Rechts=Gelehrte zu seiner Bestimmung selbst fortschreiten.

Hier ist der erste Gegenstand seiner Betrachtung die zusammenhängende, mit philosophischem Geist auszumittelnde Ordnung, in welcher er seine Rechts=Materien vortragen muß. Diese System=Ordnung auszumitteln ist schon Arbeit selbst, daher müßen ohnmaßgebliche Vorschläge zu der Ausmittlung dieser Ordnung von diesem Plan abgesondert werden.

Ist diese Ordnung bestimmt, so muß mann sich zu der Arbeit überhaupt folgende General=Regeln bestimmen.

1) Diese Arbeit duldet keine wörtliche Uebersetzung, sondern der wahre Sinn muß durch Analogie, durch alle Hülfsmittel die Auslegungskunst ausgemittelt, geprüft, und sodann in einem Styl vorgetragen werden, welcher die Würde, Ton und Anstand, welchen die Gesetz=Gebung erfordert hat, die möglichste Kürze, ohne die Deutlichkeit zu verletzen, enthält und endlich von der Beschaffenheit ist, daß ihn der Gelehrter ohne Ekel lesen und der ungebildete Mann verstehen kann.
2) die erste Claße von Gesetzen ist zu verwerfen.
3) bey der 2ten Claße muß er sorgfältig prüfen, [07.01.043v.] ob solche streitige Meynungen der Privat=Rechtsgelehrten aus der natürlichen Billigkeit entspringen, welche Meynung mit dieser und seinem Staate die angemeßenste ist, und ob sie ein nützliches Gesetz seyn dürfte; nur diese Meynung ist ein Gegenstand seines Auszuges und wird in der Form eines Gesetzes vorgetragen.
4) kein römischer Rechtgelehrter, kein Gesetzgeber hat für den anderen einen Vorzug, sondern der Ausspruch, welcher mit der natürlichen Billigkeit und der Staats=Verfassung am besten übereinstimmt, hat den Vorzug und muß in ein Gesetz gekleidet werden.
5) römische Gewohnheiten können nur dann beybehalten werden, wenn sie mit dem Staat und der natürlichen Billigkeit harmoniren. Eben diese Regel ist auch von der 5ten Clase gültig.

6) muß die Regel: *lex posterior abrogat priori*, ganz aus dem Kopf durch diese Regel: Wenn das erstre Gesetz mehr mit dem Staat und gesunder Vernunft übereinkommt als das spätre wiedersprechende Gesetz: so muß das erstre beybehalten und das leztre verworfen werden; ganz verdrängt werden. So ist es möglich, daß ein Gesetz der Pandecten, ein Gesetz des Codex oder der Novellen aufheben köndte.
7) [07.01.044r.] nur die Gesetze, welche die gesunde, erhellte Philosophie für Producte der natürlichen Billigkeit und des Natur=Rechts erkannt und die auf unseren Staat passen, können beybehalten werden, mithin müßen alle Gesetze der 8ten Claßen und welche die Chicane durch Subtilitäten nähres sorgfältig verworfen werden. Ist
8) tens ein Gesetz nur zum Theil anzunehmen, zum Theil nicht, so muß es umgebildet, und nur zum Theil beybehalten werden. Da
9) die Gesetze in dem römischen Gesetzbuch in keiner gutten Ordnung zusammenhängen, sondern oft Gesetze von einer Materie unter fremden Titeln zerstreut sind, so muß der Rechtgelehrte mit dem Justinianeischem Gesetzbuch bekanndt genug seyn, um diese Gesetze zu sammeln und sie in ihrer gehörigen Ordnung vorzutragen.

Mit diesen Regeln nimt mann das Justinianeische Gesetz=Buch in die Hand, trägt und sammelt

1) alle Gesetze, welche von einer praktischen Materie handeln, zusammen; prüft
2) nach erst erwähnten 9 Regeln mit Scharfsinn und aller nur zu erdenkenden Sorgfalt in das einzelne Gesetz, bildet es zum beyzubehaltendem Gesetz um, [07.01.044v.] sondert alle Gesetze, die nicht beybehalten werden können, ab; und trägt
3) die umgebildeten Gesetze in einer natürlich zusammenhängenden Ordnung vor.

Nach Vollendung der ganzen Arbeit kann folgende Probe damit gemacht werden. Es kann

1) Ein Verzeichnis der beybehaltenen Gesetze und Materie.
2) Ein Verzeichnis von den verworfenen Materien und Gesetzen von dem Verfertigen geliefert werden, worinnen der Inhalt der verworfenen Gesetze nebst den Gründen der Verwerfung kurz referirt wird.

[07.01.045r.] Die Fragen, welche dem Rechtsgelehrten nach dem Begriff „Recht" einhalten, sind:

Wer hat Rechte und wer kann sie erlangen? Wodurch erlangt mann Rechte?

Was für Rechte erlangt mann? Wodurch werden sie genadet?

Ister Theil
[I.] Von denen Rechten, welche Menschen nach ihren verschiedenen Verhältnißen zustehen.
1ster Abschnitt
[1.] Von denen Rechten, welche von dem Unterschied der Geburt abhängen.
1stes Capitel
[a.] Von denen Rechten, welche der Unterschied des Geschlechts ertheilt.
2tes Capitel
[b.] Von den Rechten der zu früh gebohrene Kinder und der Monstren.
3tes Capitel
[c.] Von den Rechten der Nachkömmlinge.
4tes Capitel
[d.] Von den Rechten derjenigen, welche durch Körperliche Gebrechen oder durch Mangel der Seelen=Kräfte in der Betreibung ihres Geschäfts gehindert werden und ihren Aufsehern.
2ter Abschnitt
[2.] Von den Rechten, welche von der väterlichen Gewalt abhängen.
[07.01.045v.]
1stes Capitel
[a.] Von den Rechten, die aus der rechtmäßigen Ehe entstehen, von der rechtmäßigen Ehe selbst und ihrer Trennung.
2tes Capitel
[b.] Von der an Kindes statt Annehmung.
3tes Capitel
[c.] Von der Erklährung unehlich=gebohrener Kinder für solche, welche die Rechte ehelich=gebohrener Kinder zustehen sollen. (*legitimatio*)
3ter Abschnitt
[3.] Von den Rechten, welche von dem Alter abhängen.
1 Capitel
[a.] Von den Unmündigen unter 12 und unter 14 Jahren.
2 Capitel
[b.] Von denen, welche den Termin der Unmündigkeit, aber noch nicht der Volljährigkeit überschritten.
3 Capitel
[c.] Von denen Vormündern und Aufsehern der Unmündigen und noch nicht Volljährigen; ihrer Bestellung, Verwaltung und Pflichten.
4tes Capitel

[d.] Von den Aufsehern derjenigen, welche für Verschwender erklährt worden sind, ihrer Bestellung und Pflichten.

5tes Capitel

[e.] Von den Ursachen, aus welchen sich diejenigen, welchen Vormundschaft oder Aufsicht übertragen wird, selbige zu übernehmen endigen können.

[07.01.046r.]

IIter Theil

[II.] Von denen Handlungen und Fällen, wodurch Rechte und Verbindlichkeiten erlangt werden; von dem Umfange der Rechte, und von ihrer Endigung und von der Ungültigkeit dieser Handlungen.

1ster Abschnitt

[1.] Von denen Rechten und Verbindlichkeiten, welche aus erlaubten Handlungen entspringen.

1stes Buch

[a.] Von Erwerbung der Rechte an Sachen, die nicht unter dem Eigenthum eines anderen Menschens befindlich gewesen sind, und der fremden Sachen, die in der Lage sind, als wären sie nicht unter dem Eigenthum eines anderen gewesen.

1stes Capitel

[α.] Von Erwerbung der Sachen, die unter keinem fremden Eigenthum befindlich gewesen sind. (*occupatio*)

2tes Capitel

[β.] Von der Findung.

2tes Buch

[b.] Von Rechten und Verbindlichkeiten, welche durch Verträge und Contracte erworben werden, und von Rechten, welche aus Fällen entspringen, bey denen die Gesetze den Consens ergänzen und welche sonst nur aus Verträgen entstehen; Von Rechten, welche unmittelbahr von den Gesetzen bey einem bestimmten Fall einem zustehen.

1ste Abteilung

[α.] Von Rechten und Verbindlichkeiten, die aus Contracten und Verträgen entstehen. Hier werden in einzeln Capiteln die Contracte in natürlicher Ordnung verhandelt; Eben so komt hierher die Lehre von den Servituten,

[07.01.046v.] Besitz, Gemeinschaft und Aufhebung derselben, die zufälligen Umstände, die zu den Contracten hinzukommen z.B. Eid, Zinsen, Frucht, Pfand, Hypotheke, wie durch die Lehre von den Personen, die mann bey Contracten oft antrift, z.B. Proxeneten, Maeckler etc.

2te Abtheilung

[β.] Von Rechten, welche aus Fällen entspringen, bey denen die Gesetze den Consens ergänzen, und welche sonst nur aus Verträgen entstehen; Von Rechten, welche unmittelbahr bey einem bestimmten Fall von den Gesetzen zugesprochen werden.

Die Capiteln dieser Abtheilung kondte einzeln die Lehre von den Quasi=Contracten, von der Verjährung, von den Servituten, welche durch das Gesetz oder Spruch zustehen.

3tes Buch

[c.] Von Rechten, welche durch Erbfolge und andere einseitigen Willen übertagen werden.

1ste Abtheilung

[α.] Von der gesetzlichen Erbfolge.

2te Abtheilung

[β.] Von der testamentarischen Erbfolge.

Hier kommen alle hierher gehörige Lehren z.B. von den Substitutionen, universalen fideicommissen, Pflicht=Theil u.s.w. im Capitel vor.

3te Abtheilung

[γ.] Von der Erbfolge aus Legaten, von Schenkungen Todeshalber und *mortis capiones.*

4te Abtheilung

[δ.] Von den Schenkungen unter Lebenden.

[07.01.047r.]

2ter Abschnitt des 2ten Theils

[2.] Von denen Rechten, die aus unerlaubten Handlungen, den nicht Verbrechen sind, folgen.

Hier kommen in einzeln Capiteln die dahin gehörigen Materien z.B. *si. quadrup. paup. fec. dic; leg. Aquil.; opus novum; aedilit. edict.; de iis qui effuder. et ejecer.*; die Lehre von der Schadensersetzung vor.

3ter Abschnitt des 2ten Theils

[3.] Von den Fällen, wodurch diese Rechte und Verbindlichkeiten theils geendigt, theils aufgehoben und ungültig werden.

1stes Capitel

[a.] Von der Zahlung.

2tes Capitel

[b.] Von der Compensation.

3tes Capitel

[c.] Von der Novation.

4tes Cap.

[d.] Von der Delegation.

5tes Cap.

[e.] Von Abtretung des Vermögens des Schuldners.

6tes Cap.

[f.] Von den Ursachen der Ungültigkeit der Verträge.

Hierher komt z.B. die Lehre vom *dolo. vi. metu., SC. Maced., SC Vellej.* den enormen Laesion. Veräußerung zum Betrug der Ceditoren u.s.w.

7tes Cap.

[g.] Von der Schadens=Ersetzung in den vorigen Stand.

[07.01.047v.]

4ter Abschnitt des 2ten Theils

[4.] Von den Rechten in Rücksicht der Verbrechen.

Anhang IV. Der Volkmarsche Auszug für die Einleitung

07.02.147r.-07.02.150v.
Hinweis: Manche Stellen sind nur mit den lateinischen Originaltexten wiedergegeben. Diese Stellen werden mit Unterstreichungen markiert.

[07.02.147r.] A. Von den Gesetzen überhaupt

L. 1 C. *de const[itutionibus]. princip[um]. et legib[us].* [C. 1, 14, 1] Der Landesherr allein kann Gesetze dahinn erklähren, daß wegen der Billigkeit von der Strenge des Rechts abgewichen werden. (*Inter aequitatem iusque interpositam interpretationem nobis solis et oportet et licet inspicere.*)

L. 2 C. *eod[em].* [C. 1, 14, 2] *Personales constitutiones* sind keine *leges generales*, mithin sind sie bloß für die, denen solche gegeben worden, Gesetze, welche ihnen niemand nehmen muß; wer sie bößlich und verschlagen (*astute*) interpretirt, oder wer eine ihnen zuwieder lautendes Rescript erhalten hat, als welches für eine *subreptionem rescriptum* zu halten ist, und die ersten Privilegien und *personales Constitutiones* daraus impugnirt, soll infam seyn, und ein Richter, welcher so etwas verheimlicht, und einem solchen Menschen ferner gehört, seine ferneren Bestimmungen gegen die *personales Constitutiones* nimmt, und wohl gar deswegen unter dem Vorwand eines zweifelhaften Falles an den Landesherrn Bericht thut, soll zu *libras auri* Strafe geben.

L. 5 C. *eod.* [C. 1, 14, 5] Wer die Worte und den Sinn des Gesetzes weiß, dem Sinn des Gesetzes zuwieder handelt: vergeht sich wieder das Gesetz. Wer zu seiner Entschuldigung betrüglich dem Sinn des Gesetzes zuwieder die Worte des Gesetzes verdreht: kann nicht von der gesetzlichen Strafe befreyt bleiben.

Kein Vertrag oder Contract, welcher dem Gesetze zuwieder eingegangen wird, ist gültig.

Es ist hinlänglich, wenn der Gesetzgeber das, was er nicht will, daß es geschehen soll, verbothen hat, ist alsdann das verbothene Geschehen, so ist solches, ohne daß es das Gesetz ausdrücklich sagt, ungültig und für ungeschehen zu halten. Ebenso ist alles, was durch oder vermittelt eines so verbothenen Handlung geschehen ist, ebenfalls ungültig.

Weder ein Auftrag noch Eyd kann wieder das Verboth der Gesetze geschehen.

[07.02.147v.] L. 6 C. *eod.* [C. 1, 14, 6] Was zur Gunst einiger Personen verordnet worden ist, kann nicht in andern Fällen zu ihrem Nachtheil verdreht werden.

L. 7 C. *eod.* [C. 1, 14, 7] Gesetze beziehen sich auf zukünftige, nicht auf vergangene Fälle; es müßte dann solches Letztes ausdrücklich im Gesetze verordnet seyn.

L. 9 C. *eod.* [C. 1, 14, 9] Gesetze müßen iedermann bekandt gemacht und von iedermann verstanden werden.

Was in Gesetzen dunkel und hart scheint, muß der Landesherr erklähren.

L. 10 C. *eod.* [C. 1, 14, 10] Alle Unterthanen, auch welche am Hofe und in der königlichen Famille sind, werden durch die Gesetze verbunden.

L. 12 C. *eod.* [C. 1, 14, 12] Entscheidet und untersucht der Landesherr einem Fall: So ist seine Entscheidung nicht nur in diesem, sondern auch in andern Fällen ein Gesetz.

Die Erklährung eines Gesetzes, welche vom Landesherrn kommt, muß, sie mag, worinnen es sey, geschehen seyn, unbezweifelt befolgt werden.

L. 1 C. *de mandat[is].* [C. 1, 15, 1] Wenn sich iemand auf ein Scandat des Landesherrn beruft: So muß ihm in nichts, worinnen er sich nicht durch Schrift ausweisen kann, glauben beygemeßen werden; und muß sich niemand durch eine vorgegebene Würde und Stand eines solchen Menschens abschrecken laßen.

L. 2 C. *de prec[ibus]. imp[eratori]. off[erendis].* [C. 1, 19, 2] *Quotiens rescripto nostro moratoria praescriptio remittitur, aditus supplicandi pandatur. quod autem totius negotii cognitionem tollit et vires principalis negotii*
[07.02.148r.] *exhaurit, sine gravi partis alterius dispendio convelli non potest. nec praescriptionis igitur peremptoriae relaxatio petatur.*

L. 3 C. *de prec[ibus]. imp[eratori]. off[erendis].* [C. 1, 19, 3] Es kann weder etwas, was dem *fisco* schädlich, noch was wieder das Recht streitet, von dem Landesherrn gebethen werden.

L. 7 C. *eod.* [C. 1, 19, 7] Iedes Rescript, deßen Inhalt dem promulgirten Recht zuwieder ist, muß von iedem Richter entkräftet werden (*refutari*): Ausgenommen wenn es keinem andern Schaden, dem Supplicanten aber Nutzen bringt, oder eine Vergebung eines Verbrechens entfält.

L. 8 C. *eod.* [C. 1, 19, 8] Es nutzt keinem Supplicanten, der ein Rescript verlangt, etwas, wenn er ein Instrument selbst seiner Supplique beylegt: Sondern er muß nur die wichtigen Stücke desselben, worauf es ankommt, und aus denen der Landesherr die Wahrheit ersehen kann, in der Supplique anführen; so daß solche nur diejenigen Worte, welche bezweifelt werden, enthält.

L. 1 C. *si contra ius etc.* [C. 1, 22, 1] Wenn durch ein Rescript die Entscheidung eines Falls aufgetragen worden, ist deswegen doch Richter, wenn auch in der Supplique ein Theil des *facti* ausgelaßen worden ist.

L. 2 C. *eod.* [C. 1, 22, 2] Wird gegen ein Rescript die *exceptio mendaciorum* opponirt: So muß der Richter, er nach und in der Supplique in Rücksicht des angeführten und deducirten Rechts, oder des erzehlten *facti*, oder darum, daß der Supplicant etwas betrüglich verschwieg, eine Unwahrheit finden, nach der Wahrheit, nicht nach den Behauptungen des Supplicantens solches untersuchen und darnach die Sentenz fällen.

[07.02.148v.] L. 5 C. *eod.* [C. 1, 22, 5] Wer in einer Supplique eine Unwahrheit vorgeben und dadurch ein Rescript erhalten hat: Kann sich desselben nicht bedienen, und muß nach Befinden der Umstände noch bestraft werden.

L. 6 C. *eod.* [C. 1, 22, 6] Kein Richter muß deren streitenden Partheyen, eine pragmatische Sanction, kein Rescript (*res sacram adnotationem)* welche dem allgemeinen Landesrecht (*iuri generali*) oder dem Vortheil des Staats zuwiederlautet, zu produciren erlauben.

L. 1 C. *de divers[is]. rescript[is].* [C. 1, 23, 1] Wenn ein Rescript in einer gemeinschaftlichen Sache auf Antragen der gemeinschaftlich interessirten Theile gegeben wird: So kann sich solches auch unter ihnen, deßen in dem Rescript keine Erwähnung geschieht, anmaßen.

L. 2 C. *eod.* [C. 1, 23, 2] Ein Rescript, welches das Recht bestimmt, dauert immer gültig fort: Es müßte dann in dem Rescript eine Zeit, binnen welcher solches nur gültig seyn soll, bestimmt worden seyn.

L. 3 C. *eod.* [C. 1, 23, 3] Wer sich auf ein Rescript beruft, muß das Originale mit des Landesherrn Unterschrift produciren.

L. 7 C. *eod.* [C. 1, 23, 7] Iedes Rescript, an wen es nur gerichtet seyn mag, iede Adnotation und pragmatische Sanction enthält die Bedingung: Wenn die Supplique wahr ist. Ist dies nicht, so ist keines gültig. Pragmatische Sanction werden nur auf Antrag einer Stadt, eines *corporis* einer Schule, und Universität gegeben.

[07.02.149r.] L. 14, 15 π *de ll. sc. et long[a]. consue[tudine].* [D. 1, 3, 14-15] Wenn etwas *contra rationem iuris* recipirt worden ist, so ist dies nicht auf Folgen zu beziehen, und müßen eine Regeln, die somit auf andern Rechte anwendlich sind, davon gelten. (*Quod vero contra rationem iuris receptum est, non est producendum ad consequentias. In his, quae contra rationem iuris constituta sunt, non possumus sequi regulam iuris.*)

L. 18 π *eod.* [D. 1, 3, 18] *Benignius leges interpretandae sunt.*

L. 22 *eod.* [D. 1, 3, 22] Wenn ein Gesetz in Rücksicht der vergangenen Zeit etwas nachsieht (*indulget*): So verbiethet es solches auf die Zukunft.

L. 23 *eod.* [D. 1, 3, 23] *Minime sunt mutanda, quae interpretationem certam semper habuerunt.*

L. 28 *eod.* [D. 1, 3, 28] *Leges posteriores ad priores pertinent, nisi contrariae sint, idque multis argumentis probatur.*

L. 1 § 2 π *de const[itutionibus]. princ[ipum].* [D. 1, 4, 1, 2[1]] Ein Vorrecht, welches iemanden durch ein Privilegium ertheilt wird, kann sich kein andern, als der, dem das Privilegium gegeben worden, anmaßen.

L. 2 π *eod.* [D. 1, 4, 2] Ohne einleuchtenden Vortheil für den Staat müßen die einmahl eingeführten Rechte nicht abgeändert werden.

L. 3 π *eod.* [D. 1, 4, 3] Eine von dem Landesherrn ertheilte Gnade muß nicht eingeschränkt, sondern extensive erklährt werden. (*Imperatoris beneficium quod interpretari debemus.*)

L. 4 π *eod.* [D. 1, 4, 4] Das später wiedersprechende Gesetz hebt das ältere Gesetz auf.

[07.02.150r.] B. Von der *Ignorantia juris et facti* [07.02.150]

L. 1 C *de ignor[antia]. jur[is]. et facti.* [C. 1, 18, 1] Ein Soldat kann die Einwendung, daß er das Recht ignorirt habe, immer noch vor der Execution der Sentenz anführen.

L. 2 C *eod.* [C. 1, 18, 2] Ein Volljähriger kann sich nicht leicht mit der *Ignorantia juris* entschuldigen; es ist zu spät, wenn er dem landesherrlichen Beystand erst nach einem Jahre, nachdem eine Handlung die er *ex ignorantia juris* gethan hat, geschehe ist, erbitten will.

L. 4 C *eod.* [C. 1, 18, 4] Wenn nachdem eine Theilung geschehe ist, erst ein Fehler des Testaments an das Licht bricht: So ist das, was aus Unwißenheit geschehen ist, niemandem nachtheilig; es kann also iemand, wenn er dies beweist und sein Recht ausführt, der Theilung ohnerachtet, noch die ganze Erbschaft erhalten.

L. 5 C *eod.* [C. 1, 18, 5] Wer einer Sache aus Irrthum eine falsche Qualität beylegt, hat deswegen keinen Nachtheil.

L. 6 C *eod.* [C. 1, 18, 6] Wenn einer nicht um sich zu vergleichen, sondern weil er sich aus Irrthum dazu verbunden glaubt, was verspricht, so ist ihm dies nicht nachtheilig. Insoweit als geirrt worden ist, insoweit geht das Versprechen zurück.

L. 7 C *eod.* [C. 1, 18, 7] Der *error facti* ist solange als eine Sache nicht durch richterlichen Ausspruch entschieden ist, niemandem nachtheilig.

L. 8 C *eod.* [C. 1, 18, 8] *Cum testamentum nullo iure constiterit, ex eius, quae ab intestato successit, professione sola velut ex testamento liberos per errorem*

1 *Schwennicke*, S. 63, hat diese Stellenummer als „D. 1, 4, 1 pr." verkannt.

profitentis orcini vel proprii liberti, si non ipsius accessit iudicium, cum errantis voluntas nulla sit, effici non potuerint.

(Ist ein Testament ungültig: So ist das aus einem *errore facti* geschehen Bekenntnis des Erbens *ab intestato* nicht hinlänglich,

[07.02.150v.] daß etwas als aus dem Testament des Verstorbenen geschehen solle.)

L. 10 C *eod.* [C. 1, 18, 10] Ein *indebitum ex errore facti solutum*, kann zurückgefordert werden; nicht aber eine *ex errore juris* ohne Verbindlichkeit gezahlte Schuld.

L. 11 C *eod.* [C. 1, 18, 11] So oft als es Gewinn betrifft, wird nicht wegen einer *ignorantiae juris* einem Volljährigen, wohl aber einem minderjährigen Frauenzimmer beygestanden.

L. 12 C *eod.* [C. 1, 18, 12] Landesherrliche Gesetze muß weder iemand ignoriren noch sich stellen, als wenn er sie ignorirte (*dissimulare*).

L. 13 C *eod.* [C. 1, 18, 13] *Ne passim liceat mulieribus omnes suos contractus retractare in his, quae praetermiserint vel ignoraverint, statuimus, si per ignorantiam iuris damnum aliquod circa ius vel substantiam suam patiantur, in his tantum casibus, in quibus praeteritarum legum auctoritas eis suffragatur, subveniri.*

Anhang V. Nachweisung der Vollständigkeit zum 1. Buch der Pandecten

07.02.024r-07.02.028r

[D. 1, 1] Der erste Titel „*De Just. et Jure*" ist weggelaßen worden. Er enthält Begriffe, die heute kein Rechtsgelehrter mehr annehmen kann von dem *Jure*; er theilt das Recht in das *publicum et privatum; ius positivum, et naturale*, und dieß in das eigentliche natürliche Recht und das Völkerrecht; erzählt den Ursprung der *manumissio*; zergliedert das *ius civile*, theilt es in *scriptum et non scriptum* und zeugt die verschiedene Rechte als *leges, SCta etc.*, welche darinnen enthalten sind, zeugt die verschiedenen Bedeutungen des Wortes *Jus*. Die Begriffe dieses Titels sind ganz und gar nicht von heutigen Rechtsgelehrten anzunehmen; außer den in pr. dieses Titels: Die Gerechtigkeit ist der beständige, unwandelbahre Wille, in dem seyn Recht zu ertheilen.

[D. 1, 2] Der 2te Titel „*De origine juris*" enthält eine kurze Geschichte der römischen Gesetzgebung von den romuluischen Zeiten biß zu den Zeiten des *Constitutionem Principien*. Trägt 2) eine Geschichte der folgenden Magistrate=Personen Roms und 3) einzelne Rechts=Gelehrten vor.

Diese 2 Titeln können unter keine Rubrique, welche der, der Instruction beygefügte Plan aufwirft, gebracht werden; und sind Materien, die darinnen gar nicht vorkommen. Allein es ist offenbahr, daß sie aus einem deutschen Gesetzbuch ausgelaßen werden müßen. Höchstens köndten sie in ein *Compendium* des römischen Rechts oder Alterthümer kommen.

[D. 1, 3] III Titel *De legib. SCtis. et longa consuet.*

Vom 1sten Gesetz, welches eine rednerische Beschreibung des Gesetzes enthält, biß zum 7ten Gesetz werden dem Gesetzgeber Regeln gegeben, das er für Gegenständen der Gesetzgebung erwähnen müßen.

Das 7te Gesetz - 14 enthält die Eigenschaften der Gesetze, daß sie etwas verbiethen, erlauben, belasten, bestrafen; daß auch SCta gültig sind; und daß die Gesetze nicht alle Fälle des Mensch=Lebens enthalten können, sondern nur die Handlungen, die den Öftesten verbannen.

14tes und 15tes Gesetz, wenn etwas *contra rationem iuria* sey rezipirt worden, so sey dieß nicht auf Folgen zu ziehen und es müßen kein Regeln, die anderen Rechten sonst anwendlich sind, davon gelten. fol A.

16tes Gesetz enthält den Begriff des *Juris singulare.*

(18 fol A, 22 fol A, 23 fol A, 28 fol A)

Das 17te-28te Gesetz enthalten allgemeine Regeln für das Auslegen der Gesetze.

Das 29te-30te Gesetz zeigen den Unterschied zwischen gesetzwidrig Handeln und den Sinn des Gesetzes verdrehen.

31tes Gesetz, daß der Landesherr nicht an die Gesetze gebunden sei und mehrstentheils durch seine Gewahlte davon ausnehmen.

32tes Gesetz, wenn kein geschriebenes Recht einen Fall entscheidet, so muß mann zu dem Gewohnheits=Recht übergehen, und wenn durch dies nicht vorhanden seyn, sollte zur Analogie.

33-41stes Gesetz eine lange Gewohnheit, soll die Kraft eines Gesetzes haben; Gesetze müßen vorzüglich durch die Gewohnheit erklährt werden; jede Gewohnheit muß nicht der Vernunft entgegen seyn; *praejudicia* sollen wie Gesetze entscheiden.

Kein Gesetz dießes Titels paßt unter eine Rubrique des Plans und keines ist irgendwo, als hier extrahirt worden; weil sie nicht die Rechte und Verbindlichkeiten der Unterthanen festsetzen, sondern nur Regeln für den Gesetzgeber, oder Rechtsgelehrten enthalten.

[D. 1, 4] IV Titel *De constitut. princip.*

1stes Gesetz. Landesherren können Gesetze geben. Seine *Rescripta, Decreta* sollen Gesetze seyn.

§2 Ein Vorrecht, welches jemandem Privilegien ertheilen, kann sich kein anderer verstoßen, als der, dem das Privilegien gegeben worden ist. fol A.

2tes Gesetz. Ohne einleuchtenden Vortheil für den Staat, müßen die einmahl eingesetzten Rechte nicht abgeändert werden. fol A.

3tes Gesetz. Eine ertheilte landesherrliche Gnade soll nicht eingeschränkt, sondern extensive erklährt werden. *Imperatoris beneficium quam plenissime interpretari debemus.* fol A.

4tes Gesetz. Das später wiedersprechende Gesetz hebt das ältre auf. fol A.

Der §2 des 1sten Gesetzes [D. 1, 4, 1, 2] und das 3te [D. 1, 4, 3] und 4te [D. 1, 4, 4] Gesetz, welche hier extrahirt worden, sind nicht füglich unter eine Rubrique des Plans zu bringen.

Sie beziehen sich auf eine Materie, welche gar nicht in demselben [Plan] vorkomt, nehmlich auf die Privilegien.

Sollten diese Gesetze nicht ausgelaßen werden dürfen, so konndten in einer Einleitung, die dem Gesetz=Buche vorauszuschicken wäre, unter anderen diese Grundsätze von denen Privilegien überhaupt, von den Monopolien, Moratorien, etc. abgehandelt werden.

[D. 1, 5] Titulus V *De Statu hominum*

L.1 Das Recht hat zu seinem Gegenstand, entweder Personen, oder Sachen, oder Klagen, ist weggelaßen.

L.2 Es ist also zuerst von den Personen zu handeln. Ist weggelaßen.

L.3 Die Menschen sind entweder Freye oder Sclaven. Weggelaßen.

L.4 Eine Beschreibung der Freyheit. Ist weggelaßen.

[Eine Beschreibung] der Sclaverey.

Etymologie des Worts *servi*.

[Etymologie des Worts] *mancipia*.

L.5 Eintheilung unter *Ingenuos* und *Libertas*.

Die Fälle wodurch einer Sclave wird. Definition der *Ingenuorum*. Ein strittiger Fall, ob einer *Ingenuer* sey, oder nicht. War weggelaßen.

L.6 Definition der *Libertinorum*. War weggelaßen.

L.7 fol. 1.

L.8. fol 31.

L.9. In vielen Rücken ist der Stand der Frau weniger vortheilhaft als der Manns-personen. Ist bloß hier extrahirt worden.

L.10. fol 4

L.11. fol 39

L.12. fol 31

L.13. Von den Sclaven, die von ihrem Herrn in einem Fall nicht beygestanden werden, und die doch unter Herrschaftsgewalt verbleiben. Fällt weg.

L.14. fol 2

L.15 et L.16. Ein Fall, worinnen bey einer Geburt gestritten wird, ob ein Freyer oder Sclave gebohren sey. Ist weggelaßen.

L.17 Handelt von der Constitution, wodurch alle Bewohner der römischen Länder, römische Bürger wurden. Weggelaßen.

L.18 Der erste Satz: eine zum Tode verurtheilte schwangere Frau, gebiehrt einen Freyer. Ist weggelaßen.

Der 2te Satz fol. 117

Der 3te Satz. Wenn einer Frau, die aus einer rechtmäßiger Ehe concipirt hat, der Gebrauch des Feuers und Waßers zu Rom ist untersagt wurden, ist weggelaßen worden.

Wurde er aber auf eine Frau adplicirt, welche er aus einer Stadt exiliren müßte, und deren in rechtmäßiger Ehe concipirtes Kind, darf die Rechte der Bürger=Kinder der Stadt, haben sollte, so würde er ohngefehr unter der Rubrique: fol 31/14/2 als wobey doch gefragt werden muß, wer ist dann für ein aus einer rechtmäßigen Ehe erzeugtes Kinder zu halten, einzuschalten seyn.

L.19 fol 31

L.20 fol 43
L.21 Von *servis poenae*. weggelaßen.
L.22 Freye über die Ingenuität eines Menschen. Ist weggelaßen.
L.23 fol 39
L.24 ist schon in einem anderen Gesetz mit vorgekommen.
L.25 handelt von den *libertinis* und *ingenues*. Ist weggelaßen.
L.26 fol 1
L.27 fol 32.

[D. 1, 6] Tit. VI *De his qui sui vel alieni iuris sunt*
§1 trägt die Eintheilung in *homines sui et alieni juris* bloß vor, und sagt, daß mann zuerst untersuchen wolle, wer *sui juris* sey. Dieß Gesetz dürfte wahrscheinlich wegzulaßen seyn.
§2 L.1 fol 7
L.2 fol 7
L.3,4,5 fol 31
L.6 fol 39
L.7 fol 37
L.8 fol 31
L.9 fol 45
L.10,11 fol 39

[D. 1, 7] Tit. VII *De adopt. et emancipat.*
L.1 Beschreibung der Adoption und Adrogation. Dürfte als bloß theoretisch wegzulaßen seyn.
L.2 fol 32
L.3 Daß ein Consul oder Praeses sich selbst emancipiren oder *ad* Adoption geben können. Dürfte weggelaßen werden können.
L.4-8 fol 32
Cod. de Auth. praeti. fol 32
L.9 fol 32
L.10 fol 37
L.11-12 fol 32
L.13-14 fol 38
L.15 pr. fol 36
L.15 §1 fol 32
L.15 §2-3 fol 32
L.16-17 fol 32
L.18-19 fol 32 B

L.20 *de adopt*. fol 32 B. Dies Gesetz ist extrahirt bloß auf den 1sten §, worin gesagt wird, unter *pupillis* versteht mann auch *pupillar*.
L.21-24 fol 32 B
L.25 §1 fol 32 B
L.25 pr. fol 38
L.26,27 fol 32 B
L.28 fol 38
L.29,30 fol 32 B
L.31 fol 38
L.32 pr. fol 38
L.32 §1 fol 32 B
L.33 fol 38
L.34,35 fol 32 B
L.36 fol 38
L.37 fol 32 B
L.38,39 fol 32 C
L.40 pr. et §1 fol 32 C
L.40 §2 fol 37
L.41,42 fol 32 C
L.43 ist schon in Gesetz enthalten und daher nicht extrahirt worden.
L.44 fol 32 C
L.45 fol 36
L.46 handelt von der Adoption eines *liberti*. Ist daher nicht zu extrahiren gewesen.

[D. 1, 8] Tit. VIII *De divis. re. et qual.*
L.1 bloß theoretisch, dürfte daher nicht zu extrahiren seyn.
L.2 pr. bloße Theorie.
L.2 §1 fol 47
L.3 fol 49
L.4 fol 47 et 50
L.5 pr. fol 47
L.5 §1 fol 50
L.6 pr. fol 47
L.6 §1-5 ist antiquarisch, bezieht sich auf Knechtschaft und Religionssätze. Ist daher nicht extrahirt worden.
L.7 ebenfalls
L.8 liefert den Begriff des Worts *sanctus* und *sagminis*.

L.9 pr. §1,2,3 liefert den Begriff des Worts: *sacrum*, meistentheils aus Religions=Begriffe, daher nicht extrahirt werden können.

L.9 §4 fol 47

L.10 ist eine Meynung des Aristos, welche unentschieden bleibt.

L.11 fol 47

[D. 1, 9] Tit. IX *De senatoribus*

Dieser Titel enthält einige Gesetze von der Adoption der Senatoren und ihrer Kinder, welche schon in den extrahirten Gesetzen unter der Rubrique: [I. 14. a.] β) durch die Adoption, befindlich sind.

Ferner enthält er die Entscheidung, wem der Titel *clarissimus* zukommt, und Bestimmungen wegen der Ehre des Senator=Kindes. Welche bloß römisch sind und daher nicht zu extrahiren gewesen sind.

[D. 1, 10] Tit. X *De consulibus*

Handelt von den Rechtes=Pflichten eines römischen Consuls in einem einzeln Gesetze, welches daher nicht zu extrahiren gewesen.

[D. 1, 11] Tit. XI *De praefecti praetorio officio*

Ihre Einführung in den römischen Staat, und ihre Gewalt wird in einem einzeln Gesetze erzehlt, welches mithin nicht hat können extrahirt werden.

[D. 1, 12] Tit. XII *De officio praefecti urbi*

Ihre Geschichten werden in 3 Gesetzen durchgegangen, daher ist dieser Titel laut Instruction nicht zu extrahiren gewesen.

[D. 1, 13] Tit. XIII *De officio quaestoris*

Der Ursprung und die eigenthümlichen Beschaffenheiten dieses Magistrats, werden in einem einzelnen Gesetz durchgegangen, welches nicht zu extrahiren gewesen ist.

[D. 1, 14] Tit. XIV *De officio praetorum*

Specielle Umstände, die diesen Magistraten angehen, werden in diesen Titel vorgetragen, welcher daher nicht extrahirt worden ist.

[D. 1, 15] Tit. XV *De officio praefecti vigilium*

Enthält die Pflichten dieses Magistrats, welcher um Feuerschaden zu verhüten, mit 7 Sclave=Wachten in der Stadt bey der Nachtzeit herumgehen müßen. Ist daher in dem Extract zu übergehen gewesen.

[D. 1, 16] Tit. XVI *De officio proconsulis*

Dieser Titel enthält die speciellsten Bestimmungen, die auf diesen Magistrat, welcher laut Instruction hat übergangen werden müßen.

[D. 1, 17] Tit. XVII *De officio praefecti Augustalis*
Besteht in einer einzelnen Ordre an diesen Magistrat und hat daher übergangen werden müßen.

[D. 1,]18 Tit. XVIII *De off. praesidis*
Alle übrigen Gesetze dieses Titels enthalten bloß die Pflichten und Jurisdiction dieses Magistrats, daher sie auch vermittelt der Instruction übergangen werden musten außer dem L. 14 fol 117

[D. 1, 19] Tit. XIX *De off. procurat. Caesaris vel rationalis*
L.1. pr. fol 45
L.1 §2 ist bloß auf diesen Magistrat zu beziehen, daher weggelassen worden.
L.2 fol 45
L.3 bezieht sich speciell auf die Jurisdiction dieses Magistrats und ist daher nicht extrahirt.

[D. 1, 20] Tit. XX *De officio iuridici*
Gesetze, welche sagen, daß dieser Magistrat *tutores* bestellen konndte. Sind also weggelassen worden.

[D. 1, 21] Tit. XXI *De off. ej. cui mand. est jurisdictio*
Gesetze, welche bestimmen, welche Jurisdiction und wann sie kann einem anderen von dem Richter übertragen werden. Sie gehören zu den Lehren des Proceßes und sind daher laut Instruction kein Gegenstand des Extracts gewesen.

[D. 1, 22] Tit. XXII *De off. adsessorum*
Bloße *Specialia*, welche aus vorstehendem Grunde nicht haben extrahirt werden sollen.

[Ende des 1. Buchs]

Anhang VI. Rohentwurf *ex statu familiae*

07.04.020r.-051v.
Hinweis: Die möglichen Titel für jede Normengruppe sind in [eckigen Klammern] hinzugefügten.

(§§1-119 fehlen.)

[Eheberedung]

120. Aus gültigen vollzogene Ehen entspringen Rechte und Verbindlichkeiten, welche den Eheleuten unter sich zustehen.

121. Diese Rechte und Verbindlichkeiten werden entweder durch Eheberedungen der Eheleute selbst, oder in Ermangelung derselben durch Gesetze bestimmt.

122. Eheberedungen sind Verträge, die nicht sowohl das Eheversprechen, sondern die Einrichtung des Ehestandes des Vermögens, so beyde Theile einander zu bringen, und die künftigen Sterbe=Fälle der Eheleute betreffend.

123. Es können daher durch Eheberedungen in Rücksicht der gewöhnlichen Rechte und Verbindlichkeiten, welche den Eheleuten unter sich zustehen sollen, Erweiterungen und Einschränkungen getroffen werden, und es muß alsdann der Antrag der Rechte und Verbindlichkeiten unter den Eheleuten nach den geschloßenen Eheberedungen beurtheilt werden.

[Ehe zur linken Hand]

124. Erstrecken sich die Einschränkungen durch Eheberedungen dahinn, daß die Frau und die in der Ehe zu erzeugenden Kinder nicht an den Würde des Mannes und Paters, noch an deßen Verlaßenschaft den gewöhnlichen Theil haben sollen, so ist eine Ehe zur linken Hand (*matrimonium ad morganaticam*) vorhanden.

125. Die Ehe zur linken Hand ist eine wahre gültige Ehe, welche iedoch nur Personen von Adel und höhern Standes einzugehen berechtigt seyn sollen. N[ota]. Ob sie nur solche im Fall der 2ten Verehlichung eingehen können; ob sie von dem Landesherrn *in edicte* Belaubniß einholen und was sich der Frau und Kinder nach ihren Ableben bestimmt haben angeben und daher ihr Vermögen an Ejdes statt *sacrifice* angeben müßen.

126. Eine solche Ehe kann also nur auf eben diese Art, und nur von solchen Personen, welche sich verehlichen können, wie iede andere Ehe geschloßen und vollzogen werden.

127. Die Frau und die in diese Ehe gebohrenen Kinder haben alle Rechte, die aus einer anderen gültigen Ehe entspringen, insofern nicht durch die Eheberedungen in derselben Rücksicht Einschränkungen, die den zu dem gutten Sitten nicht zuwider lauten, getroffen worden. (Von *Tevenar*, Vers. der Rechtsgelahrh. pg. 402[2])
N[ota]. Nach dem Project des Corp. Juris Frid. pg. 61[3] erhält eine solche Frau keine Rechte, welche der Familie ankleben, sie erlangt also nicht die Dignität, Nahmen, Wappen, Forum des Mannes. Sie bestellt dem Mann keinen *dotem*, und der Mann kein Gegenvermächtnis. Die Frau kann keine Portion an Statutarien fordern, sondern muß mit dem, was ihr ausgesetzt worden, zufrieden seyn. Was ihr von dem Mann außer diesen vermacht oder geschenkt worden, muß sie dem Mann nach derselben Ableben conferiren. Die Kinder haben keine *jura familiae* und *agnationis*, können sich also weder der Nahmen, Wappen, noch Forum des Vaters anmaßen; sie succediren nicht in den Lehnen und *fidei commissio familiae*; sie succediren nicht dem Vater und desselben Verwandten *ab intestato*, sondern haben bloß auf die ihnen in der Eheberedung ausgesetzte Portion, welche nicht durch Schenkung und Vermächtnis vermehrt werden kann.
128. Es kann also auch eine Ehe zur linken Hand nur aus den Ursachen, aus welchen jede andere rechthändige Ehe getrennt wird, dissolvirt werden.
129. Es könne die durch Eheberedungen getroffene Erweiterungen oder Einschränkungen der unter den Eheleuten gewöhnlichen Rechte und Verbindlichkeiten, so wie ieder andere Vertrag durch beyderseitige Einwilligung aufgehoben werden, in welchem Fall nach dem Antrag der geschehenen Aufhebung die allgemeinen von den Gesetzen unter Eheleuten bestimmten Rechte und Verbindlichkeiten wieder zur Nichtigung dienen.
130. Erklährt also ein Ehemann freywillig dahinn, daß er die durch die Eheberedungen bey der Ehe zur linken Hand getroffenen Einschränkungen aufgehoben werden wolle, so erhalten die Frau und die aus dieser Ehe erzeugten Kinder die allgemeinen von den Gesetzen bestimmten Rechte und Verbindlichkeiten noch.
131. Sind keine Eheberedungen getroffen worden, so haben die Eheleute unter sich von den Gesetzen bestimmte allgemeine Rechte und Verbindlichkeiten.

2 *Tevenar*, S. 402.
3 *Cocceji, Samuel von*, Project des Corporis Juris Fridericiani, Theil I, Halle 1749, S. 61.

132. Eheleute sind sich nach dem Begriff der Ehe zu *praestatio* des *debiti conjugalis* verbunden, und können sich dieselbe ohne gegründete Ursache nicht versagen, mit andern aber keinen verbothenen Umgang führen.
133. Die Eheleute müßen sich wechselseitige Treue und Hülfe beweisen. Sie können sich also ohne eine von den Gesetzen dahinn gebilligte Ursache nicht verlaßen.
134. Sie müßen also sich zu ihren wechselseitigen Beystand ihr Vermögen vereinigen und sich beyderseits in ihrer häußlichen Geschäften und Angelegenheiten hülfreiche Hand zu leisten.
N[ota]. Besondere Verabredungen gehören ad *pacta bilateralia*, wovon im 3ten Buch gehandelt wird.
135. Sie sind daher verbunden, eine dauerhafte Freundschaft und Uebereinstimmung zu erhalten; sich ihr Leben so angenehm als möglich zu machen, Unfälle und Glück gemeinschaftlich zu tragen; für ihre wechselseitige Wohlfahrth zu sorgen, und sich zu pflegen.
136. Sie können sich also auch nicht ohne eine von den Gesetzen dahin gebilligte Ursache verlaßen, und muß ein Theil im Fall der andern ohne Vermögen fordern, welcher auf eine Ursache begehe.
137. Der Mann aber ist berechtigt in seinem Hause rechtmäßige Vorschriften zu geben, denen sich die Frau unterwerfen muß.
138. Im Fall sie sich wiederspenstig bezeigen sollte, so ist er befugt, dieselbe auf vernünftige Art dazu anzuhalten.
139. Der Ehemann ist befugt von der Frau, ihr häuslichen Beystand nach ihrem Stande zu fordern.
140. Ieder kann ferner von seiner Frau fordern, daß sie ihm, wenn er kein *domicilium* ändert, folgen müßen; es müßte denn eine andere Verabredung unter den Eheleuten getroffen worden seyn, oder der Mann wegen eines Mißethats seine *domicilium* verändern müßen.

[Brautschatz]
141. Dem Ehemann steht an dem Brautschatz der Frau der Nießbrauch zu.
142. Brautschatz ist das Vermögen, welches die Frau dem Mann dahin ausdrücklich zubringt, daß er an denselben, zur Erstattung des standesmäßigen Unterhalts, zu welchem er der Frau verbunden ist, den Nießbrauch haben solle.
143. Der Brautschatz kann nicht nur von dem Vater, sondern auch von einem Fremden, sowie auch von der Frau selbst bestellt werden.

144. *Dos profectitia* heißt der Brautschatz, den ein Vater seiner Tochter aus seinem Vermögen oder eine andere Person fremder in Rücksicht des Vaters der Frau aus seinem Vermögen bestellt.
145. Wird der Brautschatz aus fremden Vermögen und ohne Rücksicht des Paters bestellt, so ist es eine *dos adventitia.*
146. Der Brautschatz also, den der Vater seine Tochter aus derselben eignen Vermögen, oder den die Frau selbst aus ihren eignen Vermögen bestellt, ist eine *dos adventitia.*
147. Sollte aber die Frau noch unter väterlicher oder vormundschaftlicher Gewalt stehen, so ist dazu, wenn sie aus ihren eignen Vermögen keinen Brautschatz bestellen will, die väterliche oder vormundschaftliche Einwilligung erforderlich.
148. Der Brautschatz kann durch einen Vertrag, oder letzten Willen ebenso wie durch würckliche Illation bestellt werden.
149. Wird der Brautschatz durch einen Vertrag bestellt, so ist alles, was zu einem andern Vertrag erforderlich ist, mithinn beydertheile Einwilligung dabey nothwendig.
Not[a]. Von der Versprechung des Brautschatzes durch Pollicitation.
150. Es können auch daher wie bey andern Verträge unter den Eheleute, Einschränkungen und Bedingungen verabredet werden, wenn solche nur den Gesetzen und gutten Sitten nicht zuwiederlaufen.
151. Aus eben denselben Grunde können nachdem der Brautschatz durch den Vertrag bestellt worden ist, ohne allertheilen Einwilligung, dem Vertrag keine neue Bedingungen beygefügt, noch Veränderungen getroffen werden.
152. Der Brautschatz wird durch würckliche Illation bestellt, wenn derselbe dem Mann übergeben, und von ihm als Brautschatz angenommen wird.
153. Da also die Bestellung des Brautschatzes auf der Übergabung beruht, so kann ein Brautschatz durch würckliche Illation auf eben dieselben Arten bestellt werden, als wie Sachen übergeben werden können.
154. Es ist aber willkürlich, ob der Brautschatz vor oder nach vollzogene Heyrath bestellt oder vermehrt werden.
155. Hat hingegen eine Braut keinen Brautschatz versprochen oder bestellt: So kann sie nach vollzogener Heyrath zu Bestellung eines Brautschatzes nicht gezwungen werden.
156. Ein Brautschatz kann an allen Dingen bestellt werden, die unter einem Privat=Eigenthum begriffen seyn und dem Mann Nutzen verschaffen können.

157. Mithin kann nicht nur gegenwärtigen, beweglichen und körperlichen, sondern auch den zukünftigen, unbeweglichen und unkörperlichen Dingen, und an solchen Sachen die durch den Gebrauch verzehrt werden, ein Brautschatz bestellt werden.
158. Hingegen müßen es solche Sachen seyn, welche die Frau eigenthümlich besitzen kann.
N[ota]. Inwiefern einer Tochter an *fidii commissis familiae*, worinnen auch Töchter succediren können, an *bonis emphyteuticis* und Lexusgütten, ebenso auch an *rebus litigiosis* ein Brautschatz bestellt werden können.
159. Ferner müßen die Sachen und die Summe, an welchen im Brautschatz bestellt wird, deutlich bestimmt werden.
N[ota]. Wie der Vater und Vormünder die Bestellung des Brautschatzes einzurichten habe, ist bey der Pflicht der Väter und der Vormünder den Töchtern und den Pflegbefohlenen einen *dotem* zu bestellen, abzuhandeln.
160. Sollte eine Frau generell ihr ganzes Vermögen zum Brautschatz gegeben haben: So können die, welche den pflichtlich zu fordern haben, nicht darinnen geschmälert werden.
161. Eben so ist nur in diesem Fall der Brautschatz an dem gegenwärtigen Vermögen, welches sie zu der Zeit der Bestellung des Vermögens besaß, für bestellt zu achten.
Not[a]. Von der *restitutione in integrum* einer Frau, welche durch eine solche Bestellung caedirt worden.
162. Sollte ein Vater generell einen Brautschatz ohne Bestimmung der Sachen oder Summe versprochen haben, und sich darüber die dabey interessirten Theile nicht vereinigen können: So muß ebenso gutt, als wenn eine andere Person einen Brautschatz generell versprochen haben sollte, der Richter der Billigkeit und den Umständen gemäß den Brautschatz bestimmen.
163. Es muß aber der Richter bey dieser Bestimmung von Seiten des Vaters die Anzahl der Kinder, und den Stand der zu verehlichenden Personen; bey einer anderen Person aber die Vermögensumstände des Versprechers und den Stand des Bräutigams für Augen haben.
164. Ist ein Brautschatz auf gedachter Art versprochen worden, so steht dem Ehemann, sobald eine rechtmäßige Ehe würcklich vollzogen worden, oder nach dem Inhalt des Versprechens auf Belegung des Brautschatzes nebst Zinsenkosten und Interesse und etwas versprochene Conventionalstrafen gegen den Versprecher und desselben Erben klagen zu.
N[ota]. Da in Zukunft alle *formalae actionuus* certiren, so ist es überflußig, Hypothecquen und Sachen, die durch einen letzten Willen zu einem

Brautschatz versprochen worden, besonders zu erwähnen. Ob in Rücksicht der Zinsen unter Eltern und andern Personen ein Unterschied zu machen sey?

165. Sollte eine Sache (die dem Mann keinen Nutzen und Sicherheit) gewährt, versprochen worden sey, so kann der Mann, sobald er von der Beschaffenheit der Sache Nachricht erhält, den Versprecher dahinn belangen, daß er ihm den Brautschatz an einer anderen Sache bestellen solle.
N[ota]. Inwiefern der Versprecher für eine versprochene *rem alienum* ein andern gebe, und für die Gefahr des *dotis* vor der Tradition stehen müße.

166. Sollte er aber vergeblich klagen und den versprochenen Brautschatz nicht erhalten können: So ist der Ehemann die Ehe demunerachtet fortzusetzen und seine Frau standesmäßig zu unterhalten, immerfort verbunden.

167. Ist der Brautschatz würcklich bestellt worden, so stehen ihm zu Erstattung des standesmäßigen Unterhalts, zu welchen er der Frau verbunden ist, alle Früchte und Nutzungen des Brautschatzes, und der Accessionen derselben zu.

168. Eben daher kann derselben während der Ehe den Besitz desselben vertheydigen, und auf daßelben Zurückgebung, wenn ihm selbiger abhandengekommen seyn sollte, klagen.

170. Bestellt der Brautschatz in beweglichen Dingen, so kann er darüber nach seiner Willkühr disponiren und auch selbigen veräußern.

171. Ist dem Mann an unbeweglichen Sachen ein Brautschatz dergestalt bestellt worden, daß es in seiner Willkühr stehen solle, ob er den Brautschatz für eine bestimmte Summe eigenthümlich haben wolle (*dos aestimata venditionis gratia*). So ist der Ehemann ebenfalls befugt, den Brautschatz zu veräußern, es müßte denn, nach seinen Vermögensumständen unmöglich, dem Mann die bestimmte Summe zu bezahlen.

172. Außer diesem Fall kann kein Ehemann unbewegliche Sachen, sie mögen ihm nun taxirt oder untaxirt zum Brautschatz bestellt worden seyn, ebensowenig als unbewegliche Güter, die mit Dotal=Geldern im Nahmen der Frau erkauft worden sind, auf keiner Art mit oder ohne der Frau Einwilligung veräußern.
N[ota]. Wie es zu halten sey, wenn die Veräußerung zum Besten der Frau gereicht.

173. Es kann also auch kein Ehemann weder die den unbeweglichen Dotal=Gütern zustehenden Dienstbarkeiten erlaßen und Gemeinschaften aufheben, noch neue Dienstbarkeiten und Hypothecen darauflegen.

174. Sollten vor oder nach Vollziehung der Ehe solche übergeben unbewegliche Dotal=Güter wiederrechtlicher weise veräußert worden seyn, so ist die Veräußerung null und nichtig.
N[ota]. Wie es bey der *rei vindicatione*, welche der Frau gegen den Mann zusteht, zu halten sey.
175. Sollte der Käufer, als er das Dotal=Stück kaufte, nicht diese Beschaffenheit der Sache gewußt haben: So kann er, wenn die Frau von ihm das Total=Stück vindicirt hat, von dem Mann alles Interesse fordern; wußte hingegen der Käufer die Beschaffenheit der Sache, so darf ihm der Mann allein den Kaufpreis erstatten.
176. Hingegen ist der Mann verbunden, alle auf dem Brautschatz haftende Lasten zu tragen.
177. Ebenso muß er auch den Brautschatz mit der schuldigen Aufmerksamkeit zu erhalten suchen; und *diligentiam medium* praestiren.
178. Ferner übernimt er alle Gefahr, wenn der ihm bestellte Brautschatz deswegen taxirt übergeben worden war, daß er, im Fall der Brautschatz *in natura* nicht zurückgegeben werden kann, die taxirte Summe zu erlegen schuldig seyn solle.
179. Dieser Rechte des Mannes ohnerachtet behält die Frau das Eigenthum an dem Brautschatz und allen Vermehrungen desselben.
180. Die Frau muß daher den durch Zufall oder *culpam levissimam* zugefügten Schaden übernehmen, wenn der Brautschatz untaxirt übergeben worden ist.
181. Da aber der Brautschatz nur zu Erstattung des standesmäßigen Unterhalts der Frau dem Mann bestellt wird: So ist der Mann verbunden dem Brautschatz wenn keine Ehe erfolgt, oder die Ehe getrennt worden, zurückzugeben.
N[ota]. Von der Zeit der *restitution*.
182. Diese Verbindlichkeit zur Zurückgebung des Brautschatzes kann von der Frau bey Bestellung des Brautschatzes dem Mann durch keinen Vertrag erlaßen werden.
183. Erfolgt also die Ehe nicht, so kann der vor Vollziehung der Ehe übergebene Brautschatz, ebenso wie nach der Dissolution der Ehe, von dem Ehemann und seinen Erben, der denselben bestellt hat, *in natura* zurückgefordert, oder wenn diese unmöglich wäre, desselben Werth und Bestattung eingeklagt werden.
N[ota]. Welche Erben des *constituentis* nach dem Tode desselben, der den *dotem* constituirt hat, auf die *restitution* des *dotis* klagen können.

184. Selbst dem Brautschatz müßen auch die Nutzungen, welche der Besitzer nach Dissolution der Ehe von demselben gezogen hat, zurückgegeben werden.

N[ota]. Inwiefern der Ehemann die Nutzungen nach dem Tode der Frau zieht; von den Früchten des letzten Jahres.

185. Gleichergestalt müßen auch die an dem Brautschatz zugefügten Schaden, zu deren Erstattung ein Ehemann verbunden ist, von dem Mann und seinen Erben ersetzt werden.

186. Hingegen ist der Ehemann berechtigt, die auf den Brautschatz verwandten nothwendigen Kosten abzuziehen.

187. Sollte er dieß unterlaßen haben, so kann er nach Zurückgebung des Brautschatzes auf deren Erstattung klagen.

188. Auch ist der Ehemann die Wiedererstattung der auf den Brautschatz verwandeten nützichen Kosten, ohne daß er im Fall ein Streit darüber entsteht, den Brautschatz deswegen vorzuenthalten, berechtigt seyn solle, zu fordern befugt.

189. Sollte es ohne Beschädigung der Sache geschehen können, und dem Ehemann nützlich seyn: So kann er die *impensus voluntarias* zurücknehmen.

190. Sollte ferner der Ehemann arm und in zahllosem Zustande seyn: So kann er nur insofern als es sein Vermögen zuläß, wenn ihm sein nöthiger Unterhalt übrig bleiben soll, auf die Zurückgebung des Brautschatzes belangt werden.

N[ota]. Wenn dies *beneficium* nicht stattfindet.

Not[a]. Von dem *beneficis competentiae*, welches den Versprechern des *dotis* zusteht, ist schon bey dem § 164: „Ist ein Brautschatz auf gedachter Art etc." gehandelt.

191. Wegen dieses Rechtes der Frau, den *dotem* zurückzufordern, hat dieselben bey einstandenen *concurs* in Rücksicht des *dotis* ein Vorzugsrecht.

N[ota]. Von der Hypothec und dem *jure retentionis* der Frau.

192. Obgleich während der Ehe der Brautschatz nicht zurückgefordert werden kann: So ist doch eine Ausnahme zu machen, wenn die Frau nicht von den Schulden und von der Verschwendung des Mannes benachrichtigt gewesen, und der Mann während der Ehe sein Vermögen durchzubringen anfängt.

193. Iedoch soll der Mann von der Verbindlichkeit, den Brautschatz herauszugeben, befreyt seyn, wenn er der Frauen hinlängliche Sicherheit bestellt.

Not[a]. Inwiefern *fiscus* verbunden sey, der Frau den *dotem* herauszugeben, wenn des Mannes Vermögen *confiscirt* worden.

194. Würde eine Frau zum Unterfall ihrer verarmten Eltern den Brautschatz oder einen Theil desselben von dem Ehemann zurückfordern: So muß der Richter nach dem Befinden der Umstände darüber erkennen.

195. Ueberhaupt aber findet von der Verbindlichkeit, den Brautschatz zurückzugeben, eine Ausnahme statt, so daß weder der Mann noch desselben Erben dazu verbunden sind, wenn der Mann den Brautschatz nicht erhalten, aber eine Quittung selbigen erhalten zu haben, ausgestellt hat, und er oder seine Erben binnen Jahr und Tag vor Ausfall der Quittung an, die *exceptionem non numeratae pecuniae opponione.*
Not[a]. Wenn diese *exceptio* nicht stattfindet.

198. Es darf auch der Mann den Brautschatz nicht zurückgeben, wenn eine Verabredung getroffen worden, daß der Brautschatz dem Mann zustatten solle.

199. Ferner tritt die Vermuthung ein, daß die Frau die Herausgebung des Brautschatzes dem Mann erlaßen habe, so ist der Ehemann von der Verbindlichkeit der Zurückgebung befreyt.

200. Eben dieselbe Ausnahme ist auch vorhanden, wenn ein untaxirter Brautschatz ohne des Mannes Nachläßigkeit verlohren geht.

201. Auch ist der Mann von dieser Verbindlichkeit frey, wenn die Ehe durch der Frauen Schuld dissolvirt wird.
Not[a]. Inwiefern in diesem Fall, der Vater oder eine andere Person, der aus ihrem Vermögen bestellten Brautschatz zurückfordern können.

202. Hingegen erhält der Mann wegen des Ehebruchs der Frau nicht, wenn er selbst eines Ehebruchs überführt worden.
Not[a]. Was rechter sey, wenn er seine im Ehebruch betroffene Frau getödtet hat.

[Paraphernalvermögen]

203. Dem Mann steht auch an dem Paraphernalvermögen seiner Frau die Verwaltung und der Nießbrauch zu.

204. Paraphernalgütter sind das Vermögen, welches eine Frau dem Mann außer dem Brautschatz zubringt.

205. Mithin ist auch das, was einer Frau nach Bestellung des Brautschatzes und nach vollzogener Ehe durch Schenkungen, Erbschaften und andern Arten zufällt, unter dem Paraphernalvermögen Begriffen.

206. Das Eigenthum und das Recht über das Paraphernalvermögen zu disponiren ist der Frau zuständig.

207. Es folgt hieraus von selbst, daß der Ehemann zwar die Paraphernalgütter administriren, nicht aber als Eigenthümer darüber disponiren, also auch nicht ohne seiner Frau Einwilligung veräußern könne.
Not[a]. Wie diese Einwilligung geschehen müße.

208. Da aber die Frau das Eigenthum an dem Paraphernalvermögen behält: So kann sie selbiges nach Dissolution der Ehe zurückfordern.

209. In Rücksicht dieses Eigenthumsrechts steht der Frau von dem Tage der Zubringung des Paraphernalvermögens an eine Hypothec an dem Vermögen des Mannes zu.
Not[a]. Was rechtens sey, wenn die Paraphernalgütter nach und nach zugebracht werden, und der Mann inzwischen etwas veräußert; ingleichen wie es bey einem *concurs* in Rücksicht der Frau und ihrer Erben zu halten sey?

210. Im zweifelhaften Fall muß die Frau den Beweis führen, daß ein Gut unter dem Paraphernalvermögen begriffen sey.
Not[a]. Wie dieser Beweis zu führen sey?

[Spillgelder]

211. Hingegen hat der Ehemann an den Spillgeldern (*bonis receptitiis*) seiner Frau keine Rechte, wenn ihm nicht der Nießbrauch oder ein andres Recht ausdrücklich von ihr ertheilt werden.
Not[a]. Von der Hypothec, welche die Frau in diesem Fall erhält.

212. Es sind aber Spillgelder die Gütter, an welchen sich die Frau vor Vollziehung der Ehe das Eigenthum und den Gebrauch vorbehalten hat, und was von diesem Vermögen angeschafft worden.

213. Mithin ist der Frau außer der Verwaltung auch die Nutzung an diesem Vermögen zuständig.

214. Es kann also von der Frau, ebenso wie von ihren Erben, nach Dissolution der Ehe dies Vermögen von dem Ehemann und seinen Erben, sowie auch von iedem Besitzer zurückgefordert werden; ebenso steht ihnen auch ein Vorbestellungsrecht zu.
Not[a]. Wie es bey entstandenen *concurs* zu halten sey?

215. Sollte aber über Spillgelder ein Zweifel entstehen, so liegt der Frau der Beweis ob.

216. Zu den Spillgeldern der Frau ist auch die Morgengabe zu rechnen, welche einmahls an den Mann und seine Erben zurückfällt.

[Morgengabe]

217. Morgengabe ist das, was der Ehemann den Tag nach der Hochzeit seiner Frau zu ihrem Spielgeld schenkt.
218. Die Morgengabe kann entweder durch einen Vertrag versprochen, oder würcklich übergeben werden.
219. Dies Geschenk geschieht entweder von dem Mann, oder derselben Vater, oder einer anderen Person.
Not[a].Ob eine gewiße Summe zu bestimmen sey?
220. Sobald die Morgengabe der Frau würcklich übergeben worden, erhält solche das Eigenthum, und kann darüber frey disponiren.
Not[a]. Was rechtens sey, wenn ihr Zinsen versprochen werde.
221. Die Frau hat in Rücksicht der Morgengabe von dem Tage der Verabredung an, eine urspringende Hypothec an dem Vermögen des Mannes.
Not[a]. Wie es bey entstandenen *concurs* zu halten sey?
222. An den Hochzeitgeschenken haben Mann und Frau gleiche Rechte, sie müßten dann ausdrücklich aus einem Theil geschenkt worden seyn.
223. Alles, was sonst erworben oder angeschafft wird, gehört dem Mann zu, es müßte dann die Frau beweisen können, daß solches zu ihrem Paraphernalvermögen oder Spillgeldern gehören.
224. Hingegen aber ist ieder Ehemann in Betrachtung der ihm zuständigen Rechte verbunden, seine Frau vor und außer Gerichte zu vertheidigen, wozu unter Bestellung der *cautionis de rato* keine Vollmacht erfordert wird.
225. Ferner muß er sie standesmäßig unterhalten, und derselbe in ihren Krankheiten Hülfe leisten, ob sie ihm gleich keinem Brautschatz zugebracht haben sollte.

[Gegenvermächtnis]
226. Es kann auch eine Frau von dem Ehemann fordern, daß er ihr zur Sicherheit des zugebrachten Brautschatzes ein Gegenvermächtnis bestellen.
227. Gegenvermächtnis ist dasjenige Vermögen, welches der Ehemann, oder ein anderer in seinem Nahmen, der Frau zur Sicherheit des von ihr zugebrachten Brautschatzes anweist.
228. Das Gegenvermächtnis kann mündlich oder schriftlich ebensowohl wie durch würckliche Illation bestellt werden.
Not[a]. Ob es in Gerichten zu bestellen sey?
229. Obgleich das Gegenvermächtnis sowohl vor als nach Vollziehung der Ehe bestellt werden kann, so muß doch im letzteren Fall, solches ausdrücklich

als ein Gegenvermächtnis bestellt werden, weil im Unterlaßungsfall, solches als eine verbothene Schenkung unter Eheleuten anzusehen ist.

230. Es kann auch beim Ehemann zu Bestellung des Gegenvermächtnisses gezwungen werden, wenn solches nicht schon in den Eheberedungen sollte versprochen worden seyn.

231. Das Gegenvermächtnis kann von dem Ehemann selbst, ebensowohl als von demselben Vater oder einer anderen Person bestellt werden.
Not[a]. Von der Summe des Gegenvermächtnisses bey der ersten und 2ten Ehe.

232. Es gründet sich aber, das Gegenvermächtnis auf einer rechtmäßigen Ehe; sogleich findet solches nur bey rechtmäßigen Frauen, nicht bey deren, die an die linke Hand getreut sind, und Beyschläferinnen, statt.

233. Der, welcher das Gegenvermächtnis bestellt hat, behält an selbigen das Eigenthumsrecht und das Recht darüber zu disponiren.

234. Die Frau aber kann sich im Fall, solches die Umstände erfordern, an das Gegenvermächtnis halten, weswegen ihr auch eine stillschweigende Hypothece an dem Vermögen ihres Mannes zusteht.
Not[a]. Was rechtens sey, wenn der Mann das Gegenvermächtnis mit oder ohne Einwilligung seiner Frau veräußert, oder über das Vermögen desjenigen, der das Gegenvermächtnis bestellt hat, ein *concurs* entsteht.

235. Da also im Gegenvermächtnis nur zur Sicherheit des Brautschatzes bestellt wird, so findet solches nicht statt, wenn die Ehe nicht vollzogen, oder wenn selbiges disponirt werden.

236. Folglich kann auch das Gegenvermächtnis von denen, die dasselbe bestellt haben, nach Dissolution der Ehe zurückgefordert werden.
Not[a]. Wie es zu halten sey, wenn der Mann die Wiederlage zu verschwenden anfängt, und wenn des Mannes Gütter confiscirt werden.

[Leibgedinge]

237. Es kann auch von dem Mann das Leibgeding oder Wittum (*dotalitium*) gefordert werden.

238. Leibgeding oder Wittum sind Zinsen, welche der Frau im Fall, sie Wittwe wird, auf die Zeit ihres Lebens und solange sie Wittwe verbleibt von dem Brautschatz und Gegenvermächtnis gezahlt werden.

239. Die Zinsen bestehen, sobald sie nicht durch besondere Verabredungen auf eine niedrigere oder höhere Summe gesagt werden, in den 4fachen Zinsen des Brautschatzes.

Not[a]. Was rechtens sey, wenn eine höhere Summe verabredet und die Legitime oder Creditors dadurch caedirt werden?

240. Das Leibgeding kann durch einen Vertrag, ebensowohl als durch würckliche Uebergebung bestellt werden; es ist aber einerley, ob solches vor oder nach der Vollziehung der Ehe geschieht.

241. Es ist aber zu desselben Bestellung nicht nur der Ehemann selbst, sondern auch desselben Vater oder eine andere Person in des Ehemanns Nahmen befugt.

242. Es sind nicht nur bewegliche und körperliche, sondern auch unbewegliche und unkörperliche Sachen Gegenstände des Leibgedinges.

Not[a]. Inwiefern an Lehns=Güttern und Fideikommis=Güttern ein Leibgeding bestellt werden können?

243. Da nur das Leibgeding in Zinsen des Brautschatzes besteht: So folgt, daß kein Leibgeding gedacht werden könne, wenn kein Brautschatz bestellt worden ist.

Not[a]. Wie es zu halten sey, wenn ein Ehemann, ohne daß ihm Brautschatz zugebracht worden ist, im Leibgeding aussetzt.

244. Es kann also kein Wittum, welche ihrem Mann keinen Brautschatz zugebracht hatte, auf ein Leibgeding Anspruch machen, ob sie gleich den Erben des Mannes einen Brautschatz mit Zinsen anbiethen sollte.

245. Es kann also auch ebensowenig ein Brautschatz gedacht werden, wenn noch zu der Vollziehung der Ehe etwas Wesentliches ermangelt.

246. Sobald der Frau ein Leibgeding ausgesetzt worden: So können die Erben des Mannes ebensowenig von dem ausgesetzten Leibgeding abgehen, als sie der Wittwe wieder Ihres Willens ein Leibgeding für den Brautschatz oder Gegenvermächtnis aufzwingen können.

247. Hingegen kann keine Wittwe die Erben des Mannes zwingen, ihr für ihren Brautschatz anstatt des Gegenvermächtnisses ein Leibgeding auszusetzen.

248. Wiederum aber kann eine Wittwe für das ausgesetzte Leibgeding den Brautschatz und Gegenvermächtnis erwehlen.

Not[a]. Was rechtens sey, wenn ihr mit ihrer Einwilligung ein Leibgeding ausgesetzt worden? Daß eine Frau, der eine *portio statutaria* zuständig ist, oder welcher, der Mann im Testament eine Portion vermacht hat, solche erwehlen und sich des Leibgedinges begeben könne.

249. Sollte aber die Frau einmahl diese Wahl getroffen haben, so steht ihr, davon abzugehen, nicht mehr frey.

Not[a]. Wie es zu halten sey, wenn sie, ehe sich gewählt hat, stirbt.

250. Ist aber ein Leibgeding bestellt worden, so behalten der Mann und desselben Erben an dem Brautschatz und dem Gegenvermächtnis das Eigenthum.
251. Hingegen erhält die Wittwe an dem Leibgeding den Nießbrauch.
252. Dieser Nießbrauch hat die Wittwe nach 4 Wochen von des Mannes Tode an gerechnet, zu fordern.
Not[a]. Wie es in Rücksicht der *fructuum*, und zwar *civilium* und *peudeutium* zu halten sey?
253. Dieser Nießbrauch erstreckt sich auf alle Nutzungen, die vermittelt eines Nießbrauches gezogen werden können.
Not[a]. Daß nicht darunter Fischerey, Jagd, Zoll, Regalien, Jurisdiction, Patronats, Recht u.s.w. begriffen sey.
254. Es steht aber der Frau wegen des Leibgedinges eine stillschweigende Hypothece an dem Vermögen des Mannes zu.
Not[a]. Was bey entstandenen Concurs rechtens sey; und daß keine Verbürgung der Frau in dem Leibgeding bestehen können?
255. Da das Leibgeding nur wegen dem Wittumstand der Frau ausgesetzt wird, so hört solches nicht nur mit dem Tode der Wittwe auf, sondern auch wenn sie sich aufs neue verehlicht.
Not[a]. Inwiefern das Leibgeding wegen Ausschweifungen oder Verbrechen erlösche?
256. Ferner kann auch keine Frau, durch deren Schuld die Ehe getrennt worden, das ihr ausgesetzte Leibgeding fordern.
257. Ebenso ist das Leibgeding geendigt, wenn die Sache, an der es ihr zusteht, durch Zufall oder durch ihre Schuld untergeht, oder von ihr veräußert worden; oder wenn die Wittwe binnen 30 Jahren das Leibgeding nicht fordert.
Not[a]. Inwiefern durch Closterleben das Leibgeding verlohren gehe und von den Früchten des letzten Jahres und den verwandten Kosten.

[Rechte der Ehefrau, in Rücksicht ihrer Person]

258. Es hat aber die Frau, da sie durch die Ehe in die Familie des Mannes tritt, alle Vorrechte der Familie.
259. Es ist daher einer Frau berechtigt, den Nahmen und Wappen des Mannes zu führen.
260. Die Frau nimt also auch an dem Stand des Mannes theil.
261. Ferner steht sie unter dem *foro* ihres Mannes.

262. Diese Rechte behält sie auch nach dem Tode des Mannes, solange sie Wittwe verbleibt.

[Eheliche Vermögensgemeinschaft]

263. Sobald als eine Ehe vollzogen worden, ist beyden Theile Vermögen gemeinschaftlich.

264. Diese Gemeinschaft fängt sofort nach Vollziehung der Ehe an, ohne daß sie erst durch einen Vertrag unter beyden Theilen festsetzt seyn darf.
Not[a]. Inwiefern Eheleute durch Verträge oder Veränderungen treffen können.

265. Diese Gemeinschaft erstreckt sich auf alles Vermögen der Eheleute.

266. Mithin gielt von ihr alles, was einer *societate omnium bonorum* rechtens ist, nach welcher sie auch zu beurtheilen ist.

267. Es folgt also auch hieraus, daß die Ausgaben und Auszahlungen gemeinschaftlich sind.

268. Für diese Ursachen also sind auch die Schulden des einen Theils von dem Vermögen des anderen Theils zu bezahlen.

269. Dies ist aber nicht auf Schulden zu beziehen, welche sich der eine Theil schon vor Vollziehung der Ehe zugezogen hatte.
Not[a]. Außer den allgemeinen Regeln von der *communione bonorum inter conjuges* nach den Gesetzen und Gewohnheiten, dürfte hier zu bemerken seyn: Daß die *communio bonorum*, welche durch Verträge eingeführt ward, sich nicht auf die *substantiam bonorum*, sondern nur auf das *lucrum* erstreckten.

270. Keinem Theil hingegen steht frey, sich desselben zum Betrug und Schaden zu begeben.
Not[a]. Inwiefern überhaupt Eheleute durch Verträge die Gemeinschaft der Güter aufheben können?

271. Diese Gemeinschaft wird durch die Dissolution der Ehe aufgehoben.

272. Da außerdem, daß das Vermögen der Eheleute unter ihnen gemeinschaftlich ist, selbige verbunden sind, ihre gemeinschaftliche Wohlfarth zu befördern, mithin alles zu unterlaßen, wodurch selbige vernichtet wird: So finden unter Eheleuten nur insoweit Schenkungen statt: Daß der schenkende Theil, sobald es ihm beliebt, die Schenkung zurücknehmen und wiederrufen kann.
N. Diese Materie *de donationibus inter virum et uxorem*, kann bey dem Satz: *communio bonorum inter conjuges est societas universalis*, zwar nicht

gedacht werden, sondern fällt von selbst weg: Sie dürfte aber hier, damit dieselbe nicht übergangen würde, anzuführen gewesen seyn.

[Schenkung unter Eheleuten]

273. Die Wiederrufung der Schenkung muß von dem Schenker selbst geschehen; mithin ist kein Erbe dazu befugt, es mußte dann der Verstorbene bey seinen Lebenszeiten dahinn erklährt haben.

274. Noch weniger aber ein Dritter, oder *fiscus*, oder Gläubiger dazu berechtigt. Not[a]. Was rechtens sey, wenn *donatarius* vor dem *donatore* gestorben ist?

275. Eine solche Wiederrufung kann ausdrücklich und stillschweigend durch von dem Schenker geschehen Verpfändung oder Veräußerung der geschenkten Sachen wiederrufen werden.

276. Das Recht, eine solche Schenkung zu wiederrufen, geht durch keine Simulation und Betrug verlohren.

277. Ist die Schenkung zurückgerufen worden, so gehören die schon consumirten Nutzungen und gezogenen Zinsen dem *Donataris* zu.

278. Keine Schenkung wird unter Eheleuten vermuthet.

279. Behauptet also ein Theil, daß ihn eine Schenkung geschehen sey: So liegt ihm der Beweis derselben ob; hingegen darf nicht der Theil, der eine Schenkung wiederruft, im Fall sie geleugnet wird, selbige beweisen.

280. Da aber Schenkungen unter Eheleuten deswegen nicht vorgenommen werden sollen, damit nicht ihre gemeinschaftliche Wohlfahrth dadurch vernichtet werde: So ist alsdann eine Ausnahme zu machen, wenn die Schenkung todesfalles geschieht.

281. Ebenso findet diese Ausnahme statt, wenn die Schenkung eine *donatio remuneratoria* und überhaupt nothwendig ist, oder sich auf *alimenta* gründet.

282. Auch sind unbeträchtlichen Schenkungen und wodurch der schenkende Theil keinen beträchtlichen Verlust, der nach seinen Umständen zu beurtheilen ist, erduldet, keines wegen für unerlaubt anzusehen.
Not[a]. Nach den Grundsätzen des canonischen Rechts kann keine durch Ejd bekräftigte Schenkung zurückrufen werden. Inwiefern der unschuldige Theil nach erfolgter Ehescheidung wegen Ehebruch, die ihm vor der Ehescheidung geschehenen Schenkungen lucrire, seine Schenkungen aber revociren können?
Not[a]. Auch diese Materie dürfte durch die Bestimmung der Frage zu verbinden seyn: Inwiefern Verträge unter Eheleuten, z.E. Verkauf der Gerade u.s.w. in Rechten beständig sey?

[Verlaßenschaft]

284. Verstirbt ein Theil ohne Testament oder Erbverträge in der Ehe, so hat der noch lebende Theil, im Fall er arm ist, nebst allen die Verlaßenschaft des Verstorbenen.

285. Unter Armuth ist der Zustand des noch lebenden Ehetheils zu verstehen, daß sein Vermögen nicht zu seinem standesmäßigen Unterhalt hinreichend sey.

286. Sind mehr als 3 gesetzliche Erben des verstorbenen Ehegattens vorhanden, die Erben mögen *ascendentes, descendentes* oder *collaterates* seyn: So erhält der noch lebende Ehegatte *portionem divium.*

287. Sollten nur 3 oder weniger gesetzliche Erben vorhanden seyn, so erhält der noch lebende Ehegatte den 4ten Theil des Vermögens des Verstorbenen Ehegattens.

288. Wären aber die gesetzlichen Erben zugleich Kinder des verstorbenen und des noch lebenden Ehegattens: So erhält der lebende Ehegatte bloß an seinem ihm zufallenden Erbschaftstheil die Nießbrauchs=Rechte.

289. In allen anderen Fällen erhält derselbe seinen Erbschaftstheil eigenthümlich.

290. Im Fall der ferneren Verehlichung aber geht dies Eigenthumsrecht verlohren.

291. Ist der noch lebende Ehegatte nicht arm, so hat er, wenn verwandte Personen des Verstorbenen desselben gesetzliche Erben sind, kein Erbschaftsrecht.

Not[a]. Ob sie Trauerkleider für sich und ihre Familie aus der Verlaßenschaft fordern können?

292. Im Fall aber kein gesetzlicher Erbe auf die Verlaßenschaft des Verstorbenen Anspruch macht, ist der noch lebende Ehegatte Erbe des ganzen Vermögens.

Not[a]. Inwiefern sich der lebende Ehegatte das Erbrecht verlustig machen könne?

[Von der Succesion der Eheleute nach Deutschen Rechten]

293. Verstirbt ein Ehegatte und ohne daß Erbverträge und Ehestiftungen versanden sind, so succedirt der noch lebende Ehegatte in die *portionem statutariam.*

294. *Portio statutaria* ist die Hälfte des gemeinschaftlichen Vermögens.

Not[a]. Inwiefern, wenn Ehestiftungen geschloßen worden sind, dem noch lebenden Ehegatten die Wahl unter der in der Ehestiftung getroffenen Bestimmung und der *portione statutaria* die Wahl frey steht?

295. Es findet aber nur bey einer rechtmäßigen Ehe eine *portio statutaria* statt.

296. Der Stand der Eheleute bewürckt in der Forderung dieser Portion keinen Unterschied.
297. Iedoch muß nothwendig die Ehe schon völlig vollzogen gewesen seyn.
298. Es muß zuvörderst der noch lebende Ehegatte sein ganzes Vermögen conferiren.
Not[a]. Nähere Bestimmungen des Vermögens, als Paraphernalvermögen, Morgengabe, Spillgelder, Kleider, Besoldung, Klagen und Schuldforderungen, Erbschaften und welches Vermögen nicht conferirt werden darf?
299. Sofort müßen von dem gemeinschaftlichen Vermögen alle Schulden, ingleichen die Begräbniskosten abgezogen werden.
Not[a]. Was nicht abgezogen werden darf, z.E. Spielschulden.
300. Von dem übrigbleibenden gemeinschaftlichen Vermögen erhält der noch lebende Ehegatte die Hälfte, welche seine *portionem statutariam* ausmacht.
301. Es ist aber diese Hälfte nicht nur auf alles bewegliche, sondern auch auf alles unbewegliche Vermögen zu beziehen.
Not[a]. Was rechtens sey, wenn der noch lebende Ehegatte nicht inferirt, oder kein Vermögen hat?
302. Diese *portio statutaria* kann weder vermehrt, noch vermindert werden.
Not[a]. Inwiefern daher Eheleute über ihr Vermögen disponiren können? Wenn es dafür zu halten, daß etwas zum Nachtheil der *portionis statutariae* vorgenommen worden sey? Was rechtens sey, wenn es erwiesen ist, daß eine Veräußerung zu dem Nachtheil dieser Portion vorgenommen worden?
303. Im Fall die Erben des verstorbenen Theils zu der Herausgebung der *portionis statutariae* nicht verstehen wollen, steht dem noch lebenden Ehegatten und seinen Erben die rechtmäßige Klage zu.
304. Hat der übrige Ehegatte diese Portion erhalten, so darf er nicht die Lasten der Erbschaft tragen, sondern die Gläubiger des Verstorbenen können bloß desselben Erben in Anspruch nehmen.
N[ota]. Laut diesem Satz des Landesrechts stimmen nicht alle Rechte überein.
305. Es cessirt aber die *portio statutaria*, wenn Eheverträge geschloßen worden.
306. Ist die Ehe durch eine Schuld getrennt worden, so findet diese Portion nicht statt.
Not[a]. Inwiefern wegen Ausschweifungen, und zur Strafe, oder wegen der 2ten Ehe diese Portion cessirt?
307. Ebenso steht auch dem noch lebenden Ehegatten frey, sich diese Portion zu begeben und sich bloß an sein eigenes Vermögen zu halten.

Not[a]. Von dem zu verfertigenden *inventaris* oder *jurata specificatione* und der erforderliche Erbläßung. Und wie es im Unterlaßungsfall zu halten sey? Ingleichen, wenn der überlebende Theil unter der gesetzlichen Zeit vor dieser Wahl, ob er die *portionem statutariam*, oder sein Vermögen allein haben wollen, verstirbt? Wenn derselbe vor der getroffenen Wahl sich ferner verehlicht? Endlich ist von der Succession in die Niftel, adeliche und bürgerliche Gerade und Heergeräthe zu handeln.

308. Sollte das Vermögen des eines Ehegattens währender Ehe confiscirt worden sey, so kann der andere Ehegatte die *portionem statutatiam* auch während der Ehe fordern.

309. Eben dies ist rechtens, wenn der Ehegatte während der Ehe sein Vermögen verschwendet.

Not[a]. Inwiefern wegen der Armuth nahverwandter Personen während der Ehe die *portio statutaria* gefordert werden könne?

1) Wenn beyde Theile wegen Abneigung des Gemüthes dahinn willigen.
2) Ein Theil die Pflicht des Ehestandes nicht erfüllt, solche beträchtlich verletzt und dadurch eine Tödung, Feindschaft verursacht.

Willkührliche Ursache, die nicht aus dem Ehecontract folgten.
Wie der schuldige Theil zu bestrafen sey.

[Scheidung]

310. Außer dem Rechten, welche der Tod eines Ehegattens hervorbringt, hat derselbe die Würckung, daß dadurch die Ehe von selbst getrennt und aufgehoben ist.

311. Es kann aber auch eine Ehe bey beyderseitigen Leben der Ehegatten durch Ehescheidung aufgehoben werden.

12. Ehescheidung ist die willige Dissolution eines rechtmäßigen ehelichen Bandes bey Lebenszeiten beyder Ehegatten aus einer von den Gesetzen dahinn gebilligten Ursache.

312. Es findet also nur die Ehescheidung bey gültigen und rechtmäßigen Ehen statt.

313. Da iede Ehescheidung von den Gesetzen ausdrücklich dahinn gebilligten Ursache voraussetzt, so soll solche nur aus folgenden Ursachen stattfinden.

314. Sobald beyde Theile in die Ehescheidung willigen, so müßen zuvor alle Ursachen, welche sie vorgeben, grundgeprüft, und zu ihrer Vereinigung ein gerichtliches Amt bestimmt werden, worauf sodann wenn sie nach erkandter Trennung von Tisch und Bette noch die Ehescheiding verlangen, die Ehe geschieden werden kann.

Not[a]. Bestimmung anderer Beweg- und Zwangsmittel, wodurch die Eheleute zur Fortsetzung der Ehe bey unerheblichen Ursachen angehalten werden können.

315. Es kann aber auch die Ehescheidung stattfinden, wenn ein Theil aus erheblichen und rechtmäßigen Ursachen darauf dringt.

316. Es findet daher auf eines Theils Ansuchen die Ehescheidung statt, wenn der andere Theil die Pflichten des Ehestandes nicht erfüllt, oder selbige verletzt und daher eine tödliche Feindschaft verursacht.

317. Sollte daher ein Theil in Raserey und Blödsinnigkeit verfallen, so daß er die Pflichten der Ehe zu erfüllen unfähig wird, und diese anhalten, so kann auf eines Ehegattens Ansuchen die Ehe geschieden werden.
Not[a]. Wie lange die Krankheit schon angehalten haben muß? Von dem Unterhalt des Kranken.

318. Ebenso findet auch die Ehescheidung statt, wenn ein Theil den andern mißzuhandeln, unterläßt und daraus eine tödtliche Feindschaft entspringt.
Not[a]. z.E. Schläge, Bestimmung der Mißhandlungen nach den verschiedenen Ständen; und von der Ausschweifung über die Gränzen der *potestatis maritatis*. Inwiefern der Anlaß, den der andern Theil zu Mißhandlungen gegeben hat, Entschuldigung verdienen könne?

319. Um desto mehr ist es also eine rechtmäßige Ursache der Ehescheidung, wenn ein Theil dem andern nach dem Leben getrachtet hat.
Not[a]. Wie derselbe Grausamkeit zu beweisen sey, z.E. Vorzeigung der Erstern.

320. Würde ein Theil deswegen die Trennung der Ehe verlangen, weil der andere Theil mit schimpflichen Strafen wegen einer Mißethat belegt worden, so ist dies eine gegründete Ursache der Ehescheidung.
Not[a]. Bestimmung solcher Strafen z.E. Karrenschieben, Staupbesen, Landesverweisung u.s.w.

321. Sollte wegen venerischer Krankheiten des einen Theils, zu welchen der andern Theil nicht Anlaß gegeben, eine Abneigung entsteht, so kann der andern Theil rechtmäßig auf die Ehescheidung antragen.

322. Eben dies ist auch rechtens, wenn ein Theil einen Ehebruch begangen hat.

323. Diese Ursache ist deswegen doch vorhanden, obgleich der schuldige Theil schon Abolition erhalten hat.

324. Es ist aber erforderlich, daß der schuldige Theil wißentlich einen Ehebruch begangen habe.
Not[a]. Inwiefern Irrthum entschuldigen könne? Z.E. eine Frau glaubt irrigerweise ihrem Mann beyzuwohnen, oder findet ihn für Tod u.s.w.

325. Es liegt daher dem Theil, der die Ehescheidung verlangt, solches zu beweisen, ob.
Not[a]. Der Ehebruch wird bewiesen durch gehörige *iudicia*, z.E. verdächtigen Umgang, Liebesbriefe, venerische Krankheiten, die nicht immer aus verbothenen Umgang entstehen, Antreffung des einen Ehegattens bey einer anderen Person im Bette, oder Auskleidung u.s.w. Der Ehebruch selbst aber wird auch bewiesen durch Antreffung *in ipso actu*, durch Überweisen, Schwängerung u.s.w.
326. Es ist aber der Ehebruch nicht mehr eine rechtmäßige Ursache zur Ehescheidung, wenn der andern Theil auch einen Ehebruch begangen hat.
327. Ebenso cessirt die Ursache, wenn der unschuldige Theil dem andern zu dem Ehebruch verleitet und Anlaß gegeben hat.
328. Mithin kann keine Ehescheidung zuerkandt werden, wenn der unschuldige Theil dem Schuldigen die ehliche Pflicht versagt hat.
Not[a]. Was rechtens sey, wenn er dazu unfähig gewesen ist.
329. Ebensowenig findet die Ehescheidung statt, wenn der unschuldige Theil dem Schuldigen den Ehebruch schon einmahl ergeben hat.
329. [*sic.*] Es kann aber der Ehebruch nicht nur ausdrücklich, sowohl gerichtlich und außergerichtlich, sondern auch stillschweigend ergeben werden.
Not[a]. Wie die außergerichtliche Ergebung zu beweisen ist.
330. Ein Ehebruch wird stillschweigend ergeben, wenn der unschuldige Theil nachdem, der bezogene Ehebruch des andern Theils zu seinem Vorwißen gekommen ist, dem Schuldigen ehlich heyrathet.
Not[a]. Inwiefern ein Ehebruch noch auf andere Art stillschweigend ergeben werden können?
331. Sollte ein Theil sich ohne rechtmäßige Ursache und ohne seines Ehegattens Vorwißen an einem anderen Orte aufgehalten haben und deswegen der andere Theil einen Ehebruch begehe. So ist der Ehebruch nicht mehr eine Ursache zur Ehescheidung.
Not[a]. Wie lange er sich an dem fremden Orte unter diesen Umständen aufhalten müße?
332. In diesen Fällen liegt dem beschuldigten Theil der Beweis ob.
Not[a]. Ob beydes Zuschiebung statthabe?
333. Überhaupt ist auch die bößliche Verlaßung des einen Ehegattens eine Ursache der Ehescheidung.
334. Diese ist aber alsdann vorhanden, wenn ein Ehegatte den andern ohne rechtmäßige Ursache in der Absicht, die ehliche Verbindung aufzuheben, verläßt.
Not[a]. Welche Zeit dazu erfordert werde?

335. Es ist nicht erforderlich, daß diese Absicht immer ausdrücklich erklährt werden müße, sondern es kann auch stillschweigend geschehen.
336. Stillschweigend wird diese Absicht durch die bößliche Verlaßung erklährt, wenn der Verlaßende seine Sache mit sich nimt, sich an fremden Orten aufhält, oder mit anderen Personen in ehliche Verbindungen tritt.
337. Trägt der unschuldige Theil wegen dieser Ursache auf die Ehescheidung an, so muß der unschuldige Theil die Absicht des schuldigen Theils, ihn zu verlaßen, darthun.
Not[a]. Inwiefern er Ejde erhärten würde, daß ihm der Aufenthalt seines Ehegattens unbekandt sey?
338. Ist dies geschehen, so muß sofort der schuldige Theil *edicta liter* citirt werden.
Not[a]. Wie diese *edictalis citatio* geschehen müße und von den anzusetzenden Terminen.
339. Erscheint der schuldige Theil nicht, so muß sofort dem abwesenden ein Curator bestellt und nach Befinden der Umstände auf die Ehescheidung erkandt werden.
340. Erscheint aber selbige vor Publication des Urtheils, so ist, wenn selbiges seiner Abwesenheit rechtfertigt, und keine andere Ursache der Ehescheidung vorhanden sind, das ehliche Band nicht aufzuheben.
Not[a]. Inwiefern der andere Ehegatte in der Fortsetzung der Ehe consentiren müße?
341. Erscheint er nach der Publication des Urtheils, so ist, wenn der selbige Theil seine Abwesenheit rechtfertigt und keine anderen Ursachen der Ehescheidung vorhanden sind, auch der anwesende Theil unverheyrathet, die Ehe ebenfalls fortzusetzen.
Not[a]. Was rechtens sey, wenn der unschuldige Theil wieder geheyrathet hat; wie es ist den Kindern der ersteren Ehe zu halten sey?
342. Es folgt also von selbst, daß wenn ein Ehegatte aus einer rechtmäßigen oder nothwendigen Ursache (*causa laudabili*) abwesend ist, die Ehe nicht unter dem Vorwand einer bößliche Verlaßung getrennt werden könne.
346. [sic!] Hingegen ist kein Irrthum eine rechtmäßige Ursache der Ehescheidung.
Not[a]. Von dem Irrthum des Nahmens, Religion, Vermögens; was rechtens sey, wenn nach vielen Jahren, daß 2 Personen wie ehlich unter sich gelebt, einer Theil vorgiebt, daß sie noch nicht getraut wären? Wenn iemand eine Jungfrau zu heyrathen geglaubt und sich betrogen findet?
347. Wird aus solchen rechtmäßigen Ursachen auf eine Ehescheidung angetragen, so muß auf rechtliche Art dabey verfahren werden.

Not[a]. Von dem dabey zu beobachtenden *mode procedendi* und Pflichten des Richters.

[Rechtsfolgen der Scheidung]

348. Ist die Ehe geschieden worden, so hört das Band der Ehe unter den Ehegatten völlig auf.

349. Mithin hören alle Rechte unter Eheleuten auf, welche aus einer rechtmäßigen Ehe entspringen.

350. Sollte die Ehe wegen des Mannes Schuld geschieden worden sey, so verliehrt er das an dem bestellten Gegenvermächtnis ihm zuständige Eigenthumsrecht.

351. Die Frau erhält an dem Gegenvermächtnis den bloßen Nießbrauch; das Eigenthum aber fällt den Kindern, die in der getrennten Ehe erzeugt worden, zu.

Not[a]. Was rechtens sey, wenn keine Kinder erzeugt worden? Welcher Theil, die Frau an dem Vermögen des Mannes erhält, wenn kein Gegenvermächtnis bestellt worden?

352. Sollte ein Leibgeding ausgemacht worden seyn, so kann die Frau nicht nur ihrer Bestellung zurücknehmen, sondern sie ist auch berechtigt, das Gegenvermächtnis oder das Leibgeding zu fordern.

353. Eben diese Wahl steht auch der Frau zu, wenn ihr eine statutarische Portion zuständig oder dem ihr etwas im Testament des Mannes bestimmt worden ist.

354. Iedoch erhält sie bloß den Nießbrauch, wenn Kinder aus dieser Ehe vorhanden sind, als welchen das Eigenthum dieses Vermögens zufällt.

355. Es findet aber hiervon eine Ausnahme statt, wenn eine andere Person für den Mann das Gegenvermächtnis bestellt hat.

Not[a]. Inwiefern alsdann das Gegenvermächtnis zurückgefordert werden könne und was in diesem Fall rechtens sey?

356. Sollte aber das Band der Ehe wegen der Frau ihre Schuld getrennt worden sey, so verliehrt die Frau den eingebrachten Brautschatz.

357. Ebenso ist alsdann der Mann nicht verbunden, das versprochene oder bestellte Gegenvermächtnis der Frau zu übergeben.

358. Der Mann erhält sofort den Nießbrauch an dem Brautschatz; sollten aber Kinder aus der getrennten Ehe den Erben seyn, so steht diesen das Eigenthum zu.

Not[a]. Bestimmung des Falls, wenn keine Kinder in der getrennten Ehe vorhanden sind. Welcher Theil des Vermögens der Frau der Mann erhält, wenn kein Brautschatz bestellt worden.

359. Ebenfalls aber ist hiervon eine Ausnahme zu machen, wenn eine andere Person den Brautschatz bestellt haben sollte.

Not[a]. Inwiefern diese Person den Brautschatz zurückfordern berechtigt sey, und darauf entstehende folgen. Wie es zu halten sey? Wenn der unschuldige Theil dem schuldigen Theil etwas im Testament vermacht hat, ob durch die Ehescheidung das Vermächtnis *ipso jure* wiederrufen wird?

360. Ist ein Theil von seinen Ehegatten deswegen geschieden worden, weil ihn selbige verlaßen hat, so ist der unschuldige Theil in den Besitz des Vermögens seines abwesenden Erbgattens zu setzen, und ihm an selbigen die Nutzung einzuräumen.

Not[a]. Ob dieses Nutzungs=Recht durch die Lebenszeit des unschuldigen Theils dauern, oder durch die folgende Verehlichung desselben aufgehoben werden? Wem das Eigenthumsrecht an diesem Vermögen zusteht?

361. Sobald die Ehe durch des einen Ehegattens Schuld getrennt worden ist, so verliehrt der schuldige Theil seinen Anspruch auf die elterliche Gewalt, und die Kinder, die in der getrennten Ehe erzeugt worden, sind bey dem unschuldigen Theil zu erziehen.

Not[a]. Nähere Bestimmungen und Judificationen dieses Satzes; ob die Kinder bey dem unschuldigen Ehegatten auf des schuldigen am besten zu erziehen sind? Wie dies Recht, die Kinder zu erziehen, verlohren geht?

362. Nach erfolgter Ehescheidung wegen des einen Ehegattens Schuld, steht dem unschuldigen Theil frey, sich aufs neu zu verehlichen, hingegen soll dem unschuldigen Theil dieses Recht untersagt seyn.

363. Hierzu aber ist erforderlich, daß dem schuldigen Theil durch richterlichen Ausspruch ausdrücklich das Recht der ferneren Verehlichung benannten seyn muß.

Not[a]. Inwiefern überdies der schuldige Theil mit Willkührlehre andern Strafen belegt werden können? Und inwieweit diese Würkungen der Ehescheidung cessiren, wenn die Ehe ohne eines Ehegattens Schuld z.E. *propter mutuum dissentum* getrennt wird.

364. Sollte nur aus geringfügigen Ursachen die Ehescheidung verlangt werden, so muß der Richter zuerst versuchen, die Ehegatten zu versöhnen.

Not[a]. Was er dabey zu beobachten haben, von denen dabey zu adhibirenden Predigern.

365. Sollte der Versuch die Streitigkeiten unter ihnen beyzulegen fruchtlos gewesen seyn: So kann vor allem andern nur auf die Scheidung von Tisch und Bette erkandt werden.

[Scheidung von Tisch und Bett]

366. Scheidung von Tisch und Bette (*separatio quoad thorum et mensam*) ist alsdann vorhanden, wenn der Richter aus einer rechtmäßigen Ursache unter den Ehegatten die Verbindlichkeit, sich die ehliche Pflicht zu leisten und zusammen zu leben, auf eine bestimmte Zeit aufhebt, ohne daß die Ehe getrennt wird.

367. Es muß also die Scheidung von Tisch und Bette durch richterliches Ansehen geschehen, und sind Ehegatten nicht befugt, sich eigenmächtigerweise selbst zu trennten.

Not[a]. *Modus procedendi*, und was rechtens ist, wenn sich Ehegatten eigenmächtigerweise getrennt haben?

368. Ferner wird dazu eine rechtmäßige Ursache erfordert.

369. Sollten unter den Ehegatten thätliche Beleidigungen, Übel, Begegnungen, und Excerpe der ehlichen Gewalt vorgefallen seyn: So ist dies eine rechtmäßige Ursache zur Scheidung von Tisch und Bette.

Not[a]. Von dem Beweis derselben; wie oft solche Thätlichkeiten vorgefallen seyn müßen; ob der Anlaß, der ein Ehegatte dazu gegeben, Entschuldigung für den andern enthalten.

370. Ebenso sollen der Laster, in die ein Ehegatte verfällt, als Trunck, Spiel, Vernachläßigung des Gewerbes und Verschwendung, eine zu der Scheidung von Tisch und Bette sinnlängliche Ursache seyn.

371. Sind solche Ursachen vorhanden, so können die Ehegatten auf eine bestimmte Zeit von Tisch und Bette geschieden werden.

Not[a]. Ob diese Scheidung nicht stattfindet, wenn der schuldige Theil *cautionem de non offendendo* zu bestellen, anbiethet? Bestimmung der Zeit, auf welche diese Scheidung erkandt werden kann, nach dem Landrecht soll es höchstens auf ein Jahr geschehen können, nach den Verordnungen des canonischen Rechts das *divortium* nur eine *separatio quoad thorum et mensam perpetua, i.e. quae fit ad dies vitae* und hat statt wegen dem Ehebruch, wegen Nachstellungen die ein Ehegatte nach Leben des andern gemacht hat *et propter sacros ordines.*

372. Nach dieser Scheidung sind die Ehegatten nicht mehr verbunden, zusammen zu wohnen, zu eßen, zu trinken und zu schlafen.

373. Sollte das Haus, in welchem beyde Theile gewohnt haben, der Frau eigenthümlich gehören, so muß ihr der Mann auf ihr Verlangen das Haus nebst der darauf haftenden Nahrung einräumen.

374. Sollte hingegen die Frau die Ursache zu der Trennung von Tisch und Bette gegeben haben, so ist sie verbunden, dem Mann eine standesmäßige Wohnung zu verschaffen.

375. Gehörte aber das Haus dem Mann eigenthümlich zu, so muß ihm solches die Frau auf sein Verlangen einräumen.

376. Wiederum aber ist der Mann verbunden, wenn er zu der Trennung von Tisch und Bette die Gelegenheit gegeben hat, der Frau eine standesmäßige Wohnung zu verschaffen.
Not[a]. Wie es zu halten ist, wenn beyde Theile in einem fremden Hause sich eigenmiethet hatten?

377. Sollte der Mann an der Trennung schuldig sey, so kann die Frau ihren eingebrachten Brautschatz und Paraphernalvermögen zurücknehmen, oder auch standesmäßigen Unterhalt fordern.
Not[a]. Bestimmung der Alimente, zu welchen der Mann verbunden ist. Von den Alimenten, welche der Frau gereicht müßen, wenn sie keinen Brautschatz eingebracht hat. In Rücksicht des eingebrachten Vermögens muß die Frau den Beweis führen, welche auch *ad momentum in litem* admittirt werden kann.

378. Hat die Frau zu der Scheidung von Tisch und Bette Anlaß gegeben, so muß der Ehemann derselben ihr eingebrachtes Vermögen zurückgeben, oder nothdürftigen Unterhalt anweisen. Not[a]. Wenn sie kein Vermögen eingebracht hat, ob und inwiefern der Mann zum Unterhalt verbunden ist? Nach Claproths Versuch[4] pg. 548, muß der Ehemann seine Einkünfte dergestalt mit der Frau theilen, daß wenn keine Kinder vorhanden sind, sie ein Drittheil, der Ehemann aber 2/3 zu genießen hat. Sind Kinder vorhanden, so hat die Frau ein 1/4 der Einkünfte zu gewärtigen.
Nach ebendemselben Fall, wenn die Scheidung von Tisch und Bett, wegen Liederlichkeit und Ausschweifung des einen Ehegattens erfolgt ist, der schuldige Theil aus dem gemeinschaftlichen Vermögen ein so mäßiges Quantum erhalten, daß davon nur der äußerst nöthige Unterhalt zu bestreiten ist.

379. Überdies sind die in der Ehe erzeugten Kinder bey dem unschuldigen Theil auf Kosten des schuldigen Theils zu erziehen.
Not[a]. Worauf der Richter bey Bestimmung der Kosten zu sehen haben, und inwiefern es zu der Beziehung der Kinder anderweitige Verfügungen treffen können und müßen?

380. Sollten beyde Ehegatten an der Trennung von Tisch und Bette gleiche Schuld haben: So muß der Richter den Unterhalt, zu dem einer den andern

---

4 *Claproth*, Bd. III, S. 548.

verbunden ist, und wie es in Rücksicht der Wohnung und Beziehung der Kinder zu halten seyn soll, bestimmen.

381. Während der Zeit, daß die Ehegatten von Tisch und Bette geschieden sind, muß keiner Theil den andern beleidigen.
Not[a]. Was im Unterlaßungsfall rechtens ist; und von der *cautione de non offendendo.*

382. Da aber durch die Scheidung von Tisch und Bette das ehliche Band nicht getrennt wird, so behalten die Ehegatten noch wie zuvor alle Rechte und Verbindlichkeiten, insofern sie nicht ausdrücklich durch die Scheidung von Tisch und Bette suspendirt worden sind.

383. Freylich behalten sie auch alle *succesiones*=Rechte.

384. Ist die bestimmte Zeit, auf welche die Ehegatten von Tisch und Bett geschieden worden, versfloßen, so sind sie dieselben wieder zusammen zu leben verbunden.
Not[a]. Was rechtens ist, wenn sie sich dazu weigern; und der Versuch der Hüte fruchtloß gewesen; inwiefern sodann der schuldige Theil die Strafen der Ehescheidung trage?

[Ungültige Ehen]

385. Es wird aber eine Ehe, welche null und nichtig ist, ohne Ehescheidung dissolvirt.

386. Iede Ehe, wozu derjenige, welche dieselbe schlüßen, oder derjenige, deren *consens indistincte* von den Gesetzen erfordert wird, Einwilligung ermangelt, ist als null und nichtig angesehen.

387. Mithin ist dieser Fall vorhanden, wenn einer von denen, welche eine Ehe eingehe, seines Verstandes beraubt ist.

388. Folglich auch, wenn ein Theil zu Schlußung der Ehe durch Furcht oder Zwang veranlaßt worden ist.
Not[a]. Wenn die Gewalt angefügt werden muß.

389. Eben dies ist rechtens, wenn sich die Schlußung einer Ehe auf Irrthum begründet.

390. Sollte sich also ein Theil einen Stand fälschlich angemeßt haben und dadurch der andere Theil aus Irrthum betrogen worden sey, sich in eine ehliche Verbindung einzulaßen: So ist solche Ehe null und nichtig, sobald der betrogene Theil die Dissolution der Ehe verlangt.

391. Würde iemand also eine Frau geheyrathet haben, weil sie sich für eine Jungfrau ausgab, da sie doch Wittwe war, so ist diese Ehe ebenfalls null und nichtig.

Not[a]. Wie es überhaupt, wenn sich ein Ehemann in dieser Meynung betrogen findet, zu halten sey? Wenn das Mädchen vor Schlußung der Ehe mit Gewalt stuprirt worden?

392. Sollte eine freye Person eine unterthänige Person geheyrathet haben, weil sie sich für eine Freye ausgab, so ist die Ehe als null und nichtig anzusehen.
Not[a]. Inwiefern es überhaupt erforderlich sey, daß einer nicht haben müßen, hinter den Irthum kommen können? Inwiefern sich durch ehliche Beywohnung der betrogene Theil seines Rechtes *ex capite erroris* auf Dissolution der Ehe zu dringen, begeben?

393. Aus eben derselben Ursachen ist die Ehe in Ermanglung der Einwilligung der Eltern null und nichtig.

394. Ferner ist iede Ehe als null und nichtig anzusehen, welche unter Personen geschloßen worden, unter denen nach der Vorschrift der Gesetze keine Ehe bestehen kann.

395. Sollten daher Personen, die in einem zu nahen Grad der Verwandtschaft stehen, sich ehlich verbinden wollen, so ist die Ehe null und nichtig.

396. Eben dafür ist auch eine Ehe anzusehen, welche mit einem Theil geschloßen worden ist, der zum Beyschlaf gänzlich untüchtig ist.

397. Sollte sich ein Vormund oder seine Kinder mit der Pflegbefohlnen ehlich verbinden, so ist die Ehe ebenfalls null und nichtig.

398. Ferner kann auch gar Nullität keine Ehe unter Entführer zu der Entführten stattfinden.

399. Auch findet zwischen dem Ehebrecher und der Ehebrecherin, welche deswegen Ehebruch getrieben haben, damit die erstere Ehe getrennt werden solle, keine Verehlichung statt, wiedrigenfalls selbige nichtig seyn soll.
Not[a]. Inwiefern überhaupt die Ehen derjenigen, deren die fernere Verehlichungen in *poenam* untersagt werden, null und nichtig sind.

400. Folglich ist auch iede Ehe null und nichtig, welche dem Wesentlichen der Ehe zuwieder eingegangen wird.

401. Aus diesem Grunde besteht keine Ehe, welche nur auf eine gewiße Zeit geschloßen worden seyn sollte.

402. Ebensowenig ist eine Ehe in Rechten beständig, durch welche eine *crimen bigamiae* bewürkt würde.

403. Wird eine Ehe als null und nichtig dissolvirt, so ist es ebenso zu achten, als wäre wie eine ehliche Verbindung unter beyden Theilen eingegangen worden.

404. Es muß also der Mann den zugebrachten Brautschatz, ebenso wie die Frau das Gegenvermächtnis zurückgeben.

Not[a]. Von der Gemeinschaft der Gütter, die unter solche Personen obgewaltet hat.

405. Mithin findet unter beyden Theilen ebensowenig ein Erbschaftsrecht statt.
Not[a]. Was in Rücksicht der Kinder rechtens sey? Inwiefern selbige für ehliche zu halten?

[fernere Verehelichung]

406. Nach Dissolution und Trennung der Ehe steht der Ehegatte frey, eine anderweitige Ehe zu schließen, es mußte ihnen denn die fernere Verehlichung zur Strafe untersagt worden seyn.

407. Unter der ferneren Verehlichung ist die 2te und folgende Ehe zu verstehen.

408. Es ist aber hinzu erforderlich, daß zuförderst durch hinlänglichen Beweis dargethan werde, daß die erstere Ehe getrennt oder aufgehoben sey.
Not[a]. Wie dieser Beweis geführt werden müße?

409. Ferner muß durch erst die von den Gesetzen bestimmte Trauerzeit verfloßen sey.
Not[a]. Bestimmung dieser Zeit von Seiten der Frau und von Seiten des Mannes.

410. Sollte vor dem Verlauf dieser Zeit zu der ferneren Verelichung geschritten worden sey, so finden die von den Gesetzen darauf gesetzten Strafen statt.
Not[a]. Inwiefern die Frau den Brautschatz verliehre, ob die Kinder der ersteren Ehe die *lucra*, welche die Frau von dem Mann bekommen hat, und die ihr den Gesetzten zufolge (z.E. als die statutarische Portion) zufallen erhalten; ob in Ermanglung solches Kindes dieselben dem *fisco* zufallen? Was eine solche Frau dem zukünftigen Ehemann vermachen und zubringen könne? Strafen der Frauen, welche während der Schwangerschaft von dem ersteren Mann zu der ferneren Verehlichung schreiten, und Strafen des Mannes, der wißentlich die schwangere Frau heyrathet; und Strafen des Mannes, der wißentlich die schwangere Frau heyrathet. Strafen des Mannes, welche vor den Verlauf der Trauerzeit sich ferner verehlicht. Von der Dispensation von dieser Trauerzeit; wenn, unter welcher Umständen, und von wem solche stattfinde. Strafen, wenn die Dispensation durch Vorwand und Erdichtung nicht existirenden Umstände erhalten worden.

411. Ferner kann keine fernere Verehlichung geschloßen werden, bevor nicht mit den Kindern ersterer Ehe völlige Nichtigkeit getroffen worden.
Not[a]. Von dem besonderen Pflichten der Eltern, sie hierinnen den Kindern zu leisten haben, wird unten: bey den Pflichten der Eltern gegen die Kinder gehandelt.

Hier dürfte nur dabey anzuführen seyn:

1) Die Strafen der Eltern, welche sich ohne diese getroffene Nichtigkeit aufs neue verehlichen, und sich vielleicht gar in anderen Ländern trauen laßen.
2) Von den Strafen der Prediger, welche sich ohne daß die erachteten *requirita* zur ferneren Verehlichung vorhanden sind, zur Trauung wißentlich oder aus Nachläßigkeit verleiten laßen.

412. Ist auf rechtmäßige Art die fernere Verehlichung vollzogen worden: So steht dem Ehegatten an dem Vermögen, das ihm von dem ersteren Ehegatten zugefallen ist, bloß der Nießbrauch zu.
Not[a]. Inwiefern sich dies auch auf das Vermögen, das ihnen von den Kindern der ersteren Ehe durch Erbschaft zugefallen ist, erstrecken?

413. Den Kindern der ersteren Ehe aber gehört sofort das Eigenthumsrecht an diesem Vermögen.
Not[a]. Inwiefern durch die fernere Verehlichung das Recht der Kinder der ersteren Ehe Vormundschaft und Erziehung zu behaupten, verlohren gehe?

414. Sollte auch dem Ehegatten von dem verstorbenen Ehegatten etwas unter der Bedingung verlaßen worden sey: Wenn sich solcher nicht aufs neue verehlichen würde: So gehe durch die erfolgte neue Ehe das Recht und Anspruch an diesen Vermögen verlohren, als welches den Kindern ersterer Ehe gehört.
Not[a]. In Rücksicht des Vermögens ist unter den Kindern der ersteren und ferneren Ehe kein Unterschied zu machen. Inwiefern dies alles cessire, wenn der verstorbene Ehegatte seiner Einwilligung in die fernere Verehlichung dargethan hat, oder wenn die Kinder der ersteren Ehe *majores* sind und in die neue Verehlichung ihre Eltern einwilligen, oder wenn gar keine Kinder aus der erstern Ehe vorhanden sind.

415. Ferner kann auch auf den neuern Ehegatten weder durch eine *dispositionem inter vivos* noch todeshalber nicht mehr Vermögen transferirt werden, als der Theil desienigen, unter den Kindern ersterer Ehe erträgt, welches den geringsten Theil erben soll.

419. [416.] Eben dies gielt auch in Rücksicht der nicht dem neuen Ehegatten erzeugten Kinder.
Not[a]. Was in diesen Fällen rechtens sey, wenn keine Kinder aus der ersteren Ehe vorhanden sind?

420. [417.] Außer diesen angezeigten Fällen entspringen aus der ferneren Verehlichungen alle Rechte, welche aus der ersten rechtmäßigen Ehe entstehen.

[Kinder aus rechtmäßiger Ehe]

421. [418.] Sind in einer rechtmäßigen Ehe Kinder erzeugt worden, so steht dem Vater über selbige die väterliche Gewalt zu.

422. [419.] Vermittelt dieser väterlichen Gewalt, ist der Vater befugt, seine Kinder Befehle zu ertheilen.

423. [420.] Ebenso kann auch der Vater seine Kinder zu Hauptdiensten und allen anderen Handlungen, welche die Erziehung erfordert, anhalten.

424. [421.] Mithin ist er auch berechtigt, im Fall es nothwendig ist, vernünftige Zwangsmittel zu gebrauchen.
Not[a]. Bestimmung der Grenzen der erlaubten Züchtigung.

425. [422.] Bey dieser Handlungen, welche die Kinder vornehmen, des Vaters Einwilligung nothwendig.

426. [423.] Ferner kann auch der Vater durch seine Kinder Rechte und Klagen erwerben.

427. [424.] Es gehört daher alles, was die Kinder erwerben, und was nicht zu ihren besonderen *peculiis* gehört, dem Vater zu.

428. [425.] Sollte der Sohn seinem Vater ein Recht durch einen Vertrag erworben haben, somit der Vater allerdings befugt, sich dasselbe anzumaßen.

429. [426.] Auch steht dem Vater die Verwaltung des Vermögens der Kindern zu, es müßte dann das Vermögen solche *peculio* betreffen, über welche die Kinder frey diesponieren können.

430. [427.] Ebenso ist auch der *pater* befugt, seinen unmündigen Kinders *pupillarites* zu substituiren.

431. [428.] Sollte eine rechtmäßige Ursache da seyn, so kann er die Kinder enterben.

432. [429.] Sollte iemand dem Vater seine Kinder wiederrechtlicherweise vorenthalten, so steht ihm auf derselben Herausgebung Klage zu.

433. [430.] Diese väterliche Gewalt wird durch rechtmäßige Ehe erlangt, indem ein Vater über alle sein ehlich erzeugten Kinder selbige auszuüben berechtigt ist.

434. [431.] Es sind aber alle die für ehlich gebohrene legitime Kinder zu achten, welche aus einer rechtmäßigen Ehe, binnen der gesetzmäßigen Zeit gebohren worden sind.
Not[a]. Von der Vermuthung der Rechtmäßigkeit eines Kindes, welches während der Ehe gebohren wird. Bestimmung der Zeit der Geburt. Was rechtens sey, wenn ein Kind vor der Ehe erzeugt worden, dem Mann aber, der solches nicht gewußt hat, während der Ehe gebohren wird? Was das Geständnis der Mutter bewürkte: daß ein Kind nicht von ihrem Ehemann erzeugt worden sey? Was bey langer Abwesenheit oder langwieriger

Krankheit des Mannes in Rücksicht der Kinder, die während der Ehe gebohren worden sind, rechtens sey? Inwiefern diese Vermuthungen durch Gegenvermuthungen elidirt werden können? Was rechtens sey, wenn die Frau, welche ein Kind gebohren, der Ehebruch überzeugt wird? Wie es ein Anspruch der Kinder zu halten sey, welche nach der Ehescheidung gebohren worden?

[Legitimation]

435. [432.] Ferner wird auch die väterliche Gewalt durch Legitimation erlangt.

436. [433.] Legitimation ist derjenige *actus*, wodurch aus einem unehlichen Beyschlaf erzeugte Kinder die Rechte ehlicher Kinder erlangen.

437. [434.] Legitimation wird entweder durch die nachfolgende Ehe, oder durch landesherrliches Ansehen bewürckt.

438. [435.] Legitimation durch nachfolgende Ehe ist alsdann vorhanden, wenn der Vater mit derjenigen Person, mit welcher er aus einem unehlichen Beyschalf ein Kind erzeugt hat, nachgehends eine rechtmäßige Ehe schlußt.

Not[a]. Was rechtens sey, wenn die Ehe erst vor dem Tode eines Theils geschloßen wird, so daß keine Proclamation vorher gehen könne? Daß Trauung *indistincte* erforderlich werde.

439. [436.] Es ist aber erforderlich, daß die Person von der Beschaffenheit sey, daß mit derselben eine rechtmäßige Ehe stattfinden könne.

Not[a]. Was rechtengemäß sey, wenn der Mann während seiner Ehe einen Ehebruch mit einer Person begangen hat, und ihm daraus ein Kind gebohren worden, wenn er nach Dissolution dieser Ehe dieselbe Person heyrathet? Wenn ein Mann mit einer Frau bey lebenszeiten ihres Mannes einen Ehebruch begangen, und nachgehendes nach erhaltener Dispensation dieselbe heyrathet?

440. [437.] Hingegen findet diese Legitimation statt, wenn auch der Schwängerer nach der Schwängerung sich verehlicht haben, und diese Ehe getrennt und dissolvirt seyn sollte, obgleich aus der Ehe rechtmäßge Kinder vorhanden wären.

441. [438.] Ferner werden auch Kinder des unehlichen verstorbenen Kindes durch die nachfolgende Ehe ihres Großvaters mit der geschwängerten Person legitimirt.

442. [439.] Es ist aber der unehlichen Kindes Einwilligung in diese Legitimation nothwendig.

443. [440.] Von der nachfolgenden Ehe an, sind die Kinder *ipso iure* für ehliche Kinder zu achten und stehen unter der väterlichen Gewalt.
Not[a]. Daß die unehlichen zu legitimirenden Kinder des Vaters Kleid nicht anrufen dürfen.

444. [441.] Legitimation durch landesherrschaftliches Ansehen ist alsdann vorhanden, wenn der Landesherr selbst oder der Vater mit landesherrschaftlicher Einwilligung dem unehlich gebohrenen Kindern, Rechte ehlich gebohrender Kindern ertheilt.

442. Auf erhaltene landesherrliche Erlaubniß ist der Vater befugt, solche Rechte seinen unehlichen Kinder in Testament beyzulegen.

443. Es folgt hieraus, daß sich niemand außer dem Landesherrn das Recht auf diese Art eines unehlichen Kinds Rechte ehlicher Kinder beyzulegen unterfangen können, es müßte ihnen dann ausdrücklich dieses Recht von dem Landesherrn ertheilt worden seyn.
Not[a]. Inwiefern *comites palatini* und andere Personen legitimiren können.

444. Es ist aber zu dieser Legitimation erforderlich, daß von dem Vater oder der Mutter oder den unehlichen Kindern selbst bey dem Landesherrn darum angesucht werden.

445. Ferner muß unter den Eltern selbst keine Ehe stattfinden können, weil entweder die Ehe unter den Eltern gesetzwidrig seyn würde, oder ein Theil verstorben, oder sich dem Kloster gewiedmet hat.

446. Überdieß ist auch die Einwilligung der zu legitimirenden Kinder nothwendig.
Not[a]. Inwiefern die existirenden ehlichen Kinder in die Legitimation einwilligen müßen? Was rechtens ist, wenn sie von den nach der Legitimation gebohrenen Kindern noch nicht consentiren können? Ob die Einwilligung verwandter Personen erfordert wird?

447. Der Umfang der Rechte, welche aus der Legitimation durch landesherrliches Ansehen entspringen, muß allein aus den Worten des landesherrlichen Rescripte ersehen werden.

448. Es muß also aus denselben beurtheilt werden, ob sie durch die Legitimation solchen unehliche Kinder bloß der Flecken, der ihnen durch ihre unehliche Geburt anklebt, vertilgt, oder überdies noch andern Rechte ehlich gebohrene Kinder zuständig seyn sollen.

449. Soll die Legitimation allein die erstere Würkung haben, so ist das Ansuchen der unehlichen Kinder, oder der Mutter, oder verwandter Personen hinlänglich, sodaß des Vaters Einwilligung in keine Betrachtung zu ziehen ist.

450. Auf diese Art können Kinder allen Arts, ob sich gleich ihre Eltern nicht ehlich verbinden kondten, legitimirt werden.
Not[a]. Zum Beyspiel, Kinder, die aus Ehebruch oder blutschänderischen Beyschlaf erzeugt worden.

451. Sind Kinder dahin legitimirt worden, daß der Flecken ihrer unehlichen Geburt aufgehoben seyn solle: So sind sie, wie iede auf andern Art legitimirte Personen, in Verhältnis gegen den Staat und ihre Mitbürger als ehlich gebohrene Kinder zu betrachten.

452. Mithin kann ihnen ihre unehliche Geburt nicht zum Vorwurf gereichen.

453. Folglich können sie auch zu öffentlichen Aemtern und Würden, ebensowie in Innungen zugelaßen zu werden, gegründeten Anspruch machen.
N[ota]. Da nach bisherigen Gesetzen unehliche Kinder von Handwerken nicht ausgeschloßen worden, so dürfte dieser § überflüßig seyn.

454. Hingegen kann sich iemand wegen dieser Legitimation Vorrechte der Famille anmaßen.

455. Es erlangt also auch der Vater über sie keine väterliche Gewalt.
Not[a]. Inwiefern gar des Vaters Nahmen, Wappen und Stand zu führen, nachgelaßen wird.

456. Ebensowenig haben solche Kinder auf ihres Vaters Verlaßenschaft Erbrechte ehlich gebohrener Kinder.

457. Nochweniger aber erlangen sie auf die Verlaßenschaft der Verwandten ihres Vaters, auf Lehns=Erbfolge, Primogenitur=Rechte, oder Familie=Fideicommisse irgendein Recht.
Not[a]. Vielleicht dürfte noch hierbey von einer besonderen Art der Legitimation zu handeln seyn, nehmlich von der *legitimatione tacita*. Wenn findet, daß unehliche Kinder, ohne daß sie durch nachfolgende Ehe ihrer Eltern, oder *expresse per rescriptum principis* legitimirt worden, sobald sie zu gewißen Officiers=Diensten, erhoben werden, *ipso jure* als ehlich gebohrene Kinder betrachtet werden. Diese Fälle dürften unter dieser Benennung der *tacitae legitimationis* zu verstehen seyn, indem der Landesherr *tacite* seine Einwilligung die Legitimation an den Tag legt.

458. Sind aber den unehlichen Kindern von dem Landesherrn durch ihre Legitimation außer der Vertilgung des Fleckens der unehlichen Geburt, noch andere Rechte der Ehe Wille beygelegt, so stehen die legitimirten Kinder sofort ebenso unter der väterlichen Gewalt, als wenn sie aus desselben rechtmäßigen Ehe erzeugt worden wären.
N. Die Rechte der Kinder selbst, welche sie durch die Legitimation erlangen, werden unten abgehandelt.

[Annahme an Kindes statt]

459. Ferner stehen auch die Personen, welche iemand an Kindes statt angenommen hat, unter desselben väterlichen Gewalt.

460. Annehmung an Kindes statt ist die Handlung des Vaters, wodurch er eine Person Rechte seines Kindes und Vorrechte der Familie ertheilt, die sie durch Geburt nicht haben.

461. Es könne sowohl Personen, welche unter väterlicher Gewalt stehen, als solche, welche davon frey sind, an Kindes statt angenommen werden.

462. Unter Annehmung an Kindes statt aber ist nicht nur begriffen, daß iemand einer Person, die Rechte eines Sohnes oder einer Tochter ertheile, sondern es ist auch erlaubt eine Person, die solches von Geburt nicht ist, für ein Enkelkind und Descendenten entfernterer Grade, ebensowie einen Enkel für seinen Sohn anzuerkennen.

463. Die Annehmung an Kindes statt findet nur sodann statt, wenn der Vater, welche andern an Kindes statt aufnehmen will, selbst keine Kinder hat.

464. Sollte also auch nur die Hoffnung, leibliche Kinder zu erhalten, vorhanden seyn, so können nicht andere Personen an Kindes statt angenommen werden.

465. Überdies ist erforderlich, daß die, welche andern an Kindes statt annehmen wollen, schon das 60ste Jahr ihres Alters überschritten haben.
Not[a]. Von der Ausnahme dieser Regel.

466. Ferner müßen sie der väterlichen Gewalt fähig seyn.
Not[a]. Inwiefern Frauenzimmer adoptiren können.

467. Die Annehmung an Kindes statt ist zur Ergänzung des Mangels selbst erzeugten Kinder eingeführt, und es kann nur unter solchen Umständen zu selbiger Zuflucht genommen werden, von welchen auch die Person, die sie an Kindes statt annehmen, hätte können erzeugt werden.

468. Daher aus der, welcher iemanden an Kindes statt annehmen will, wenigstens die absolute Möglichkeit Kinder zu erzeugen haben.
Not[a]. Inwiefern Castraten adoptiren können. Von Spadonen.

469. Die Annehmung an Kindes statt setzt daher auch voraus, daß sie auf beständig, nicht nur auf eine Zeitlang geschloßen werden.

470. Ferner kann iemand nur als Descendent adoptirt und keine Adoption in die Stelle eines Ascendentens oder Seitenverwandten gedacht werden.

471. Auch muß überdies der, welche den andern an Kindes statt annehmen will, wenigstens 18 Jahr seyn.

472. Auch ist erforderlich, daß der, welcher iemand an Kindes statt annimt, wenigstens 18 Jahr älter sey, als der, welcher an Kindes statt annimt.
473. Für den, welcher adoptiren will, muß endlich nach die Vermuthung streiten, daß er nicht väterlicher Gesinnung das Recht und die Wohlfahrth deßen, den er an Kindes statt annimt, befördern werden.
474. Es muß also der Verdacht eines Eigennutzes einer schlechten Absicht, oder daß das adoptirte Kind dadurch gefahrdet werden könne, von dem Adoptatore fern seyn.
475. Aus dießem Grunde kann in der Regel nicht leicht ein Armer einen Reichen an Kindes statt annehmen.
Not[a]. Inwiefern wegen bekandter Rechtschaffenheit und guttem Ruf von Moralität, eben sowie wegen der bekandten Zuneigung gegen den Adoptendum Ausnahmen zugelaßen werden könne?
476. Ebensowenig kann wegen des wieder ihn streitenden Verdachts iemand ein von ihm adoptirt gewesenes und emancipirtes oder einem andern in Adoption gegebenes Kind wieder adoptiren.
477. Wegen eines ähnlichen Verdachts kann kein Vormund und Aufseher Pflegbefohlene an Kindes statt aufnehmen, bevor nicht nach Ablegung der Rechnungen ein anderer Vormund bestellt worden.
478. Es könne aber Personen beyderley Geschlechts an Kindes statt aufgenommen werden.
479. Auch steht es frey, Descendenten eines entfernteren Grades als Kinder eines näheren Grades anzunehmen, oder ganz fremde Personen zu adoptiren.
N[ota]. Daß iemand sein eigenes von ihm emancipirtes Kind arrogiren könne, dürfte wohl zu römisch seyn.
Not[a]. Inwiefern zu der Arrogation und Adoption die landesherrliche Confirmation erforderlich sey? Wenn gerichtliche Bestätigung hinlänglich sey? Ob *Comitis palatini arrogatione* confirmiren könne?
480. Auch müßen Kinder, welche nicht mehr unter väterlicher Gewalt stehen und von einem andern an Kindes statt angenommen werden sollen, ihre Einwilligung in die Annehmung an Kindes statt erklähren.
Not[a]. Ob diese Einwilligung stillschweigend und durch andere dazu bestelle Personen oder schriftlich geschehen könne?
481. Sollte aber ein Unmündiger, welcher nicht mehr unter väterlicher Gewalt steht, an Kindes statt aufgenommen werden: So muß zuförderst eine gerichtliche Untersuchung veranlaßt werden, ob die Annehmung an Kindes statt dem Unmündigen vortheilhaft seyn dürfte, und dieses aus

des adoptirenden Vaters Lebenswandel und Sitten und Umständen zu vermuthen sey?

482. Bey dieser Untersuchung müßen die Verwandten der an Kindes statt anzunehmenden Person und derselben Vormünder zu Rath gezogen werden.

483. Diese Einwilligung der Vormünder ist unumgänglich erforderlich.

Not[a]. Wenn des Vormunds Einwilligung ohne *consens* des zu adoptirenden Kindes allein hinreichend sey, z.E. wenn das zu adoptirende Kind noch in den Jahren der Kindheit seyn sollte.

484. Ist dies geschehen, so muß der adoptirende Vater eine hinlängliche Sicherheit dahin bestellen, daß er, im Fall das adoptirte Kind nicht nach erlangter Mündigkeit die Adoption genehmigen, oder während der Unmündigkeit versterben würde, das Vermögen des adoptirten Kindes denen herausgeben werden, welchen, das Vermögen zufallen wurde, wenn die Adoption nicht erfolgt wäre.

Not[a]. Was in dem Unterlaßungsfall diese Cautionsbestellung rechtens sey?

485. Wird ein Kind, welches unter väterlicher Gewalt steht, an Kindes statt aufgenommen, so ist nicht nur desselben Einwilligung in die Adoption erforderlich, sondern es muß auch desselben Vater, unter deßen Gewalt er steht, in dieselbe einwilligen.

Not[a]. Inwiefern es genug sey, wenn das Kind zwar nicht *expresse* consentirt, aber doch auch nicht wiedersprucht. Was rechtens sey, wenn es von dem Alter ist, daß es noch nicht seine Einwilligung oder seinen Wiederspruch andern Tag legen kann. Ob die Einwilligung der Verwandten des Kindes verlangt werde?

486. Ist eine Annehmung an Kindes statt auf erwähnte Art vollzogen worden, so erlangt der adoptirende Vater über die an Kindes statt angenommenen Kinder und derselben Descendenten die vorher nicht mehr unter väterlicher Gewalt standen, die väterliche Gewalt; es steht ihm auch alle Vorrechte die diese Gewalt mit sich bringt zu; sodaß die adoptirten Kinder für ehliche anzusehen sind.

487. Eben dies ist rechtens, wenn ein Kind, welches unter väterlicher Gewalt stand, von einem seiner Ascendenten adoptirt worden ist, in welchem Fall der adoptirende Vater die väterliche Gewalt und daraus entspringende Vorrechte in ihrem ganzen Umfange erlangt; daher auch solche adoptirte Kinder, denen die durch Geburt solches sind, völlig gleich geachtet werden.

488. Ist hingegen ein Kind, welches unter väterlicher Gewalt steht, von einem andern als seinem Ascendenten an Kindes statt aufgenommen worden: So

verliehrt der Vater, unter deßen väterlicher Gewalt es steht, nicht diese Gewalt.

489. Es bleibt also ein solches Kind auch nach der Adoption noch in seiner Familie, und behält alle Rechte, die ihm zuvor an selbige zustanden.

490. Mithin erhält der adoptirende Vater über die an Kindes statt angenommene Person keine väterliche Gewalt und daraus fließende Vorrechte.

N[ota]. Die Rechte, welche Kinder durch Adoption erlangen, werden unten abgehandelt.

[Einkindschaft]

491. Es wird auch noch durch Einkindschaft eine väterliche Gewalt erlangt.

492. Einkindschaft ist ein Vertrag, wodurch Eheleute einig werden, ihre zugebrachten Kinder für gemeinschaftlichen Kinder und Erben anzunehmen und ihnen die Rechte zu ertheilen, welche ihnen zustehen würden, wenn sie gemeinschaftlich aus ihrer Ehe erzeugte worden wären.

Not[a]. Ob die Einkindschaft in einem letzten Willen geschehen könne und des Kindes Einwilligung erforderlich sey? Inwiefern Vormünder einwilligen müßen? Ob ihres Verwandten Consens erfordert werde? Inwiefern dieser Vertrag vorläufige gerichtliche Untersuchung voraussetzte? Bey welchen Gerichten diese Untersuchung geschehen müße? Ob die Eltern und Kinder oder Vormünder in eigner Person gegenwärtig seyn müßen, wodurch einer procurator erscheinen könne?

493. Dieser Vertrag kann, ohne daß der Stand der Eltern einen Unterschied bewürckt, errichtet werden, es mögen nur aus der Ehe der Ehegatten, welche diesen Vertrag schließen, Kinder erzeugt sey, oder nicht.

Not[a]. Inwiefern durch die Einkindschaft die väterliche Gewalt erlangt werden?

N[ota]. Die Rechte, welche Kinder durch Einkindschaft erlangen dürften, sind unten abzuhandeln seyn.

[Kinder aus unehelichem Beischlaf]

494. Was aber Kinder anbetrifft, die aus einem unehlichen Beyschlaf erzeugt und nicht legitimirt worden, so stehe selbige nicht unter väterlicher Gewalt, und können aus keinem unehlichen Beyschlaf eine väterliche Gewalt erworben werden.

495. Unter unehlichen Kindern aber werden solche verstanden, die von Eltern, welche nicht getraut worden, erzeugt sind.

Not[a]. Es folgt also von selbst, daß Kinder die aus einer Ehe zur linken Hand erzeugt sind, unter väterlicher Gewalt stehen.

Nach Herrn J. Tevenars Plan[5] p. 175 und Vers. üb. die Rechtsge. p. 587[6] dürfte gewißen Kindern, die aus einem Concubinat erzeugt worden, und gewißen Hurenkindern ein Unterschied zu machen seyn; wäre dies, so käme es darauf an, ob nicht auch bey Kindern, die aus einem Concubinat erzeugt sind, in Rücksicht der väterlichen Gewalt neue Verfügungen zu treffen wären? Ferner dürfte die Frage entstehen, ob nicht dem Vater über unehliche Kinder, die er zu sich nimt, väterliche Gewalt zu ertheilen sey?

496. Stehen unehliche Kinder bloß unter der Gewalt ihrer Mutter, als welcher alle Rechte über die unehliche Kinder zustehen, zu welchen sonst eine Mutter über ehliche Kinder befugt ist.

497. Überhaupt nimt iede Mutter über ihre ehliche Kinder an der väterliche Gewalt antheil und stehe ihr von dem Augenblick an, wo die Ehe rechtmäßig vollzogen worden, dazu die Befugnis zu.

498. Mithin kann sie ebenfalls ihre Kinder zu Hausdiensten anhalten, vernünftige Zwangsmittel gebrauchen, etwas durch ihre Kinder erwerben, ihr Vermögen; sie ist auch daher berechtigt, ihre Einwilligung zu geben, ihre Kinder zu enterben, und von iedem, der dieselben unrechtmäßigerweise vorbehält, herauszufordern.

499. Es hat iedoch des Vaters Wille der Vorzug, sodaß im Fall unter Eheleuten darüber Streit entstehen sollte, des Vaters Wille der entscheidend seyn solle.

Not[a]. Inwiefern von dieser Regel Ausnahmen zu machen seyn dürfen, und die mütterlichen Rechte in Eheverträgen eingeschränkt werden können?

500. Sollte der Ehemann verstorben seyn, so ist die Mutter berechtigt, über ihre Kinder die Vormundschaft zu übernehmen und schlüßt davon die Ascendenten väterlicher Seite aus.

501. Ebenso ist sie nach des Mannes Tode alle Rechte, welche in der väterlichen Gewalt begriffen sind, allein auszuüben befugt.

[Pupillarsubstitution]

502. Hiervon aber ist das Recht, den Kinder=*pupillarites* zu substituiren ausgeschloßen, welches Vorrecht der väterlichen Gewalt sich keine Mutter anmaßen kann.

---

5 07.06.175, Tevenars Plan.

6 *Tevenar, Johann Wilhelm von*, Versuch über die Rechtsgelahrheit, Magdeburg und Leipzig 1777.

Not[a]. Im Fall von der *substitutione pupillari* nicht bey der Lehre von der Erbeneinsetzung zu handeln wäre, so dürfte diese Materie, welche auch schon bey dem §430 abgehandelt werden kann, hier auszuführen gewesen sey.

503. Die *substitutione pupillaris* ist alsdann vorhanden, wenn ein Vater in seinem Testament seinen unmündigen Kindern, die unter seiner Gewalt stehen, im Fall sie während der Unmündigkeit sterben sollten, einen Erben ernennt.

504. Alles, was bey der Substitution überhaupt in Rücksicht der Personen, welche substituiren und welche substituirt werden können, und allgemeinen Folgen der Substitution den Gesetzen angemeßen ist, ist auch in Rücksicht der *substitutionis pupillaris* rechtens.

505. Was aber die besonderen Verfügungen bey dieser Substitution anbetrifft, so kann sie bloß in dem väterlichen Testament vorgeschrieben werden.

506. Ein Vater aber kann nicht nur auf diese Art deren schon gebohrenen Kindern, sondern auch seinen *postumis*, und allen Kindern, die unter seiner Gewalt stehen, nicht aber denen, die zu der Zeit seines Todtes schon von demselben befreyt werden, substituiren.

507. Ferner findet diese Substitution nur bey unmündigen Kindern und auf die Jahre der Unmündigkeit statt.

Not[a]. Was rechtens sey, wenn ein Vater auf längere Zeit substituirt hat. Inwiefern ein Soldat hiervon eine Ausnahme mache?

508. Hingegen steht iedem Vater frey, seinen unmündigen Kindern auf eine kürzere Zeit als den Termin ihrer Mündigkeit *pupillarites* zu substituiren.

509. Hat ein Vater seinen Kindern *pupillarites* substituirt: So hat er sich, ebensowohl als seinen Kindern ein Testament gemacht.

Not[a]. Daß nach römischem Recht erfordert wird, daß die *substitutio pupillaris* auf besondere verschloßene *tabulas* geschrieben sey, dürfte da heutzutage die Furcht vor den *heredi petis* nicht mehr die römische ist, zu bemerken überflüßig seyn.

510. Mithin disponirt der Vater nicht nur über sein Vermögen, sondern auch über das, was dem Kinde von ihm und sonst herzu gefallen ist.

511. Das Recht des *pupillarites* substituirten Erbens dauert fort, wenn auch Kind die Erbschaft des Vaters *ab intestato* antritt, oder die Erbschaft ausschlägt.

512. Ferner könne auch die Erbschaft antreten, wenn das Kind gegen die Antretung der väterlichen Erbschaft in seinen vorigen Stand wiedereingesetzt worden ist.

Not[a]. Die Regel: *Substitutio pupillaris vulgari, et vulgaris pupillaris tacite inest.*

513. Stirbt also das Kind ehe es die Mündigkeit erreicht hat und wird es nicht Erbe des Vaters, so erhält der *pupillariter* substituirte Erbe mit Ausschlüßung der sonst gesetzlichen Erben des Kindes, beyderseitiges Vermögen.
Not[a]. Bestimmung der auszuschließenden geschlichen Erben, z.E. die Mutter des Kindes. Was rechtens sey, wenn das Erbrecht verkauft worden?
514. Sollte aber der *pupillariter* substituirte Erbe vor dem *herede instituto* gestorben sey: So ergiebt sich von selbst, daß die *substitutio pupillaris* geendet sey.
515. Eben dies ist auch den Rechten gemäß, wenn der *pupillariter* substituirte Erbe zu gleicher Zeit mit dem Kinde stirbt.
516. Sollte ferner die Bedingung, unter welcher der *substitutus* eingesetzt worden, nicht existiren: So hört die *Substitutio pupillaris* ebenso gutt auf, wenn die Zeit, auf welche nur die *Substitutio pupillaris* als gültig eingesetzt worden, verfloßen ist.
517. Sobald mithin ein Kind männlichen Geschlechts das 14te, und ein Kind weiblichen Geschlechts das 12te Jahr seines Alters hat, so ist diese *substitutio* gänzlich erloschen.
518. Da endlich auch erwähnte *substitutio* allein Theil des väterlichen Testaments anzusehen ist: So wird sie auch zugleich, wenn das väterliche Testament zu bestehen nicht vermag, mit selbigen ungestoßen.
Not[a]. Inwiefern die *querela inofficiosi testamenti* hiervon eine Ausnahme mache?
519. Auch verliehrt der *pupillariter substitutus* sein Recht, wenn er nicht beyde, des Vaters und des verstorbenen unmündigen Kindes Erbschaft, sondern nur eine von beyden antreten will, indem er entweder beyde anzutreten, oder beyde auszuschlagen verbunden ist.
520. Deren Eltern aber steht gemeinschaftlich das Recht zu, ihren Kindern in ihrem Testament einen Vormund zu ernennen.
Not[a]. Nach römischem Recht ist eigentlich nur der Vater berechtigt, in seinem Testament einen Vormund zu bestimmen; allein aber dasselbe Recht billigt es, wenn es eine Mutter thut, nur daß es in diesem Fall verlangt, daß der von der Mutter gegebene Vormund gerichtlich bestätigt werde. Er mußte *cum inquisitione* confirmirt werden. Ein solcher Vormund ward allen andern vorgezogen, und nach einer ganz besonderen Verfügung kondte er *sub conditione, in diem et ex die* gegeben werden, obgleich keine andere Art der Vormundschaft dieses duldete. Ebenso kondte eine *persona inhabiles* im väterlichen Testament zum Vormund bestellt werden. Auch dürfte der *tutor testamentarius* keine Caution bestellen. Ebenso kondte auch ein Vater in seinem Testament verbiethen, daß

gewißen Personen die Vormundschaft über seine Kinder nicht aufgetragen werden solle. Die Bestellung dieser Tutoren war ungültig, wenn es das Testament des Vaters war. Die Ausführung dieses §520 dürfte unten schicklicher vorzutragen seyn.

521. Ferner können auch beyde Eltern ihren Kinder in Testament nicht nur *vulgariter*, sondern auch *quasi pupillariter* substituiren.

522. Substituiren ihren Kindern alsdann *quasi pupillariter*, wenn sie ihren mündigen rasenden, oder wahnsinnigen Kindern auf dem Fall, daß selbige in dem Zustande, worinnen sie kein Testament zu machen befugt sind, versterben würden, einen Erben nennen.

523. Sowie Eltern befugt sind, ihre Kinder aus rechtmäßigen Ursachen für Verschwender erklähren zu laßen: So können sie auch solchen Kindern, die für Verschwender erklährt worden sind, auf diese Art einen Erben substituiren.

524. Ebendies können sie auch bey Kindern thun, die nicht mehr unter ihrer Gewalt stehen.

525. Hingegen haben sie nicht das Recht ihren enterbten Kindern auf diese Art zu substituiren.

526. Auch können sie nicht durch diese Substitution den Denscendenten, und im Fall diese nicht vorhanden sind, den Geschwister ihres Kindes ihr Erbrecht bewehren.

527. Haben aber ihre Kinder weder Descendenten noch Geschwister, so steht es in ihrer Wahl, wem sie denselben *quasi pupillariter* substituiren wollen.

528. Versterben nun die Kinder in einem solchen Zustand, in welchem sie nach den Gesetzen kein Testament machen können: So sind die *substituirter* befugt, die Erbschaft anzutreten.

529. Sollten hingegen die Kinder ein einem Zustand kommen, in welchem sie ein Testament machen können: So ist die *substitutio quasi pupillaris* erloschen.

[Enterbung]

530. Die Eltern können auch ihre Kinder gemeinschaftlich enterben.

531. Enterbung ist die Ausschulüßung eines nothwendigen Erbens von der ganzen Erbschaft aus einer wahren im Testament ausgedrückten und rechtmäßigen Ursache.

532. Soll mithin ein Kind von seinen Eltern enterbt werden, so muß es von der ganzen Erbschaft ausgeschloßen werden; folglich ist ein Kind, welches in dem Testament seiner Eltern auch nur in dem geringsten Theil der Erbschaft eingesetzt worden, nicht für enterbt zu halten.

533. Ferner muß die Enterbung in dem Testament geschehen.
Not[a]. Daß keine Enterbung in Codicillen gedacht werden könne.

534. Die Eltern müßen auch ihren Willen deutlich erklähren, und ist nicht iede zweifelhafte Willenserklährung für Enterbung anzusehen.
Not[a]. Von der Regel: *sub conditione institutus, sub contraria conditione non censetur exheredatus.*[7]

535. Auch können ferner die Eltern ihre Kinder nur aus rechtmäßigen Ursachen enterben.

536. Die von den Gesetzen dahin gebilligten Ursachen, aus welchen Descendenten enterbt werden können, sind mit Ausschlüßung aller andern folgende:

537. Sollte ein Kind seine Eltern geschlagen und sich an ihnen vergriffen haben: So kann es enterbt werden. (*Si filius parentibus impias manus intulit*)

538. Ebenso, wenn ein Kind seinem Kind eine *iniuriam grauem* zugefügt hat.
Not[a]. Ob die Aussöhnung das Recht der Enterbung aufheben könne?

539. Wenn ein Kind seine Eltern in einem peinlichen Fall, wovon iedoch das Verbrechen der beleidigten Majestät ausgenommen wird, angeklagt hat.

540. Ferner wenn ein Kind seine Eltern denuncirt hat, und denselben dadurch ein beträchtlicher Schaden zugewachsen ist.

541. Gesellen sich Kinder zu Menschen, die eine gesetzwiedrige Lebensart und Gewerbe führen, in der Absicht, um ihre Lebensart und Gewerbe zu ergreifen: So können sie enterbt werden. (*Si cum maleficis versentur, ut malefici habet.*)
Not[a]. Bestimmungen solcher Menschen, z.E. Zigeuner.

542. Ebendies ist rechtens, wenn ein Kind wieder dem Willen seiner Eltern unter Comoedianten und Gaukler u.s.w. geht, und in dieser Lebensart beharrt. (*Si se filius praeter voluntatem parentum inter arenarios vel mimos sociaverit, et in hac professione permanserit.*[8])

543. Würde eine Tochter vor den 20ten Jahre ihres Alters *vitam meretriciam* ergreifen, ohne daß ihre Eltern in derselben Verehlichung Hinderniße gesetzt haben, so sind die Eltern selbige zu enterben befugt.

544. Dies ist auch den Gesetzen gemäß, wenn Kinder dem Leben ihrer Eltern nachgestellt haben.

---

7 *Boehmer*, *Introductio*, S. 155.

8 *Hellfeld, Augusti*, Jurisprudentia forensis secundum pandectarum orinem, Jena 1787, §1424.

545. Wenn Kinder ihre rasende Eltern vernachläßigen.
Not[a]. Inwiefern dies auf andere Krankheiten der Eltern zu beziehen sey?

546. Wenn ein Kind unterlaßen hat, seine Eltern von feindlicher Gefangenschaft zu befreyen.

547. Wenn ein volljähriger Sohn seine Eltern, wenn er sich für selbige verbürgte, aus gefänglicher Haft befrcyen kondte, und solches, obgleich seine Eltern ihn darum ersuchten, unterließ, so ist dies eine rechtgegründete Ursache der Enterbung.
Not[a]. Inwiefern diese Ursache der Enterbung in Rücksicht des vellejanischen Senatusconsults auch auf Töchter anwendlich sey?

548. Sollte ein Kind seine Eltern verhindert haben, ein Testament zu machen, so ist dies zur Enterbung hinlänglich.
Not[a]. Nähere Bestimmungen der Arten der Verhinderung.

549. Ebenso auch, wenn sich ein Sohn mit seiner Stiefmutter, oder eine Tochter mit ihrem Stiefvater fleischlich vermischt haben sollte.
Not[a]. Das römische Recht bezieht diesen Fall auch auf die Concubine des Vaters.

550. Ferner, wenn ein Kind eine im Staat verbothene Religion angenommen haben sollte. (*Religionem publicae haud adprobatem.*[9])

551. Würde sich endlich ein Kind ohne Einwilligung seiner Eltern verehlicht haben, so haben die Eltern zur Enterbung gesetzmäßige Ursache.
Not[a]. Diesen Ursachen der Enterbung dürften näher zu bestimmen seyn? Kann z.E. ein Vater seinen Sohn deswegen enterben, weil er die Mutter geprügelt, oder beleidigt hat? Kann die Mutter ein Kind wegen der Beleidigungen, die es dem Vater zugefügt hat, enterben? u.s.w.

552. Würden Eltern ihre Kinder aus einer anderen Ursache enterben, so soll ihr Testament null und nichtig seyn.

553. Iedoch soll eine Ursache der Enterbung daseyn, wenn ein Fall vorhanden seyn sollte, der in einer diesen Ursachen nicht ausgedrückt, und doch mit dem Fall einer Ursache der Enterbung völlig einerley wäre.

554. Würde ein Kind wegen einer oder mehrerer diesen Ursachen von seinen Eltern enterbt worden seyn, ohne daß die Ursache im Testament ausgedrückt und angeführt worden: So soll das Testament der Eltern ebenfalls null und nichtig seyn.

555. Wäre hingegen ein Kind wegen ein oder der andern rechtmäßigen und ein Testament der Eltern angeführten Ursachen enterbt worden: So können

9 *Hellfeld*, a.a.O.

die Kinder, im Fall sie behaupten, daß die angegebene Ursache der Enterbung nicht wahr seyn sollte, dahin klagen zu, daß das Testament *quod heredis institutionem* revidirt werden.
Not[a]. Von der *querela inofficiosi* dürfte erst unten bey den Rechten der Kinder gegen ihre Eltern zu handeln seyn.

[peculium]

556. Die Eltern haben auch Rechte in Rücksicht des Vermögens ihrer Kinder.

557. Alles, was die Kinder vererben, gehört den Eltern uneingeschränkt zu, es müßte denn solches zu dem *peculio* der Kinder gehören.

558. *Peculium* ist das besondere Vermögen eines Kindes unter väterlicher Gewalt, worinnen dasselbe Recht eines Menschens hat, der nicht mehr unter väterlicher Gewalt steht.
Not[a]. Von den allgemeinen Grundsätzen, welche ides *peculium* betreffen, als *peculium est universitas iuris et pretium rei ex peculio alienata in locum rei, et res ex peculio adquisita in locum pretii succedit*[10].

559. Der Inbegriff alles das Vermögen, was ein Kind unter väterlicher Gewalt im Krieg oder bey Gelegenheit des Krieges erwirbt, macht desselben *peculium castrense* aus.

560. Dieses *peculium* sind Söhne, die in Kriegsdiensten stehen, oder in selbigen gehen wollen, fähig.

561. Es wird aber dies *peculium* auf Sachen aller Art, bewegliche oder unbewegliche bezogen.

562. Ferne gehören auch die Sachen, die mit Geldern dieses *peculium* erkauft, oder welche eingetauscht worden, zu diesem *peculium*.

563. Ebenso ist auch die Kriegs=Equipage, welche einem Sohn geschenkt worden, unter dem *peculium castrense* begriffen.
Not[a]. Ob dies eine auf die Kriegs=Equipage, welche ein Fremde, oder auch auf die, welche die Eltern dem Kinde schenken, zu beziehen sey? Das römische Recht und das Landrecht pag. 30[11] rechnen beydes zu diesem *peculium*. Klaproth aber in seinem Entwurf eines Gesetzbuches[12] pag. 541 rechnet die Equipage, welche der Vater gegeben hat, zu dem *peculio profectitio*.

564. An diesem *peculium* steht den Kindern das völlige Eigenthumsrecht zu.

---

10 *Hellfeld*, §905.
11 *Cocceji*, Bd. I, S. 30.
12 *Claproth*, Bd. I, S. 541.

565. Es kann sich daher der Vater über dasselbe weder Verwaltung, noch ein Recht darüber zu disponiren anmaßen.
Not[a]. Inwiefern der Sohn, wenn er domittirt worden, ein solches *peculium* behält?

566. Der Inbegriff alles das Vermögen, welches sich ein Kind unter väterlicher Gewalt durch Aemter und Bedienungen, ingleichen durch Wißenschaften und freye Künste erworben hat, macht desselben *peculium quasi castrense* aus.

567. Ebenfalls gehört auch das, was einem Kinde zu Erlangung eines Amts und Bedienung, oder zu Erlernung der Wißenschaften und Künste geschenkt worden, zu diesem *peculio*.

568. An dem *peculio quasi castrense*, steht den Kindern das uneingeschränkte Eigenthumsrecht zu.

569. Mithin hat auch der Vater dies *peculium* zu administriren oder darüber zu disponiren kein Recht.
Not[a]. Was rechtens sey, wenn der Sohn abwesend oder unfähig ist, dasselbe darüber zu administriren, inwiefern alsdann der Vater berechtigt sey, dasselbe zu administriren.

570. Alles Vermögen, was das Kind nicht durch erst erwähnte Fälle, sondern auf andere Art erwirbt, und was es nicht vom Vater oder ausdrücklich in Rücksicht seines Vaters erhält, macht das *peculium adventitium* aus.

571. Was also Kinder für sich selbst, oder durch Glücksfälle gewinnen, oder was ihnen von einer fremden Person, oder von ihrer Mutter und Verwandten geschenkt oder vermacht wird, gehört zu ihrem *peculio adventitio*.
Not[a]. Inwiefern vermuthet werde, daß etwas zu diesem *peculio* gehört?

572. Dieses *peculium* sind Kinder beyderley Geschlechte fähig, sie mögen die Jahre der Unmündigkeit überschritten haben oder nicht.

573. Den Kindern ist an diesem *peculium* das Eigenthumsrecht zuständig.

574. Hingegen steht dem Vater vom selbigen *peculio* der völlige Nießbrauch zu.
Not[a]. Was rechtens sey, wenn des Sohns *peculium adventitium* in der Betreibung eines Rechts, oder in einer *re fungibili* besteht? Wenn der Sohn vor dem Vater verstorben ist? Wenn dem Sohn zu seinem *peculio adventitium* ein bloßes Nießbrauchsrecht an einer Sache zuständig ist?

575. Vermittelt dieses Nießbrauchsrechts ist der Vater dieses *peculium* zu administriren berechtigt.
Not[a]. Inwiefern ein Vater deswegen belangt werden oder andern belangen kann? Was wegen des Inventariums oder der Rechnungsablegung rechtens sey? Rechtliche Folgen, wenn der Vater ohne Einwilligung des Sohns, und zu deßen Schaden in Rücksicht des *peculii adventitii* etwas

verfügt. Inwiefern und wie ein Vater Sachen des *peculii adventitii* veräußern kann. Inwiefern überhaupt die Einwilligung des Sohns erfordert werde? Wie es zu halten sey, wenn der Sohn abwesend oder zu der Ertheilung seiner Einwilligung unfähig ist, oder wenn der Vater *de rato* Caution bestellt, oder das Geschäft des Sohns *utilitae* betrieben worden?

576. Da nun dem Vater außer dem Nießbrauch auch die Verwaltung des *peculii adventitii* zusteht, so folgt von selbst, daß kein Kind ohne väterliche Einwilligung etwas von seinem *peculio adventitio* veräußern könne.

577. Dieses Nießbrauchsrecht und das Recht der Administration steht der Eltern nur solange zu, als die Kinder der väterlichen Gewalt unterworfen sind.
Not[a]. Von der Verbindlichkeit der Eltern, den Kindern sodann ihre zum *peculio adventitio* gehörige Sachen herauszugeben, dürfte unten, bey den Verbindlichkeiten der Eltern zu handeln sey. Die römische Gesetze ertheilten dem Vater, der seinen Sohn emancipirte, als ein *praemium* der Emancipation, die Hälfte des Nießbrauchs, damit die Väter nicht wegen des sonst befürchteten Verlusts ihres Nießbrauchrechtes die Emancipation ihrer Kinder erschweren möchten. Welche Verordnung heute noch schwerlich Grund haben dürften. Hier dürfte noch die Frage zu bestimmen seyn, inwiefern einem Vater wegen der üblen Administration des *peculii adventitii*, die Administration genommen werden kann?

578. Mithin erlöschen diese Rechte sobald als auf irgendeine Art, also auch durch Heyrath, oder weil die Kinder ihre eigene Wirtschaft anfangen, die väterliche Gewalt dissolviert wird.

578. [sic.] Sollte aber ein Kind etwas wieder den Willen seines Vaters erhalten haben, so steht dem Vater an diesem *peculio adventitio* kein Nießbrauchsrecht zu.

579. Ebendies ist rechtens, wenn Kinder mit ihrem Vater ihrem leiblichen Bruder (*fratri germano*) erben.

580. Wie auch, wenn Kindern etwas unter der Bedingung geschenkt oder vermacht wird, daß dem Vater an selbigem Vermögen kein Nießbrauch zustehen solle.

581. Ingleichen wenn einem Kinde etwas von Landesherrn oder seine Gemahlin geschenkt worden ist.

582. Ferner steht auch an dem Patron=Gelde des Kindes dem Vater kein Nießbrauchsrecht zu.

583. Ebensowenig wenn sich ein Vater einmahl eines Nießbrauchsrecht begeben hat.

Not[a]. Inwiefern es erlaubt sey zu renunciren z.E. *in fraudem creditorum*? Ob das Vermögen, welches den Kindern durch Heyrathen zufällt, als Brautschatz, Hochzeitgeschenke, Leibgeding etc. zu dem *peculio adventitio irregulari* gehören? Nach römischem Recht steht einem Vater, welcher sich ohne rechtmäßige Ursache von seiner Frau trennt, an dem Vermögen, welches dem Kinde im Fall einer unrechtmäßigen Ehescheidung zufällt, kein Nießbrauchsrecht zu.

584. In allen diesen Fällen sind die Kinder, welche das Eigenthum gehört, auch befugt, dasselbe zu administriren und darüber zu disponiren.

Not[a]. Wenn die Curator zu bestellen ist, und wenn der Vater dazu zu bestellen ist? Inwiefern ein 3ter in seinem Testament, worinnen er Kindern Vermögen hinterläßt, an welchem ihrem Vater kein Nießbrauch zustehen solle, einen Curator bestellen können; ob sodann doch zugleich mit den *curatoribus* der Vater in der Administration des *peculii adventitii* concurirt? Ob solche Curatoren dem Vater Caution bestellen, oder iährlich Rechnungen ablegen müßen? Ob den Kindern, im Fall der Vater das *peculium adventitium* nicht administriren will oder kann, ein Curator zu bestellen sey?

585. Was die Kinder durch eine Beschäftigung, die ihren der Eltern zu ihrem Betrieb übergaben, erworben haben, oben so das, was der Vater oder eine andere Person in Rücksicht des Vaters den Kindern gab, um daß, sie dasselbe administriren und zu einem Behufe anwenden mögen, macht das *peculium profectitium* des Kindes aus.

586. Es hängt bloß von des Vaters Willkühr ab, welchen Kindern und was er ihnen zu einem *peculio profectitio* geben wollen.

587. Giebt es ihnen aber eine andere Person, so muß sich dieselbe ausdrücklich dahinn erklähren, daß es nur ihres Vaters Willen geschehen, und daß sie an selbigen nur *peculium profectitium* haben sollen.

Not[a]. Inwiefern wenn einem Sohn was geschenkt worden, die Vermuthung eintritt, daß es dem Kinde nur des Vaters Willen geschenkt sey?

588. Übrigens kann ein solches *peculium* Kindern beyderley Geschlechts und an iedem Alter zugestanden werden.

589. Ebenso hängt die Bestimmung des Behufes, zu welchem es ihnen verstattet wird, von der Willkühr des Schenkers ab.

590. Der Vater hat an dem *peculio* seiner Kinder das völlige Eigenthumrecht.

591. Ebenfalls ist der Vater durch seine Kinder in dem Besitz dieses *peculiums.*

592. Mithin steht auch an allem, was durch selbiges erworben wird, dem Vater das Eigenthumsrecht zu, wenn es auch ohne Vorwißen des Vaters sollte erworben worden seyn.

593. Folglich kann auch der Vater und sein Erbe, wenn der Sohn etwas aus diesem *peculium* veräußert, solches zurückfordern.
Not[a]. Ausnahmen, welche diese Regel duldet.

594. Ebenso kann sich auch der Vater in seinen Ansprüchen, die er an sein Kind hat, auf diesem *peculio* befriedigen.
Not[a]. Inwiefern ein Vater das, was sein Kind andere Personen, denen der Vater verbindlich ist, z.E. welche unter des Vaters Vormundschaft steht, schuldig ist, von diesem *peculio* abziehen könne?

595. Es folgt daher ferner, daß der Vater den Kindern dieses *peculium* nach einer Willkühr abfordern und an sich rechnen könne.

596. Dieses Recht des Vaters cessirt aber, wenn er sein Kind emancipirt und ihm das *peculium* nicht ausdrücklich abgefordert hat, sodann er das *peculium* von dem Kinde nicht zurücknehmen kann, weil es dafür zu halten ist, daß der Vater selbst dem Kinde geschenkt habe.
Not[a]. Daß nicht der *fiscus*, wenn des Vaters Vermögen publicirt worden, dem Kinde sein *peculium profectitium* nehmen könne. In Rücksicht dieses *peculiums* findet unter Eltern und Kindern kein Vertrag statt; mithin kann auch keinem von beyden deswegen eine Klage zustehen.

597. Sobald die väterliche Gewalt dissolvirt wird, so hört auch iede Art des *peculiums* von selbst auf.
N[ota]. Die Kinder, sagt Herr von Tevenar in seine. Vers. über die Rechtsgel. p. 588f., können Vermögen besitzen, wovon in den mehrersten Staaten dem Vater, in einigen Provinzen und Städten aber z.E. in Fränkischen und Schwäbischen Creyse, auch der Mutter der Nießbrauch, und eine uneingeschränkte Verwaltung, den Kindern aber das Eigenthum zusteht. Die Römer haben das Vermögen des Kindes *peculium* genandt, und davon macherley Abtheilungen auch Einschränkungen gemacht, die zum Theile in Deutsche Gesetzbücher übertragen worden, ob es gleich gegenwärtig mit der väterlichen Gewalt und dem Vermögen der Kinder eine ganz andere Beschaffenheit als bey den Römern hat, da die Kinder sowie ihre Eltern und fremde Personen bewegliche und unbewegliche Sachen oder Rechte als ihr Eigenthum besitzen können, daher die Einschränkung dieses Eigenthums nicht nach den römischen Begriffen des *peculii*, sondern nach dem Titel, nach den Bedingungen, worunter sie solches erhalten haben, beurtheilt werden muß.

[Rechte unehelicher Kinder]

598. Eben diese Rechte, welche von Eltern über ihre in einer rechtmäßigen Ehe erzeugten Kinder zustehen, haben auch Eltern über die Kinder, welche ihnen in einer Ehe zur linken Hand gebohren worden sind, diese Rechte mögen nun die Person oder das Vermögen der Kinder betreffen.

Not[a]. Inwiefern diese Rechte der vätcrlichen Gewalt den Eltern über die Kinder nach Dissolution der Ehe zuständig sind.

599. Was aber unehlich gebohrene Kinder betrifft, so ist der Vater befugt, seine unehliche Kinder zu sich zu nehmen und sie selbst zu erziehen.

Not[a]. Inwiefern dazu vorläufige gerichtliche Untersuchung, der Umstände des Vaters und ob solcher im Stande sey, das Kind zu erziehen, erfordert werden; inwiefern und wem er das Kind auf Erfordern vorzubeugen verbunden sey. Bestimmung der Rechte, welche in diesem Fall dem Vater über das unehliche Kind zuzubilligen sind.

600. Nimt der Vater seine unehlichen Kinder nicht zu sich und ergreift sie nicht selbst, so stehe ihm keines der Rechte zu, welche Eltern über ehlich gebohrene Kinder auszuüben befugt sind.

601. Hingegen hat in diesem Fall die Mutter über die unehlichen Kinder alle Gewalt und alle erwähnten Rechte derselben, welche die Gesetze einer Mutter über ihre rechtmäßigen Kinder ertheilt.

Not[a]. Sollte, wie in der Not[a]. der §495 bemerkt worden, nach dem Herrn J. Tevenars Plan p. 175 unter Kinder die aus einem Concubinat erzeugt worden und unter Hurenkinder ein Unterschied gemacht werden: So dürften hier zugleich die einzelne Rechte zu führen seyn, welche den Eltern über Kinder, die aus einem Concubinat erzeugt werden, zustehen. Von den Verbindlichkeiten der Eltern gegen unehliche Kinder dürfte bey den Pflichten der Eltern gegen die Kinder zu handeln seyn.

www.ingramcontent.com/pod-product-compliance
Ingram Content Group UK Ltd.
Pitfield, Milton Keynes, MK11 3LW, UK
UKHW022102051026
15623UKWH00003B/627

9 783631 851319